효과 빠른 약점 처방전

사람 생활과 윤리 H

531 프로젝트 생활과 윤리 H 는,

▶ 전체 교과 내용을 **10강**으로 분류하여 효율적 학습이 가능하도록 구성하였습니다.

▶ **수능 만점 획득**을 위해 시험에 자주, 어렵게 출제되는 개념과 고난도 문항을 비중 있게 수록하였습니다.

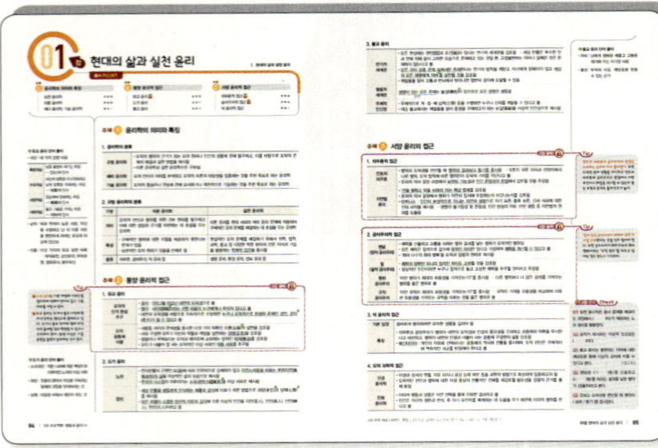

수능에 최적화된 교과 개념

❶ **출제 POINT :** 각 강에서 다루는 핵심 주제와 개념 키워드, 빈출도를 한눈에 파악할 수 있도록 제시하였습니다.

❷ **핵심 개념 정리 :** 교과 내용을 이해하기 쉽도록 구조화, 도표화하여 정리하였습니다.

❸ **[3점] 공략 :** 시험에 어렵게 출제되는 개념이 무엇인지 직관적으로 확인하고, 깊이 있게 공부할 수 있도록 자세히 정리하였습니다. 고난도 문제 풀이로 이어지는 개념 학습 Tip도 함께 제시하였습니다.

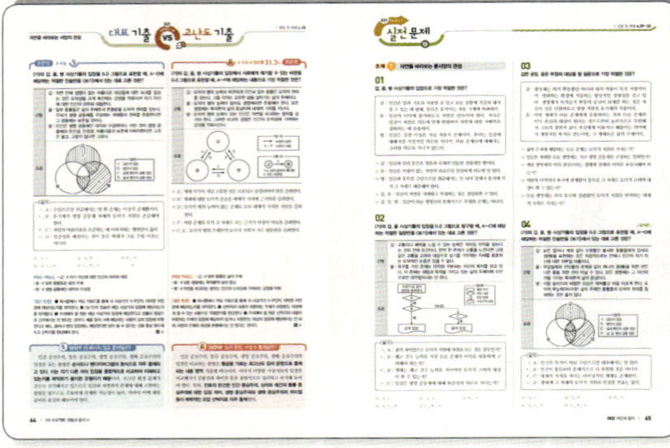

기출 분석 및 예상 문항으로 실전 대비

❶ **대표 기출 VS 고난도 기출 :** 각 강에서 매 시험마다 빠짐없이 출제되는 빈출 유형과 가장 어렵게 출제되었던 고난도 유형을 비교, 분석하여 효율적이고 깊이 있는 기출 학습이 가능하도록 하였습니다.

❷ **실전 문제 :** '기출 1 : 신출 3'의 비율로 수능의 출제 유형과 난이도에 맞추어 학생들에게 실질적인 도움이 될 수 있는 문항들만 엄선하여 수록하였습니다.

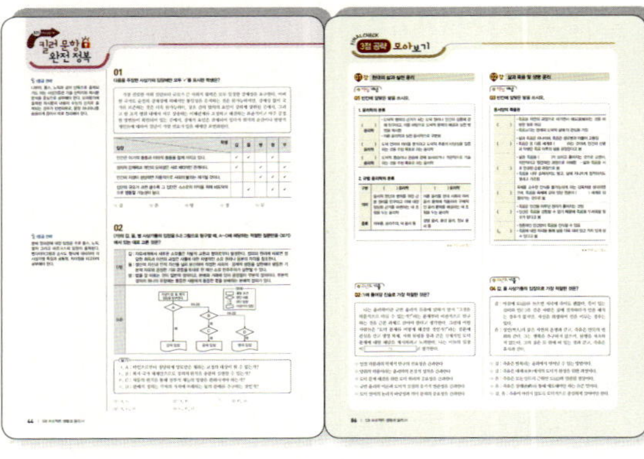

최고난도 킬러 문항까지 완벽 대비

❶ **킬러 문항 완전 정복 :** 각 강에서 어렵게 출제되는 유형 및 주제에 대한 고난도 예상 문항을 수록하고, 1등급 전략을 함께 제시하여 빈틈 없이 수능 만점을 획득할 수 있도록 하였습니다.

❷ **FINAL CHECK_[3점] 공략 모아보기 :** 01강~10강의 [3점] 공략 개념과 고난도 기출만을 모아서 전체 내용을 한 번 더 점검할 수 있도록 하였습니다.

이 책의 차례

01 강 현대의 삶과 실천 윤리

출제 POINT

주제 1 윤리학의 의미와 특징		주제 2 동양 윤리적 접근		주제 3 서양 윤리적 접근	
실천 윤리학	★★★	유교 윤리	★★★	의무론적 접근	★★★
이론 윤리학	★★★	도가 윤리	★★☆	공리주의적 접근	★★★
메타 윤리학, 기술 윤리학	★★☆	불교 윤리	★★☆	덕 윤리적 접근	★★☆

주제 1 윤리학의 의미와 특징

1. 윤리학의 분류

규범 윤리학	• 도덕적 행위의 근거가 되는 도덕 원리나 인간의 성품에 관해 탐구하고, 이를 바탕으로 도덕적 문제의 해결과 실천 방법을 제시함 • 이론 윤리학과 실천 윤리학으로 구분됨
메타 윤리학	도덕 언어의 의미를 분석하고 도덕적 추론의 타당성을 입증하는 것을 주된 목표로 하는 윤리학
기술 윤리학	도덕적 풍습이나 관습에 관해 묘사하거나 객관적으로 기술하는 것을 주된 목표로 하는 윤리학

2. 규범 윤리학의 분류

구분	이론 윤리학	실천 윤리학
의미	윤리적 판단과 행위를 위한 근본 원리를 탐구하고 이에 대한 정당화 근거를 마련하는 데 초점을 두는 윤리학	이론 윤리를 현대 사회의 여러 윤리 문제에 적용하여 구체적인 윤리 문제를 해결하는 데 초점을 두는 윤리학
특성	• 구체적인 행위에 대한 지침을 제공하지 못한다는 한계가 있음 • 보편적인 도덕 원리가 있음을 전제로 함	현실적인 도덕 문제를 해결하기 위해서 의학, 법학, 과학, 종교 등 다양한 학문 분야의 전문 지식과 기술을 활용하는 학제적 접근을 중시함
종류	의무론, 공리주의, 덕 윤리 등	생명 윤리, 환경 윤리, 정보 윤리 등

주제 2 동양 윤리적 접근

3점 공략

1. 유교 윤리

도덕적 인격 완성 추구	• 공자 : 인(仁)을 타고난 내면적 도덕성으로 봄 • 맹자 : 사단(四端)이라는 선한 마음이 누구에게나 주어져 있다고 봄 • 내면의 도덕성을 바탕으로 지속적으로 수양하면 누구나 도덕적으로 완성된 존재인 성인, 군자(君子)가 될 수 있다고 봄
도덕 공동체 지향	• 사람들 사이의 관계성을 중시한 다섯 가지 덕목인 오륜(五倫)의 실천을 강조함 • 사회 구성원 모두가 자신의 역할과 책임을 실천하는 정명(正名)을 강조함 • 형벌이나 무력보다는 도덕과 예의로써 교화하는 정치인 덕치(德治)를 강조함 • 모두가 더불어 잘 사는 도덕적인 이상 사회인 대동 사회를 추구함

2. 도가 윤리

노자	• 천지만물의 근원인 도(道)에 따라 인위적으로 강제하지 않고 자연스러움을 따르는 무위자연(無爲自然)의 삶을 이상적인 삶의 모습으로 제시함 • 무위의 다스림이 이루어지는 소국과민(小國寡民)을 이상 사회로 제시함
장자	• 세상 만물을 평등하게 인식하는 제물의 경지에 이르기 위한 방법으로 좌망(坐忘)과 심재(心齋)를 제시함 • 모든 차별이 소멸된 정신적 자유의 경지에 오른 이상적 인간을 지인(至人), 진인(眞人), 신인(神人), 천인(天人)이라고 함

유교 윤리 단어 풀이

• 사단 : 네 가지 선한 마음

측은지심	남을 불쌍히 여기는 마음 → 인(仁)의 단서
수오지심	자신의 잘못을 부끄러워하고 남의 잘못을 미워하는 마음 → 의(義)의 단서
사양지심	겸손하여 양보하는 마음 → 예(禮)의 단서
시비지심	옳고 그름을 가리는 마음 → 지(知)의 단서

• 군자 : 덕과 학식이 높은 사람. 자신을 수양하고 난 뒤 다른 사람을 편안하게 하려는 유교의 이상적 인간상

• 오륜 : 다섯 가지의 유교 실천 덕목 → 부자유친, 군신유의, 부부유별, 장유유서, 붕우유신

Tip

❶ 유교 윤리는 기본 개념과 키워드를 철저하게 익혀야 선지의 옳고 그름 여부를 가릴 수 있다.

❷ 유교 윤리는 도가나 불교 사상과 함께 비교하는 형식으로 출제되고 있다. 도가나 불교 단어와 함께 뒤섞여서 출제될 경우 헷갈릴 수 있으니 주의해야 한다. 동양 사상은 기출 문항을 풀면서 공부하는 것이 좋다.

도가 윤리 단어 풀이

• 소국과민 : 작은 나라에 적은 백성으로 이루어진 노자의 이상 사회

• 좌망 : 조용히 앉아서 자신을 구속하는 일체의 것들을 잊어버리는 것

• 심재 : 마음을 비워서 깨끗이 하는 것

3. 불교 윤리

연기적 세계관	• 모든 현상에는 원인[因]과 조건[緣]이 있다는 연기적 세계관을 강조함 → 세상 만물은 무수한 인과 연에 의해 잠시 그러한 모습으로 존재하고 있는 것일 뿐, 고정불변하는 자아나 실체란 것은 존재하지 않는다고 봄 • 모든 것이 상호 관계 속에서만 존재한다는 연기의 법칙을 깨닫고, 자신에게 얽매이지 않고 세상의 모든 생명에게 자비를 실천할 것을 강조함 • 깨달음을 얻어 고통과 번뇌에서 벗어나면 열반의 경지에 도달할 수 있음
평등적 세계관	생명이 있는 모든 존재는 불성(佛性)이 있으므로 모든 생명은 평등함 　　중생
주체적 인간관	• 주체적으로 계·정·혜 삼학(三學) 등을 수행하면 누구나 진리를 깨달을 수 있다고 봄 • 대승 불교에서는 깨달음을 얻어 중생을 구제하고자 하는 보살(菩薩)을 이상적 인간상으로 제시함

주제 ③ 서양 윤리의 접근

3점 공략

1. 의무론적 접근

칸트의 의무론	• 행위의 도덕성을 판단할 때 행위의 결과보다 동기를 중시함 → 오로지 의무 의식과 선의지에서 나온 행위, 도덕 법칙에 따른 행위만이 도덕적 가치를 지닌다고 봄 • 윤리적 의사 결정 과정에서 보편화 가능성과 인간 존엄성의 관점에서 검토할 것을 주장함
자연법 윤리	• '선을 행하고 악을 피하라.'라는 핵심 명제를 강조함 • 윤리적 의사 결정에서 행위가 자연의 질서에 부합하는지 어긋나는지를 검토함 • 아퀴나스 : 인간이 본성적으로 지니는 자연적 성향으로 자기 보존, 종족 보존, 신과 사회에 대한 진리 파악을 제시함 → 생명의 불가침성 및 존엄성, 인간 양심의 자유, 만민 평등 등 자연법적 권리를 도출함

3점 공략

2. 공리주의적 접근

벤담 (양적 공리주의)	• 쾌락을 산출하고 고통을 피하는 행위 결과를 낳는 행위가 도덕적인 행위임 • 모든 쾌락은 질적으로 같으며 양적인 차이만 있다고 가정하여 쾌락을 계산할 수 있다고 봄 • '최대 다수의 최대 행복'을 도덕과 입법의 원리로 제시함
밀 (질적 공리주의)	• 쾌락의 양뿐만 아니라 질적인 차이도 고려할 것을 강조함 • 정상적인 인간이라면 누구나 질적으로 높고 고상한 쾌락을 추구할 것이라고 주장함
행위 공리주의	'어떤 행위가 최대의 유용성을 가져오는가?'를 중시함 → 다른 행위보다 더 많은 공리를 가져오는 행위를 옳은 행위로 봄
규칙 공리주의	'어떤 규칙이 최대의 유용성을 가져오는가?'를 중시함 → 규칙이 가져올 유용성을 비교하여 더욱 큰 유용성을 가져오는 규칙을 따르는 것을 옳은 행위로 봄

3. 덕 윤리적 접근

기본 입장	올바르게 행위하려면 유덕한 성품을 길러야 함
특징	• 의무론과 공리주의가 행위자 내면의 도덕성과 인성의 중요성을 간과하고 공동체의 덕목을 무시한다고 비판하고, 행위자 내면의 인성과 더불어 사는 공동체 구성원의 삶을 강조함 • 매킨타이어 : 개인의 자유와 선택보다는 공동체의 역사와 전통을 중시하며, 도덕 판단은 구체적이며 맥락적인 사고를 반영해야 한다고 봄

4. 도덕 과학적 접근

신경 윤리학	• 이성과 정서의 역할, 자유 의지나 공감 능력 여부 등을 과학적 방법으로 측정하여 입증하고자 함 • 도덕적인 판단과 행위에 대한 이성 중심의 전통적인 견해를 재검토할 필요성을 경험적 근거를 통해 밝힘
진화 윤리학	• 이타적 행동과 성품은 자연 선택을 통해 진화한 결과라고 봄 • 인간은 자신의 생존과 번식, 즉 자기 유전자를 복제하는 데 도움을 주기 때문에 이타적 행위를 한다고 봄

대표 기출 VS 고난도 기출
531 PROJECT H

・ 정답 및 해설 p.02

순한맛 # 수능

(가), (나)의 입장으로 가장 적절한 것은?

> (가) 윤리학은 "인간이 지향해야 할 삶의 가치는 무엇인가?"를 탐구 주제로 삼아 바람직한 삶의 이상을 제안하고 올바른 판단과 행위의 근거인 보편적 도덕 원리를 정립해야 한다.
>
> (나) 윤리학은 "실생활의 도덕적 문제를 어떻게 해결할 것인가?"를 탐구 주제로 삼아 환경 오염, 연명 치료 중단, 사형 제도 등과 같은 현안에 대한 규범적 해결책을 제시해야 한다.

① (가) : 윤리학은 도덕 언어의 의미 분석을 핵심 과제로 삼는다.

② (가) : 윤리학은 도덕적 관습의 실태 조사를 핵심 과제로 삼는다.

③ (나) : 윤리학은 윤리학의 학문적 성립 가능성 검증을 핵심 과제로 삼는다.

④ (나) : 윤리학은 현실 문제에 대한 도덕 원리의 적용을 핵심 과제로 삼는다.

⑤ (가), (나) : 윤리학은 가치 판단을 배제한 결론 도출을 핵심 과제로 삼는다.

[핵심 키워드] ・(가) : # 보편적 도덕 원리 정립
・(나) : # 실생활의 도덕 문제 해결   # 규범적 해결책 제시

[접근 방법] ❶ (가)의 핵심이 되는 문장이 무엇인지 파악한다. '올바른 판단과 행위의 근거인 보편적 도덕 원리 정립'이 핵심! ❷ (나)에서 '실생활의 도덕적 문제 해결'에 주목하고 있다는 부분에 체크한다. ❸ (가)는 이론 규범 윤리학, (나)는 실천 규범 윤리학임을 파악하고, 각각의 입장에 맞는 적절한 선지를 고른다.

답 ④

WHY 왜 빠지지 않고 출제될까?

다양한 윤리학적 입장을 파악하고 비교하는 문항은 큰 이변이 없는 한 항상 1번 문항으로 출제되고 있다. 어렵게 출제되는 주제는 아니지만 각 입장의 핵심이 되는 단어들만 단순하게 암기하면 선지가 언어적으로 장황하게 출제될 때 틀리기 쉽다. **다양한 윤리학적 입장의 키워드는 물론이고, 자주 출제되는 핵심적인 구절, 문장까지 함께 암기**하는 것이 문제 풀이에 큰 도움이 된다.

 # 평가원 # 정답률 61.4% **매운맛**

㉠에 들어갈 진술로 가장 적절한 것은?

> 나는 윤리학이란 규범 윤리적 물음에 답하기 앞서 "그것을 학문적으로 다룰 수 있는가?"라는 문제부터 비판적으로 탐구하는 것을 근본 과제로 삼아야 한다고 생각한다. 그런데 어떤 사람들은 "도덕 문제를 어떻게 해결할 것인가?"라는 질문에 관심을 갖고 생명 복제, 사회 불평등 등과 같은 실제적인 도덕 문제에 대한 해답을 제시하려고 노력한다. 나는 이들의 입장이 [㉠   ]고 생각한다.

① 인접 학문과의 학제적 탐구의 필요성을 간과한다

② 당위의 학문이라는 윤리학의 본질적 성격을 간과한다

③ 도덕 문제 해결을 위한 도덕 원리의 중요성을 간과한다

④ 규범 윤리학 이론과 도덕적 실천의 유기적 연관성을 간과한다

⑤ 도덕 언어의 논리적 타당성과 의미 분석의 중요성을 간과한다

[핵심 키워드] ・'나' : # "윤리학을 학문적으로 다룰 수 있는가?"라는 문제부터 비판적으로 탐구
・'어떤 사람들' : # 실제적인 도덕 문제에 대한 해답을 제시하려고 노력

[접근 방법] ❶ '나'와 '어떤 사람들'이 각각 가지고 있는 윤리학적 입장을 파악한다. ❷ '나'는 윤리학을 학문적으로 다룰 수 있는지 비판적으로 탐구하는 것을 근본 과제로 삼고 있으므로 메타 윤리학의 입장, '어떤 사람들'은 실제적인 도덕 문제에 대한 해답을 제시하려고 하므로 실천 윤리학의 입장을 지니고 있다. ❸ 메타 윤리학의 입장에서 실천 윤리학의 입장에게 제시할 수 있는 비판을 고른다.

답 ⑤

HOW 킬러 문항, 어떻게 출제될까?

규범 윤리학의 두 갈래인 이론 윤리학과 실천 윤리학을 비교하는 문항, 메타 윤리학과 규범 윤리학을 비교하는 문항, 기술 윤리학까지 한 데 묶어 입장을 파악하는 문항 등 **다양한 조합으로 문항이 출제**되고 있다. 특히 메타 윤리학의 입장, 실천 윤리학과 이론 윤리학과의 관계가 출제되면 비교적 오답률이 높게 나오는 편이므로 이를 주의 깊게 공부하도록 하자. **규범 윤리학인 실천 윤리학과 이론 윤리학은 밀접한 관련을 맺고 있다는 사실**을 잊어서는 안 된다.

주제 ❶ 윤리학의 의미와 특징

01

| 평가원 |

(가), (나)의 입장으로 가장 적절한 것은?

> (가) 윤리학은 일상생활 속에서 제기되는 생명, 환경 등과 관련된 다양한 도덕적 문제에 도덕 원리를 적용하여 실천적인 지침을 제공하는 것을 주된 목표로 삼아야 한다.
> (나) 윤리학은 도덕적 언어, 즉 '좋다', '옳다'와 같은 단어들의 쓰임을 명확하게 규명하고, 도덕적 언어들로 구성된 문장의 의미에 대한 철학적 분석을 주된 목표로 삼아야 한다.

① (가) : 윤리학의 핵심 과제는 삶의 구체적인 도덕 문제의 해결이다.
② (가) : 윤리학의 핵심 과제는 도덕적 추리와 논증 방법의 연구이다.
③ (나) : 윤리학의 핵심 과제는 도덕적 관행에 대한 인과적 서술이다.
④ (나) : 윤리학의 핵심 과제는 경험적 연구를 통한 도덕성의 검증이다.
⑤ (가), (나) : 윤리학의 핵심 과제는 보편적인 도덕 법칙의 정립이다.

02

갑, 을의 입장에 대한 옳은 설명만을 〈보기〉에서 있는 대로 고른 것은?

> 갑 : 윤리학은 '선악을 구분하는 도덕 원리는 무엇인가?'의 물음에 대해 유용성, 정언 명령과 같은 답을 제시하는 규범적 탐구의 성격을 지니는 학문이다.
> 을 : 윤리학은 '도둑질은 나쁘다.'라는 문장을 보고, '나쁘다'의 의미는 금지, 행위에 대한 혐오의 정서를 표현하는 것이라고 분석하는 성격을 지니는 학문이다.

〔보기〕
ㄱ. 갑은 도덕적 추론에 대한 가치 중립적 분석을 강조한다.
ㄴ. 갑은 행위의 기준이 되는 원리나 규범의 제시를 중시한다.
ㄷ. 을은 윤리학의 학문으로서의 성립 가능성에 대해 탐구한다.
ㄹ. 갑, 을은 도덕 언어의 분석보다 도덕 문제의 해결에 중점을 둔다.

① ㄱ, ㄴ 　　② ㄴ, ㄷ 　　③ ㄷ, ㄹ
④ ㄱ, ㄴ, ㄹ 　　⑤ ㄱ, ㄷ, ㄹ

03

㉠에 들어갈 진술로 가장 적절한 것은?

> 나는 윤리학의 본질은 개인 생활과 사회 구조 및 기능과 관련된 도덕 현상을 과학적으로 기술하는 데 있다고 생각한다. 그런데 어떤 사람들은 안락사, 생명 복제, 기후 변화 문제 등과 같은 현실적 삶에 등장한 윤리적 문제에 대한 실질적인 해결책을 모색하고 방향을 제시해줄 수 있는 학문이야말로 진정한 윤리학이라고 주장한다. 나는 이들의 입장이 ［　　㉠　　］고 생각한다.

① 도덕 문제의 해결보다 이론적 근거의 제시를 강조한다
② 도덕적 관행이나 풍습을 명확하게 기술해야 함을 간과한다
③ 도덕적 용어의 개념을 분석하는 데 주력해야 함을 강조한다
④ 다양한 학문 분야와 전문 지식을 함께 활용해야 함을 간과한다
⑤ 도덕 법칙이나 원리보다 행위자의 성품을 중시해야 함을 간과한다

04

갑, 을의 입장에 대한 설명으로 옳은 것은?

> 갑 : 윤리학은 도덕적 행위에 대한 이론적 분석과 정당화를 다룸으로써 현실의 윤리 문제를 해결하는 토대를 제공하며, 도덕 판단의 근거가 되는 도덕 원리를 체계화해야 한다.
> 을 : 윤리학은 실제의 윤리적 문제 상황에서 윤리 이론을 적용하여 사람의 성품, 행위 등에 대한 윤리적 판단을 내리고 구체적인 해결책을 제시해야 한다.

① 갑은 도덕 언어의 의미와 분석을 도덕 문제 해결의 일차적 과제로 삼는다.
② 을은 다양한 사회의 도덕적 관습을 파악하고 기술하는 것을 주목적으로 삼는다.
③ 갑은 을과 달리 실제적 도덕 문제의 해결을 위해 노력한다.
④ 을은 갑과 달리 도덕적 논쟁의 바탕이 되는 도덕 원리와 법칙의 정립을 추구한다.
⑤ 갑, 을은 도덕적인 행위를 탐구하고 바람직한 삶의 방향을 제시하고자 한다.

주제 2 동양 윤리적 접근

05
| 평가원 |

(가) 사상의 입장에서는 긍정, (나) 사상의 입장에서는 부정의 대답을 할 질문으로 가장 적절한 것은?

> (가) 자신의 수양을 경(敬)으로써 하며, 자신을 수양하여 다른 이를 편안하게 한다. 요순(堯舜)도 자신을 수양하여 백성을 편안하게 하는 일은 항상 부족하다 여기고 노력하였다.
> (나) 배우면 날마다 쌓이고, 도에 따르면 날마다 덜어진다. 덜고 또 덜면 무위(無爲)에 이른다. 무언가 일삼으려고 하면 오히려 부족하며, 일삼지 않아야 천하를 취할 수 있다.

① 만물을 차별하지 말고 평등하게 보아야 하는가?
② 명예와 욕심을 버리고 소박한 삶을 살아야 하는가?
③ 사회적 지위에 따른 예의와 규범을 중시해야 하는가?
④ 연기의 법칙을 깨달아 자비의 정신을 실천해야 하는가?
⑤ 예법에 집착하지 말고 자연의 흐름에 따라 살아야 하는가?

06

그림의 사상가가 강조하는 삶의 태도로 가장 적절한 것은?

① 진리를 깨달아 번뇌의 속박에서 벗어나야 한다.
② 바라밀의 실천을 통해 독립된 자아를 형성해야 한다.
③ 무아를 자각하여 모든 것이 허무함을 깨달아야 한다.
④ 너와 나의 분별을 통해 무명의 상태를 유지해야 한다.
⑤ 삶과 죽음은 하나라는 것을 깨닫고 윤회를 반복해야 한다.

07

(가)의 입장에서 (나)의 A에게 제시할 조언으로 가장 적절한 것은?

(가)	오리의 다리가 짧다고 생각해서 늘리거나 학의 다리가 길다고 생각해서 줄이면 둘 다 고통스러워 한다. 긴 것은 긴대로 두고 짧은 것은 짧은 대로 두어야 한다. 예악을 행하는 것은 자연 그대로의 모습을 잃어버리는 것이다.
(나)	평소 작은 키로 콤플렉스를 느끼던 A는 키를 크게 만드는 획기적인 기술이 개발되었다는 소식을 듣고 이 수술을 받아야 할지 고민하고 있다.

① 사회적인 규범에 부합하는 행위를 선택해야 합니다.
② 인위적인 노력을 통해 본성의 변화를 추구해야 합니다.
③ 외물에 얽매이지 않는 자연스러운 삶을 추구해야 합니다.
④ 결과의 실용성을 따져 행위의 옳고 그름을 판단해야 합니다.
⑤ 자연 만물과는 구별되는 인간다운 삶을 위해 노력해야 합니다.

08

고대 중국 사상가 갑, 을 모두가 긍정의 대답을 할 질문만을 〈보기〉에서 있는 대로 고른 것은?

> 갑 : 현명한 임금은 덕으로 정치를 행한다. 군자는 도를 도모하고, 신하는 도로써 임금을 섬긴다. 사람이 도를 넓힐 수 있는 것이지 도가 사람을 넓힐 수 있는 것이 아니다.
> 을 : 군주가 예를 따르면 천하를 얻을 수 있지만 그렇지 않다면 사직을 훼손시키게 된다. 예는 나라를 다스리기 위한 규범이고 강하고 굳세지는 근본이며, 위세를 떨치는 길이고 공적과 명성을 올리는 요체이다.

〔보기〕
ㄱ. 통치자는 덕성으로 백성을 교화하여야 하는가?
ㄴ. 타고난 본성을 확충하여 성인이 되어야 하는가?
ㄷ. 사람은 수양을 통해 누구나 성인이 될 수 있는가?
ㄹ. 자신을 먼저 닦고 백성을 편안하게 하는 군자를 추구해야 하는가?

① ㄱ, ㄴ   ② ㄱ, ㄷ   ③ ㄴ, ㄹ
④ ㄱ, ㄷ, ㄹ   ⑤ ㄴ, ㄷ, ㄹ

09

갑 사상가가 을 사상가에게 제기할 반론으로 가장 적절한 것은?

| 수능 |

> 갑 : 개인은 가족, 이웃과 같은 공동체 속에서 자신의 도덕적 정체성을 찾아야 한다. 구체적 공동체를 벗어나면 덕을 실천할 기회도, 실천하는 방법을 배울 기회도 없다.
> 을 : 행복은 쾌락의 향유와 고통의 부재를 의미한다. 어떤 종류의 쾌락이 다른 종류의 쾌락보다 바람직하고 가치 있다는 사실을 인정하는 것은 유용성의 원리와 양립 가능하다.

① 인간은 고통을 피하고 쾌락을 추구하는 존재임을 무시한다.
② 자유로운 선택을 위해 구체적 맥락을 배제해야 함을 무시한다.
③ 도덕 판단의 기준이 행위의 동기가 아닌 결과임을 간과한다.
④ 사회 전체의 행복 최대화가 보편적 도덕 원리임을 간과한다.
⑤ 유용성의 합리적 계산보다 공동체의 전통이 중요함을 간과한다.

10

다음 사상가의 입장에서 〈문제 상황〉 속의 A에게 제시할 조언으로 가장 적절한 것은?

> 덕에는 지상의 행복을 위한 것과 천상의 행복을 위한 것이 있고, 법에는 영원법, 신법, 자연법 등이 있다. 자연법의 제1원리는 "선을 추구하고 악을 피하라."는 것이고 이러한 원리는 신이 인간에게 부여한 본성이다.

> ### 〈문제 상황〉
> A는 잘못된 판단으로 전 재산을 주식으로 날리고 당장의 생활비도 없는 상황에 직면하자 삶을 포기하는 극단적인 선택을 할 것인가를 고민하고 있다.

① 정신적 쾌락을 극대화할 수 있는 행위를 선택하세요.
② 최대 다수가 행복해질 수 있는 도덕 원리를 선택하세요.
③ 자기 보존의 자연적 성향을 고려하여 행위를 선택하세요.
④ 가족이 느끼게 될 고통의 크기를 계산하여 행위를 선택하세요.
⑤ 보편적 원리보다는 스스로 세운 준칙에 따라 행위를 선택하세요.

11

㉠에 들어갈 진술로 가장 적절한 것은?

> 나는 윤리학은 행위 자체가 아닌 도덕적인 행위를 하는 행위자에 주목해야 한다고 생각한다. 윤리적으로 옳은 결정을 하려면 유덕한 품성을 길러야 하고 이러한 유덕한 품성은 공동체 속에서 형성되는 것이다. 그러나 근대의 몇몇 윤리 이론들은 보편적인 도덕 원리나 규칙만을 강조하여 도덕 문제를 해결하려고 하였다. 나는 이러한 윤리 이론이 ______㉠______ 고 생각한다.

① 개인의 자유와 권리보다는 공동체의 덕목을 강조한다
② 도덕 법칙의 형식으로 행위를 판단해야 함을 간과한다
③ 구체적이고 맥락적인 사고를 반영한 도덕적 판단을 강조한다
④ 모든 행위에 적용될 수 있는 보편적인 원리의 중요성을 간과한다
⑤ 덕을 함양한 사람의 도덕적 판단과 실천에 주목해야 함을 간과한다

12

다음을 주장한 사상가의 관점에만 모두 '✓'를 표시한 학생은?

> 타고난 동정심으로 자선을 베푼 행위는 의무에 맞고 사랑받을 행위지만 의무로부터 나온 것이 아니기 때문에 도덕적 가치를 갖지 않는다. 의무는 도덕 법칙에 대한 존경심 때문에 어떤 행위를 할 수밖에 없는 것을 말한다.

관점 \ 학생	갑	을	병	정	무
남을 이롭게 하는 행위가 반드시 옳은 행위는 아니다.	✓	✓		✓	
경향성으로부터 행해진 행위는 도덕적으로 가치가 없다.	✓			✓	✓
도덕 법칙은 무조건 따라야 하는 명령의 형식으로 제시된다.			✓	✓	✓
사회적 유용성을 높이고자 하는 의무에서 비롯된 행위는 도덕적 행위이다.		✓	✓		✓

① 갑   ② 을   ③ 병   ④ 정   ⑤ 무

🔑 1등급 전략

이론 윤리학, 실천 윤리학, 메타 윤리학, 기술 윤리학의 기본적인 입장을 묻는 문항은 물론이고, 서로에게 비판을 제기하는 문항도 많이 출제되고 있으니, 각각의 윤리학이 관심을 갖는 근본적이고 핵심적인 탐구 과제가 무엇인지 꼭 확인해두어야 한다.

01

(가), (나), (다)의 입장으로 적절하지 <u>않은</u> 것은?

> (가) 윤리학의 주된 탐구 대상은 윤리학적인 용어 또는 도덕 판단의 가치, 도덕적 사실의 존재, 도덕의 인식론적 정당화여야 한다.
> (나) 윤리학의 핵심 과제는 생명, 환경, 정보 등 삶의 여러 다양한 영역에서 제기되는 윤리적 문제들에 대해 윤리 이론을 적용하여 해결책을 제시하는 것이다.
> (다) 윤리학의 본질은 사회적·심리적 사실로서의 도덕 현상과 개인의 도덕 발달 과정이나 단계에 대해 과학적 방법으로 탐구하는 데 있다.

① (가) : 윤리학은 도덕의 본질에 대한 명확한 이해를 추구해야 한다.
② (가) : 윤리학은 도덕 추론의 논리적 구조에 대한 분석을 중시해야 한다.
③ (나) : 타 학문과의 연계 없이 윤리학의 본질을 탐구하는 데 집중해야 한다.
④ (다) : 도덕적 관행을 가치 중립적으로 기술해야 한다.
⑤ (다) : 사회마다 서로 다른 규범 체계가 존재할 수 있다.

🔑 1등급 전략

사상가 혹은 사상을 특정할 수 있는 핵심 키워드를 숨겨놓는 제시문이 종종 출제된다. 이때는 글 전체의 흐름과 문장의 맥락을 따져보아야 한다. 을 제시문에는 특정 동양 사상의 키워드를 찾기 힘들지만 분명 도가 사상임을 알 수 있는 문장이 존재한다.

02

고대 동양 사상가 갑, 을의 입장으로 옳은 것은?

> 갑 : 출가자가 가까이하지 않아야 할 두 가지 극단이 있다. 그것은 저열하고 촌스럽고 범속하고 성스럽지 못한 감각적 욕망들에 대한 쾌락의 탐닉에 몰두하는 것과 괴롭고 성스럽지 못한 자기 학대에 몰두하는 것이다. 중도(中道)는 안목을 만들고 지혜를 만들며, 고요함과 최상의 지혜와 바른 깨달음과 열반으로 인도한다.
> 을 : 성인(聖人)은 사람의 형체를 가지고 있지만, 사람의 치우친 감정은 없다. 사람의 형체를 가지고 있기 때문에 사람과 무리를 이루어 사람과 함께 살아가지만, 사람의 치우친 정이 없으므로 옳다 그르다 하는 시비는 그와 무관하다. 그는 아주 작아 보이지만 실은 위대하다.

① 갑 : 누구든지 불성을 형성하기 위해서는 팔정도(八正道)의 수행이 필요하다.
② 갑 : 인생의 고통에서 벗어나기 위해서는 무명(無明)과 애욕(愛慾)을 없애야 한다.
③ 을 : 인간의 내면적인 도덕성인 인(仁)을 회복해야 사회 혼란을 극복할 수 있다.
④ 을 : 이상적 인간은 옳은 일을 반복적으로 실천[集義]해서 호연지기를 기른 사람이다.
⑤ 갑, 을 : 자신이 지은 행위[業]가 죽음 이후의 삶을 결정하므로 선행에 힘써야 한다.

03

갑, 을의 입장에서 〈문제 상황〉 속 A에게 제시할 수 있는 조언으로 가장 적절한 것은?

> 갑 : 옳은 행위란 타당한 행위 규칙에 일치하는 행위이다. 행위에 대한 규칙의 타당성을 결정하는 척도는 바로 유용성이며, 모든 인류에게 구속력을 갖는 참된 규칙이란 일반적으로 그것을 따를 때가 다른 어떤 규칙을 따를 경우보다 모든 사람에게 더 많은 쾌락과 더 적은 고통을 일으키는 규칙이다.
>
> 을 : 옳은 행위란 선의지의 지배를 받는 행위이다. 그 자체로 유일하게 선한 선의지는 타고난 지성 안에 이미 들어 있기 때문에 일깨우기만 하면 된다. 이러한 선의지라는 개념을 명백히 하기 위해 우리는 의무라는 개념을 다루어야 한다. 의무란 법칙에 대한 존경심 때문에 어떤 행위를 하지 않을 수 없는 것을 가리킨다.

> 〈문제 상황〉
>
> 　회사원 A는 어느 날 업무 처리를 하다가 회사의 커다란 비리를 알게 되었다. A는 회사의 비리를 사회에 알려야 할지 회사에 피해가 가지 않도록 비밀로 해야 할지 고민하고 있다.

① 갑 : 공리의 원리를 만족시키는 행위 규칙이 무엇인지 판단해서 결정하세요.
② 갑 : 회사에 미칠 영향을 고려하지 말고 오직 이성의 명령에 따라 결정하세요.
③ 을 : 회사의 입장에 공감하려는 자연스러운 감정에 근거하여 결정하세요.
④ 을 : 회사의 비리를 알릴 경우 발생할 결과의 유용성을 고려하여 결정하세요.
⑤ 갑, 을 : 훌륭한 성품을 지닌 사람이 선택할 행위를 고려하여 결정하세요.

👤 1등급 전략

공리주의는 그 갈래가 다양하기 때문에 각각의 특징을 명확하게 따져 결론을 도출해야 한다. 결과를 중시하는 공리주의, 동기를 중시하는 칸트의 의무론은 그 대비가 명확하기 때문에 자주 함께 출제되고 있다.

04

갑, 을의 입장에 대한 옳은 설명만을 〈보기〉에서 있는 대로 고른 것은?

> 갑 : 인간에게는 본성에 따른 선을 지향하는 경향성이 있다. 자기 보존, 종족 보존, 그리고 신에 관한 진리를 알고자 하는 경향성, 사회 속에서 살고자 하는 경향성이 그것이다. 그리고 이러한 경향성을 고려하는 것은 자연법과 관련된다.
>
> 을 : 인간의 경향성에 도움이 되는 것이 아니라 그것을 압도하거나 아니면 최소한 무엇인가를 선택할 때 경향성을 전혀 고려하지 않도록 만드는 것, 그것이 바로 법칙이다. 법칙만이 존경의 대상일 수 있고 명령을 제공할 수 있다.

> 〔보기〕
>
> ㄱ. 갑은 인간에게만 본성에 따른 선을 지향하는 경향성이 있다고 본다.
> ㄴ. 을은 인간이 언제나 자신의 준칙에 따라서 행동해야 한다고 본다.
> ㄷ. 을은 의무 의식에서 비롯된 행위만이 도덕적인 가치를 지닌다고 본다.
> ㄹ. 갑, 을은 인간에게 자기 자신을 보존할 자연적 의무가 있다고 본다.

① ㄱ, ㄴ　　　　　② ㄴ, ㄷ　　　　　③ ㄷ, ㄹ
④ ㄱ, ㄴ, ㄹ　　　　⑤ ㄱ, ㄷ, ㄹ

👤 1등급 전략

칸트는 이성적이고 자율적인 인간이 반드시 따라야 하는 보편적인 도덕 법칙을 의무로 받아들이고, 아퀴나스는 신에 의거한 자연법을 의무로 받아들인다는 것을 반드시 기억하자.

02 강 삶과 죽음 및 생명 윤리

출제 POINT

주제 ① 죽음과 관련된 윤리적 쟁점

동서양의 죽음관 🔒	★★★
자살, 안락사, 뇌사의 윤리적 쟁점	★☆☆
인공 임신 중절의 윤리적 쟁점	★☆☆

주제 ② 동물 실험과 동물 권리의 문제

동물 권리를 부정하는 입장 🔒	★★★
동물 권리를 인정하는 입장 🔒	★★★

주제 ③ 생명 복제와 유전자 치료 문제

생명 복제의 윤리적 쟁점	★☆☆
유전자 치료의 윤리적 쟁점	★☆☆

주제 ① 죽음과 관련된 윤리적 쟁점

Tip

❶ 죽음을 두려움의 대상이라고 본 사상가는 없다. 다만 죽음 자체를 고통이라고 파악한 석가모니의 입장, 죽음에 대한 공포를 악이라고 본 에피쿠로스의 입장은 따로 기억해야 한다.

❷ 기(氣)가 흩어지면 장자, 원자가 흩어지면 에피쿠로스, 영혼을 강조하면 플라톤이다. 각 사상가별 특징적인 키워드와 문구는 3점 공략 포인트가 된다는 사실을 기억하자.

❷ 윤회
- 고통스러운 삶과 죽음의 굴레로부터 벗어나지 못하고, 생사의 순환 과정을 반복하게 된다는 불교의 독창적 생사관
- 선한 업을 쌓으면 다음 생에서는 보다 안락한 삶을, 악한 업을 쌓으면 보다 고통스러운 삶을 살게 됨
- 진정한 깨달음을 얻어 부처의 경지(해탈, 열반)에 이르면 윤회의 속박으로부터 벗어나게 됨

3점 공략 🔒

1. 동서양의 죽음관

공자	• 죽음을 자연의 과정으로 여기면서 애도(哀悼)하는 것을 마땅한 일로 여김 — 사람의 죽음을 슬퍼함 • 죽음보다는 현세의 도덕적 삶에 더 관심을 가짐
석가모니	• 삶과 죽음은 하나이며, 죽음은 생로병과 더불어 인생의 대표적인 네 가지 고통임 — 태어남, 늙음, 병듦 • 죽음은 또 다른 세계로 윤회❷하는 것이며, 인간의 선행과 악행은 죽음 이후의 삶을 결정한다고 봄
장자	• 삶과 죽음을 기(氣)가 모이고 흩어지는 것으로 보면서, 자연적이고 필연적인 과정으로 이해함 • 삶과 죽음은 서로 연결된 순환 과정임 → 죽음을 너무 슬퍼하지도 말고, 삶에 지나치게 집착하지도 말라고 가르침
플라톤	육체를 순수한 인식을 불가능하게 하는 감옥처럼 생각하였으며, 죽음을 육체에 갇혀 있던 영혼이 이데아(idea) 세계로 되돌아가는 것으로 봄 — 참된 존재와 진리가 존재하는 영원불변의 이상 세계
에피쿠로스	• 죽음은 인간을 이루던 원자가 흩어지는 것으로, 죽음 이후에는 아무것도 느낄 수 없음 • 인간은 결코 죽음을 경험할 수 없기 때문에 죽음을 두려워할 필요가 없다고 봄
하이데거	• 현존재인 인간만이 죽음을 인식할 수 있음 • 죽음에 대한 자각을 통해 삶을 더욱 의미 있고 가치 있게 살 수 있다고 봄

2. 자살, 안락사, 뇌사, 인공 임신 중절에 관한 논쟁

(1) 자살에 대한 각 사상의 관점

유교	부모로부터 받은 자신의 신체를 훼손하지 않는 것이 효의 시작이므로 자살은 옳지 않음
불교	불살생(不殺生)의 계율에 근거하여 생명을 해치는 것을 금함
그리스도교	신으로부터 부여받은 목숨을 스스로 끊어서는 안 됨
자연법 윤리	자살은 자연적 성향인 자기 보존의 의무를 다하지 않는 것임
칸트	고통에서 벗어나려고 자살하는 것은 다른 목적을 위해 자신의 인격을 수단화하는 것으로 옳지 못함
쇼펜하우어	자살은 문제를 해결하는 것이 아니라 회피하는 것임

❷ 안락사의 유형

적극적 안락사	약물 투입 등 구체적이고 적극적인 행위를 통해 죽음에 이르게 하는 것
소극적 안락사	연명시킬 수 있음에도 더 이상의 치료 행위를 중단하고 방치하여 죽음에 이르게 하는 것

(2) 안락사의 윤리적 쟁점

찬성	• 인간은 자신이 죽을 방법을 선택할 권리가 있으며, 인간답게 죽을 권리를 가짐 • 무의미한 연명 치료는 본인과 가족에게 심리적·경제적 부담을 주며, 한정된 의료 자원을 효율적으로 사용하지 못하게 하여 사회 전체 이익에도 부합하지 않음(공리주의적 관점)
반대	• 죽음을 인위적으로 앞당기는 행위는 자연의 질서에 부합하지 않으며, 인간의 존엄성을 훼손함 • 의료인의 기본 의무는 생명을 살리는 것임

(3) 뇌사의 윤리적 쟁점

인정	• 뇌는 인간의 생명 활동을 관장하는 핵심 기관이기 때문에 뇌 기능이 정지하면 이미 죽음의 단계에 들어선 것임 • 뇌사자의 장기를 장기 이식에 활용하여 다른 사람의 생명을 구할 수 있음
불인정	• 연명 의료 기기를 이용하면 호흡과 심장 박동이 유지되므로 아직 죽음에 이른 것은 아님 • 뇌사 판정의 오류 가능성이 존재함

(4) 인공 임신 중절의 윤리적 쟁점

찬성	• 소유권 논거 : 태아는 여성 몸의 일부이므로 여성은 태아에 대한 권리를 지님 • 자율권 논거 : 여성은 자신의 삶을 자율적으로 결정할 권리가 있음 • 평등권 논거 : 여성은 인공 임신 중절에 관한 자유로운 결정이 가능할 때 남성과 동등한 권리를 지님 • 정당방위 논거 : 여성은 자기 방어와 정당방위 권리를 가짐
반대	• 존엄성 논거 : 모든 인간의 생명은 존엄하므로 태아의 생명도 존엄함 • 무고한 인간의 신성불가침 논거 : 잘못이 없는 무고한 인간인 태아를 해치는 것은 도덕적으로 옳지 않음 • 잠재성 논거 : 태아는 인간으로 성장할 잠재성이 있으므로 인간으로서의 지위를 가짐

주제 2 동물 실험과 동물 권리의 문제

3점 공략

1. 동물의 도덕적 권리를 부정하는 입장

아리스토텔레스	식물은 동물을 위해 존재하고 동물은 인간을 위해 존재하므로, 인간이 동물을 사용하는 것은 문제가 되지 않음
데카르트	• 동물은 고통과 쾌락을 경험할 수 없고, 이성이 없으며, 본능에 따라서만 반응하는 존재임 • 동물은 '자동인형' 또는 '움직이는 기계'에 불과하다고 주장함
아퀴나스	식물은 모두 동물을 위해 존재하고, 동물은 모두 인간을 위해 존재한다고 봄 → 아리스토텔레스의 목적론적 존재론을 수용하였음
칸트	동물은 이성을 갖고 있지 않아 직접적인 도덕적 지위를 갖지 못함. 그러나 동물을 학대하는 것은 인간의 품성에 부정적인 영향을 끼치므로 금지해야 함
코헨	어떤 존재가 권리를 소유하려면 윤리 규범의 고안 능력이나 자율성 등을 지녀야 하는데, 동물은 그러한 능력이 없기 때문에 권리를 소유할 수 없다고 봄

3점 공략

2. 동물의 도덕적 권리를 인정하는 입장

싱어	동물은 쾌고 감수 능력을 갖고 있기 때문에 동물의 이익도 평등하게 고려되어야 한다고 주장함
레건	• 한 살 이상의 포유류는 자신의 삶을 영위할 수 있는 능력, 즉 믿음, 욕구, 지각, 기억, 감정 등을 가진 '삶의 주체'가 될 수 있으므로 인간처럼 내재적 가치를 지닌다고 봄 • 의무론의 관점에서 동물도 존중받을 도덕적 권리를 지니므로 수단으로 이용해서는 안 된다고 봄

주제 3 생명 복제와 유전자 치료 문제

1. 생명 복제의 윤리적 쟁점

구분	찬성	반대
배아 복제	• 배아는 아직 완전한 인간이 아님 • 배아로부터 획득한 줄기세포를 활용해 난치병을 치료할 수 있음	• 배아는 초기 인간 생명이므로 보호되어야 함 • 배아 복제 과정에서 많은 난자의 사용은 여성의 인권을 침해하고 건강권을 훼손함
개체 복제	• 불임 부부의 고통을 해소할 수 있음 • 사람은 누구나 자신이 원하는 방식으로 자신의 아기를 낳을 권리가 있음	• 복제 인간이 도구로 이용될 수 있음 • 인간의 고유성을 위협하고 존엄성을 훼손함 • 가족 관계에 혼란을 초래함

2. 유전자 치료의 윤리적 쟁점(생식 세포 유전자 치료)

찬성	• 병의 유전을 막아 다음 세대의 병을 예방할 수 있음 • 유전 질환을 물려주지 않으려는 부모의 자율적 선택을 존중하는 것임 • 새로운 치료법 개발을 통해 경제적 효용 가치를 산출할 수 있음
반대	• 의학적으로 불확실하고 임상적으로 위험함 • 인간의 유전자를 조작하려는 우생학을 부추길 수 있음 • 고가의 치료비로 그 혜택이 일부 사람에게 치중되어 분배 정의에 어긋날 수 있음

대표 기출 VS 고난도 기출

531 PROJECT H

동양 사상 (가), (나)의 입장으로 적절하지 <u>않은</u> 것은?

(가) 삶을 모르는데 어찌 죽음을 알겠는가? 새가 죽을 때는 울음 소리가 애처롭고, 사람이 죽을 때는 하는 말이 착한 법이라 네. 지사(志士)는 삶을 영위하되 인(仁)을 해침이 없고, 자신 을 희생함으로써 인을 이룬다네.

(나) 삶과 죽음은 인간의 운명[命]이니, 진인(眞人)은 삶을 기뻐 하지도 죽음을 미워하지도 않네. 본래 생명도 형체도 기(氣) 도 없었고, 혼돈 속에서 기가 생겨 그것이 변하여 형체가 되 고 생명이 되고 죽음이 된 것이라네.

① (가) : 도덕적인 가치를 위해서는 자신의 생명을 희생할 수도 있다.
② (가) : 사람이 죽음에 임해서는 자기 삶을 성찰하게 되는 법이다.
③ (나) : 진인이라 해도 그의 삶과 죽음은 기의 변화에 의한 것이다.
④ (나) : 죽음은 인간의 자연스러운 운명이므로 슬퍼할 이유가 없다.
⑤ (가), (나) : 해탈하여 세속의 삶과 죽음의 고통에서 벗어나야 한다.

[핵심 키워드] · (가) : # 삶을 모르는데 어찌 죽음을 알겠는가? # 자신을 희생함으 로써 인을 이룬다네
· (나) : # 삶과 죽음은 인간의 운명 # 진인(眞人) # 기(氣)

[접근 방법] ❶ (가) 제시문의 키워드는 '인(仁)'이다. 삶을 영위하되 인을 해침이 없 고 자신을 희생해서라도 인을 이룬다는 구절에서 공자임을 알 수 있다. ❷ (나) 제시 문의 키워드는 '인간의 운명, 진인, 기(氣)'이다. 도가의 특징적인 키워드가 많았기 때 문에 어렵지 않게 장자임을 파악할 수 있다.

답 ⑤

갑, 을 사상가들의 입장으로 가장 적절한 것은?

갑 : 아침에 도(道)를 들으면 저녁에 죽어도 괜찮다. 뜻이 있는 선비와 인(仁)을 갖춘 사람은 삶에 집착하다가 인을 해치는 경우가 없지만, 자신을 희생하여 인을 이루는 경우는 있다.

을 : 성인(聖人)의 삶은 자연의 운행과 같고, 죽음은 만물의 변화 와 같다. 그는 행복을 추구하지 않으며, 불행을 자초하지 않 는다. 그의 삶은 물 위에 떠 있는 것과 같고, 죽음은 휴식과 같다.

① 갑 : 죽음은 반복되는 윤회에서 벗어날 수 있는 방법이다.
② 갑 : 죽음은 내세(來世)에서의 도덕적 완성을 위한 과정이다.
③ 을 : 죽음은 모든 만물의 근원인 도(道)와 연관된 현상이다.
④ 을 : 죽음은 상례(喪禮)를 통해 애도해야만 하는 슬픈 일이다.
⑤ 갑, 을 : 죽음이 아쉽지 않도록 도덕적으로 충실하게 살아야만 한다.

[핵심 키워드] · 갑 : # 뜻이 있는 선비와 인(仁)을 갖춘 사람
· 을 : # 성인(聖人)의 삶은 자연의 운행과 같고, 죽음은 만물의 변화와 같다.

[접근 방법] ❶ 갑 제시문 첫 번째 줄에서 '도(道)'를 보고 섣불리 장자로 판단해서는 안 된다. '~선비와 인을 갖춘 사람'에 체크! 자신을 희생하여 인을 이루는 것은 유교 의 살신성인 정신이다. ❷ 을 제시문에서는 삶과 죽음을 자연스럽게 연결하고 있다. 특히 성인이 행복을 추구하지 않고, 성인의 삶이 자연의 운행과 같다는 데서 도가 사 상의 입장임을 파악할 수 있다.

답 ③

WHY 왜 빠지지 않고 출제될까?

죽음에 대한 동서양 사상가들의 입장을 묻는 문항은 비교적 단순 한 형태로 출제된다. 제시문에서 어느 정도 정답에 대한 힌트를 얻을 수 있으므로 제시문을 꼼꼼하게 읽는 것이 중요하다. 죽음에 대한 입 장을 묻는 문항은 거의 매년 수능에서 출제되어 왔으므로 앞으로도 계속 출제될 가능성을 염두에 두고 공부를 해야 한다. 동양 사상에서 는 공자, 장자, 불교 사상의 생사관을 다양한 형태로 조합한 문항이 출 제되고, 서양 사상에서는 에피쿠로스, 플라톤, 하이데거의 입장이 주로 출제된다.

HOW 킬러 문항, 어떻게 출제될까?

죽음에 대한 동서양 사상가들의 입장은 1등급을 가르는 초고난도 킬러 문항으로 출제된 경우는 드물지만 문장이 조금이라도 생소하게 출제되면 언제든지 오답률이 높아질 수 있기 때문에 항상 긴장을 늦 추지 말고 공부해야 한다. **공자, 장자, 불교의 죽음관은 인(仁), 자연스 러움, 도(道), 기(氣), 윤회 등 자주 나오는 관련 용어들 중심으로 따로 정리해두는 것이 좋고, 에피쿠로스와 플라톤 등의 서양 사상의 죽음관 역시 특정 사상가를 드러내는 키워드나 문장을 암기하고 흐름과 맥락** 을 정리해야 한다.

실전 문제

주제 ① 죽음과 관련된 윤리적 쟁점

01

다음 사상가의 입장으로 가장 적절한 것은?

| 평가원 |

> 삶과 죽음은 기가 모였다 흩어지는 자연의 과정이다. 생명을 얻음은 때를 만나서 태어난 것이요, 생명을 잃음은 운명에 순응하는 것이다. 때에 맡겨 마음을 편안히 지고 운명에 순응한다면 슬픔과 즐거움이 들어올 수 없으니, 이것이 옛사람이 말한 '거꾸로 매달린 고통을 풀어줌'이다.

① 연기의 이치를 깨달아 고락에서 벗어나야 한다.
② 삶에 집착하지 않고 자연스러운 도를 따라야 한다.
③ 내세의 행복을 위해 선업을 쌓는 삶을 살아야 한다.
④ 삶과 죽음의 이치를 깨달아 인의의 삶에 힘써야 한다.
⑤ 죽음은 자연의 과정이지만 상례를 통해 애도해야 한다.

02

갑, 을의 입장에 대한 옳은 설명만을 〈보기〉에서 고른 것은?

> 갑 : 인간은 오직 죽음이라는 확실한 가능성 앞에서만 스스로 존재의 의미에 대해 물음을 던지며, 삶에 대해 진지하게 고민하고 자신의 참된 모습을 찾게 된다.
> 을 : 가장 두려운 악인 죽음은 우리에게 아무것도 아니다. 죽음은 산 사람이나 죽은 사람 모두와 아무런 상관이 없다. 산 사람에게는 아직 죽음이 오지 않았고, 죽은 사람은 이미 존재하지 않기 때문이다.

> **보기**
> ㄱ. 갑은 자신이 맞게 될 죽음에 대한 자각을 강조한다.
> ㄴ. 을은 내세에서의 영혼의 불멸을 궁극적인 이상으로 본다.
> ㄷ. 을은 죽음은 모든 감각의 상실이므로 두려움의 대상이 아니라고 본다.
> ㄹ. 갑, 을은 죽음 이후에 참된 자아를 발견할 수 있다고 본다.

① ㄱ, ㄴ   ② ㄱ, ㄷ   ③ ㄴ, ㄷ   ④ ㄴ, ㄹ   ⑤ ㄷ, ㄹ

03

다음 사상가가 긍정의 대답을 할 질문으로 가장 적절한 것은?

> 인간은 사라질 육체에 갇혀 지내는 동안은 이데아에 관한 앎, 즉 참된 지혜를 얻기 어렵다. 삶에서 중요한 것이 영혼을 정화하는 일이라면 죽는다는 것은 더 이상 정화될 필요 없이 순수한 영혼을 가질 수 있게 됨을 의미한다.

① 죽음은 인간이 두려워해야 할 대상인가?
② 인간은 자신의 죽음을 인식할 수 없는 존재인가?
③ 죽음을 잊고 삶에서의 도덕적인 실천을 추구해야 하는가?
④ 죽음은 피할 수 없는 고통이므로 의연하게 받아들여야 하는가?
⑤ 죽음을 통해 육체의 구속에서 벗어난 영혼이 자유를 얻게 되는가?

04

다음 사상가의 입장에서 〈문제 상황〉 속 A에게 제시할 조언으로 가장 적절한 것은?

> 그 자신의 인격에서 윤리성의 주체를 파기한 것은, 윤리성 자체를 그 실존의 면에서 말살하는 것과 같다. 즉, 그 자신을 그의 임의의 목적을 위한 한낱 수단으로 처리하는 것은 인격에서 인간의 존엄을 실추시키는 것이다.

> **〈문제 상황〉**
> 불치병으로 극심한 고통을 겪고 있는 환자 A는 고가의 치료비와 계속될 고통을 견뎌낼 자신이 없어 삶을 중단하는 극단적인 선택을 할 것인지를 고민하고 있다.

① 고통을 줄이고 쾌락을 극대화할 수 있는 행위를 선택하세요.
② 스스로 세운 준칙이 사회적 승인을 받을 수 있는지 따져보세요.
③ 부모로부터 받은 자신의 신체를 훼손하지 않는 효의 정신을 실천하세요.
④ 고통에서 벗어나기 위해 인격을 수단으로 이용해서는 안 된다는 것을 깨달으세요.
⑤ 인간은 자율적 주체이므로 자신이 어떤 방법으로 죽을지 스스로 선택할 수 있다는 사실을 기억하세요.

05

갑은 부정, 을은 긍정의 대답을 할 질문으로 가장 적절한 것은?

① 태아는 생명체로서의 권리를 갖는가?

② 정당방위 논거에 따라 태아를 해치는 것은 불가한가?

③ 잠재적 인간인 태아도 성인과 동등한 권리를 지니고 있는가?

④ 임신한 여성의 권리보다 태아의 생명권을 더 우선해야 하는가?

⑤ 임신부는 자율권 논거에 따라 자신의 임신 상태를 자율적으로 결정할 권리를 지니는가?

06

다음 토론의 핵심 쟁점으로 가장 적절한 것은?

> 갑 : 뇌는 인간의 생명 활동을 관장하는 핵심 기관이기 때문에 뇌 기능이 정지하면 죽음이라는 판단을 내려도 적합하다고 생각합니다.
>
> 을 : 저도 뇌사를 죽음으로 인정해야 한다고 생각하지만, 장기 이식을 위해 뇌사 문제에 접근하는 것은 생명의 존엄성을 경시하는 태도라고 생각합니다.
>
> 갑 : 아닙니다. 뇌사를 통한 장기 이식은 오히려 다른 많은 생명에게 인간다운 삶을 부여할 수 있는 존엄한 행위입니다.
>
> 을 : 장기 이식을 위해 뇌사 판정이 악용될 가능성도 있으므로 뇌사를 통한 장기 이식을 허용해서는 안 됩니다.

① 뇌사 판정의 오류를 줄일 수 있는 제도적 장치 마련이 시급한가?

② 뇌 기능의 정지를 기준으로 죽음을 판단해야 하는가?

③ 뇌사 인정 자체는 인간 생명의 존엄성을 침해하는가?

④ 장기 이식을 위한 뇌사 인정은 정당화될 수 있는가?

⑤ 뇌사를 인정할 경우 다수의 생명을 살릴 수 있는가?

07

| 교육청 |

다음을 주장한 사상가가 긍정의 대답을 할 질문만을 〈보기〉에서 있는 대로 고른 것은?

> 동물에게 고통을 야기하는 것을 정당화할 만큼 동물 실험이 중요하다고 주장한다면, 동일한 지적 수준에 있는 인간에게 고통을 야기하는 실험에도 동일한 주장을 할 수 있어야 한다. 한쪽은 우리 종의 구성원이고, 다른 한쪽은 아니라는 차이에 호소하는 것은 옹호될 수 없는 편견에 불과하다.

〈보기〉

ㄱ. 동물의 이익 관심을 고려하지 않는 동물 실험은 부당한가?

ㄴ. 실험실 동물을 착취하는 것은 종 차별주의적인 행위인가?

ㄷ. 동물에게 불필요한 고통을 주는 실험을 금지해야 하는가?

ㄹ. 인간과 동일한 권리들을 지닌 동물을 실험하면 안 되는가?

① ㄱ, ㄴ　　　② ㄱ, ㄹ　　　③ ㄷ, ㄹ

④ ㄱ, ㄴ, ㄷ　　　⑤ ㄴ, ㄷ, ㄹ

08

서양 사상가 갑, 을의 입장에 대한 설명으로 옳은 것은?

> 갑 : 고통을 느낄 수 있는 모든 존재는 이익 고려의 범주에 포함된다. 그리고 그 고통의 결과는 동등하게 고려되는 것이므로 특정 종, 즉 인간만의 고통을 중시하는 차별주의적 태도는 거부되어야 한다.
>
> 을 : 이성이 없지만 생명이 있는 동물들을 잔학하게 다루는 것은 인간의 자기 자신에 대한 의무에 어긋난다. 그리고 자연 중에 생명이 없지만 아름다운 것을 파괴하려는 성향도 인간의 자기 자신에 대한 의무에 어긋난다.

① 갑은 동물을 포함한 모든 생명체가 동등한 가치를 지닌다고 본다.

② 을은 동물은 인간과 달리 간접적인 의무의 대상이라고 본다.

③ 갑은 을과 달리 동정심을 동물에 대한 도덕적 의무의 근거로 본다.

④ 을은 갑과 달리 인간 이외 존재의 도덕적 지위도 인정해야 한다고 본다.

⑤ 갑, 을은 인간과 동물을 동일하게 대우하는 것이 도덕적이라고 본다.

09

갑은 긍정, 을은 부정의 대답을 할 질문으로 가장 적절한 것은?

> 갑 : 삶의 주체라는 것은 단지 살아 있다는 것, 또는 단지 의식을
> 갖고 있다는 것 이상을 의미한다. 삶의 주체가 된다는 것은
> 믿음, 욕구, 지각, 기억, 자신의 미래를 포함해 미래에 대한
> 의식, 쾌락과 고통 등의 감정을 느낄 수 있다는 것이다.
> 을 : 인간은 동물과 관련해서 직접적 의무를 지지 않는다. 동물
> 은 자의식을 갖지 못하므로 어떤 목적을 위한 수단일 뿐이
> 다. 그 목적이란 인간이다. 동물에 대한 우리의 의무는 인간
> 에 대한 간접적 의무에 불과하다. 우리가 동물에 대해 의무
> 를 갖는 이유는 그렇게 함으로써 사람에 대한 의무를 계발
> 할 수 있기 때문이다.

① 동물은 도덕적 주체로서 존엄성을 지닌 존재인가?
② 동물에 대한 간접적인 의무만을 실천해야 하는가?
③ 이성이 없는 존재는 도덕적 권리를 지닐 수 없는가?
④ 일부 동물은 삶의 주체로서 도덕적으로 고려받을 권리가 있는가?
⑤ 의무론적 관점에서 동물 실험 허용 여부를 판단하는 것은 잘못인가?

10

(가)의 갑, 을 사상가들의 입장에서 (나)의 A에게 제시할 조언으로 가장
적절한 것은?

(가)	갑 : 인간의 기술은 자연을 모방하고, 인간은 생각이 없이도 움직일 수 있는 자동기계들을 만들 수 있다. 이러한 자연의 자동기계들은 동물들이다. 을 : 어떤 존재가 권리를 소유하려면 윤리 규범의 고안 능력이나 자율성을 지녀야 하는데, 동물은 그러한 능력이 없다.
(나)	실험실에서 근무하고 있는 A는 좀 더 아름다운 강아지 품종을 개발해달라는 요청을 받고 이를 위한 동물 실험을 진행할 것인지 고민하고 있다.

① 갑 : 동물을 그 자체로 목적을 지닌 존재로 대우하세요.
② 갑 : 인간의 도덕성에 해를 끼치는 동물 실험을 중단하세요.
③ 을 : 인간이 다른 종의 도덕적 권리를 침해해서는 안 된다는 사실을 명심하세요.
④ 을 : 인간과 생물학적으로 유사한 동물의 실험은 부당하다는 것을 깨달으세요.
⑤ 갑, 을 : 도덕적으로 고려해야 할 대상은 인간뿐임을 기억하세요.

11

| 평가원 |

다음 토론의 핵심 쟁점으로 가장 적절한 것은?

> 갑 : 인간을 대상으로 하는 유전자 조작 기술은 유전적 요인으로
> 인한 질병을 치료할 수 있기 때문에 허용되어야 합니다. 질
> 병 극복은 선이기 때문입니다.
> 을 : 네, 동의합니다. 하지만 치료를 넘어 우생학적 목적을 위한
> 국가 차원의 유전자 조작은 인간 존엄성에 대한 심각한 위
> 협이 될 수 있으므로 치료 목적에 한정되어야 합니다.
> 갑 : 치료를 넘어선 국가 차원의 우생학은 부당하지만 개인 차원
> 은 다릅니다. 외모에 대해 성형의 자유를 지니듯이, 우리는
> 유전자 조작을 통해 자질을 강화할 수 있는 자유를 지닙니다.
> 을 : 그렇지 않습니다. 자질 강화를 위한 유전자 조작은 고비용
> 의술로 특정 계층만이 이용 가능해 생물학적 불평등을 낳
> 고, 이는 곧 사회적 불평등을 심화시킬 것이므로 옳지 않습
> 니다.

① 질병 치료를 위한 유전자 조작은 허용되어야 하는가?
② 치료 목적의 유전자 조작은 선을 산출할 수 있는가?
③ 국가는 치료를 넘어선 우생학적 유전자 조작을 해도 되는가?
④ 유전자 조작 기술은 어떤 경우에도 허용되어서는 안 되는가?
⑤ 자질 강화를 위한 개인 차원의 유전자 조작은 허용되어야 하는가?

12

㉠에 들어갈 내용으로 적절하지 <u>않은</u> 것은?

> 개체 복제를 시도하려는 노력은 향후 우리의 삶을 심각하게
> 위협할 수 있음을 명심해야 한다. 혹시 모를 유토피아적 미래보
> 다 훨씬 선명하게 다가오는 디스토피아적 미래는 인간이 돌이킬
> 수 없는 결과를 불러일으킬 것이다. 그런데 어떤 사람들은 미래
> 사회 발전의 원동력인 노동력을 확보하기 위해서라도 개체 복제
> 의 허용이 불가피하다고 주장한다. 나는 이러한 입장이
> [㉠]고 생각한다.

① 복제 인간이 도구로 이용될 수 있음을 모르고 있다
② 가족 관계에 혼란을 초래할 수 있음을 모르고 있다
③ 불임 부부의 고통을 덜어줄 수 있음을 모르고 있다
④ 인간의 자연스러운 출산 과정에 위배됨을 모르고 있다
⑤ 인간 존재의 고유성을 위협하고 개별적 존엄성을 훼손함을 모르고 있다

👤 1등급 전략
동양의 죽음관을 비교하는 문항이다. 서술형 평가 형식 문항은 대체로 어렵지 않게 출제되지만, 함정 선지가 포함되어 있지는 않은지 꼼꼼하게 살펴야 한다.

01

그림은 서술형 평가 문제와 학생 답안이다. 학생 답안의 ㉠~㉤ 중 옳지 <u>않은</u> 것은?

서술형 평가

◎ 문제 : 갑, 을 사상가들의 죽음관에 대해 비교하여 서술하시오.

> 갑 : 이것이 있기 때문에 저것이 있다. 이를 일컬어 인연법(因緣法)이라고 한다. 삶이 있으므로 늙음과 죽음이 있고, 삶을 떠나서는 늙음과 죽음도 없다.
>
> 을 : 삶과 죽음은 춘하추동 사계절의 운행과 같다. 태어나는 것을 기뻐하지 않고 죽는 것을 거부하지 않으니 자연을 따라가고 따라올 뿐이다. 이 경지에 있는 사람을 진인(眞人)이라 한다.

◎ 학생 답안

> 갑, 을 사상가들의 입장을 비교해보면, ㉠ 갑은 죽음을 윤회의 과정에서 겪어야 할 괴로움이라고 보았고, ㉡ 삶을 떠나 깨달음의 경지인 해탈에 이르면 죽음에서 벗어날 수 있다고 보았다. 그리고 ㉢ 을은 삶에 집착할 것이 아니라 자연스럽게 삶과 죽음의 시간을 받아들여야 한다고 보았고, ㉣ 죽음이라는 운명에 순응하면 슬픔과 즐거움이 끼어들 수 없다고 보았다. 한편, ㉤ 갑, 을은 모두 죽음을 일종의 과정으로 보았다.

---

① ㉠　　　② ㉡　　　③ ㉢　　　④ ㉣　　　⑤ ㉤

👤 1등급 전략
서양의 죽음관을 벤다이어그램을 통해 비교하는 문항이다. 특히 대비되는 두 사상가 간의 차이점은 한 명은 내세와 영혼 불멸을 주장하였고, 다른 한 명은 영혼을 인정하지 않고 현세에서의 삶에 초점을 맞췄다는 점이다.

02

(가)의 갑, 을의 입장을 (나) 그림으로 표현할 때, A~C에 해당하는 옳은 진술만을 〈보기〉에서 있는 대로 고른 것은?

(가)	갑 : 잘 산다는 것은 불멸의 영혼을 정화하는 것이다. 잘 죽는다는 것은 더 이상 정화될 필요 없이 순수한 상태의 영혼을 간직한 채로 삶을 마감하는 것이다. 을 : 죽음은 우리에게 아무것도 아니다. 우리가 살아있을 때 죽음은 우리에게 아직 오지 않았으며, 죽음이 왔을 때 우리는 이미 존재하지 않기 때문이다.

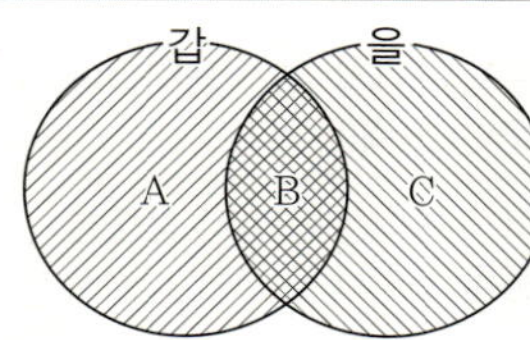

〈보기〉

ㄱ. A : 인간은 죽음을 통해서만 현실 세계에 흩어져 있는 이데아의 모상(模像)을 인식하게 된다.
ㄴ. B : 죽음으로써 인간을 이루던 원자들이 흩어져 영혼의 세계로 돌아간다.
ㄷ. C : 죽음의 공포로부터 벗어나 정신적 쾌락을 추구해야 한다.
ㄹ. C : 죽음은 육체의 소멸이자, 일체의 정신적 활동의 소멸이다.

① ㄱ, ㄴ　　　② ㄴ, ㄷ　　　③ ㄷ, ㄹ
④ ㄱ, ㄴ, ㄹ　　　⑤ ㄱ, ㄷ, ㄹ

03

(가)의 갑, 을 사상가들의 입장을 (나) 그림으로 탐구할 때, A~C에 들어갈 질문으로 옳지 <u>않은</u> 것은?

(가)	갑 : 어떤 동물들의 행위가 인간의 행위와 유사하고 동일한 원리로부터 나왔다면 우리는 인간에 대한 의무를 기르기 위해 동물들에 대해서도 의무를 가져야 한다. 을 : 자연의 다른 존재를 위한 유용성과는 독립적으로, 쾌고(快苦)를 느끼며 목표를 위해 행위하는 삶의 주체는 비록 의무를 지닐 수 없다 해도 삶을 영위할 권리를 갖는다.

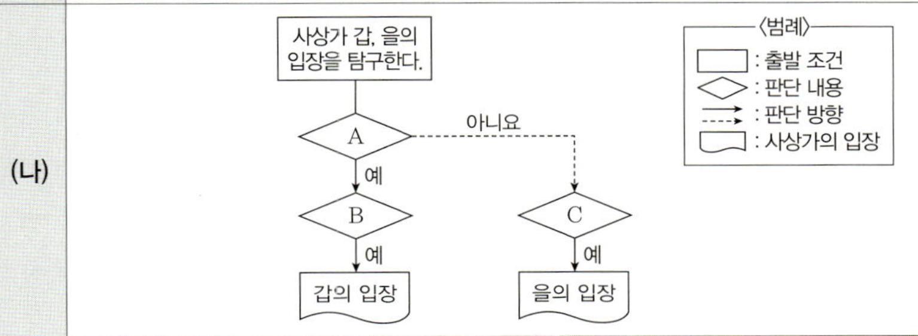

| (나) | |

> **보기**
> ㄱ. A : 이성적 존재만이 내재적 가치를 지니는가?
> ㄴ. B : 동물에 대한 의무를 실천하는 것은 동물을 목적적 존재로 인정하는 것인가?
> ㄷ. C : 쾌고 감수 능력을 지닌 모든 유기체는 실험 대상에서 제외되어야 하는가?
> ㄹ. C : 동물을 상업적 목적으로 사용하는 행위는 동물의 본래적 가치를 부정하는 행위인가?

① ㄱ, ㄴ ② ㄱ, ㄹ ③ ㄷ, ㄹ
④ ㄱ, ㄴ, ㄷ ⑤ ㄴ, ㄷ, ㄹ

04

갑, 을, 병의 입장에서 볼 때, 질문에 모두 옳게 대답한 것은?

> 갑 : 태아는 인간 전단계의 세포 덩어리에 불과하다. 여성의 건강, 기존 가족의 행복, 가족계획 등을 근거로 인공 임신 중절 여부를 결정할 수 있다.
> 을 : 태아는 잠재적 인간으로 생명권을 지니지만, 태아나 여성 어느 한 쪽에 수반되는 고통과 피해를 고려하여 인공 임신 중절 여부를 결정할 수 있다.
> 병 : 태아는 인간과 동일하게 존엄한 존재이다. 인공 임신 중절은 태아가 지닌 생명의 존엄성과 생명에 대한 불가침성을 침해하는 것이다.

	질문	대답		
		갑	을	병
①	인공 임신 중절은 태아가 지니는 고유한 생명권을 파괴하는 행위인가?	예	아니요	예
②	필요한 경우에 제한된 조건 하에서 인공 임신 중절은 허용될 수 있는가?	예	아니요	아니요
③	태아는 권리를 지니는 존재인가?	아니요	예	예
④	어떤 경우에도 인공 임신 중절을 허용하지 말아야 하는가?	아니요	예	예
⑤	태아의 생명과 인간의 생명을 동등하게 대우해야 하는가?	아니요	아니요	아니요

03강 사랑과 성 윤리

출제 POINT

주제 ① 사랑과 성의 관계
프롬의 사랑에 대한 입장	★☆☆
사랑과 성의 관계 – 보수주의, 중도주의, 자유주의	★★★
성과 관련된 윤리적 문제 – 성차별, 성의 자기 결정권, 성 상품화	★☆☆

주제 ② 결혼과 가족의 윤리
부부간의 윤리 – 부부유별, 상경여빈	★★★
형제자매 간의 윤리 – 수족지의, 형우제공	★★★
부자(父子) 간의 윤리 – 부자유친, 부자자효	★★☆

주제 ① 사랑과 성의 관계

1. 프롬의 사랑에 대한 입장

참된 사랑		• 수동적인 것이 아니라 능동적인 활동임 • 물질적인 것이 아니라 자신의 가장 소중한 것을 주는 온전한 인격적 관계 속에서만 성립함 • 보호, 책임, 존경, 이해 등이 포함된 사랑이 진정한 사랑임
사랑의 구성 요소	보호	사랑하는 사람의 생명과 성장에 적극적인 관심을 갖고 보호하는 것
	책임	사랑하는 사람의 요구를 배려하면서 자신의 행동에 책임을 지는 것
	존경	사랑하는 사람을 있는 그대로 받아들이며 존경하는 것
	이해(지식)	사랑하는 사람을 올바르게 알고 이해하는 것

❷ 성의 의미

생물학적 성 (sex)	태어나는 순간 생물학적 차이로 구분되는 성별
사회 · 문화적 성 (gender)	한 사회 안에서 형성되고 습득된 남성다움이나 여성다움
욕망으로서의 성 (sexuality)	성적 관심이나 성적 활동 등 성적 욕망과 관련되는 모든 것을 포괄하는 개념

2. 성의 가치

생식적 가치	종족 보존과 관련된 가치로 새로운 생명을 탄생시키는 원천이 됨
쾌락적 가치	감각적인 욕구를 충족시켜 주는 가치를 지님
인격적 가치	상호 간의 존중과 배려를 실현하게 해 주는 가치를 지님

Tip

❶ 보수주의, 중도주의, 자유주의는 서로 다른 성 윤리를 지향하지만 성적 관계가 인격적 가치에 바탕을 두어야 한다는 것은 세 입장의 공통점이다.

❷ 자유주의에서 주의할 점은 어디까지나 타인에게 피해를 주지 않는 범위 내에서의 자발적 동의라는 것을 반드시 기억해야 한다.

3점 공략

3. 사랑과 성의 관계

보수주의	• 결혼과 출산 중심의 성 윤리를 제시함 • 성은 부부간의 신뢰와 출산을 전제로 할 때만 도덕적임 → 결혼을 통해 이루어지는 성적 관계만이 윤리적으로 정당함 • 성은 개인의 영역이기도 하지만 종족 보존을 통한 사회의 안정 및 존속과도 관련이 있음
중도주의	• 사랑 중심의 성 윤리를 제시함 • 성을 결혼과 결부시키지 않으며, 사랑을 동반한 성적 관계는 윤리적으로 정당함
자유주의	• 자발적 동의 중심의 성 윤리를 제시함 • 성숙한 성인의 자발적 동의로 이루어지는 성적 관계를 옹호하고, 성에 관한 개인의 자유로운 선택을 중시함 → 사랑과 성을 결부하여 성적 자유를 제한하는 것은 옳지 않다고 봄 • 성은 쾌락을 주는 것이며, 쾌락은 그 자체로 추구할만한 가치를 지니기 때문에 자유로운 합의에 따라 타인에게 피해를 주지 않는 범위에서 이루어지는 성적 관계는 윤리적으로 정당함

4. 성과 관련된 윤리적 문제

(1) 성차별

의미	남녀 간의 차이를 잘못 이해하여 발생하는 차별
원인	남자다움과 여자다움을 사회적·문화적으로 규정한 후 이를 따르게 할 때 발생함
문제점	인간으로서의 평등성과 존엄성을 훼손하고, 남녀의 자아실현을 방해하여 사회적 손실로 이어짐 → 양성평등의 관점 및 남녀의 차이를 인정하고 차별하지 않는 문화 조성이 필요함
보부아르의 입장	• "여성은 태어나는 것이 아니라 만들어지는 것이다." → 남성은 '주체'이자 '절대'이지만 여성은 '객체' 또는 '타자'로 인식되어 스스로 삶을 선택하고 결정하지 못하고 남성들의 시각과 가치에 따라 살아가야 했던 시대상을 비판함 • 여성은 자유롭고 주체적인 존재라는 점에서 남성과 다르지 않다고 주장함

(2) 성의 자기 결정권

의미	인간이 자신의 성적 행동을 스스로 결정할 수 있는 권리
성의 자기 결정권 남용에 따른 윤리 문제	• 타인이 갖는 성의 자기 결정권을 침해할 수 있음 • 생명을 훼손하는 부도덕한 결과를 초래할 수 있음
해결 방안	타인의 성에 대한 자기 결정권을 존중해야 하고, 자신의 결정에 책임을 지는 자세를 가져야 함

(3) 성 상품화

의미		성을 상품처럼 사고팔거나, 다른 것을 얻기 위한 수단으로 이용하는 행위
입장	찬성	• 성에 대한 자기 결정권과 표현의 자유를 인정해야 함 • 이윤 극대화를 추구하는 자본주의 논리에 부합함 • 소비자의 선호를 반영하는 것이라면 허용할 수 있음
	반대	• 인간의 성이 지닌 인격적 가치의 의미를 훼손함 • 칸트 윤리의 관점에서 성 상품화는 인간을 수단화하고 도구화하는 것임 • 외모 지상주의를 조장함

└ 외모가 개인 간의 우열과 성패를 가른다고 믿고 외모에 지나치게 집착하는 경향 → 루키즘(lookism)

주제 2 결혼과 가족의 윤리

3점 공략

1. 부부간의 윤리

결혼의 윤리적 의미			• 서로에 대한 사랑을 지키겠다는 약속, 남녀가 서로의 차이를 존중하겠다는 의지의 표현 • 모든 인간관계의 출발점이자, 새로운 생명이 태어나는 시작점임
오늘날의 부부 윤리			• 각자의 주체성과 자유를 존중함 • 부부의 역할을 고정적으로 구별하는 것을 지양하고 양성평등을 강조함
전통 사회의 부부 윤리	음양의 관계 (陰陽論)		• 음양의 운동과 변화로 우주 만물의 생성소멸을 설명하는 이론 • 음과 양의 관계처럼, 부부 관계도 서로 대등한 관계이면서 동시에 상호 보완적이고 서로 조화를 이루고 있음
	부부유별 (夫婦有別)		부부 사이에는 서로 침범하지 못할 본분과 구별이 있음
	상경여빈 (相敬如賓)		부부는 서로를 공경하기를 마치 귀한 손님을 대하듯 해야 함
	부부상경 (夫婦相敬)		부부간에 서로 존중하고 공경해야 함

2. 형제자매 간의 윤리

동기간(同氣間)	부모로부터 같은 기운을 받고 태어난 형제자매 관계를 일컫는 말임
수족지의(手足之義)	형제자매는 사람의 손과 발처럼 세상에서 가장 가까운 사이임
형우제공(兄友弟恭)	형은 동생을 사랑하고, 동생은 형을 공경해야 함

3. 부모와 자녀 간의 윤리

자애(慈愛)	부모가 자녀에게 베푸는 두터운 사랑
부자유친(父子有親)	부모와 자녀는 친애가 있어야 함
부자자효(父慈子孝)	부모는 자녀를 사랑하고 자녀는 부모에게 효를 실천해야 함
간언(諫言)	부모가 바른 선택을 할 수 있도록 정직하게 말하는 것

4. 가족 해체 현상

의미	가족 구성원 각자의 역할이나 가족 전체의 기능이 제대로 수행되지 못하는 상태
원인	가족이 서로 떨어져 지내거나 서로 접촉할 시간이 많지 않음 → 가족 공동체 내에서 정서적 상호 작용이나 가정의 사회화 기능이 제대로 이루어지지 못함
결과	가족 공동체가 무너지고 사회 전체에 부정적인 영향을 미칠 수 있음

◆ 전통적인 효의 실천 방법

불감훼상 (不敢毀傷)	효의 시작으로, 부모로부터 물려받은 몸을 깨끗하고 온전하게 하는 것
봉양(奉養)	부모를 실질적으로 편안하게 잘 모시는 것
양지(養志)	부모의 뜻을 헤아려 실천함으로써 부모를 기쁘게 해 드리는 것
공대(恭待)	표정을 항상 부드럽게 하여 부모가 편안한 마음을 지닐 수 있도록 해 드리는 것
불욕(不辱)	부모를 욕되지 않게 해 드리는 것
혼정신성 (昏定晨省)	아침저녁으로 부모에게 문안을 드리는 것
입신양명 (立身揚名)	효의 마침으로, 후세에 이름을 떨쳐 부모를 영광되게 해 드리는 것

Tip

❶ 현대 사회에서 부부간의 윤리는 양성평등의 관점에서 바라보아야 하므로, 부부는 서로 동등한 존재임을 인식하고, 서로 존중하며 신의(信義)를 지키는 관계라는 것이 가장 기본이다.

❷ 음양론이나 부부유별은 부부 사이에 고정불변의 역할이 정해져 있다는 뜻이 아니라, 부부가 서로의 차이를 인정하고 서로를 보완해주며 각자의 역할에 최선을 다해야 한다는 의미로 받아들여야 한다.

❸ 형제자매 관계는 형과 아우의 순서가 있는 상하 관계(수직적)이면서도 한 부모 아래 동기(同氣)라는 수평적인 측면을 동시에 가지고 있다는 것을 반드시 기억해야 한다.

🔒 3점 공략 Check

Q1 프롬은 사랑의 구성 요소를 보호, (   ), 존경, 이해, 이해라고 보았다.

Q2 사랑과 성의 관계에서 중도주의 입장은 (   ) 중심의 성 윤리이다.

Q3 사랑과 성의 관계에서 자유주의 입장은 자발적 결혼 중심의 성 윤리를 주장하였다. (O / X)

Q4 '상경여빈'은 부부는 서로를 공경하기를 마치 귀한 (   )을/를 대하듯 해야 한다는 뜻이다.

Q5 형제자매는 '부모로부터 같은 기운을 받고 태어난 관계'라는 뜻에서 (   )이라고도 한다.

순한맛 # 평가원

(가) 사상의 입장에서 볼 때, (나)의 ㉠에 대한 설명으로 가장 적절한 것은?

(가)	어진[仁] 사람만이 능히 사람을 좋아하고 미워할 수 있으며, 자신이 서고자 할 때 남도 서게 해주고 자신이 목적을 이루고자 할 때 남도 이루게 해 준다. 따라서 자신이 하기 싫은 일은 남에게도 시키지 말아야 한다[恕].
(나)	⃞ ㉠ ⃞은/는 나와 더불어 한몸과 같은 존재이며, 사람의 손과 발처럼 서로 아끼고 도와주는 관계이다. 상대방이 좋지 못한 행실을 하면 마땅히 정성을 다해 충고해서 올바른 도리를 깨닫도록 해야 한다.

① 서로 간에 자애(慈愛)와 효도를 실천해야 하는 관계이다.
② 계약을 바탕으로 서로 이익을 추구하는 사회적 관계이다.
③ 동기간(同氣間)으로서 사랑과 공경을 실천해야 하는 관계이다.
④ 가깝게 오래 사귄 벗으로서 우정을 중시하는 선택적 관계이다.
⑤ 삶의 동반자인 배우자로서 서로 정조를 지켜야 하는 관계이다.

[핵심 키워드]　•(가) : # 자신이 하기 싫은 일은 남에게도 시키지 말아야 한다[恕].
•(나) : # 사람의 손과 발처럼 서로 아끼고 도와주는 관계[手足之義]

[접근 방법]　❶ (가) 제시문에서는 인(仁)과 서(恕)의 윤리를 언급하고 있다. 서(恕)는 자신을 미루어 다른 사람의 마음을 헤아리는 유교의 윤리이다. ❷ (나)의 ㉠은 '사람의 손과 발처럼 서로 아끼고 도와주는 관계', 즉 수족지의의 관계이다. ❸ ㉠이 어떠한 관계인지를 파악하고, 이를 (가) 사상의 입장에 대입하여 옳은 답을 고른다.

답 ③

WHY 왜 빠지지 않고 출제될까?

　유교 사상의 입장에서 부부 관계, 부자 관계, 형제자매 관계의 윤리를 파악하는 문항은 꾸준히 출제되고 있다. 문항 해결을 위해 가장 시급한 것은 각 관계가 추구하는 덕목과 그 뜻을 파악하는 것이다. 한자 단어를 대충 보고 뜻을 추측해 맞추려고 하면 틀리기 쉽다. 정확하게 뜻을 암기하고 이해해야 제시문이나 선지에 언급됐을 때 어떤 단어에 대한 설명인지 감이 온다.

매운맛　# 교육청 # 정답률 38.8%

(가) 사상의 입장에서 제시할 (나)의 ㉠, ㉡에 대한 옳은 설명만을 〈보기〉에서 있는 대로 고른 것은?

(가)	사람이 어질지[仁] 않으면 예(禮)는 해서 무엇 하며, 악(樂)은 해서 무엇 하겠는가?
(나)	○ ⃞ ㉠ ⃞은/는 두 사람이 힘을 합쳐 부모를 섬기고, 후세를 잇기 위해 노력해야 하는 관계이다. ○ ⃞ ㉡ ⃞은/는 동기간(同氣間)으로 서로 화목함으로써 효(孝)를 실천해야 하는 관계이다.

보기
ㄱ. ㉠은 서로 사랑해야 하는 천륜(天倫)의 관계이다.
ㄴ. ㉠은 서로 상호 공경하면서도 분별[別]이 요구되는 관계이다.
ㄷ. ㉡은 차이를 인정하고 위계를 존중해야 하는 관계이다.
ㄹ. ㉠, ㉡은 권면(勸勉)과 신의에 힘써야 하는 관계이다.

① ㄱ, ㄷ　　② ㄱ, ㄹ　　③ ㄴ, ㄷ
④ ㄱ, ㄴ, ㄹ　　⑤ ㄴ, ㄷ, ㄹ

[핵심 키워드]　•(가) : # 인(仁)　# 예(禮)　# 악(樂)
•(나) : # 후세를 잇기 위해 노력해야 하는 관계　# 동기간(同氣間)

[접근 방법]　❶ (가) 제시문에서 인(仁), 예(禮)를 보고 어떠한 사상인지를 파악한다. ❷ (나)의 ㉠, ㉡에 들어갈 단어를 유추한다. ㉠은 '후세를 잇기 위해 노력하는 관계'에서, ㉡은 '동기간'이라는 데서 힌트를 얻을 수 있다. ❸ (가) 사상의 입장에서 ㉠, ㉡ 관계에 대해 강조하는 내용을 고른다.

답 ⑤

HOW 킬러 문항, 어떻게 출제될까?

　가족 관계의 윤리는 수직적이면서도 수평적인 형제자매 윤리나 상호 의존적이면서도 서로 간 분별이 요구되는 부부 윤리처럼 내용이 딱 떨어지지 않고 상반되는 내용을 한꺼번에 포함하여 헷갈릴 수 있는 포인트가 많으므로 개념을 정확하게 익혀두는 것이 중요하다. 개념을 반복 정리하고 기출 문제들을 여러 번 풀어보면서 다양한 선지의 변형에 대비해야 한다.

실전 문제

주제 ① 사랑과 성의 관계

01

갑, 을의 입장으로 가장 적절한 것은?

| 평가원 |

① 갑 : 성적 관계는 도덕적 가치 판단의 대상이 아니다.
② 갑 : 성의 생식적인 가치보다 쾌락적인 가치가 더 중요하다.
③ 을 : 결혼을 전제로 하지 않는 성적 관계는 모두 비도덕적이다.
④ 을 : 상호 동의만 전제되면 성적 관계는 도덕적으로 허용될 수 있다.
⑤ 갑, 을 : 사랑이 결여된 성적 관계는 도덕적으로 정당화될 수 없다.

02

다음 사상가의 입장만을 〈보기〉에서 있는 대로 고른 것은?

> 삶이 일종의 기술인 것처럼 사랑도 기술이라는 것을 깨달아야 한다. 사랑은 상대에게 응답할 수 있고 응답할 준비가 갖추어져 있다는 뜻이다. 사랑은 인간 존재를 타인과 결합시키는 능동적인 능력으로, 인간의 고립감을 극복하게 하면서도 각자 자신의 통합성을 유지시킨다.

┌ 보기 ┐
ㄱ. 사랑은 능동적으로 자신의 생동감을 고양하는 것이다.
ㄴ. 사랑은 상대방의 개성과 성장에 관심을 기울이는 것이다.
ㄷ. 사랑이 추구하는 본질은 상대방을 사랑하고 그 사랑을 돌려받는 것이다.
ㄹ. 사랑은 자신을 희생하여 상대방의 요구를 조건 없이 수용하는 것이다.

① ㄱ, ㄴ ② ㄴ, ㄷ ③ ㄷ, ㄹ
④ ㄱ, ㄴ, ㄹ ⑤ ㄱ, ㄷ, ㄹ

03

다음을 주장한 사상가의 입장에서 긍정의 대답을 할 질문으로 옳은 것은?

> 남성과 여성의 타고난 본성 때문에 그들이 각각 현재와 같은 역할을 하게 되었고, 또 그것이 본성에 적합하다고 말할 수 있는 근거는 아무것도 없다. 만일 사회에서 여성 없이 남성만 살았거나 반대로 남성 없이 여성만 살았다면, 각각의 본성에 내재한 정신적 · 도덕적 차이에 대해 분명히 알 수 있을 것이다. 오늘날 여성의 본성이라고 알려져 있는 것들은 확실히 인위적인 것이다.

① 남녀의 본성에 따라 사회적 역할이 분담되어야 하는가?
② 남녀는 생물학적인 요소에 의해 구분되고 분별되어야 하는가?
③ 성 역할은 역사적이고 문화적인 산물이므로 그대로 따라야 하는가?
④ 여성의 본성은 사회적이고 환경적인 요인에 의해 만들어진 것인가?
⑤ 정신적으로 우월한 존재에 의해 본성은 인위적으로 규정될 수 있는가?

04

갑, 을, 병의 입장에 대한 설명으로 옳은 것은?

> 갑 : 성적 관계는 자발적 동의에 따르고, 타인에게 피해를 주지 않는 한 허용될 수 있습니다. 성적 관계의 목적은 쾌락적 가치의 실현에 있기 때문입니다.
> 을 : 성적 관계가 쾌락을 준다는 것과 해악 금지의 원칙에 따라야 한다는 것에는 동의합니다. 그러나 성욕은 본능적 욕구이면서 동시에 인간의 존엄과 관련된 욕구이기 때문에 사랑이 없는 성은 도덕적인 성이 아닙니다.
> 병 : 성적 관계의 목적은 2세를 낳아 가계(家系)를 이어가는 것이므로 결혼이 전제되어야만 합니다. 결혼은 아이를 양육하는 바탕이 되며 이를 통해 가정과 사회의 존속이 가능해집니다.

① 갑은 자발적 동의에 따른 모든 성은 도덕적이라고 본다.
② 을은 성은 혼인 관계 내에서만 도덕적이라고 본다.
③ 병은 사랑하는 사람 간의 성적 관계는 언제나 도덕적이라고 본다.
④ 갑은 병과 달리 쾌락의 극대화를 통한 성의 생식적 가치 실현을 강조한다.
⑤ 병은 갑, 을과 달리 성에 있어서 사회적 인정과 사회의 존속을 강조한다.

05

갑, 을의 입장으로 옳은 것은?

> 갑 : '사랑 있는 성'은 도덕적으로 옳고, '사랑 없는 성'은 비도덕
> 적이다. 인간의 성은 사랑을 통해 동물적 차원을 벗어나서
> 인격적 차원으로 고양된다. 그래서 성적 관계에서 서로 사
> 랑한다면, 굳이 성에 혼인이나 출산과 같은 제약을 가할 필
> 요가 없다.
> 을 : 성의 자연적 목적은 출산이며, 출산에 기여하는 것만이 성의
> 진정한 가치이다. 출산과 안정적인 양육은 가정, 즉 결혼의
> 틀 내에서만 일어날 수 있기 때문에 결혼이라는 사회적 승인
> 을 거친 사람 간의 성적 활동만이 도덕적으로 정당하다.

① 갑 : 성의 목적은 쾌락의 가치를 추구하는 것이다.
② 갑 : 성은 출산을 목적으로 할 때에만 도덕적으로 정당화될 수 있다.
③ 을 : 성과 결혼은 상호 독립적인 별개의 것이다.
④ 을 : 사랑하는 연인 관계는 정당한 성적 관계의 주체에 해당한다.
⑤ 갑, 을 : 인간의 성은 당사자들의 자발적인 동의 내에서 이루어져야 한다.

06

다음 사상가의 입장에서 〈문제 상황〉 속의 A에게 제시할 조언으로 적절하지 <u>않은</u> 것은?

> 도덕적 의무는 도덕 법칙에 대한 존경을 의지 규정의 근거로
> 삼는 것이고, 도덕 법칙은 의무이자 강제로 작용한다. 의무에 적
> 합한 행위가 아니라 의무로부터 비롯된 행위만이 도덕적이다.

〈문제 상황〉

> 위중하신 아버지의 병원비 마련으로 어려움을 겪고 있던 A는
> 신체·부위를 노출시킨 사진을 찍으면 거액의 돈을 벌 수 있다는
> 이야기를 듣고 사진을 찍어야 할지 고민하고 있다.

① 인간에게 의무로 주어진 도덕 명령에 따르는 행위를 하세요.
② 자신의 인격을 목적이 아닌 수단으로 대우하는 것은 아닌지 성찰하세요.
③ 성 상품화는 인간의 존엄성을 크게 훼손시키는 행위임을 기억하세요.
④ 스스로 세운 준칙이 다른 모든 사람에게도 적용 가능한지 검토하세요.
⑤ 무엇이 최대 다수에게 최대 행복을 가져다 주는 행위 원리인지를 따져보세요.

07

| 교육청 |

(가)의 관점에서 (나)의 ㉠의 자세로 가장 적절한 것은?

(가)	태극이 동(動)하면 양(陽)을 낳고 동이 극에 이르면 정하고, 정하면 음(陰)을 낳는다. 정이 극에 이르면 다시 동한다. 한 번 움직이고 한 번 멈춤에 있어 서로 뿌리가 되어 음과 양이 두 표준으로 선다.
(나)	가정을 바르게 하려면 그 시작부터 조심해야 한다. 무릇 ㉠ 은/는 인륜의 시작이자 만복의 근원이므로 서로 친하다 해도 방정(方正)하게 행동해야 한다. 그래서 "군자의 도는 ㉠ 에서 시작된다."라고 한다.

① 혈연적 관계에 기초하여 친애(親愛)를 실천해야 한다.
② 각자의 덕목을 실천함으로써 서로를 보완해주어야 한다.
③ 서로의 능력 차이를 고려하여 위계질서를 수립해야 한다.
④ 서로의 역할을 고정되어 있는 불변의 것으로 여겨야 한다.
⑤ 한 부모의 기운을 똑같이 받았기에 친밀함을 추구해야 한다.

08

다음 글의 입장에서 긍정의 대답을 할 질문으로 옳은 것은?

> 효의 실천은 부모의 뜻을 단순히 받드는 것만이 아니라 부모가
> 올바른 선택을 하고 바른 길을 갈 수 있도록 예를 갖추어 안내하
> 는 역할을 다하는 것이다. 부모 역시 자식을 사랑하며 자식의 뜻
> 을 이해하는 입장에서 생각하고 행동해야 하기 때문에 바른 언행
> 으로 실천적인 모범을 보여야 한다. 그리고 부모와 자식 간은 혈
> 육의 정(情)이 있기 때문에 여러 상황을 고려해야 한다.

① 부모의 잘못에 대해서는 간언해야 하는가?
② 자녀는 부모의 말씀을 항상 실행해야 하는가?
③ 자식의 효는 부모의 자애가 나타나게 하는 선결 조건인가?
④ 부모가 잘못할 경우에 그 내용을 말씀드리지 말아야 하는가?
⑤ 부모의 잘못을 제3자의 입장에서 엄격하게 비판해야 하는가?

09

㉠에 대한 설명으로 가장 적절한 것은?

> [㉠   ]은/는 사람의 손과 발처럼 한 몸으로 움직이며 서로 보호하고 도와주는 관계로 수족지의(手足之義)라고도 하며, 한 부모의 같은 기운을 받고 태어난 사이이므로 동기간(同氣間)이라고도 한다. 또한 서로 사랑하고 공경함으로써 부모에 대한 효를 실천해야 하는 관계이기도 하다.

① 모든 인간관계의 시작으로 성장한 남녀가 만나 결합한 관계이다.
② 가족 내의 인간관계 중에서 유일하게 혈연으로 맺어지지 않은 관계이다.
③ 태어난 순서에 따라 예(禮)를 행하는 상하의 도리가 필요한 관계이다.
④ 서로 다른 항렬을 사용하므로 적절한 촌수와 칭호를 사용해야 하는 관계이다.
⑤ 동일한 세대에 속하는 평등한 관계로 장유유서의 도리가 적용되지 않는 관계이다.

10

(가) 사상의 관점에서 볼 때, (나)의 ㉠에 대한 옳은 설명만을 〈보기〉에서 있는 대로 고른 것은?

(가)	인간에게 가장 중요한 덕은 인(仁)이다. 자기 마음을 미루어 남을 헤아릴 수 있다면 그것이 인의 올바른 실천 방법이라고 할 수 있다.
(나)	○ 우리의 몸은 부모로부터 물려받은 것이다. 감히 상하게 하거나 훼손하지 않는 것이 [㉠]의 시작이다. ○ 군자가 [㉠](이)라고 부르는 것은 어버이의 뜻에 앞서서 그것을 이루어 드리고 부모에 대한 도리에 그릇됨이 없도록 노력하는 것을 가리킨다.

〈보기〉
ㄱ. 물질적 봉양이 아닌 감사하는 마음만으로 충분한 것이다.
ㄴ. 부모가 올바른 선택을 할 수 있도록 간언(諫言)하는 것이다.
ㄷ. 부모의 뜻을 헤아려 실천함으로써 기쁘게 해드리는 것이다.
ㄹ. 형제자매가 우애(友愛) 있게 지냄으로써 실천할 수 있는 것이다.

① ㄱ, ㄴ 　　② ㄱ, ㄷ 　　③ ㄴ, ㄹ
④ ㄱ, ㄷ, ㄹ 　　⑤ ㄴ, ㄷ, ㄹ

11

(가)의 입장에서 (나)의 ㉠ 관계에 대한 적절한 설명만을 〈보기〉에서 있는 대로 고른 것은?

(가)	인간다움[仁]을 바탕으로 한 예(禮)가 참된 예이다. 항상 사욕(私欲)을 물리치고 예에 따르는 생활을 할 때 인간다움이 실현될 수 있다.
(나)	천지(天地)가 있는 연후에 만물이 있고, 만물이 있는 연후에 남녀가 있고, 남녀가 있는 연후에 [㉠]이/가 있고, [㉠]이/가 있는 연후에 부자(父子)가 있고, 부자가 있는 연후에 군신(君臣)이 있고, 군신이 있는 연후에 상하(上下)가 있고, 상하가 있는 연후에 예의(禮義)를 둘 곳이 있다. 천지는 만물의 근본이요, [㉠](이)란 인륜의 시작이다.

〈보기〉
ㄱ. 혈연적 관계에 기초하여 사랑을 실천해야 한다.
ㄴ. 서로 간의 분별을 바탕으로 친애(親愛)해야 한다.
ㄷ. 항렬이 서로 다름을 인식하여 예절을 지켜야 한다.
ㄹ. 서로의 역할을 존중하면서도 손님을 대하듯 공경해야 한다.

① ㄱ, ㄴ 　　② ㄱ, ㄷ 　　③ ㄴ, ㄹ
④ ㄱ, ㄷ, ㄹ 　　⑤ ㄴ, ㄷ, ㄹ

12

다음 동양 사상의 입장으로 가장 적절한 것은?

> 부모를 사랑하는 사람은 감히 다른 사람을 미워하지 않고, 부모를 공경하는 사람은 감히 타인을 업신여기지 않는다. 사랑과 공경을 다하여 어버이를 섬기면 덕과 가르침이 백성에게 퍼져 온 세상의 모범이 된다. 이것이 대개 천자가 효도하는 방법이다.

① 자신의 부모와 남의 부모를 순서와 차별 없이 공경해야 한다.
② 군자(君子)는 보통 사람과 달리 사랑과 공경으로 어버이를 섬겨야 한다.
③ 부모의 허물은 간(諫)하지 않고 대신 책임을 지는 것이 자식의 도리이다.
④ 부모가 자신의 말을 받아주지 않더라도 공경하는 마음을 저버려서는 안 된다.
⑤ 효는 인(仁)의 실천 방법 중 하나로 부모가 살아계실 때에만 예(禮)를 갖추는 것이다.

1등급 전략

에리히 프롬의 '사랑의 기술'의 입장을 파악하는 문항이다. 학문적인 확신 없이 '사랑'에 대해 꽤 그럴싸해 보이는 내용을 고르면 틀리기 쉽다. 에리히 프롬이 주장한 사랑의 기술의 핵심은 사랑은 능동적으로 '주는 것'이라는 데 있다.

01

그림의 강연자가 지지할 주장만을 〈보기〉에서 있는 대로 고른 것은?

〈보기〉

ㄱ. 사랑은 개인과 타인을 인격적 존재로 결합시키는 힘이다.
ㄴ. 고통을 감수하는 희생을 통해 상대방을 고양시키는 것은 숭고한 사랑이다.
ㄷ. 인격적 관계가 아닌 성적 결합에 의해서만 성립된 사랑은 실패할 수밖에 없다.
ㄹ. 상대방을 소유하려 하지 않고 있는 그대로 받아들이는 것은 상대방에 대한 존경을 표현하는 것이다.

① ㄱ, ㄴ ② ㄴ, ㄷ ③ ㄷ, ㄹ
④ ㄱ, ㄴ, ㄹ ⑤ ㄱ, ㄷ, ㄹ

1등급 전략

성과 사랑의 관계에 대한 문항은 각 입장에 대한 핵심적인 내용만 정확하게 암기하고 있다면 크게 헷갈릴만한 선지가 없다. 다만 결혼을 '제도적 책임'이라고 표현하거나, 출산을 '사회 구성원의 재생산'이라고 표현하는 식의 언어적인 변형이 있다는 것을 알아두자.

02

(가), (나)의 입장에서 볼 때, 질문에 모두 바르게 대답한 것은?

(가) 성의 목적은 신으로부터 주어졌으며 그것은 부부간 출산함에 있다. 그러므로 신이 부여한 출산이라는 목적에 이르지 못하는 성은 모두 부도덕하다. 인간의 모든 행동은 신의 섭리에 부합할 때 자신의 본질에 가장 가깝게 된다.

(나) 성은 상대방과의 진정한 합일의 상태를 향해 가는 것이다. 사랑이 없는 성은 몸과 마음이 분리되는 인격의 파편화를 초래하여 인격의 통합성을 파괴한다. 사랑이 없는 성은 출산에 관련된 것일지라도 도덕적이라고 할 수 없다.

	질문	대답 (가)	대답 (나)
①	제도적 책임을 전제로 한 성적 활동만이 도덕적으로 허용될 수 있는가?	예	예
②	사랑이 있는 성적 활동은 반드시 도덕적인가?	예	아니요
③	상호 자발적 동의가 있다면 사랑 없는 성적 활동도 정당화될 수 있는가?	아니요	예
④	사랑은 남녀 간의 성적 활동이 도덕적이기 위한 필수적인 전제 조건인가?	아니요	예
⑤	사회 구성원의 재생산을 전제한 성만이 도덕적으로 허용될 수 있는가?	아니요	아니요

03

다음 서양 사상가의 입장으로 가장 적절한 것은?

> 주체는 타자와 직접 대립하지 않고서는 자신을 주체로 정의할 수 없다. 주체는 타자와 직접 대립함으로써 자신을 주체로 파악하며 자신을 '본질'로, 타자를 비본질적인 '객체'로 설정한다. 자기를 주체로 정립한 남성에 의해 여성은 타자로 정의되었다. 주체는 대립함으로써 자신의 지위를 확보하며 자기를 본질로, 비본질적인 것을 객체로 설정함으로써 자신을 확보해간다. 남녀 사이에는 상호성과 상대성이 없으며, 남성만이 유일한 본질이며 여성은 자신을 주체로 정립한 남성에 의해 순수한 타자로 규정되었다. 여성의 모든 역사는 남성에 의해 만들어진 것이며, 여성은 여성으로 태어나는 것이 아니라 만들어지는 것이다.

① 여성은 만들어진 역사를 벗어나 남성을 객체화시켜야 한다.

② 주체와 타자는 남녀의 선천적 차이를 근거로 하여 구분된다.

③ 여성에게 강요된 가치관인 타자로서의 삶을 살아가서는 안 된다.

④ 여성은 유일한 본질로서의 주체를 좇아 새로운 역사를 정립해야 한다.

⑤ 바람직한 여성성은 사회적으로 부여된 여성의 역할을 수행할 때 완성된다.

👤 1등급 전략

양성평등에 대한 문항은 주로 보부아르나 밀의 입장이 제시되는데, 이때 제시문에서 정답에 대한 힌트를 얻을 수 있으므로 선지와 제시문의 문구를 대입해가며 읽는 것을 추천한다.

04

㉠, ㉡에 대한 설명으로 옳지 <u>않은</u> 것은?

> ○ 오륜(五倫)에서는 [　㉠　] 관계에서 서로 간에 친(親)함이 있어야 한다고 본다. [　㉠　] 관계는 서로 다른 남이 만나 자녀를 낳은 이후에 이루어지는 관계이다.
>
> ○ 전통 사상에서는 [　㉡　] 관계를 부모의 골육을 함께 받았기에 동기간(同氣間)이라고 하며, 서로 간의 친애를 효(孝)의 실천으로 본다. [　㉡　] 관계는 일반적으로 인간의 삶 동안에 가장 오래 지속되는 관계이다.

① ㉠은 서로 끊을 수 없는 친밀한 관계이다.

② ㉡은 장유유서(長幼有序)의 도리를 깨달을 수 있는 관계이다.

③ ㉠은 ㉡과 달리 천륜(天倫)으로 맺어진 관계이다.

④ ㉡은 ㉠과 달리 사랑과 경쟁의 양면을 갖고 있는 관계이다.

⑤ ㉠, ㉡은 모두 위계질서를 가지고 있는 관계이다.

👤 1등급 전략

부부, 형제자매, 부자(父子) 간 윤리는 단독으로 출제되기도, 함께 묶여 출제되기도 한다. 따라서 각 관계의 덕목은 물론이고, 공통적으로 성립되는 내용은 어떤 것이 있는지 파악해 두는 것이 좋다. 형제자매와 부자는 혈연적, 천륜의 관계이고, 부부는 서로 간 인연에 의해 성립된 인륜의 관계이며, 세 관계 모두 친애(親愛)를 실천해야 하는 관계이다.

직업과 청렴의 윤리

출제 POINT

주제		
1 동서양의 직업관	**2** 기업가와 근로자의 윤리	**3** 공직자 윤리와 청렴
맹자와 순자의 직업관 🔒 ★★★	기업의 사회적 책임 🔒 ★★★	공직자 윤리 ★☆☆
중세 그리스도교와 칼뱅의 직업관 🔒 ★★★	근로자 윤리 ★☆☆	정약용의 절용 ★★☆
플라톤, 마르크스의 직업관 🔒 ★★☆		부정부패와 청렴 ★☆☆

주제 1 동서양의 직업관

1. 직업의 의미와 기능

의미	• 한 인간이 경제적 보상을 받으면서 자발적으로 하는 지속적인 일 또는 활동 • 동양 : 직(職, 사회적 지위나 직분)+업(業, 생계를 유지하는 노동) • 서양 : 프로페션(profession – 일이 지니는 사회적 지위나 위상을 강조하는 말), 보케이션(vocation – 신의 부르심이라는 종교적 의미를 담은 말)
기능	• 생계유지 : 경제적으로 안정된 삶을 유지하게 함 • 자아실현 : 개인의 잠재력과 재능 발휘를 통한 개인의 자아실현 통로 • 사회 참여 : 사회 구성원으로서 역할 분담 및 수행을 통해 사회 발전에 기여함

Tip

❶ 공자의 정명(正名) 사상은 사회 구성원 각자가 자신의 신분과 지위에 맞는 역할을 다하는 것임을 이해해야 한다.

❷ 맹자가 주장한 항산과 항심의 관계, 정신노동과 육체노동의 구분, 그리고 순자가 강조한 예(禮)에 따른 사회적 역할 분담은 시험에 자주 출제되므로 반드시 숙지해 두자.

3점 공략 🔒

2. 동양의 직업관

공자	정명(正名) 사상 : "임금은 임금답고 신하는 신하다우며, 부모는 부모답고 자식은 자식다워야 한다." → 사회 구성원 각자가 제 이름에 걸맞은 역할에 충실히 임하여 전체적으로 조화를 이룰 때 사회가 안정될 수 있음을 강조
맹자	• 생계유지와 도덕성의 관계 강조 : "선비들은 생계가 보장되지 않더라도 도덕심을 유지할 수 있으나, 백성들은 생계가 유지되지 않으면 도덕심을 유지하기 어렵다." → 항산(恒産)이 있어야 항심(恒心)을 도모할 수 있음을 강조 • 사회적 분업 강조 : 정신노동과 육체노동을 구분하여 사회적 분업과 직업 간의 상호 보완성 강조
순자	• 사회적 역할 분담 강조 : 각자의 덕을 헤아려 지위를 정하고, 능력을 헤아려 관직을 맡겨야 함 • 예(禮) : 욕구를 적절하게 제한하며, 사회적 역할 분담을 규정해 주는 규범
실학	개인의 재능과 학식에 따른 사회 분업적 관점 강조 → 노동을 하지 않는 양반 비판, 중인 계층 도약의 토대로 작용

Tip

❶ 플라톤과 공자는 사회 구성원 각자가 자신의 역할에 충실하여 전체적으로 조화를 이룰 때 바람직한 이상 사회가 실현될 수 있다고 본다는 공통점이 있으므로 서로 연계되어 출제될 수 있다.

❷ 칼뱅의 소명설은 직업관과 관련해 가장 많이 출제되는 주제이므로 중세 그리스도교의 직업관과 비교해가며 종합적으로 정리해 두어야 한다.

❸ 마르크스의 직업관은 비교적 고난도로 출제가 용이하므로 깊이 있게 학습해 둘 필요가 있다.

3점 공략 🔒

3. 서양의 직업관

플라톤	• '이성 – 기개 – 욕망'이라는 개인의 영혼에 따라 '통치자 – 방위자 – 생산자' 계급으로 역할이 나누어짐 • 각자가 자신의 역할과 본분에 해당하는 덕을 잘 발휘하여 전체적으로 조화를 이룰 때 정의로운 국가가 실현됨
중세 그리스도교	• 노동은 원죄를 지닌 인간이 받는 형벌로 신이 부과한 것이라고 보아, 인간은 속죄의 차원에서 노동을 해야 한다고 봄 • 물질적 부를 추구하는 것은 탐욕적이고 성스럽지 않은 행위라고 여김
칼뱅	• 직업 소명설 : 직업은 신의 거룩한 부름, 즉 소명(召命)에 따라 행하는 것이라고 봄 • 세속적인 직업 노동은 이웃 사랑의 외적 표현이며, 근면 성실하고 검소한 생활을 통해 직업적 성공을 거두는 것을 긍정적으로 봄
마르크스	• 인간은 노동을 통해 세계와 관계 맺고 자신의 본질을 실현할 수 있는 존재라고 봄 • 이윤의 극대화만을 추구하는 자본주의 체제의 분업화된 노동이 인간 소외를 발생시킨다고 비판함

주제 ② 기업가와 근로자의 윤리

1. 직업 윤리의 일반성과 특수성

일반성	모든 직업에서 공통적으로 지켜야 하는 행동 규범 → 정직함, 성실함, 책임감, 의무감 등
특수성	일반성을 기반으로 하여 특정 직업에서만 요구되는 특수한 행동 규범 → 의사 윤리, 교사 윤리, 성직자 윤리 등

2. 기업의 사회적 책임

(1) 기업의 사회적 책임 구분

소극적 책임	기업 본연의 목적인 이윤 창출을 하는 과정에서 법 규범을 준수해야 함
적극적 책임	기업은 이윤 창출 과정에서 법 규범을 준수해야 할 뿐만 아니라, 사회적 가치 실현 및 인류애를 구현하기 위해 적극적으로 참여해야 함

(2) 기업의 사회적 책임에 대한 두 입장

기업의 책임은 오직 합법적 이윤 추구뿐이라는 입장(→ 프리드먼)	기업은 영향력을 고려하여 사회적 책임을 다해야 한다는 입장(→ 애로우)
"기업의 목적은 자선 사업이 아니라, 이윤 추구에 있다. 이윤 추구를 포기한 기업은 자본주의 경제 체제에서 생존할 수 없고, 결국 사회에 아무 공헌도 못할 것이다. 기업은 이윤 추구를 통해 사회에 봉사하는데, 삶에 필요한 재화와 서비스를 제공하며, 일자리를 만들어 주고, 사회 전체의 부를 증대시킨다."	"기업은 환경 보호, 사회 복지 공헌과 같은 사회적 책임을 다해야 한다. 이는 기업에 대한 소비자의 신뢰를 높이고 긍정적인 기업 이미지를 갖게 하여 기업의 이윤 추구에 도움을 준다. 생산품의 안전성 맥락에서, 회사가 받아들인 윤리 규칙에 의해 경제적 효율성은 훨씬 더 향상된다."
기업은 본질적으로 합법적 수단과 절차를 통해 이윤의 극대화를 추구하는 집단이라고 보는 것은 공통적임	

(3) 근로자 윤리

① 자신의 업무를 성실히 수행하여 노동 생산성의 향상을 위해 노력해야 함
② 기업가와 맺은 근로 계약을 준수하고 상생적 관계 유지를 위해 협력해야 함
③ 동료 근로자와 유대감 및 연대 의식을 형성해야 함

주제 ③ 공직자 윤리와 청렴

1. 전문직과 공직자의 윤리

(1) 전문직의 특성 : 사회적 영향력이 크므로 다른 직업보다 더 높은 수준의 윤리 의식을 지녀야 함

전문성	고도의 직업 훈련을 통한 전문 지식의 습득이 요구됨
독점성	일정한 자격을 갖춘 사람만이 전문직에 종사할 수 있음
자율성	제3자의 간섭이나 개입 없이 독자적·자율적으로 업무를 수행함

(2) 공직자의 특징 : 국민으로부터 권한을 위임받은 대리인으로 합법적 공권력을 지님

봉공	공사(公私)를 구분하여 사익보다는 공익을 우선적으로 추구해야 함
공정성	직무를 수행할 때 민주적이고 공정한 방법으로 처리해야 함 → 업무 수행에서 민주성과 효율성을 조화시켜야 함
청렴	직무를 통해 부당한 이득을 취하고자 하는 탐욕이 없어야 함

(3) 정약용의 공직 윤리 : 절용(節用), 청렴(淸廉) → 공직자가 절약하지 않고 탐욕을 부리면 부정부패하게 되므로 공직자는 덕을 쌓고 근검절약하는 삶을 살아야 함을 강조

2. 청렴을 강조한 전통 윤리의 덕목

견리사의(見利思義)	이익을 보면 옳음을 먼저 생각해 보아야 함
멸사봉공(滅私奉公)	사적인 것을 버리고, 공적인 것을 위해 힘써야 함
선공후사(先公後私)	공익을 사익보다 우선시해야 함

대표 기출 VS 고난도 기출
531 PROJECT H

순한맛 # 평가원

갑, 을 사상가들의 입장으로 옳지 않은 것은?

> 갑 : 각자의 직분을 나누는 것이 예법(禮法)의 핵심이다. 농부, 공인, 상인은 각 분야에 정통하지만, 그 분야를 지도하는 관리가 될 수 없다. 도(道)에 정통한 사람은 이 세 가지 일을 하나도 못해도 이 세 가지 일을 다스릴 수 있다.
>
> 을 : 마음을 쓰는 사람[勞心者]은 다스리는 사람이고, 몸을 쓰는 사람[勞力者]은 다스림을 받는 사람이다. 다스림을 받는 사람은 남을 먹여 살리고, 다스리는 사람은 남에 의해 먹고 산다. 이처럼 서로 도우며 살아가는 것이 세상 이치이다.

① 갑 : 예(禮)에 맞게 사회적 분업이 이루어져야 한다.
② 갑 : 군자는 도를 익혀야만 자신의 일을 완수할 수 있다.
③ 을 : 다양한 직업들 사이에는 상호 보완적 관계가 성립한다.
④ 을 : 몸을 쓰는 사람은 항산(恒産)에 앞서 항심(恒心)을 지녀야 한다.
⑤ 갑, 을 : 모든 사람은 각자가 맡은 직분과 역할에 충실해야 한다.

[핵심 키워드] • 갑 : # 직분을 나누는 것이 예법(禮法)의 핵심
• 을 : # 마음을 쓰는 사람은 다스리는 사람 # 몸을 쓰는 사람은 다스림을 받는 사람

[접근 방법] ❶ 예(禮)를 강조한다는 점에서 우선적으로 순자를 떠올릴 수 있어야 한다. ❷ '마음을 쓰는 사람'과 '몸을 쓰는 사람'으로 구분하고 있다는 점에서 맹자를 떠올릴 수 있어야 한다. ❸ 갑, 을이 어떠한 사상가인지를 특정할 수 없더라도 제시문을 꼼꼼하게 읽고 선택지의 내용과 비교해가면 충분히 해결할 수 있는 유형의 문제이다.
답 ④

🔒 # 평가원 62.3% 매운맛

서양 사상가 갑, 을의 입장에 대한 적절한 설명만을 〈보기〉에서 있는 대로 고른 것은?

> 갑 : 인간은 노동을 통해 자기의 본질을 실현하고자 한다. 그러나 자본주의하에서는 노동의 본질이 왜곡된다. 노동자는 생계유지를 위해 자신의 노동을 자본가에게 팔아야 하기 때문에 생산을 위한 도구로 전락한다.
>
> 을 : 인간은 구원을 예정해 놓은 신의 부르심[召命]에 노동을 통해 응답해야 한다. 왜냐하면 신은 여러 가지 삶의 양식(樣式)들을 구분해 놓음으로써 각 개인이 해야 할 일을 정해 두었기 때문이다.

보기

> ㄱ. 갑은 인간 소외의 극복을 위해 사회적 분업을 강조한다.
> ㄴ. 을은 노동을 통하여 이웃 사랑을 실천할 것을 강조한다.
> ㄷ. 갑은 을과 달리 노동을 통한 사유 재산 축적을 중시한다.
> ㄹ. 갑, 을은 노동이 가진 생계 수단 이상의 가치를 중시한다.

① ㄱ, ㄴ   ② ㄱ, ㄷ   ③ ㄴ, ㄹ
④ ㄱ, ㄷ, ㄹ   ⑤ ㄴ, ㄷ, ㄹ

[핵심 키워드] • 갑 : # 인간은 노동을 통해 자기의 본질을 실현   # 자본주의하에서는 노동의 본질이 왜곡
• 을 : # 구원을 예정   # 신의 부르심[召命]

[접근 방법] ❶ 갑의 제시문이 낯설다면 '자본주의', '노동자', '자본가' 등의 단어들을 통해 마르크스를 우선적으로 떠올려야 한다. ❷ 서양의 직업관에서 '신'을 강조한다면 중세 그리스도교적 입장인지, 칼뱅의 입장인지만을 따져보면 된다. ❸ 동서양의 직업관과 관련해서는 사상가들의 사상적 배경 지식을 학습해 두는 것이 도움이 된다.
답 ③

🔵 WHY 왜 빠지지 않고 출제될까?

맹자는 마음을 쓰는 정신노동과 몸을 쓰는 육체노동으로 구분하였으며, 순자는 사회적 역할 분담의 기준으로 예(禮)를 강조하였고, 칼뱅은 직업을 신의 거룩한 부르심, 즉 소명(召命)으로 보았다 등과 같이 대표적으로 자주 출제되는 사상가들에 대해서는 일반적인 내용을 숙지하고 있어야 한다. 이외에도 사상가를 특정하기는 애매하지만 주어진 제시문을 꼼꼼히 읽고 분석해가면 선택지의 진위를 충분히 파악할 수 있는 유형과 난이도로 주로 출제된다.

🔴 HOW 킬러 문항, 어떻게 출제될까?

동서양의 다양한 직업관에 대한 문항은 특정한 두 사상가의 입장을 지문으로 제시한 후, 각자의 입장이 지닌 특징과 함께 공통점에 대해 파악하고 있는지를 묻는 유형으로 주로 출제되고 있다. 따라서 좀 더 깊이 있는 사상적 배경 지식을 지문이나 선택지의 진술로 제시한다면 얼마든지 어려운 문항으로 만들기가 용이하므로 상위권 학생이라면 직업관과 관련하여 교과서에 언급된 사상가들에 대해서는 윤리와 사상 교과나 기타 참고 자료 등을 활용하여 보다 깊이 있는 내용까지 학습해 두는 것이 도움이 될 것이다.

주제 ① 동서양의 직업관

01
|수능|

갑, 을 사상가들의 입장에 대한 설명으로 옳지 <u>않은</u> 것은?

> 갑 : 자본주의에서 노동은 노동 주체의 의지와 무관하게 자본을 위해 수행될 뿐이다. 분업은 생산성을 대폭 향상시켰지만, 노동자는 생산에 필요한 정신적 능력 이외의 다른 모든 정신적 능력들을 잃어버렸다. 이는 예외 없는 현상이다.
> 을 : 노동을 은총 상태를 확신하기 위한 수단으로 파악한 청교도는 철저한 노동 의무의 수행을 통해 신의 나라에 도달하려고 시도하였다. 동시에 노동 계급에 강제된 엄격한 금욕이 자본주의의 노동생산성을 강력히 촉진시켰다.

① 갑은 자본주의에서 정신적 능력 회복으로 소외가 극복된다고 본다.
② 갑은 분업이 노동자의 정신적 능력 쇠퇴와 소외를 심화시킨다고 본다.
③ 을은 금욕과 결합된 노동 의무가 생산성을 향상시켰다고 본다.
④ 을은 청교도가 직업 노동을 종교적 실천으로 간주했다고 본다.
⑤ 갑은 분업 노동, 을은 소명 의식이 자본주의 발전에 기여했다고 본다.

02

㉠에 들어갈 수 있는 적절한 진술만을 〈보기〉에서 있는 대로 고른 것은?

> 자본주의 체제하에서 작업장 내의 분업은 이전에는 독립적이었던 노동자를 자본의 지휘와 규율에 복종하게 할 뿐만 아니라, 노동자들 사이에 차등적 계층을 만들어 낸다. 그리고 노동자의 일체의 생산적인 능력과 소질을 억압하면서 특수한 기능만을 촉진하여 노동자를 기형적인 불구로 만든다. 자본주의 체제하의 작업장 내 분업은 [㉠   ]

> **보기**
> ㄱ. 노동을 통해 인간의 본질이 실현되는 것을 가로막는다.
> ㄴ. 계급 간 연대와 협업을 강화시켜 노동 소외를 극복하게 한다.
> ㄷ. 생산성 증대로 이어져 노동자 계급의 경제적 해방에 기여한다.
> ㄹ. 자본가의 수중에 생산 수단이 모여 있는 것을 전제로 이루어진다.

① ㄱ, ㄴ   ② ㄱ, ㄹ   ③ ㄴ, ㄷ
④ ㄱ, ㄷ, ㄹ   ⑤ ㄴ, ㄷ, ㄹ

03

다음을 주장한 사상가가 긍정의 대답을 할 질문만을 〈보기〉에서 있는 대로 고른 것은?

> 모든 일에 있어서 선행의 기초는 신의 부르심에 있다. 소명의 한계를 넘는 것은 합당한 일이 아니다. 소명임을 알고 순종하면, 아무리 낮고 천한 일일지라도 신 앞에서는 빛날 것이다. 일을 통해 얻은 이익은 이웃과 나눠야 하며, 항상 검약한 생활을 해야 한다. 그리고 자신이 선택받은 자임을 스스로 확신해야 한다.

> **보기**
> ㄱ. 소명을 받은 자는 사회에 유익을 끼치는 삶을 살아야 하는가?
> ㄴ. 성직뿐만 아니라 모든 직업은 신의 거룩한 부르심에 응답하는 것인가?
> ㄷ. 직업에서의 성공을 통한 부의 축적은 구원의 확신을 얻기 위해 필수적인가?
> ㄹ. 직업 노동은 신의 명령을 따르는 차원에서 이루어지는 것으로 이웃을 사랑하는 차원과는 무관한가?

① ㄱ, ㄴ   ② ㄱ, ㄹ   ③ ㄷ, ㄹ
④ ㄱ, ㄴ, ㄷ   ⑤ ㄴ, ㄷ, ㄹ

04

갑, 을 사상가들의 입장으로 가장 적절한 것은?

> 갑 : 어떤 사람은 마음을 쓰고 어떤 사람은 힘을 쓴다. 마음을 쓰는 자는 남을 다스리고 힘을 쓰는 자는 남에게 다스림을 받는다. 다스림을 받는 자는 남을 먹여 살리고 다스리는 자는 남에 의해 먹고 사는 것이 천하의 보편적 원리이다.
> 을 : 사람들이 욕심을 따른다면 곧 형세는 그 욕심을 다 받아들일 수가 없고 물건은 충분할 수가 없을 것이다. 그러므로 선왕은 예의를 제정하고 지혜 있는 자와 어리석은 자, 능력 있는 자와 능력 없는 자의 분별을 마련했다.

① 갑 : 분업 노동을 통해서는 사회적 부의 증대를 도모할 수 없다.
② 갑 : 다스리는 자는 백성과 함께 생산에 힘쓰며 솔선수범해야 한다.
③ 을 : 사회적 역할 분담은 예(禮)를 기준으로 이루어져야 한다.
④ 을 : 직업은 하늘이 인간에게 부여한 천명(天命)에 응답하는 것이다.
⑤ 갑, 을 : 사회적 재화의 분배에 차등이 없어야 사회가 안정적으로 유지된다.

05

갑, 을 사상가들의 입장에 대한 설명으로 가장 적절한 것은?

> 갑 : 만약 백성에게 살아갈 수 있는 일정한 재산이나 생업[恒産]이 없으면 순수하고 변함없는 마음[恒心]을 유지하기 어려우며, 그러한 마음이 없으면 편벽되고 악해질 것이다.
> 을 : 모든 직업은 소명(召命)이며 노동은 신과 이웃에 봉사하는 것이다. 인간 사회에 유익을 주는 것보다 더 신에게 칭찬받을 만한 일은 없다.

① 갑은 직업 활동을 통해서는 선한 마음을 확충할 수 없다고 본다.
② 갑은 정신노동을 하는 사람과 육체노동을 하는 사람은 구분된다고 본다.
③ 을은 직업이 신의 영광을 위해 신이 부과한 명령이 아니라고 본다.
④ 을은 신의 부르심에 응답하여 부를 축적하는 것이 직업의 궁극적 목적이라고 본다.
⑤ 갑, 을은 신이 사람들에게 각자 해야 할 일들을 정해 주셨다고 본다.

06

갑, 을, 병의 입장으로 가장 적절한 것은?

> 갑 : 신은 개개인이 자신의 천직을 존중하도록 명령하신다. 신은 혼란을 방지하기 위해 각 사람이 각각 상이한 삶의 분야에서 자신의 특정한 직무를 담당하도록 지정하셨다.
> 을 : 자본주의의 생산 과정에서 생산 수단은 노동을 흡수하기 위한 수단으로 전환된다. 더 이상 노동자가 생산 수단을 사용하는 것이 아니라 생산 수단이 노동자를 사용하게 된다.
> 병 : 군자가 없으면 백성을 통치할 수 없고, 들에서 일하는 백성이 없으면 군자를 부양할 수 없다. 요순 임금이 어찌 마음을 쓰지 않았겠는가. 밭가는 일에 마음 쓸 여가가 없었을 뿐이다.

① 갑 : 인간에게 있어서 노동이란 신이 부과한 형벌이다.
② 을 : 자본주의 사회에서의 분업화된 노동으로는 생산성 증대를 가져올 수 없다.
③ 병 : 대인이 하는 일과 소인이 하는 일에는 구분이 없어야 한다.
④ 갑, 을 : 노동은 단순한 생계유지 수단 그 이상의 의미와 가치를 지니고 있다.
⑤ 을, 병 : 사적 소유제를 통해 개인의 노동에 대한 정당한 대가를 보장해야 한다.

07

| 평가원 |

갑, 을 모두가 부정의 대답을 할 질문만을 〈보기〉에서 있는 대로 고른 것은?

> 갑 : 기업은 시장 경쟁력 강화를 위한 경영 전략 차원에서 공익 증진이라는 사회적 책임에 힘써야 한다. 그러한 기업은 소비자 불매운동을 예방하고, 직원들의 헌신과 소비자들의 신뢰를 얻는 데 훨씬 유리하기 때문이다.
> 을 : 기업의 사회적 책임은 오로지 시장의 규칙을 준수하면서 기업 이익의 극대화를 위해 자유로운 경쟁에 전념하는 것이다. 이 과정에서 기업은 보이지 않는 손에 이끌려 원래 의도하지 않았던 공익에 기여하게 된다.

〈보기〉
ㄱ. 기업은 모든 사회적 책임으로부터 자유로워야 하는가?
ㄴ. 기업은 자유 시장 경제 원리에 따라 경영되어야 하는가?
ㄷ. 기업은 공익의 증진을 본질적 목적으로 삼아야 하는가?
ㄹ. 기업은 기업 이익 증진을 위해 공익을 추구해야 하는가?

① ㄱ, ㄴ 　② ㄱ, ㄷ 　③ ㄴ, ㄹ
④ ㄱ, ㄷ, ㄹ 　⑤ ㄴ, ㄷ, ㄹ

08

㉠에 들어갈 진술로 가장 적절한 것은?

> 자유 경제 체제하에서 경영자들은 오직 기업의 소유주들에 대해서만 직접적인 책임을 진다. 그 책임은 기만이나 부정 이득의 발생 없이 공개된 자유 경쟁 참여라는 게임 규칙 안에서 기업의 이윤을 늘리는 활동을 하는 것과, 그런 방식으로 자원을 사용하는 데에 전념하는 것이다. 그런데 어떤 사람들은 기업은 환경과 인권 보호를 위한 사회적 책임을 다해야 한다고 본다. 나는 이러한 입장이 [　　㉠　　]고 생각한다.

① 기업의 자유 경쟁은 필연적으로 시장 실패를 초래함을 간과한다
② 사회적 이익을 위해 주주들의 이익을 침해해서는 안 됨을 간과한다
③ 이윤 극대화를 목표로 하는 기업 운영은 바람직하지 않음을 간과한다
④ 기업의 공익 활동은 시장 경제 질서에 전혀 위배되지 않음을 간과한다
⑤ 기업의 사회적 책임 수행은 장기적인 이익을 위해 필요함을 간과한다

09

다음 강연자의 입장으로 적절한 것만을 〈보기〉에서 있는 대로 고른 것은?

> 기업은 사회적 목적이 아니라 이익 창출을 위해 설립된 집단으로서 시장의 규칙을 지키면서 수익을 내는 것에 막중한 책임이 있다는 것을 부인할 사람은 아무도 없습니다. 다만 기업은 사회에 미치는 영향력이 매우 크기 때문에 본래 목적인 이윤 추구뿐만 아니라 인권 존중, 자선 활동과 같은 사회적 책임도 적극적으로 수행해야 합니다.

─ 보기 ─
ㄱ. 기업은 주주에 대해서 직접적인 책임을 져야 한다.
ㄴ. 기업은 법적인 책임뿐만 아니라 윤리적 책임에서도 자유로울 수 없다.
ㄷ. 기업은 공공의 이익 실현을 궁극적인 목표로 삼는 사적 자본이어야 한다.
ㄹ. 기업의 사적 이익 추구를 위한 경제활동은 법적 테두리 내에서만 보장된다.

① ㄱ, ㄷ   ② ㄱ, ㄹ   ③ ㄴ, ㄷ
④ ㄱ, ㄴ, ㄹ   ⑤ ㄴ, ㄷ, ㄹ

10

갑, 을의 입장에 대한 설명으로 적절하지 <u>않은</u> 것은?

> 갑 : 기업이 존재하는 이유는 오로지 관련 법률을 준수하고 공정한 경쟁 속에서 기만행위 없이 자원을 활용하면서 기업 이익을 극대화하는 것이다. 또한 기업이 사회적 이익을 위하는 행위를 한다면 그것은 누군가의 돈을 마음대로 쓰는 것이며, 정부의 일에 주제넘게 나서는 것이다.
> 을 : 기업이 이윤 극대화의 단순한 규칙만을 따르게 되면 사회적으로 비효율적인 상황을 발생시킨다. 그러므로 판매자가 안전과 관련하여 구매자보다 제품에 대해 더 많은 지식을 가지고 있는 경우에 기업은 윤리적 또는 합법적인 의무인 사회적 책임을 더 져야 하는 것이다.

① 갑은 기업의 유일한 사회적 책임은 이윤 극대화에 있다고 본다.
② 갑은 기업은 최소 비용으로 최대의 이익을 추구해야 한다고 본다.
③ 을은 기업의 사회적 책임 수행이 이익 창출과 무관하다고 본다.
④ 을은 기업은 이윤 추구뿐만 아니라 공공선 실현에 기여해야 한다고 본다.
⑤ 갑, 을은 기업은 이윤 추구 과정에서 법을 준수해야 한다고 본다.

11

| 평가원 |

갑, 을 사상가들의 입장으로 가장 적절한 것은?

> 갑 : 목민관은 책객(册客)*을 두어 회계를 맡겨서는 안 된다. 관부의 회계는 공적 사용과 사적 사용이 모두 기입되기 때문이다. 그리고 관내의 친척과 친구를 단속하여 의심과 비방이 생기지 않도록 하되, 서로의 정(情)을 잘 유지해야 한다.
> 을 : 나라가 올바르게 되려면 그 구성원들이 각자의 덕을 발휘해야 한다. 이들 중 통치자들은 그 어떤 사유 자산도 가져서는 안 된다. 통치자들은 공동생활을 하며, 공동체를 위해 유익한 것에 대한 지식을 가지고 다른 시민들을 보살펴야 한다.
> *책객 : 고을 원에 의해 사사로이 채용되어 비서 일을 맡아보는 사람

① 갑 : 공직자는 공적 업무와 사적 업무의 경계를 정하지 말아야 한다.
② 갑 : 공직자의 청렴은 공무를 수행하는 데 있어서 필수적 덕목은 아니다.
③ 을 : 통치자는 지혜의 덕을 발휘하여 정의로운 국가를 추구해야 한다.
④ 을 : 통치자는 시민들이 통치에 직접 참여할 수 있도록 허용해야 한다.
⑤ 갑, 을 : 올바른 통치를 위해 다스리는 자의 사유 재산을 금지해야 한다.

12

다음을 주장한 사상가의 입장으로 적절하지 <u>않은</u> 것은?

> ○ 청렴하지 않고서 수령 노릇을 제대로 한 사람은 한 명도 없다. 포부가 큰 사람은 반드시 청렴하고자 하며, 청렴하지 못한 것은 지혜가 모자라기 때문이다.
> ○ 사대부는 어려서부터 오직 시를 짓는 문장이나 여러 가지 잡스러운 솜씨만 익혔을 뿐이므로 갑자기 목민관이 되면 어리둥절하여 손쓸 바를 모른다. 그래서 차라리 간사한 서리에게 맡겨버리고는 감히 알아서 처리하지 못하니, 저 재화를 숭상하고 의리를 미천하게 여기는 간사한 서리가 어찌 법률에 맞게 형벌을 처리하겠는가?

① 목민관은 이(利)보다 의(義)를 중시해야 한다.
② 목민관의 청렴은 관직 상승에 영향을 끼칠 수 있다.
③ 목민관은 실용적인 행정 업무 처리 능력을 지녀야 한다.
④ 목민관의 인성적 측면에 기반하여 통치 행위가 이루어진다.
⑤ 목민관과 백성은 사적 신세를 지고 갚는 상호 호혜적 관계이다.

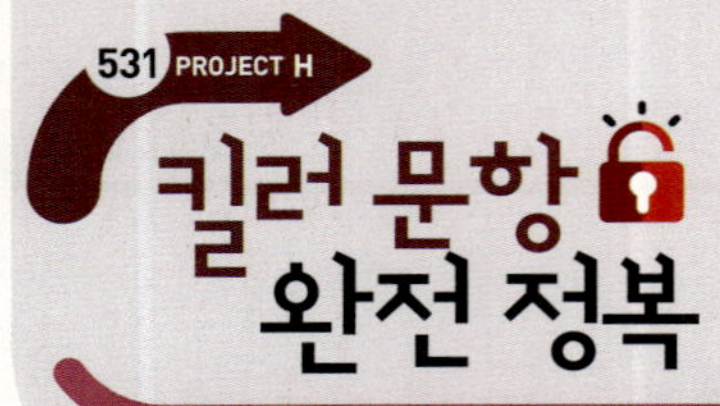

01

갑, 을, 병의 입장으로 가장 적절한 것은?

> 갑 : 대인(大人)이 할 일이 따로 있고 소인(小人)이 할 일이 따로 있다. 나라를 다스리는 일을 밭을 갈면서 할 수는 없다.
>
> 을 : 왕이나 사대부의 자손이라도 예의에 맞지 않으면 일반 서민으로 귀속시키고, 서민의 자손이라도 학덕을 쌓고 품행이 단정하면 재상이나 사대부로 귀속시켜야 한다.
>
> 병 : 수호자들로부터 신통찮은 자손이 나올 경우 이 사람은 다른 계층으로 보내야 하고, 다른 계층으로부터 빼어난 자손이 나올 경우 이 사람은 수호자 계층으로 보내야 한다.

① 갑 : 일정한 생업[恒産]이 없더라도 일정한 마음[恒心]을 가질 수 있다.

② 을 : 재화에 대한 욕망을 제거하고 절제하는 삶을 살아야 한다.

③ 병 : 국가를 이루는 계층 간 자유로운 역할 교환은 정의로운 국가의 실현에 기여한다.

④ 갑, 을 : 임금답지 못한 임금일지라도 천명(天命)으로 여기고 섬겨야 한다.

⑤ 을, 병 : 각자의 적성과 능력에 따른 사회적 역할의 분담은 성인이 제정한 예(禮)에 따라야 한다.

02

(가)의 갑, 을 사상가들의 입장을 (나) 그림으로 표현할 때, A~C에 해당하는 옳은 진술만을 〈보기〉에서 있는 대로 고른 것은?

| (가) | 갑 : 자본가는 노동자에게 자기 노동력의 가치보다 더 많은 노동을 하도록 요구한다. 자본주의 생산 양식에서는 생산 수단에 포함된 죽은 노동이 노동자의 살아 있는 노동을 지배하는 전도 또는 왜곡이 발생한다. |
| | 을 : 신은 각 사람에게 그 독특한 생활 양식에 따라 의무를 지정하셨다. 그리고 아무도 자기의 한계를 경솔히 벗어나지 않도록 그 다양한 생활들을 소명이라고 부르셨다. 그러므로 각 개인에게는 신이 지정하신 생활 방식이 있다. |

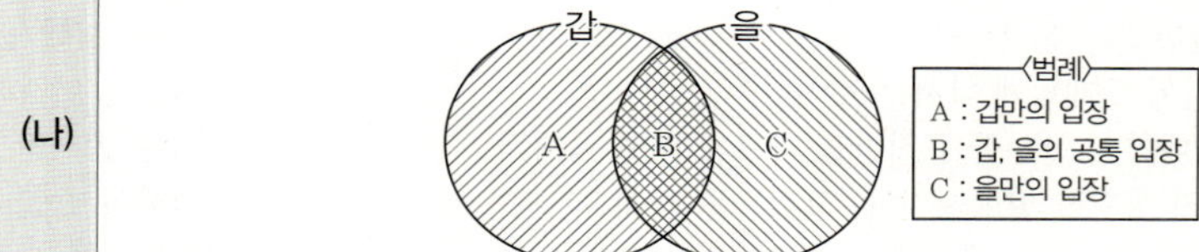

보기

ㄱ. A : 사회적 역할 분담은 필연적으로 인간을 부품화하여 노동 소외를 초래한다.

ㄴ. B : 개인적으로 근면 성실하게 노동을 하여 얻은 이익을 이웃과 사회에 나누어야 한다.

ㄷ. C : 노동은 본질적으로 단순한 생계 수단 이상의 가치를 지향하는 것이다.

ㄹ. C : 직업에서 성공하여 물질적 부를 축적한 사람들은 구원을 받을 수 있다.

① ㄱ, ㄴ   ② ㄱ, ㄷ   ③ ㄴ, ㄹ

④ ㄱ, ㄷ, ㄹ   ⑤ ㄴ, ㄷ, ㄹ

03

(가)의 사상가 갑, 을의 입장을 (나) 그림으로 탐구하고자 할 때, A~C에 들어갈 질문으로 적절하지 <u>않은</u> 것은?

(가)	갑 : 기업은 법의 테두리 내에서의 경영을 통한 재무적 성과에 대한 책임만이 아니라 적극적인 사회적 책임을 경영 전략의 하나로 받아들이고 수행할 때 기업의 주된 목적인 이익 증대에 기여할 수 있다. 을 : 자유 경제에서 기업이 지는 사회적 책임은 오로지 하나뿐인데, 이는 게임의 규칙을 준수하는 한에서 기업의 이익 극대화를 위하여 자원을 활용하고 이를 위한 활동에 매진하는 것이다.
(나)	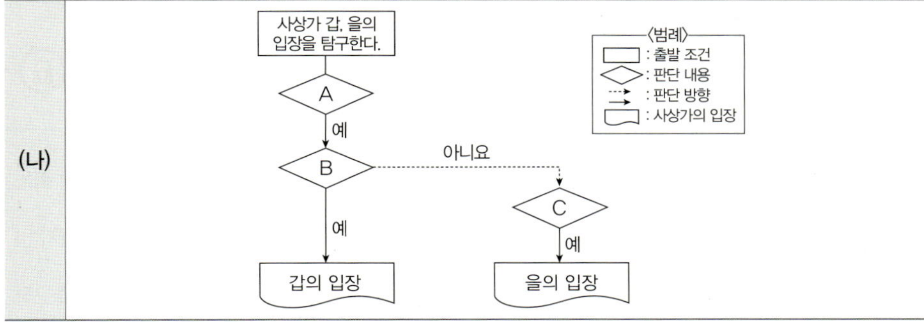

① A : 기업의 설립 목적은 건전한 이윤 추구에 있는가?
② B : 기업의 합법적인 의무와 도덕적인 책임은 양립할 수 없는가?
③ B : 기업의 사회적 책임 이행이 장기적으로 기업에 도움이 되는가?
④ C : 기업의 책임은 기만이나 부정 없이 이윤을 추구하는 것만으로 충분한가?
⑤ C : 기업에 대한 자선 활동 강요는 기업의 본질에 대한 무지에서 비롯되는가?

04

갑, 을 사상가들의 입장만을 〈보기〉에서 있는 대로 고른 것은?

갑 : 공동 식사, 공동 생활 등 생활 방식뿐만 아니라 심지어는 배우자와 자식까지도 공유하는 철저한 공유제를 감당할 수 있는 사람만이 통치자가 될 수 있다. 그리고 생산자 계급은 이러한 통치자에게 절대 복종해야 한다.
을 : 지혜가 깊은 선비는 청렴을 교훈으로 삼고 탐욕한 것을 경계하지 않는 이가 없었다. 그리고 청렴하면서 치밀하지 못하거나 재물을 내어 쓰되 실효가 없으면 또한 잘된 일이라 할 수 없다.

┌ 보기 ┐
ㄱ. 갑 : 공직자는 주권자인 시민의 대리인으로서 멸사봉공해야 한다.
ㄴ. 을 : 공직자는 절용(節用)을 가장 먼저 지켜야 할 덕목으로 삼아야 한다.
ㄷ. 을 : 공직자는 공사(公私)의 구분과 함께 효율적 업무 능력을 갖춰야 한다.
ㄹ. 갑, 을 : 공직자는 사익과 공익의 조화와 균형을 추구해야 한다.

① ㄱ, ㄷ　　　② ㄱ, ㄹ　　　③ ㄴ, ㄷ
④ ㄱ, ㄴ, ㄹ　　　⑤ ㄴ, ㄷ, ㄹ

05강 사회 정의와 윤리

출제 POINT

주제 1 사회 윤리와 사회 정의

니부어의 사회 윤리 🔒	★★★
아리스토텔레스의 정의	★★☆

주제 2 분배적 정의와 윤리적 쟁점

롤스의 공정으로서의 정의 🔒	★★★
노직의 소유 권리로서의 정의 🔒	★★★
왈처의 복합 평등으로서의 정의	★★☆

주제 3 교정적 정의와 윤리적 쟁점

형벌에 대한 칸트의 입장 🔒	★★★
형벌에 대한 베카리아의 입장 🔒	★★★
형벌에 대한 벤담의 입장	★★☆

주제 1 사회 윤리와 사회 정의

3점 공략 🔒

1. 니부어의 사회 윤리

기본 입장	• 현대 사회의 복잡한 윤리 문제는 개인의 양심과 덕목의 실천으로는 해결하기 어려움 • 개인적으로는 도덕적인 사람도 자신이 속한 집단의 이익을 위해서는 비도덕적으로 행동하기 쉬움 → 사회 집단의 도덕성은 개인의 도덕성보다 현저하게 떨어짐 • 사회 집단이 개인보다 비도덕적인 이유는 자연적 충동을 억제할 합리적인 능력을 갖추고 있지 않기 때문임 • 개인의 도덕적 이상은 '이타성'이지만 사회의 도덕적 이상은 '정의'로, 개인과 사회가 각각 추구하는 도덕적 이상이 다름
사회 도덕 문제의 해결 방안	• 집단 내 구성원 간의 문제는 도덕적이고 합리적인 조정과 설득을 통해 해결 가능하지만, 집단 간 문제는 윤리적이기보다 정치적이므로 쉽게 해결되지 않음 • 사회는 양심적인 개인들로부터 도덕적 승인을 받지 못하는 사회적 강제력을 사용해서라도 정의를 추구해야 함 • 사회 문제를 해결하기 위해서는 개인의 도덕성 함양과 함께 정치적 강제력에 의한 방법이 병행되어야 함

2. 아리스토텔레스의 정의

일반적 정의		법을 준수함으로써 공동체의 행복을 창출하고 지키는 것
특수적 정의	시정적 정의 (교정적 정의)	타인에게 해를 끼치면 그만큼 보상을 하며, 이익을 주었으면 그만큼 되돌려 받는 것 → 산술적 비례의 동등함을 추구함
	분배적 정의	권력, 지위, 명예, 재화 등을 각자의 가치에 비례하여 분배받는 것 → 기하학적 비례의 동등함을 추구함

주제 2 분배적 정의와 윤리적 쟁점

3점 공략 🔒

1. 롤스의 공정으로서의 정의

공정으로서의 정의		• 순수 절차적 정의 : 분배 절차가 공정하면 그에 따른 결과도 내용과 상관없이 정의로운 것으로 간주할 수 있음 • 자연적·사회적 우연성에 따른 분배는 사회적 불평등을 심화시킬 수 있다고 보아, 사회 구성원들이 합의를 통해 직접 공정한 분배 방식을 도출하고자 함
원초적 입장		• 정의의 원칙을 도출하기 위한 최초의 가상적 상황 • 사람들은 타인의 이해관계에 무관심하며 자신의 이익을 합리적으로 추구함 • 무지의 베일을 쓴 사람들은 자신의 사회적 지위나 능력, 재능, 가치관 등을 모르고 있다고 가정하므로, 사람들은 자신이 처하게 될지도 모를 최악의 상황에 대비하기 위해 최소 수혜자를 최대한으로 고려하는 원칙에 합의하게 됨 [최소 최대화의 원칙(맥시민의 원칙)]
정의의 두 원칙 : 제1원칙은 자유의 우선성을 추구하는 것으로, 제2원칙보다 우선함	제1원칙	모든 사람은 기본적 자유에서 평등한 권리를 지닌다. (평등한 자유의 원칙)
	제2원칙	사회적·경제적 불평등은 최소 수혜자에게 최대의 이익을 보장해야 하며, 그 불평등이 모든 사람에게 이득이 되리라는 것이 합당하게 기대되고(차등의 원칙), 불평등의 계기가 되는 지위는 공정한 기회균등의 원칙에 따라 모든 사람에게 개방되어야 한다(기회균등의 원칙).

Tip (주제 1)

❶ 니부어에게 있어 정치적 강제력은 선의지를 통제를 받아야만 한다.

❷ 양심과 선의지 역시 사회 문제를 해결하는데 도움을 줄 수 있다는 것을 반드시 기억해야한다.

❸ 사회 부정의의 원인은 집단 간 힘의 차이 때문이고, 집단 간의 관계는 각 집단이 갖고 있는 힘의 비율에 따라 형성된다는 것도 자주 나오는 선지이므로 반드시 기억해야한다.

🔎 사회 정의의 분류

분배적 정의	각자가 자신의 몫을 누릴 수 있게 하는 것
교정적 정의	위법과 불공정함을 바로잡아 공정함을 확보하는 것
절차적 정의	공정한 절차를 통해 합당한 몫을 결정하는 것

Tip (주제 2)

❶ 롤스의 분배 정의론은 절대 단편적으로 암기해서는 안 된다. 롤스 정의론의 큰 맥락과 흐름, 정의의 원칙을 도출하게 된 배경, 원칙의 세부적인 내용까지 꼼꼼하게 이해하면서 공부해야킬러 문항을 풀 수 있다.

❷ 노직, 왈처가 제기하는 롤스 사상의 비판점을 반드시 이해해야 한다. 노직은 롤스의 차등의 원칙이 개인의 소유 권리를 침해한다고 비판하였고, 왈처는 개인들의 고유한 상황, 공동체적 맥락을 고려하지 않는 롤스의 단일한 정의의 원칙이 실제 삶 속에서 실현 가능성이 적다고 비판하였다.

2. 노직의 소유 권리로서의 정의

소유 권리로서의 정의	• 자유 지상주의 입장에서 정의를 자기 소유 및 재산 소유에 대한 개인의 권리를 존중하는 것으로 봄 • 자기 소유권 원칙에 입각하여 정당하게 소유물을 취득했다면 그 소유물을 얼마든지 자유롭게 처분할 수 있으며, 국가에 의한 재분배는 개인의 소유권을 침해한다고 봄 • 개인의 소유권을 침해하지 않고 개인의 권리를 보호하는 역할만을 수행하는 최소 국가가 정당함	
정의의 원칙	취득의 원칙	노동을 통해 어떤 것을 소유할 때, 타인의 처지를 악화시키지 않는 한 그 소유물을 취득할 응분의 권한을 가진다.
	양도의 원칙	자신의 노동에 의한 결과뿐만 아니라 타인에 의해 자유로이 양도된 것에 대해서도 정당한 소유권을 가진다.
	교정의 원칙 (시정의 원칙)	취득과 양도 시 과오나 그릇된 절차에 의한 소유가 발생했을 때에는 이를 바로 잡아야 한다.

3. 왈처의 복합 평등으로서의 정의

복합 평등으로서의 정의	• 다양한 사회적 재화는 사회적 가치의 다원성을 반영하는 다양한 분배 기준이 적용되어야 함 • 공동체의 역사적·문화적 맥락에 따른 다양한 정의 기준과 절차를 따라야 함
다원적 정의	어떤 가치도 다른 영역을 침해하여 다른 가치를 지배하거나 독점해서는 안 되며, 사회적 가치들이 고유한 영역 안에서 머물러 복합 평등이 실현되어야 함

4. 마르크스와 공리주의의 분배 정의

마르크스	• 생산 수단의 사적 소유를 정당화하는 자본주의 사회는 양극화를 초래하여 사회적 갈등을 야기함 • 능력에 따라 일하고 필요에 따라 분배할 것을 주장함
공리주의	• 재산권의 보장에 따른 사회적 효용의 극대화를 지향함 • 벤담 : 정의로운 분배는 사회 전체가 얻게 될 이익의 총량을 극대화하는 것이어야 함

5. 우대 정책 및 부유세와 관련된 윤리적 쟁점

우대 정책	의미	차별을 받아온 사회적 약자에게 대학 입학이나 취업 등에서 가산점을 주거나 혜택을 주는 사회 정책
	찬성	• 과거의 차별 때문에 받아 온 고통에 대해 보상받을 권리가 있음 • 사회적 약자에게 경제적 부나 사회적 지위를 얻을 수 있는 유리한 기회를 부여할 필요가 있음 • 사회적 약자를 배려함으로써 사회적 긴장을 완화하고 사회 전체의 평화와 행복을 증진할 수 있음
	반대	• 사회적 약자에 대한 특혜는 일반 사람에 대한 또 다른 차별이 될 수 있음 • 과거의 차별에 대해 잘못이 없는 후손에게 보상의 책임을 지우는 것은 부당함 • 우대 정책에 따라 노력이나 성취를 무시하는 것은 공정하지 못함
부유세	의미	일정액 이상의 자산을 보유하고 있는 사람에게 비례적으로 또는 누진적으로 과세하는 것
	찬성	부의 재분배를 통한 불평등 해소에 기여, 빈부 격차를 완화하여 사회 통합에 기여할 수 있음
	반대	정당하게 얻은 개인의 재산권을 과도하게 침해함, 부자들에게 대한 또 다른 차별을 가져올 수 있음

6. 분배의 다양한 기준

기준	장점	문제점
절대적 평등	기회와 혜택이 균등하게 보장됨	• 생산 의욕과 효율성을 저하시킬 수 있음 • 개인의 책임 의식이 약화될 수 있음
필요	사회적 약자의 보호가 용이함	• 모든 사람의 필요를 충족시키기 어려움 • 경제적 효율성이 저하될 수 있음
능력	능력이 뛰어난 사람에게 적절한 대우를 할 수 있음	• 능력 획득에 선천적인 요소가 개입됨 • 능력 평가의 기준이 모호함
업적	동기 부여와 생산성이 높음	• 서로 다른 종류의 업적에 대한 양과 질의 평가가 어려움 • 사회적 약자를 배려하기 어려움

노직의 최소 국가

• 국가는 소득 불평등 상태가 크더라도 개인의 소유권을 침해하여 자원을 재분배해서는 안 됨 → "부유층에게 세금을 부과하여 가난한 사람을 돕는 소득 재분배 정책은 부자들에게 강제 노동을 시키는 것과 같다."
• 국가의 역할은 절도, 사기 등으로부터 개인의 권리와 재산을 보호하는 기능에 한정되어야 함

왈처가 제시한 다양한 분배 기준

구분	분배 기준
의료, 안전, 복지	필요에 따라 분배
부, 상품	시장의 원리(자유 교환)에 따라 분배
명예, 공직	업적에 따라 분배
직위	재능과 자격에 따라 분배

주제 ❸ 교정적 정의와 윤리적 쟁점

3점 공략

1. 칸트의 입장 : 사형 찬성

응보주의 관점	사형은 살인자에게 자신의 자율적인 행위, 즉 스스로 저지른 살인에 대해 응분의 책임을 지우는 것이므로 오히려 최후까지 살인자의 인격을 존중하는 것임
동등성의 원리	• 동등성의 원리에 따라 살인자는 사형에 처해야 함 • 살인과 동등한 형벌로 사형을 규정한 형벌의 법칙은 일종의 정언 명령이라고 할 수 있음 • 보복법만이 형벌의 양과 질을 명확하게 제시할 수 있음

2. 베카리아의 입장 : 사형 반대

공리주의 관점	• 공리주의적 관점에서 사형은 공익에 이바지하는 바가 적고 비효율적이라는 점에서 부당한 형벌임 • 사형보다 종신 노역형이 범죄 예방에 더 효과적임 • 종신 노역형은 살인자와 그것을 지켜보는 사회 구성원에게 더 큰 공포를 안겨주므로 범죄 예방의 효과가 더 지속적임
사회 계약론적 관점	• 생명권을 위임하는 것은 사회 계약의 내용에 포함되지 않음 • 살인 금지를 규정한 법에 근거하여 사형은 정당화되지 않음

3. 벤담의 입장 : (사회적 이익이 될 경우) 사형 찬성

공리주의 관점	• 형벌은 그 자체가 목적이 아니라 사회 이익 증진의 수단으로서의 의미를 가짐 • 사회적 효용성의 관점에서 사형 존폐 여부를 결정해야 함 • 처벌의 가치는 위법 행위로부터 얻는 이득의 가치를 능가하기에 충분한 수준보다 작아서는 안 됨

4. 루소의 입장 : 사형 찬성

사회 계약론적 관점	• 사회 계약은 계약자의 생명 보존을 목적으로 함 • 살인자는 일반 의지로부터 규정된 사회 계약으로서의 법을 위반한 사람이므로 사회의 적으로 간주하고 사형에 처해야 함

5. 처벌에 대한 응보주의와 공리주의적 관점

응보주의적 관점	공리주의적 관점
• 형벌의 본질은 범죄 행위에 상응하는 처벌을 가하는 것임 • 단지 범죄를 저질렀기 때문에 그에게 응분의 처벌을 내리는 것 • 처벌의 근거 : 타인에게 해악을 준 사실	• 처벌은 사회적 이익을 증진하기 위한 수단임 • 형벌의 목적은 응보가 아니라 범죄를 예방하여 사회 전체의 행복을 증진시키는 것임 • 처벌의 근거 : 사회 전체의 이익

6. 사형 제도에 대한 찬반 입장

찬성	반대
• 사형은 생명을 박탈하는 극형이므로 범죄 억제의 효과가 큼 • 처벌의 목적은 근본적으로 인과응보적 응징에 있음 • 흉악 범죄인의 생명을 박탈하는 것은 사회적 정의임 • 사회의 일반적인 법 감정은 사형 제도를 지지함 • 종신형 제도는 경제적 부담이 크고 오히려 비인간적일 수 있음	• 사형은 범죄 억제의 효과가 없음 • 사형은 교육과 교화를 근원적으로 포기하는 것으로, 처벌의 본질에 반하는 제도임 • 사형은 생명권을 부정하는 것이며 인도적인 이유에서 존속시킬 수 없음 • 사형은 오판 가능성이 있음 • 사형은 정치적 반대자나 정적을 제거하는 수단으로 악용될 수 있음

3점 공략 Check

Q1 니부어는 집단 간의 문제는 윤리적이기보다 (　　　)이므로 해결이 어렵다고 보았다.

Q2 롤스는 (　　　)의 원칙을 정의의 제1원칙으로 제시하였다.

Q3 노직은 취득의 원칙, (　　　)의 원칙, 교정의 원칙을 정의의 원칙으로 제시하였다.

Q4 왈처는 다양한 사회적 재화는 사회적 가치의 다원성을 반영하는 단일한 분배 기준이 적용되어야 한다고 보았다. (O/X)

Q5 칸트는 (　　　)의 원리에 따라 형벌의 종류와 정도를 정해야 한다고 보았다.

Q6 베카리아는 생명권을 위임하는 것은 (㉠　　　)의 내용에 포함되지 않기 때문에 살인자에게 사형 대신 (㉡　　　)을/를 내려야 한다고 보았다.

3점 공략 개념 CHECK 정답 _ Q1 정치적　Q2 평등한 자유　Q3 양도　Q4 X　Q5 동등성　Q6 ㉠ 사회 계약, ㉡ 종신 노역형

대표 기출 VS 고난도 기출

531 PROJECT H

다양한 분배 정의론 비교

순한맛 # 수능

(가)의 갑, 을, 병 사상가들의 입장을 (나) 그림으로 탐구할 때, A~D에 해당하는 적절한 질문만을 〈보기〉에서 있는 대로 고른 것은?

(가)	갑 : 공산 사회가 도래하면 지배 계급을 대변하던 국가와 계급 착취의 역사는 끝나고 인간의 자유로운 연합체가 성립된다. 을 : 재산 소유 민주주의는 시장 체제를 구비하고 있으면서 평등한 기본적 자유와 공정한 기회 균등을 이유로 자본 소유의 분산을 시도한다. 병 : 최소 국가는 도덕적으로 용인될 수 있는 방법에 의해 발생하며, 자연 상태에서 개인이 갖고 있던 그 어떤 권리도 침해하지 않는다.

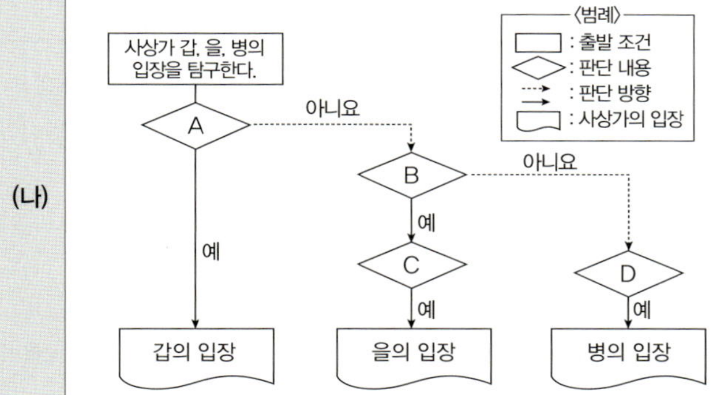

〔보기〕
ㄱ. A : 능력에 따른 생산, 필요에 따른 분배를 지향해야 하는가?
ㄴ. B : 사유 재산의 불평등은 모두의 이익을 보장해야만 정당한가?
ㄷ. C : 무지의 베일 속의 사람은 자기 이익에 대해 무지하고 무관심한가?
ㄹ. D : 자유롭게 이전된 소유물은 모두 교정 대상에서 제외되는가?

① ㄱ, ㄴ   ② ㄱ, ㄷ   ③ ㄷ, ㄹ
④ ㄱ, ㄴ, ㄹ   ⑤ ㄴ, ㄷ, ㄹ

[핵심 키워드] • 갑 : # 공산 사회   # 지배 계급을 대변하는 국가   # 계급 착취의 역사
• 을 : # 재산 소유 민주주의   # 평등한 기본적 자유   # 공정한 기회 균등
• 병 : # 최소 국가

[접근 방법] ❶ 제시문의 핵심 키워드와 내용상 흐름을 파악하여 갑, 을, 병이 각각 어떠한 사상가인지를 확인한다. ❷ 순서도 A에 갑은 '예', 을, 병은 '아니요', B에 을은 '예', 병은 '아니요', C에 을은 '예', D에 병은 '예'의 대답을 할 질문이 들어가야 한다.   **답 ①**

WHY 왜 빠지지 않고 출제될까?

롤스, 노직, 왈처, 마르크스의 정의관은 주로 순서도나 벤다이어그램 형식으로 출제되며, 최근에는 사상가들이 서로에게 비판을 제기하는 문항으로도 자주 출제되고 있다. 분배 정의론은 사상적 내용이 방대하기 때문에 교과서 및 참고 도서 속의 다양한 제시문을 많이 읽고, 기출 문항들을 여러 번 풀어 내용을 체화시키면서 킬러 문항에 대비해야 한다. 사상가들 간의 공통점으로 자주 나오는 킬러 선지 몇몇은 암기를 하고 있으면 문제 푸는 시간을 줄이는 데 도움이 된다.

 # 평가원 # 정답률 39.2% 매운맛

(가)의 갑, 을, 병 사상가들의 입장을 (나) 그림으로 탐구할 때, A~D에 해당하는 적절한 질문만을 〈보기〉에서 있는 대로 고른 것은?

(가)	갑 : 개인들의 소유 권리를 보장하는 것이 정의이다. 포괄적 국가는 개인의 권리를 침해할 것이므로 좁은 기능으로 제한된 최소 국가만이 정당화된다. 을 : 개인들이 공정한 조건에서 합의한 것이 정의의 원칙이다. 개인의 기본적 자유를 보장하고 최소 수혜자에게 최대 이익이 돌아가도록 해야 한다. 병 : 개인들의 노동량에 따라 재화를 분배하는 것은 정의롭지 않다. 노동 소외가 극복되고 생산력이 고도화된 공산주의 사회에서는 새로운 분배 원칙이 요구된다.

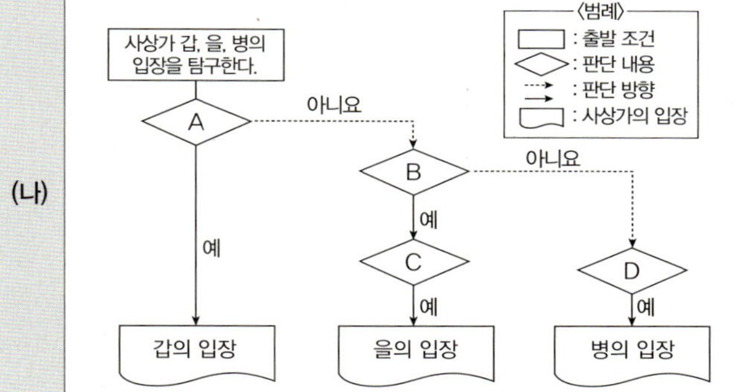

〔보기〕
ㄱ. A : 정형화된 재화 분배 원칙은 분배적 정의에 위배되는가?
ㄴ. B : 경제적 불평등의 극복을 위해 기본적 자유를 제약할 수 있는가?
ㄷ. C : 분배 절차의 공정성으로 분배 결과의 정의가 보장되는가?
ㄹ. D : 업적에 따른 분배 원칙은 부당한 경제적 불평등을 초래하는가?

① ㄱ, ㄴ   ② ㄴ, ㄹ   ③ ㄷ, ㄹ
④ ㄱ, ㄴ, ㄷ   ⑤ ㄱ, ㄷ, ㄹ

[핵심 키워드] • 갑 : # 개인들의 소유 권리를 보장하는 것이 정의   # 최소 국가
• 을 : # 최소 수혜자에게 최대 이익
• 병 : # 노동 소외가 극복되고 생산력이 고도화된 공산주의 사회

[접근 방법] ❶ 제시문의 핵심 키워드를 통해 갑, 을, 병 사상가를 빠르게 파악할 수 있어야 한다. ❷ 순서도의 각 질문에 사상가의 입장을 대입하여 긍정과 부정의 답이 옳게 연결되어 있는지를 침착하게 확인한다.   **답 ⑤**

HOW 킬러 문항, 어떻게 출제될까?

사회적·경제적 불평등을 허용해도 분배 정의가 실현 가능하다고 보는 것은 마르크스를 제외한 **롤스, 노직, 왈처의 공통점**으로 출제되고 있다. 또한 **사회적 약자 배려** 혹은 **경제적 불평등의 해결**을 위해 개인의 기본권을 침해하는 것을 잘못이라고 보는 것, 분배 절차의 공정성이 결과의 공정성을 보장한다고 보는 절차적 정의관을 지지하는 것은 **롤스와 노직의 공통점**이므로 반드시 기억해야 한다.

실전 문제

주제 1 사회 윤리와 사회 정의

01

다음 사상가의 입장으로 적절하지 않은 것은?

| 평가원 |

> 개인으로서 각 사람들은 그들이 서로 사랑하고 봉사해야 할 것과 서로 간의 정의를 확립해야 한다는 사실을 믿고 있다. 그런데 집단으로서의 개인들은 스스로 집단의 힘이 명하는 것이면 무엇이든 따른다. 가장 높은 수준의 종교적 선의지를 지닌 개인들로 이루어진 국가도 사랑을 실천하지 못한다. 그들의 선의지는 조국에 대한 충성이라는 여과를 거쳐 국가 이기주의를 확대하는 경향까지 생겨나게 한다.

① 사회 정의 실현에 정치적 강제 수단의 활용은 필수요소이다.
② 개인의 이타심과 애국심은 국가 간 정의로운 행동을 보장한다.
③ 국가 간 이해관계는 설득만으로는 합리적으로 조정되지 않는다.
④ 국가의 이기심은 도덕적 개인이 모인 사회를 비도덕적으로 만든다.
⑤ 집단 간 대립 상황에서도 개인은 비이기적 태도를 취할 수 있다.

02

갑, 을의 입장에 대한 옳은 설명만을 〈보기〉에서 있는 대로 고른 것은?

> 갑 : 사회의 평화는 이성과 양심을 발전시킴으로써 달성할 수 있다. 즉, 진정한 평화는 오직 이익과 권리를 이성적이고 합리적으로 조정하고 타협함으로써 얻어질 수 있다.
> 을 : 개인들로 구성된 집단들 간의 관계는 윤리적이기보다는 지극히 정치적이기 때문에 합리적인 조정과 설득에 의해 개선시키는 것은 불가능하다. 집단들 간의 관계는 각 집단이 갖고 있는 힘의 비율에 따라 결정된다.

> [보기]
> ㄱ. 갑은 사회 문제를 개인의 도덕성 함양으로 해결할 수 있다고 본다.
> ㄴ. 을은 정의 실현을 위해 비합리적인 수단을 제한 없이 이용할 수 있다고 본다.
> ㄷ. 갑은 을과 달리 인간의 이성은 집단의 이기심에 의해 타락할 수 있다고 본다.
> ㄹ. 갑, 을은 이타심은 사회 정의 실현에 기여할 수 있다고 본다.

① ㄱ, ㄴ   ② ㄱ, ㄹ   ③ ㄷ, ㄹ
④ ㄱ, ㄴ, ㄷ   ⑤ ㄴ, ㄷ, ㄹ

03

서양 사상가 갑, 을의 입장에 대한 설명으로 옳은 것은?

> 갑 : 집단과 집단의 관계에서는 집단적 이기주의가 강력하게 작용하기 때문에 사랑과 도덕의 실현이 현저하게 저하된다. 역사상 힘의 균형을 밑받침으로 삼고 있지 않은 정의는 없었다. 정치적 강제력을 바탕으로 힘의 균형을 이루도록 해야 집단 이기주의로 인한 부정의를 극복할 수 있다.
> 을 : 선의지에 스스로의 의도를 성취할 만한 능력이 전혀 없다 해도, 또한 아무리 노력을 해도 이루는 것이 아예 없다 해도, 선의지는 스스로의 모든 가치를 그 자체에 간직한다.

① 갑은 을과 달리 선의지에 따른 행위는 도덕적 행위가 될 수 있다고 본다.
② 갑은 을과 달리 세력 균형이 사회 정의를 실현하는 유력한 방법이라고 본다.
③ 을은 갑과 달리 개인의 도덕성이 사회의 도덕성보다 우월하다고 본다.
④ 을은 갑과 달리 행위에 대한 도덕 판단은 행위자의 의지와 무관하다고 본다.
⑤ 갑, 을은 개인의 선의지는 개인이 속한 집단의 크기에 반비례한다고 본다.

주제 2 분배적 정의와 윤리적 쟁점

04

갑, 을 사상가들의 입장으로 옳지 않은 것은?

> 갑 : 국가는 오직 계약을 집행하고, 사람들을 무력과 절도와 사기에서 보호하는 기능만을 수행해야 한다. 거기서 더 나아가면, 어떤 일도 강요받지 말아야 하는 개인의 권리를 침해하게 되고 그런 국가는 정당화될 수 없다.
> 을 : 태어나면서부터 혜택을 받은 사람들은 단지 재능이 많다는 이유만으로 이득을 얻어서는 안 된다. 그들은 그런 혜택을 받지 못한 사람들의 상황을 개선한다는 전제에서만 자신의 행운을 이용해 이익을 얻을 수 있다.

① 갑 : 분배의 결과를 규제하는 원칙은 개인의 소유 권리를 침해한다.
② 갑 : 부자에게 세금을 부과해 가난한 사람을 돕는 정책은 잘못이다.
③ 을 : 정의는 사회 구성원 간의 사회적 합의의 대상이다.
④ 을 : 정의의 원칙은 개인들의 이타심에 기반하여 도출된다.
⑤ 갑, 을 : 시장의 올바른 작동을 위한 국가의 역할이 필요하다.

05

| 평가원 |

(가)의 사회사상가 갑, 을, 병의 입장을 (나) 그림으로 탐구할 때, A~D에 해당하는 적절한 질문만을 〈보기〉에서 있는 대로 고른 것은?

(가)	갑 : 각각의 분배의 영역에서는 오직 특정한 기준과 제도만이 정의롭다. 상이한 사회적 가치들은 상이한 근거에 따라 상이한 주체에 의해 분배되어야 한다. 을 : 정의의 원칙에 입각한 재화의 분배가 모든 사람에게 이익이 되도록 해야 한다. 또한 권한을 갖는 직위와 명령을 내릴 수 있는 직책은 모두에게 개방되어야 한다. 병 : 개인들은 그들의 자연적 자산에 대한 소유 권리를 가진다. 어떤 것에 대한 소유 권리가 있는 경우 이로부터 유출되는 모든 것에 대해 동일한 권리를 갖는다.
(나)	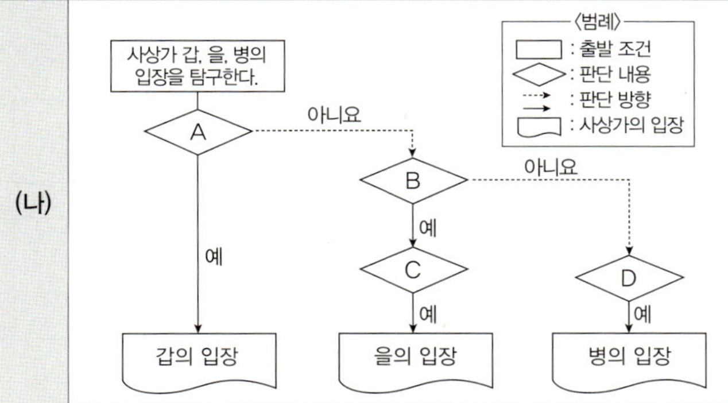

〈보기〉
ㄱ. A : 한 분배 영역의 가치가 다른 분배 영역의 가치를 지배해야 하는가?
ㄴ. B : 자연적 우연성에 의한 불평등은 사회 제도에 의해 개선되어야 하는가?
ㄷ. C : 모든 사람의 경제적 처지를 향상시킨다면 공정한 기회 균등을 제한할 수 있는가?
ㄹ. D : 소유물의 취득과 이전이 정당하다면 빈부의 격차도 정당한가?

① ㄱ, ㄷ ② ㄱ, ㄹ ③ ㄴ, ㄹ
④ ㄱ, ㄴ, ㄷ ⑤ ㄴ, ㄷ, ㄹ

06

갑은 부정, 을은 긍정의 답을 할 질문으로 옳은 것은?

갑 : 자연적·사회적 우연성으로 인해 얻어진 부는 최소 수혜자를 포함하여 모두에게 이익이 되도록 조정되어야 한다. 을 : 취득과 이전의 과정이 정당하다면 그로 인한 소유물에 대한 권리도 정당하며 어떤 경우에도 침해될 수 없다.

① 소득과 부의 분배는 구성원 간의 사적 결정에 맡겨야 하는가?
② 분배 원칙은 구성원들 간의 합의와 계약으로 수립해야 하는가?
③ 사회적 약자의 권리 신장을 위해 다수의 이익을 제한할 수 있는가?
④ 천부적 자질을 통해 획득한 재화는 재분배의 대상이 될 수 있는가?
⑤ 사회 구성원 모두에게 이익이 되는 분배 결과는 그 자체로 정의로운가?

07

갑, 을 사상가들의 입장으로 적절한 것만을 〈보기〉에서 있는 대로 고른 것은?

갑 : 두 가치 간 본원적 관계가 전혀 없을 때, 한 가치를 다른 가치로 전환하는 것은 다른 부류의 사람들이 적절히 통치하고 있는 영역을 침해하는 것과 같다. 을 : 분배는 필요에 따라, 노동은 능력에 따라 이루어지는 사회가 필연적으로 도래할 것이다. 그러면 노동은 더 이상 소외되지 않을 것이다.

〈보기〉
ㄱ. 갑 : 사회적 가치들은 공동체의 문화적·역사적 맥락에서 그 의미가 부여된다.
ㄴ. 을 : 계급이 사라진 사회에서는 사적 소유권이 인정된다.
ㄷ. 을 : 이상적인 분배 정의는 국가의 개입을 배제해야 이루어질 수 있다.
ㄹ. 갑, 을 : 돈과 상품은 자유 교환이 아니라 사회의 특수성과 평등의 원칙에 따라 분배되어야 한다.

① ㄱ, ㄷ ② ㄱ, ㄹ ③ ㄴ, ㄹ
④ ㄱ, ㄴ, ㄷ ⑤ ㄴ, ㄷ, ㄹ

08

(가)의 갑, 을 사상가들의 입장을 (나) 그림으로 표현할 때, A~C에 들어갈 적절한 진술만을 〈보기〉에서 있는 대로 고른 것은?

(가)	갑 : 정의의 원칙들은 그 형식에서 그 자체가 다원주의적이다. 상이한 사회적 가치들은 상이한 근거와 절차에 맞게 상이한 주체에 의해 분배되어야 한다. 을 : 개인들이 공정한 조건에서 합의한 것이 정의의 원칙이다. 이 원칙은 개인의 기본적 자유를 보장하고 최소 수혜자에게 최대 이익이 돌아가도록 한다.
(나)	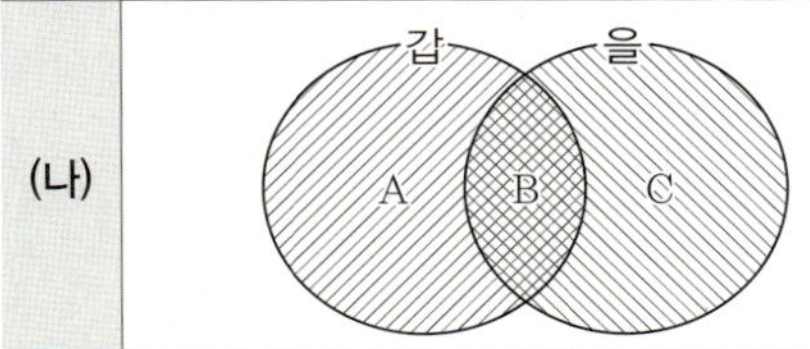

〈보기〉
ㄱ. A : 복합 평등을 통해 영역들의 내재적 자율성이 존중된다.
ㄴ. B : 사회적 가치의 다원성에 따른 다양한 정의의 원칙이 존재한다.
ㄷ. B : 복지 정책과 같은 재분배를 통해 사회 정의를 구현할 수 있다.
ㄹ. C : 무지의 베일을 쓴 가상적 상황에서 정의의 원칙이 실현된다.

① ㄱ, ㄴ ② ㄱ, ㄷ ③ ㄷ, ㄹ
④ ㄱ, ㄴ, ㄹ ⑤ ㄴ, ㄷ, ㄹ

09

다음 토론의 핵심 쟁점으로 가장 적절한 것은?

> 갑 : 현대 사회의 구조적인 문제들로 인해 불평등이 발생하고 있습니다. 이러한 불평등을 해결하기 위한 실질적인 대책이 필요합니다.
>
> 을 : 저도 불평등을 개선하기 위한 노력에 찬성합니다. 그 중에서도 저는 과거로부터 이어져 온 차별을 시정하는 데 중점을 두고 우대 정책을 실시하여 불평등을 개선해야 한다고 생각합니다.
>
> 갑 : 과거로부터 이어져 온 차별에 대한 보상을 하는 것은 과거의 차별에 대한 잘못이 없는 무고한 후대의 사람들이 그 책임을 대신 받는 것이므로 바람직하지 않다고 봅니다.
>
> 을 : 그렇지 않습니다. 인간은 공동체 속에서 타인과 공존하며 살 수밖에 없으며, 공동체의 역사와 전통은 이어지는 것이므로 직접적인 잘못이 없는 사람이라도 사회의 책임을 함께 나눠야 합니다.

① 우대 정책은 공리주의 논리에 의해 정당화되는가?
② 사회적 불평등을 해결하기 위한 노력을 기울여야 하는가?
③ 보상의 논리에 따라 우대 정책을 실시하는 것은 정당한가?
④ 국가의 재분배 정책은 불평등의 시정을 위해 실시해야 하는가?
⑤ 우대 정책으로 개인의 노력이나 성취를 무시하는 것은 공정하지 못한가?

10

갑의 입장에서 〈사례〉에 대해 제기할 수 있는 평가로 가장 적절한 것은?

> 갑 : 소수 집단 우대 정책은 차별 받아온 사회적 약자에게 대학 입학이나 취업 등에서 가산점을 주거나 혜택을 주는 사회 정책으로, 이를 통해 실질적인 사회 정의를 구현할 뿐 아니라 폭넓은 의미에서의 사회 발전에 기여할 수 있다.

〈사례〉

> 홈즈 로스쿨은 아프리카계 미국인 법조인이 지금보다 더 많이 필요하다고 판단하여 홈즈 로스쿨 정원에서 백인 학생의 정원을 제한할 필요가 있다고 의견을 모았다. 그리고 그들은 최소한의 입학 자격을 충족하는 아프리카계 미국인 학생들의 입학을 허가하기로 결정하였다.

① 노력과 성취에 따른 업적주의 원칙에 어긋난다.
② 역차별로 이어질 수 있으므로 윤리적으로 부당하다.
③ 사회적 다양성과 공동선을 실현하기 위한 노력의 일환이다.
④ 로스쿨에 입학할 수 있는 우수한 다수의 권리를 빼앗고 있다.
⑤ 특정 집단 우대로 인해 사회적 분열과 갈등을 초래할 수 있다.

11

| 평가원 |

(가)의 갑, 을, 병 사상가들의 입장에서 서로에게 제기할 수 있는 비판을 (나) 그림으로 표현할 때, A~F에 해당하는 내용으로 가장 적절한 것은?

<table>
<tr><td rowspan="1">(가)</td><td>갑 : 형벌은 사람들이 유사한 범죄 행위를 못 하도록 억제하는 것이다. 범죄에 대한 억제력의 측면에서 사형보다 종신 노역형이 더 효과적이다.

을 : 형벌은 해악이다. 하지만 공리의 원리에 따르면 더 큰 악을 제거하리라고 보장하는 한에서는 형벌이 허용되어야 한다.

병 : 형벌은 범죄자나 시민 사회의 어떤 다른 선을 촉진하기 위한 수단으로 가해질 수는 없다. 오직 보복법만이 형벌의 질과 양을 정확히 제시할 수 있다.</td></tr>
</table>

(나)

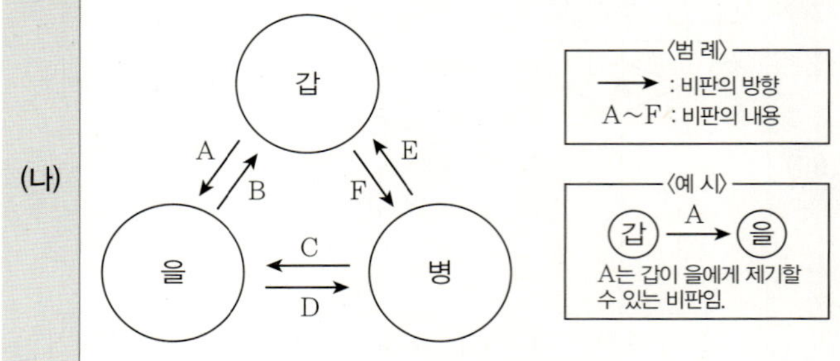

① A : 형벌은 반드시 법률을 통해서만 집행되어야 함을 간과한다.
② B : 형벌은 범죄의 사회적 해악에 비례해 부과해야 함을 간과한다.
③ D : 범죄 피해자의 보복 의지가 형벌의 근거임을 간과한다.
④ F : 범죄자 처벌보다 범죄 예방이 형벌의 목적임을 간과한다.
⑤ C, E : 형벌이 보편적 도덕 원리에 근거해야 함을 간과한다.

12

갑, 을의 입장에서 모두 긍정의 대답을 할 질문으로 옳은 것은?

> 갑 : 형벌은 사회의 최대 행복을 저해하는 경향에 비례하여 가해져야 한다. 형벌의 목적은 범죄의 예방과 일반인에 대한 경고에 있다. 사형은 이러한 효과성이 가장 큰 형벌이다.
>
> 을 : 그가 살인을 했다면, 그를 사형에 처해야 한다. 형벌에서의 정의는 동등성의 원리이고, 이 원리만이 인간을 목적으로 대우하는 것이다.

① 사형 제도는 생명권을 침해하는 부당한 형벌인가?
② 국가보다는 개인이 형벌 집행의 권한을 가져야 하는가?
③ 응보적 정의 실현을 위해 사형 제도를 시행해야 하는가?
④ 사형으로 인해 사회 정의를 실현시키는 효과를 얻을 수 있는가?
⑤ 사형 제도의 존치 여부는 사회적 유용성에 근거하여 판단해야 하는가?

13

갑, 을 사상가들의 입장으로 가장 적절한 것은?

> 갑 : 시민 사회에서 타인의 생명을 희생시킨 사람은 자신의 생명도 포기해야 한다. 시민의 생명 보존이 사회 계약의 목적이기 때문이다.
> 을 : 사형과 같은 형벌의 남용은 인간을 개선시키지 못한다. 사형보다는 종신 노역형이 범죄 억제력이 크다.

① 갑 : 생명에 대한 권리는 시민의 생명 보존보다 우선하므로 양도 불가하다.
② 갑 : 살인자는 사형이라는 형벌을 받음으로써 시민 사회의 구성원으로 인정받는다.
③ 을 : 형벌의 정당성은 최대 행복의 원칙에 의해 평가되어야 한다.
④ 을 : 사형은 타인들의 범죄를 억제시키기에 충분한 정도의 강도를 가지고 있다.
⑤ 갑, 을 : 사형이 아닌 종신 노역형만으로도 형벌은 충분한 엄격성을 지닌다.

14

(가)의 갑, 을 사상가들의 입장을 (나) 그림으로 표현할 때, A~C에 들어갈 적절한 진술만을 〈보기〉에서 있는 대로 고른 것은?

(가)	갑 : 평등의 원리에 의할 때 처벌은 다른 한쪽보다 더 기울지 않아야 한다. 그리고 처벌은 오직 범죄를 저질렀기 때문에 가해지는 것이다. 을 : 사회 조직은 구성원 모두의 일반적 동의로 움직인다. 그러나 사회를 조직하는 사람들이 생명을 탈취할 권능을 부여받은 것은 아니다. 사형은 한 국민에 대하여 국가가 이 국민의 생명을 파멸시키는 선전 포고이다.
(나)	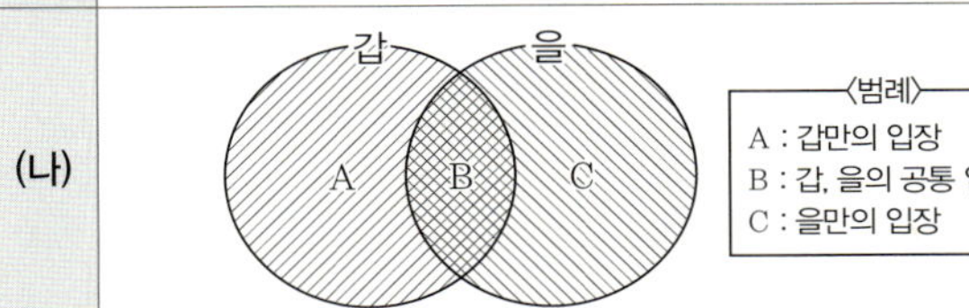

〈보기〉
ㄱ. A : 형벌은 오직 범죄에 대한 정당한 보복의 차원에서 가해져야 한다.
ㄴ. B : 사형은 사법적 정의를 실현하기 위한 필요악이다.
ㄷ. B : 가해자의 해악과 피해자의 해악은 언제나 동일해야 한다.
ㄹ. C : 안전과 질서를 유지하는 선을 넘는 형벌은 법률의 횡포이다.

① ㄱ, ㄴ　　　② ㄱ, ㄹ　　　③ ㄷ, ㄹ
④ ㄱ, ㄴ, ㄷ　　　⑤ ㄴ, ㄷ, ㄹ

15

다음을 주장한 사상가의 입장에만 모두 '✓'를 표시한 학생은?

> 모든 법령이 지니고 있거나 지녀야 하는 일반적 목적은 공동체의 전체 행복이다. 그러므로 가능한 한 우선적으로 그러한 행복을 감소시키는 경향이 있는 모든 것을, 달리 말하면 폐해를 없애고자 한다. 처벌은 그것이 더 큰 악을 없애는 것을 보장하는 한에 있어서만 인정되어야 한다.

입장 ＼ 학생	갑	을	병	정	무
공리를 증진시키는 형벌은 그 자체로 선한 것이다.	✓	✓		✓	
형벌은 사회적 공리를 위해 부과된 계산된 조치이다.	✓		✓		✓
형벌은 더 큰 악을 제거할 것이라고 보장하는 한에서만 허용된다.			✓	✓	✓
형벌이 초래할 해악은 형벌로 인해 예방할 해악과 동등하게 계산되어야 한다.		✓		✓	✓

① 갑　　　② 을　　　③ 병　　　④ 정　　　⑤ 무

16

그림은 서술형 평가 문제와 학생 답안이다. 학생 답안의 ㉠~㉤ 중 옳은 것은?

> **서술형 평가**
>
> ◎ 문제 : 갑, 을의 입장을 비교하여 서술하시오.
>
> > 갑 : 인간의 도덕관념은 반복되고 지속된 인상을 통해서만 마음속에 새겨진다. 범죄에 대한 억제력도 마찬가지이다. 범죄에 대한 가장 강력한 억제력은 처형되는 장면을 목격하는 데서 생겨나지 않는다.
> > 을 : 법은 공공의 이익을 지향하는 일반 의지를 반영한다. 사회 계약을 파괴한 살인범은 도덕적 인격이 아닌 공중의 적으로 간주된다.
>
> ◎ 학생 답안
>
> > 갑, 을의 입장을 비교해보면, 갑은 ㉠ 범죄를 억제하기 위해 범죄와 동등한 형벌을 가해야 한다고 보았고, ㉡ 살인자는 자신의 생명권을 양도하고 종신 노역형을 받아들여야 한다고 보았다. 이에 비해 을은 ㉢ 살인자에 대한 사형 여부는 사회의 이익 증진 정도에 따라 결정되는 것이라고 보았고, ㉣ 타인의 생명을 해친 살인자는 사회 구성원으로서의 자격을 박탈해야 한다고 보았다. 한편 갑, 을은 모두 ㉤ 계약론적 관점에서 사형 제도에 반대하였다.

① ㉠　　　② ㉡　　　③ ㉢　　　④ ㉣　　　⑤ ㉤

01

다음을 주장한 사상가의 입장에만 모두 '✓'를 표시한 학생은?

> 가장 친밀한 사회 집단보다 규모가 큰 사회적 협력은 모두 일정한 강제성을 요구한다. 어떠한 국가도 순전히 강제성에 의해서만 통일성을 유지하는 것은 불가능하지만, 강제성 없이 국가를 보존하는 것은 더욱 불가능하다. 상호 간의 합의의 요인이 강하게 발휘된 곳에서, 그리고 한 조직 행위 내에서 서로 상충하는 이해관계를 조정하고 해결하는 표준적이고 아주 공정한 방법들이 확립되어 있는 곳에서, 강제적 요인은 잠재되어 있다가 위기의 순간이나 반항적 개인들에 대하여 집단이 가할 필요가 있을 때에만 표면화된다.

입장 \ 학생	갑	을	병	정	무
인간은 이기적 충동과 이타적 충동을 함께 가지고 있다.	✓	✓		✓	
정치적 강제력과 개인의 도덕성은 서로 배타적인 관계이다.	✓		✓		✓
인간의 지성이 성장하면 자동적으로 사회의 불의는 제거될 것이다.			✓	✓	✓
집단의 규모가 크면 클수록 그 집단은 스스로의 이익을 위해 비도덕적으로 행동할 가능성이 높다.		✓		✓	✓

① 갑　　② 을　　③ 병　　④ 정　　⑤ 무

02

(가)의 갑, 을, 병 사상가들의 입장을 (나) 그림으로 탐구할 때, A~D에 해당하는 적절한 질문만을 〈보기〉에서 있는 대로 고른 것은?

(가)	갑 : 자유세계에서 새로운 소유물은 자발적 교환과 행위로부터 발생한다. 정의의 원리에 따르면 정당한 취득과 이전의 과정은 사물에 대한 차별적인 소유 권리나 응분의 자격을 창조한다. 을 : 생산적 자산과 인적 자산을 널리 분산하여 적정한 사회적·경제적 평등을 실현해야 평등한 기본적 자유와 공정한 기회 균등을 토대로 한 재산 소유 민주주의가 실현될 수 있다. 병 : 법을 잘 따르는 것이 일반적 정의이고, 분배와 거래에 있어 공정함이 부분적 정의이다. 부분적 정의의 하나의 유형에는 동등한 사람에게 동등한 몫을 분배하는 분배적 정의가 있다.

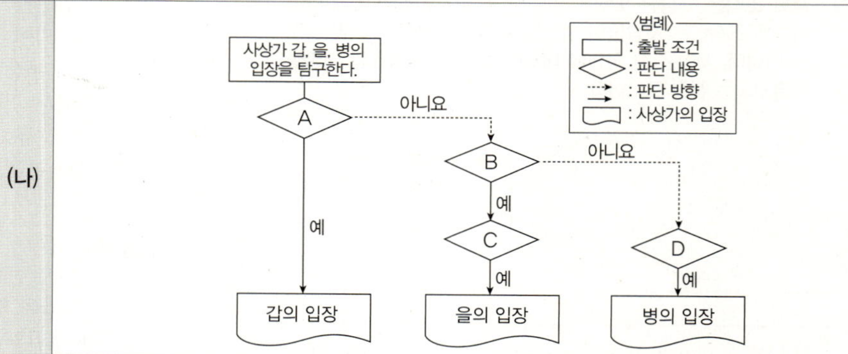

보기
ㄱ. A : 타인으로부터 정당하게 양도받은 재화는 교정의 대상이 될 수 없는가?
ㄴ. B : 복지 국가 체제만으로도 정의의 원칙을 충분히 실현할 수 있는가?
ㄷ. C : 차등의 원칙을 통해 천부적 재능의 영향을 완화시켜야 하는가?
ㄹ. D : 분배적 정의는 각자의 가치에 비례하는 몫의 분배를 추구하는 것인가?

① ㄱ, ㄴ　　② ㄱ, ㄷ　　③ ㄷ, ㄹ
④ ㄱ, ㄴ, ㄹ　　⑤ ㄴ, ㄷ, ㄹ

03

(가)의 갑, 을 사상가들의 입장을 (나) 그림으로 표현할 때, A~C에 들어갈 적절한 진술만을 〈보기〉에서 있는 대로 고른 것은?

(가)	갑 : 형벌은 단지 범죄자가 범죄를 저질렀기 때문에 부과되어야 한다. 사형은 살인에 상응하는 보복을 위한 것이다. 을 : 누구든 자신의 생명을 빼앗을 권한을 기꺼이 양도하지 않을 것이다. 시민들에게 범죄자가 노역하는 고통스러운 모습을 지속적으로 보여 주는 것이 사형보다 더 효과적인 형벌이다.
(나)	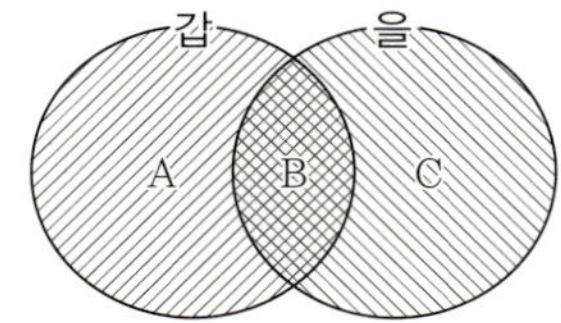

〈보기〉

ㄱ. A : 사형은 살인자의 인격성을 상실시키지 않는 형벌이다.
ㄴ. A : 등가성의 원리에 따라 행위에 대한 책임을 지는 것은 형벌에서의 정언 명령을 따르는 것이다.
ㄷ. B : 형벌 그 자체는 악이지만 도덕적 균형의 회복을 위해 필요하다.
ㄹ. C : 형벌의 지속성이 높은 형벌은 범죄 예방 효과의 강도가 높다.

① ㄱ, ㄴ   ② ㄱ, ㄷ   ③ ㄷ, ㄹ
④ ㄱ, ㄴ, ㄹ   ⑤ ㄴ, ㄷ, ㄹ

04

갑, 을의 입장에 대한 설명으로 옳지 <u>않은</u> 것은?

① 갑은 특정 집단만을 대상으로 한 우대 정책을 잘못이라고 본다.
② 을은 고용과 입학 등에서 소수 인종들을 우대할 필요가 있다고 본다.
③ 갑은 을과 달리 소수 인종에게 특별한 혜택을 주는 것을 부당하다고 본다.
④ 을은 갑과 달리 과거에 차별받은 소수 인종은 보상받을 필요가 있다고 본다.
⑤ 갑, 을은 소수 인종 우대 정책으로 과거의 차별 문제를 해결할 수 있다고 본다.

06 강 국가와 시민의 윤리

출제 POINT

주제 ① 국가 권위의 정당성		주제 ② 국가와 시민의 역할과 의무		주제 ③ 시민 불복종	
인간 본성의 관점(아리스토텔레스)	★☆☆	공자, 맹자의 민본주의	★★☆	소로, 롤스, 싱어의 시민 불복종	★★★
동의의 관점(로크)	★★☆	홉스, 로크, 루소의 사회 계약론	★★★	시민 불복종의 정당화 조건	★★☆
혜택의 관점(흄)	★☆☆	맹자와 로크의 저항권	★★☆		

주제 ① 국가 권위의 정당성

🔹 국가 권위의 정당성에 대한 관점

국가의 형성 및 국가 권위의 정당성과 관련하여서는 인간의 본성에서 비롯된 것이라고 보는 아리스토텔레스의 입장, 명시적 동의뿐만 아니라 묵시적 동의까지 인정하는 로크의 입장, 그리고 혜택을 강조하는 흄의 입장에 대해 묻는 문항이 출제될 수 있다.

인간 본성의 관점	• 국가는 인간의 본성에 의해 형성된 것으로, 국가의 권위도 인간 본성의 관점에서 정당화됨 • 아리스토텔레스 : "국가는 인간의 정치적 본성에 따라 자연적으로 발생한 것이며, 인간은 정치 공동체 속에서만 최선의 삶이 가능하다."
동의의 관점	• 각 개인은 국가가 자신의 생명, 자유, 재산을 보호해 주는 조건으로 국가의 명령에 복종하기로 동의한 것이며, 이에 따라 국가의 통치 권력이 정당화됨 • 로크(사회 계약론) : "시민이 자발적으로 국가의 명령에 복종하기로 약속하는 것에서 정치적 의무가 비롯된다. 명시적 동의뿐만 아니라 묵시적 동의를 통해서도 정부에 대한 복종의 의무가 발생한다."
혜택의 관점	• 국가는 국방, 치안 등 공공재를 공급하고, 사회적 관행을 정하며, 잘못된 관행을 교정하는 등의 역할을 통해 여러 가지 혜택을 제공하므로 국가에 복종해야 함 • 흄 : "안전과 보호라는 이익은 정부 제도 수립의 근원적 동기이자 우리가 정부에 복종하는 원천이다. 이 이익 때문에 우리는 정부에 저항하는 것에 반감과 불쾌감을 느낀다."
자연적 의무의 관점	• 국가는 정의, 행복과 같은 도덕적 선을 증진하므로 인간이라면 마땅히 이를 따라야 함 • 롤스 : "정의로운 제도를 지지하고 따를 의무, 공동선을 실현하기 위해 져야 하는 의무도 자연적 의무이다."
천명(天命)의 관점	• 군주의 통치권은 하늘로부터 주어진 것[天命]으로, 부모에게 효도하는 것과 같이 국가에 충성하는 것이 의무임 • 맹자(유교 사상) : "군주가 백성을 바르고 평안하게 살도록 만들어 덕으로써 사람을 복종시킨다면 백성들은 진심으로 기뻐하며 진정으로 복종하게 된다."

🔹 민본주의와 민주주의 비교

구분	민본주의	민주주의
의미	민본(民本) : 백성을 나라의 근본으로 여김	민주(民主) : 주권이 국민에게 있다는 사상 또는 정치 제도
특징	백성의 삶을 보살피는 것을 지도자의 의무와 역할로 여김	'제도'로서의 민주주의 → 대의 제도, 선거 제도, 복수 정당 등
한계	백성을 수혜자의 위치에 한정시킴	'다수의 정치'로 운영될 위험성
공통점	통치권의 근원이 국민에게 있음을 근거로 통치의 정통성 인정 → '국민을 위한' 정치 지향	

주제 ② 국가와 시민의 역할과 의무

1. 동양에서의 국가의 역할과 의무

공자, 맹자의 유교 사상	• 민본주의(民本主義)를 바탕으로 백성을 나라의 근본으로 삼고, 군주가 먼저 솔선수범하여 덕(德)으로 백성들을 교화하는 정치를 펼쳐야 함 • 백성의 생계를 안정적으로 유지시켜 주어야 함	
	공자	"군주는 재화의 많고 적음보다 분배가 고르지 못함을 걱정해야 한다."
	맹자	항산(恒産), 항심(恒心) : "백성들은 경제적으로 안정[항산]되어야 도덕적인 삶[항심]을 살 수 있다. 백성의 생계를 보장하는 것이 왕도(王道) 정치의 시작이다."
묵자	나와 남, 나의 가족과 남의 가족, 나의 나라와 남의 나라를 차별하지 않고 똑같이 사랑하며 상호 이익을 추구해야 함 → 겸애(兼愛) 교리(交利)	
한비자	인간은 이기적인 존재이므로 엄격한 법에 따라 통치해야 함 → 신상필벌(信賞必罰)로 사회 질서를 유지해야 함	
정약용	분쟁이 일어났을 때 현명하게 해결해 주어야 하며, 애민(愛民) 정신으로 노약자나 빈자를 돌보고 구제해 주어야 함	

🔹 유교와 묵자 사상의 비교

유교(공자)	묵자
• 인(仁) : 내 부모를 사랑하는 마음을 점차 확장시켜가는 분별적, 단계적 사랑 • 예악(禮樂) 중시 : 예와 악이 사회 질서를 유지하게 하고, 인간의 성정을 교화시킨다고 보아 중시함	• 겸애(兼愛) : 내 부모와 남의 부모를 차별하지 않는 무차별적 사랑 • 예악(禮樂) 반대 : 예와 악이 사치를 조장하고 허례허식을 부추겨서 사회 질서를 어지럽힌다고 보아 반대함

2. 서양에서의 국가의 역할과 의무 – 홉스, 로크, 루소의 사회 계약론

구분	홉스	로크	루소
인간관	성악설 : 인간의 본성은 이기적임	백지설(=성무선악설) : 인간의 본성은 평화적임	성선설 : 인간의 본성은 순수함
자연 상태	'만인에 대한 만인의 투쟁 상태' : 무규범의 혼돈 상태	대체로 평화롭지만 개인의 권리 침해가 가능한 상태	차별이 없는 가장 행복하고 평화로운 상태
사회 계약	군주 주권론 : 자연권을 모두 군주에게 양도하고 시민들은 군주에게 절대 복종해야 함	국민 주권론 : 자연권을 일부 양도하고, 시민들은 저항권을 행사할 수 있음	국민 주권론 : 자연권은 양도 불가하며, 정치 공동체는 일반 의지에 입각함
이상적 정치 형태	전제 군주제 : 군주가 독점적으로 권력을 장악하고 행사	입헌 군주제 : 입법권과 집행권을 분리하여 의회가 제정한 법에 따라 통치	직접 민주제 : 빈부의 격차가 거의 없는 소농들이 공동체의 의사를 직접 결정
공통점	• 국가의 권위는 시민들의 자발적 합의와 계약으로 위임된 것임 • 시민의 생명과 재산, 자유를 보호하는 것이 국가의 역할임		

3. 시민의 권리와 의무

맹자	역성혁명(易姓革命)론 : 백성을 위한 정치를 하지 않는 군주답지 못한 군주는 백성들이 물러나게 하고 새로운 왕조로 교체할 수 있음
로크	저항권 사상 : 시민의 기본권을 제대로 보장하지 못하거나 침해하는 정부에 대해서는 시민들이 저항할 권리가 있음

주제 ③ 시민 불복종

1. 시민 불복종에 대한 다양한 관점

드워킨	불복종에 대한 시민의 적극적 권리를 인정함
소로	• 시민 불복종의 최종 근거는 헌법을 넘어서는 개인의 양심임 • "우리는 국민이기 이전에 먼저 사람이어야 한다. 불의한 법이 당신에게 불의를 행하라고 요구한다면, 그 법을 어기라."
롤스	• 시민 불복종의 기준은 사회적 다수에 의해 공유된 정의관임 • "시민 불복종은 법에 대한 충실성의 한계 내에서 법에 대한 불복종을 나타내는 것으로, 거의 정의로운 사회에서 부정의한 법과 정책의 변화를 위해 전개되어야 한다. 시민 불복종은 공익을 위한 것이고, 비폭력적이고, 도덕심을 기반으로 한 양심적인 것이어야 한다."
간디	• 부당한 법에 대한 불복종은 정당함 • "시민 불복종은 비폭력적이고 평화적인 방법을 사용해야 한다."
싱어	• 공리주의적 계산을 통해 시민 불복종의 정당성 여부를 결정할 수 있음 • "시민 불복종이 산출할 이익과 손해를 계산해 보아야 하며, 불복종 행위의 성공 가능성까지 고려해야 한다."

2. 시민 불복종의 일반적인 정당화 조건

최후의 수단	부정의를 해결하기 위한 합법적인 절차와 수단을 다 거친 뒤에도 개선되지 않을 경우 최후의 수단으로 시도되어야 함
비폭력	폭력적·파괴적인 방법을 거부하고 비폭력적인 방법으로 전개되어야 함
공동선 추구	특정 개인이나 집단의 이익이 아닌 사회 정의 실현을 목적으로 해야 함
공개적 행위	불의한 법의 부당성과 불복종의 정당성을 널리 알리기 위해 은밀하게가 아니라 공개적으로 이루어져야 함
처벌 감수	법체계 전체를 부정하기 위한 것이 아니라 정당한 법체계를 세우기 위한 의도적인 '위법 행위'이므로 처벌을 감수해야 함

Tip

❶ 홉스, 로크, 루소의 사회 계약론을 비교하는 문항은 등급을 구분 짓는 최고난도 문항으로 출제가 용이한 내용 영역 가운데 하나이다. 따라서 교과서 수준보다는 깊이 있게 학습해 두는 것이 좋다.

❷ 자연 상태, 그리고 자연권 양도에 대한 홉스, 로크, 루소의 입장 차이를 분명히 이해하고 구분할 수 있어야 한다. 뿐만 아니라 홉스, 로크, 루소 모두 국가를 시민의 생명과 자유를 보호하기 위한 수단으로 보았다는 공통점이 있다는 것도 간과해서는 안 된다.

❷ 시민 불복종의 의미와 특징

의미	정의롭지 못한 법이나 정책 등을 변화시키기 위한 목적으로 이루어지는 위법 행위
특징	보편적 가치를 훼손하는 법의 부당성을 널리 알리기 위해 공개적·자발적·의도적으로 법을 위반함

Tip

❶ 소로와 롤스의 시민 불복종에 대한 입장을 묻는 문항이 일반적으로 많이 출제되었다. 소로는 개인의 양심을, 롤스는 사회의 공유된 정의관을 시민 불복종의 기준으로 삼았음을 숙지해야 한다.

❷ 특히 롤스의 입장에서 공유된 정의관이 개인의 양심과 반드시 상충하는 것이 아님을 이해해야 함정에 빠지지 않을 수 있다.

🔒 3점 공략 Check

Q1 (　　　)는 자연 상태를 '만인에 대한 만인의 투쟁 상태'라고 본다.

Q2 근대 사회 계약 사상가 중 (㉠　　) 은/는 군주에게 절대 복종할 것을 강조한 반면, (㉡　　)은/는 시민들이 저항권을 행사할 수 있다고 보았다.

Q3 루소는 공익을 지향하는 (　　　)에 입각하여 국가가 운영되어야 한다고 강조하였다.

Q4 시민 불복종의 기준으로 개인의 양심을 강조한 사상가는 (㉠　　)이며, 다수에 의해 공유된 정의관을 주장한 사상가는 (㉡　　)이다.

순한맛 # 평가원

갑, 을 사상가들의 입장으로 적절한 것만을 〈보기〉에서 있는 대로 고른 것은?

> 갑 : 시민 불복종은 거의 정의로운 사회에서 그 체제의 합법성을 인정하는 시민들에 의해서만 생겨난다. 그것은 개인이나 집단의 이익이 아니라 다수의 정의감에 근거해야 한다.
> 을 : 우리는 먼저 인간이어야 하고, 그다음 국민이어야 한다. 법이 형평성보다는 독단에 치우쳐 있다고 판단된다면, 우리는 순순히 따르지 말고 양심에 따라 저항해야 한다.

보기
ㄱ. 갑 : 시민 불복종은 민주 헌법의 의도에 어긋나는 항거이다.
ㄴ. 갑 : 정의 원칙도 시민 불복종의 대상에서 제외되지 않는다.
ㄷ. 을 : 법보다 정의에 대한 존경심을 함양하는 것이 바람직하다.
ㄹ. 갑, 을 : 시민 불복종은 위법 행위이지만 하나의 권리이다.

① ㄱ, ㄴ 　② ㄴ, ㄷ 　③ ㄷ, ㄹ
④ ㄱ, ㄴ, ㄹ 　⑤ ㄱ, ㄷ, ㄹ

[핵심 키워드] • 갑 : # 거의 정의로운 사회 # 다수의 정의감에 근거
• 을 : # 먼저 인간이어야 하고, 그다음 국민이어야 # 양심에 따라 저항

[접근 방법] ❶ 시민 불복종과 관련하여서는 제일 먼저 롤스, 그리고 소로, 마지막으로 싱어를 떠올리며 제시문을 읽어본다. ❷ 핵심 키워드를 통해 갑, 을 사상가가 각각 누구인지를 파악할 수 있어야 한다. ❸ 갑, 을의 서로 다른 특징뿐만 아니라 공통점까지 고려하며 선택지 진술의 진위를 하나씩 판단해본다.

답 ③

🔒 # 평가원 # 정답률 **53.3**% 매운맛

갑, 을 사상가들의 입장으로 적절하지 <u>않은</u> 것은?

> 갑 : 시민 불복종은 법에 대한 충실성의 한계 내에서 부정의에 대해 항거하는 위법한 행위이다. 이는 공동 사회의 다수가 갖는 정의감을 나타내고, 자유롭고 평등한 사람들 사이에서 정의의 원칙이 존중되고 있지 않음을 선언하는 것이다.
> 을 : 시민 불복종은 합법적인 수단이 실패했을 때 사용될 수 있는 적합한 수단이다. 우리는 중단시키려고 하는 악의 크기와 우리의 행위가 가져올 법과 민주주의에 대한 존중의 심각한 감소 정도를 저울질해 봐야 한다.

① 갑 : 시민 불복종은 민주적 체제의 합법성을 인정하는 시민의 행위이다.
② 갑 : 거의 정의로운 사회에서 부정의한 모든 법은 시민 불복종의 대상이다.
③ 을 : 시민 불복종이 산출할 사회적 이익과 해악이 고려되어야 한다.
④ 을 : 부정의를 해결할 수 있는 합법적 방법이 우선적으로 고려되어야 한다.
⑤ 갑, 을 : 시민 불복종 참여자는 위법 행위에 대한 처벌을 감수해야 한다.

[핵심 키워드] • 갑 : # 시민 불복종은 법에 대한 충실성의 한계 내에서 # 공동 사회의 다수가 갖는 정의감 # 정의의 원칙이 존중되고 있지 않음을 선언
• 을 : # 시민 불복종은 합법적인 수단이 실패했을 때 사용 # 중단시키려고 하는 악의 크기와 우리의 행위가 가져올 법과 민주주의에 대한 존중의 심각한 감소 정도를 저울질

[접근 방법] ❶ 제시문에 나타나 있는 시민 불복종의 정당화 기준과 조건 등을 통해 갑, 을 사상가가 각각 누구인지를 파악해야 한다. ❷ 제시문에서 직접적으로 근거를 찾을 수 있는 선택지가 있는지를 우선적으로 살펴보고, 해당 사상가의 기본 입장에 부합하는지를 따져서 선택지를 하나씩 제거해 나간다. ❸ 선택지 간 논리적으로 상충하거나 모순되는 내용이 없는지를 따져보는 것도 문제풀이의 한 요령이다.

답 ②

WHY 왜 빠지지 않고 출제될까?

소로와 롤스의 시민 불복종에 대한 입장을 비교하는 문항은 자주 출제되는 익숙한 구성이다. **소로는 시민 불복종의 근거로 개인의 양심**을 제시한 데 비해, **롤스는 사회적으로 공유된 다수의 정의감**을 제시하였음을 분명하게 알아두어야 한다. 이처럼 생활과 윤리는 동일한 주제에 대한 서로 다른 사상가의 입장을 제시한 후, 두 사상가의 공통점과 차이점을 파악하는 유형의 문항들이 대부분 출제되므로 종합적으로 이해하고 학습하려는 노력이 필요하다.

HOW 킬러 문항, 어떻게 출제될까?

시민 불복종에 대한 롤스와 싱어의 입장을 묻는 문항으로, 기존에 자주 출제되었던 소로 대신 싱어의 시민 불복종에 대해 평가원에서 처음으로 출제한 문항이다. 생활과 윤리는 **특정 사상가의 배경 지식을 필요로 하거나, 비문학 독해 형식으로 제시문에 언급된 표현이 그대로 선택지에 등장하여 매력적인 오답을 구성할 경우** 많은 학생들이 어려워한다. 따라서 소로, 롤스, 싱어가 제시한 시민 불복종의 정당화 기준에 대해서는 반드시 정리하여 숙지해 두어야 한다.

실전 문제

주제 ① 국가 권위의 정당성

01

| 평가원 |

갑, 을 사상가들의 입장으로 적절한 것만을 〈보기〉에서 있는 대로 고른 것은?

> 갑 : 일정한 생업[恒産]이 없는 백성은 변함없는 마음[恒心]을 잃게 된다. 그러므로 군주는 백성이 부모를 부양하고 처자식을 부양하기에 부족함이 없게 해 주어야 한다. 그런 후에 백성을 선한 데로 나아가게 인도해야 한다.
> 을 : 완전한 공동체인 국가는 자연의 산물이며, 인간은 본성적으로 국가 공동체를 구성하는 동물이다. 국가 없이 살아가는 자는 인간보다 하등하거나 인간을 뛰어넘는 존재이다.

〔보기〕
ㄱ. 갑 : 국가의 통치자는 덕으로써 백성을 감화시켜야 한다.
ㄴ. 갑 : 백성들의 도덕성을 유지하는 데 경제적 안정이 중요하다.
ㄷ. 을 : 정치 공동체인 국가에서 인간은 선을 실현할 수 있다.
ㄹ. 갑, 을 : 국가는 자연 상태에서 벗어나려는 인간들의 계약으로 수립된다.

① ㄱ, ㄷ   ② ㄱ, ㄹ   ③ ㄴ, ㄹ
④ ㄱ, ㄴ, ㄷ   ⑤ ㄴ, ㄷ, ㄹ

02

다음 사상가의 입장으로 가장 적절한 것은?

> 국가는 자연의 창조물이며 완성된 형태의 공동체이다. 이러한 국가를 떠나 살 수 있는 자는 신이거나 짐승뿐이다. 인간만이 서로 도와줄 필요가 없는 경우에도 국가를 이루길 원한다. 인간은 본래 국가를 필요로 하며, 국가를 떠나서는 어떠한 참된 정의도 존재할 수 없다.

① 국가는 구성원의 덕성 함양에 개입하지 않아야 한다.
② 국가가 존재하는 유일한 목적은 물질적 필요의 충족이다.
③ 국가와 구성원 간의 합의로 인해 정치적 의무가 발생한다.
④ 국가의 존재 여부와 무관하게 개인의 궁극적인 목적은 실현 가능하다.
⑤ 국가는 구성원들의 훌륭하고 행복한 삶을 가능하게 하는 도덕 공동체이다.

03

그림의 강연자가 긍정의 대답을 할 질문으로 가장 적절한 것은?

① 국가는 시민이 다른 사람의 자유를 침해할 때 개입하지 말아야 하는가?
② 국가는 다양한 신념체계를 단일한 신념체계로 통합하기 위해 노력해야 하는가?
③ 국가는 최소 수혜자에게 최대 이익이 돌아가는 재분배 정책을 시행해야 하는가?
④ 국가는 사회적 지위에 오를 수 있는 기회의 부여에 차등의 원칙을 적용해야 하는가?
⑤ 국가는 다수의 정의관보다 개인의 신념과 양심에 따라 공적 의사를 결정해야 하는가?

04

갑, 을 사상가들의 입장에 대한 옳은 설명만을 〈보기〉에서 있는 대로 고른 것은?

> 갑 : 임금은 국가에 의존하고, 국가는 민(民)에 의존한다. 민은 국가의 근본이고 임금의 하늘이다. 민은 의식(衣食)이 충족되어야 예의를 알게 되니 대업은 이를 기반으로 한다.
> 을 : 사람들은 사회에 들어갈 때 자연 상태에서 가졌던 평등, 자유 및 집행권을 사회의 선이 요구하는 바에 따라 입법부가 처리할 수 있도록 사회의 수중에 양도한다. 이는 모든 사람이 자신과 자신의 자유 및 재산을 더 잘 보존하기 위해서이다.

〔보기〕
ㄱ. 갑은 부모를 섬기듯이 군주를 섬겨야 한다고 본다.
ㄴ. 을은 군주가 시민의 생명과 재산을 자의적으로 다룰 수 있다고 본다.
ㄷ. 을은 정부에 복종하는 것은 사회 질서의 유지와 관련 있다고 본다.
ㄹ. 갑, 을은 공동선을 실현하기 위해 사람들이 국가를 만들었다고 본다.

① ㄱ, ㄴ   ② ㄱ, ㄷ   ③ ㄴ, ㄹ
④ ㄱ, ㄷ, ㄹ   ⑤ ㄴ, ㄷ, ㄹ

05

다음을 주장한 사상가가 긍정의 대답을 할 질문으로 가장 적절한 것은?

> 임금의 푸줏간에는 살찐 고기가 있고 마구간에는 살찐 말이 있는데, 백성들에게는 굶주린 기색이 있고 들에는 굶어 죽은 시체가 있다면, 이는 짐승을 몰아서 사람을 잡아먹게 한 것과 같다. 짐승끼리 서로 잡아먹는 것도 사람들이 미워하는데, 백성의 부모가 되어 정사(政社)를 하되 짐승을 몰아 사람을 잡아먹게 함을 면하지 못한다면, 백성의 부모된 도리가 어디에 있겠는가?

① 백성을 인의(仁義)의 덕으로 복종시키는 것은 잘못인가?
② 백성들은 항심(恒心)이 있어야 일정한 생업에 종사할 수 있는가?
③ 백성을 무지(無知)와 무욕(無欲)하게 하는 것이 최고의 정치인가?
④ 백성들에게 항산(恒産)을 보장해 주는 것이 왕도 정치의 출발점인가?
⑤ 백성이 나라의 근본임을 인식하여 백성을 정치의 주체로 삼아야 하는가?

06

갑, 을 사상가들의 입장에 대한 설명으로 옳은 것은?

> 갑 : 정치를 하는데 사람을 죽일 필요가 있겠는가. 임금이 착한 사람이 되고자 하면 백성들도 착해진다. 군자의 덕은 바람이고 소인의 덕은 풀과 같다. 풀 위에 바람이 불면 풀은 반드시 눕기 마련이다.
> 을 : 어진 이가 할 일은 천하의 이익을 마련해 주고, 천하의 해를 제거하는 데 힘쓰는 것이다. 대국의 소국에 대한 공격, 대가의 소가에 대한 교란, 강자의 약자에 대한 겁박 등이 천하의 해이다. 남을 미워하고, 남을 못살게 굴면서 천하에 커다란 해로움을 일으키는 사람을 이름 붙인다면 '서로 따로 노는 자[交別者]'라고 불러야 한다.

① 갑은 엄격한 법에 따른 상벌의 권위가 통치의 요체라고 본다.
② 갑은 백성들의 악한 본성이 드러나지 않도록 정치를 펼쳐야 한다고 본다.
③ 을은 군주가 추구해야 할 것은 이(利)가 아니라 의(義)라고 본다.
④ 을은 내 나라와 남의 나라를 위하는 데 차별이 있어서는 안 된다고 본다.
⑤ 갑, 을은 예악(禮樂)을 숭상하고 법을 지극히 하면 나라가 안정된다고 본다.

07

다음을 주장한 사상가의 입장으로 가장 적절한 것은?

> 모든 사람을 떨게 만드는 공통의 권력이 없는 상태에서는 그 어떤 것도 불의하지 않다. 폭력과 배신이 난무하는 이런 상태에서 벗어나려면 공통의 권력을 수립해야 한다. 이 권력을 수립하는 유일한 방법은 모든 사람들이 자신의 권리와 힘을 하나의 합의체에 양도하는 것이다.

① 자연 상태에서의 인간에게는 어떠한 자연권도 존재하지 않는다.
② 만인의 투쟁 상태에서 벗어나기 위한 만인의 계약은 불필요하다.
③ 생명과 재산을 보호할 능력이 없는 국가의 권위는 상실될 수 있다.
④ 자연 상태에서 인간은 자기 이익만을 추구하는 비합리적인 존재이다.
⑤ 국가는 지배 계급이 피지배 계급을 착취하기 위해 만든 인위적 산물이다.

08

갑, 을의 공통된 입장으로 가장 적절한 것은?

> 갑 : 인간은 자연 상태의 평화로움과 온갖 특권에도 불구하고 상호 간 다툼을 해결할 법률과 공평한 재판관 및 집행 권력의 부재라는 열악한 상황에 처하게 된다. 이로부터 정치사회뿐 아니라 입법권과 행정권의 기원을 찾을 수 있다.
> 을 : 인간은 자연 상태에서 자유롭고 평등하지만 사유 재산의 발생과 더불어 불평등과 예속의 상태에 놓이게 된다. 그러한 상태에서 벗어나기 위해서 각자는 신체와 모든 힘을 공동의 것으로 삼아 일반 의지의 최고 지도하에 두어야 한다.

① 계약을 통해서만 시민의 주권이 정부에 양도될 수 있다.
② 국가는 사회적 합의의 산물로 목적이 아닌 수단적 존재이다.
③ 자연 상태는 만인이 만인에 대해 경쟁하는 무규범의 상태이다.
④ 정치적 복종 의무는 이익을 추구하는 인간의 본성에서 비롯된다.
⑤ 인간은 국가 성립 이후에 누구에게도 침해받아서는 안 될 권리를 지니게 된다.

주제 ③ 시민 불복종

09

갑, 을 중에서 어느 한 사람만이 긍정의 대답을 할 질문만을 〈보기〉에서 있는 대로 고른 것은?

> 갑 : 시민들의 부정의한 법에 대한 불복종은 공유된 정의관에 의해 정당화된다. 이러한 불복종은 거의 정의로운 국가에서 체제의 합법성을 인정하는 시민들에 의해서만 생긴다.
> 을 : 정부는 단지 편의를 위한 존재이다. 하지만 편의의 차원이 아닌 정의의 차원에서 정부가 양심에 어긋나는 정책을 취하는 경우 현명한 소수자는 이에 불복종할 권리와 의무를 지닌다.

〈보기〉
ㄱ. 부정의한 모든 법률은 시민 불복종의 대상이 될 수 있는가?
ㄴ. 법률을 넘어선 개인의 양심이 시민 불복종의 최종 근거인가?
ㄷ. 양심에 어긋나는 법에 대해 즉각 불복종을 전개하는 것은 잘못인가?
ㄹ. 부정의한 국가 권력이나 법률에 저항하는 시민 불복종은 합법적 행위인가?

① ㄱ, ㄷ   ② ㄱ, ㄹ   ③ ㄴ, ㄹ
④ ㄱ, ㄴ, ㄷ   ⑤ ㄴ, ㄷ, ㄹ

10

다음을 주장한 사상가의 관점에만 모두 '✓'를 표시한 학생은?

> 현존 체제를 받아들여야 할 우리의 의무와 책무를 때로는 어길 수 있다는 것이 분명하다. 그러한 요구 사항들은 정당성의 원칙에 따르는데, 이 원칙에 따르면 모든 것을 고려해서 어떤 상황에서는 불복종도 정당화될 수 있다는 것이다. 시민 불복종의 근거는 정치적인 질서의 바탕에 깔린, 공유하고 있는 정의관에 따르는 것이다.

관점 \ 학생	갑	을	병	정	무
정의의 원칙에 대한 심각한 위반이 없는 한 시민 불복종은 정당화될 수 없다.	✓	✓		✓	
시민 불복종은 개인의 양심에 거스르지 않는 신중한 정치적 신념의 표현이다.	✓			✓	✓
시민 불복종은 무질서로 인해 심각하게 고통받는 사회에서 체제의 변혁을 위해 시도되어야 한다.		✓	✓		✓
시민 불복종은 공개적으로 주목을 받으며 참여하는 것이므로 은밀히 혹은 비밀리에 행해져서는 안 된다.			✓	✓	✓

① 갑   ② 을   ③ 병   ④ 정   ⑤ 무

11

갑, 을 사상가들의 입장으로 가장 적절한 것은?

> 갑 : 법에 대한 존경심보다 먼저 정의에 대한 존경심을 기르는 것이 바람직하다. 내가 떠맡을 권리가 있는 나의 유일한 책무는 내가 옳다고 생각하는 일을 행하는 것이다. 법에 대한 존경심 때문에 선량한 사람들조차 불의의 하수인이 되고 있다.
> 을 : 사회의 기본 구조가 합당하게 정의로운 것인 경우, 그 부정의가 지나치지만 않으면 부정의한 법도 구속력이 있음을 인정해야 한다. 시민 불복종은 법에 대한 충실성의 한계 내에서 법에 대한 불복종을 나타내는 것이어야 한다.

① 갑 : 시민 불복종은 다수 국민이 공유한 정의관에 근거해야 한다.
② 갑 : 법률과 양심을 시민 불복종의 정당성 판별 근거로 삼아야 한다.
③ 을 : 양심에 충실한 거부라도 정당한 시민 불복종이 아닌 경우가 있다.
④ 을 : 시민 불복종은 체제의 정당성에 대한 비폭력적·공개적 저항이다.
⑤ 갑, 을 : 시민 불복종은 공권력에 의한 처벌을 거부하는 수단이다.

12

(가)의 갑, 을 사상가들의 입장을 (나) 그림으로 표현할 때, A~C에 해당하는 적절한 진술만을 〈보기〉에서 있는 대로 고른 것은?

(가)	
갑	평등한 자유의 원칙에 대한 위반은 보다 적합한 시민 불복종의 대상이 된다. 평등한 시민권이 갖는 지위를 규정하며 정치 질서의 바탕에 깔려 있는 이 원칙이 충분히 지켜질 때 다른 부정의는 지속적이고 심각한 것일 수 있어도 처리할 수 없는 것은 아니다.
을	시민 불복종은 정부의 정책이나 법이 진실로 다수의 의견을 반영하고 있지 않거나, 다수의 입장이라 하더라도 그 내용이 완전히 그릇된 것일 때 가능하다. 불복종이 언제 정당화될 수 있고 언제 그렇지 않은지 단언할 수 있게 해주는 그런 간단한 규칙은 없으며, 목표 달성에 실패하여 불러일으킬 수 있는 반작용에 대해서도 고려해 보아야 한다.

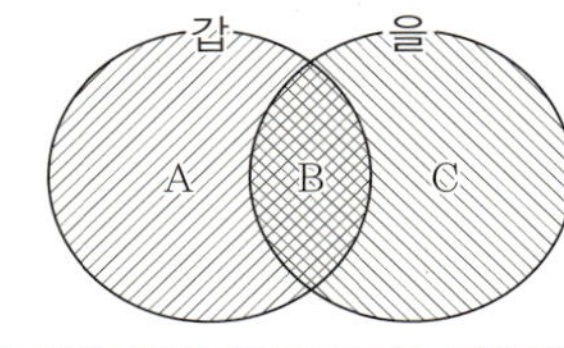

〈보기〉
ㄱ. A : 다수의 정의관에 부합하는 시민 불복종만이 정당화될 수 있다.
ㄴ. B : 시민 불복종은 불의한 법에 대해 처벌을 감수하고 즉각적으로 이루어져야 한다.
ㄷ. B : 시민 불복종은 사회 정의 실현을 목적으로 비폭력적이고 공개적으로 이루어져야 한다.
ㄹ. C : 시민 불복종이 사회 전체에 가져올 손익과 성공 가능성을 우선적으로 고려해야 한다.

① ㄱ, ㄴ   ② ㄱ, ㄷ   ③ ㄴ, ㄹ
④ ㄱ, ㄷ, ㄹ   ⑤ ㄴ, ㄷ, ㄹ

킬러 문항 완전 정복

01

(가)의 갑, 을 사상가들의 입장을 (나) 그림으로 표현할 때, A~C에 해당하는 적절한 진술만을 〈보기〉에서 있는 대로 고른 것은?

(가)	갑 : 누구나 자유롭고 평등한 자연 상태에서는 사람들 사이의 분쟁을 판정할 공평한 재판관이 없다. 이 문제의 해결을 위해 사람들의 동의로 정부가 구성되며, 이 정부는 시민의 생명과 자유, 재산의 보존을 주목적으로 한다. 을 : 백성이 가장 귀하고 사직(社稷)은 다음이며 군주는 가볍다. 그러므로 백성의 마음을 얻으면 천자가 되고, 천자의 마음을 얻으면 제후가 되고, 제후의 마음을 얻으면 대부가 된다. 제후가 사직을 위태롭게 하면 제후를 바꾼다.
(나)	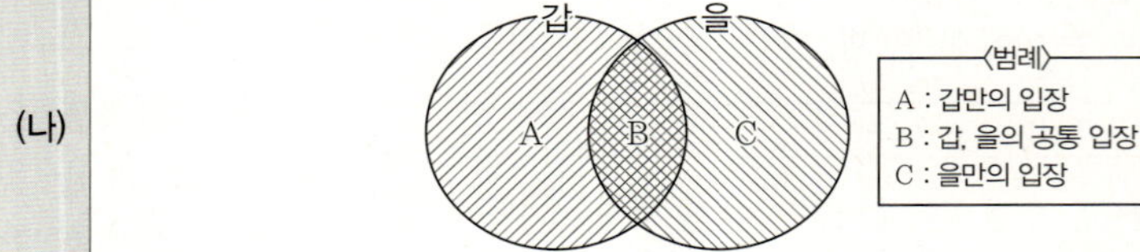

보기

ㄱ. A : 생명과 재산의 안정적 보장을 위해서는 권력 분립이 필요하다.
ㄴ. B : 통치 권력의 정당성은 하늘로부터 주어진 것이다.
ㄷ. B : 계약을 위반한 정치권력에 대한 국민들의 저항은 정당하다.
ㄹ. C : 국가에 충성하는 것은 부모에게 효도하는 것과 같은 의무이다.

① ㄱ, ㄴ   ② ㄱ, ㄹ   ③ ㄴ, ㄷ
④ ㄱ, ㄷ, ㄹ   ⑤ ㄴ, ㄷ, ㄹ

02

갑, 을, 병의 입장에 대한 옳은 설명만을 〈보기〉에서 있는 대로 고른 것은?

갑 : 자연 상태에서 인간은 생명과 자유와 재산을 확실히 보장받지 못한다. 이를 좀 더 확실히 보장받기 위해서는 각자의 동의를 바탕으로 다른 사람들과 함께 공동체를 결성하기로 합의해야 한다.
을 : 자연 상태에서 인간은 자신의 생명과 안전을 위협받는 만인에 대한 만인의 투쟁 상태에 처해 있다. 이러한 끔찍한 상태에서 벗어나 생명과 안전을 보장받기 위해 각자는 자신들의 권리를 양도하여 공동의 권력을 수립해야 한다.
병 : 자연 상태에서 인간은 자유롭고 평등하지만 사유 재산의 발생과 더불어 불평등과 예속 상태에 놓이게 된다. 이러한 상태에서 벗어나기 위해 각자는 신체와 모든 힘을 공동의 것으로 삼아 일반의지의 최고 지도하에 두어야 한다.

보기

ㄱ. 을과 달리 갑은 명시적 동의가 아닌 묵시적 동의만으로는 정치적 의무가 성립하지 않는다고 본다.
ㄴ. 갑, 병과 달리 을은 안정적인 사회 질서 유지를 위해 군주에게 권력을 집중시키고 절대 복종해야 한다고 본다.
ㄷ. 갑과 달리 을, 병은 자연 상태에서 만연한 죽음의 공포로부터 벗어나기 위해 인민들 간의 계약이 필요하다고 본다.
ㄹ. 갑, 을, 병은 모두 국가를 인간의 필요에 의해 인위적으로 성립된 수단적 공동체라고 본다.

① ㄱ, ㄴ   ② ㄱ, ㄷ   ③ ㄴ, ㄹ
④ ㄱ, ㄷ, ㄹ   ⑤ ㄴ, ㄷ, ㄹ

03

서양 사상가 갑, 을, 병의 입장에 대한 설명으로 옳은 것은?

> 갑 : 사물의 본성이 그 사물의 최후 형태 또는 궁극 목적의 실현을 의미하듯, 자족적인 국가는 자연적으로 존재하는 결사체의 최후 형태이자, 그 궁극 목적의 실현을 목표로 하는 최선의 단계이다.
> 을 : 입법권은 일정한 목적을 위해서만 활동할 수 있는 신탁된 권력이다. 입법부가 그들에게 맡겨진 신탁에 반해서 행동하는 것이 발견될 때 입법부를 폐지하거나 변경할 수 있는 권력은 여전히 인민에게 있다.
> 병 : 권리와 책임 등의 개념은 오직 정부로부터 거두는 이득에서 유래되며, 이 이득 때문에 우리는 자신이 정부에 저항하는 데 반감을 느끼고 다른 사람이 정부에 대해 저항하는 경우에도 불쾌하게 여긴다.

① 갑은 각 개인은 국가를 벗어나 자아실현을 할 수 있다고 본다.
② 을은 정치적 의무는 인간이 가지는 자연적 의무 중 하나라고 본다.
③ 병은 복종의 근원적 동기는 국가로부터 얻는 이익에 있다고 본다.
④ 갑은 을과 달리 개인에게 정치적 의무는 묵시적 동의를 통해서도 부여된다고 본다.
⑤ 을과 병은 시민들은 정부로부터 얻는 이익이 없어도 복종의 의무를 가진다고 본다.

04

(가)의 갑, 을, 병 사상가들의 입장을 (나) 그림으로 탐구할 때, A~D에 들어갈 옳은 질문만을 〈보기〉에서 있는 대로 고른 것은?

(가)	갑 : 법이 사람들을 조금이라도 더 정의로운 인간으로 만든 적은 없다. 오히려 법에 대한 존경심 때문에 선량한 사람들조차도 매일매일 불의의 하수인이 되고 있다. 을 : 시민 불복종은 거의 정의로운 사회에서 이루어지며, 공공적이고 비폭력적으로 이루어지는 위법 행위이다. 우리는 시민 불복종을 통해서 사회의 다수자가 갖는 정의감을 나타내게 되고, 사회 협동체의 원칙이 존중되지 않고 있음을 선언하게 된다. 병 : 우리는 시민 불복종을 결심함에 있어서 중단시키려고 하는 악의 크기와 불복종 행위가 가져올 법과 민주주의에 대한 존중의 심각한 감소 가능성을 저울질해 봐야 한다. 또한 목표 달성에 실패할 경우 다른 수단으로 성공할 가능성을 감소시킬 가능성도 고려해 봐야 한다.

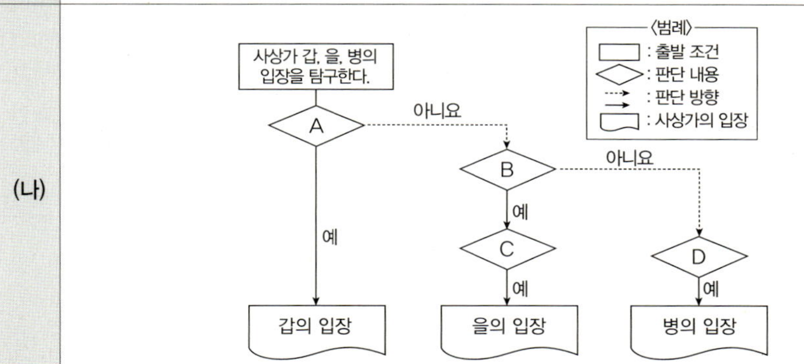

(나) 그림

보기

ㄱ. A : 법에 대한 충실성의 범위 내에서 시민 불복종이 이루어져야 하는가?
ㄴ. B : 시민 불복종은 합법적인 수단이 실패했을 때 사용될 수 있는 적합한 수단인가?
ㄷ. C : 거의 정의로운 사회에서는 일부 부정의한 법도 구속력을 가질 수 있는가?
ㄹ. D : 시민 불복종의 결과가 가져올 이익과 손해를 계산해 보아야 하는가?

① ㄱ, ㄴ　　　　② ㄱ, ㄹ　　　　③ ㄷ, ㄹ
④ ㄱ, ㄴ, ㄷ　　　　⑤ ㄴ, ㄷ, ㄹ

07 강 과학 기술 및 정보 사회와 윤리

출제 POINT

주제 ① 과학 기술의 영향과 가치 중립성 논쟁

과학 지상주의 VS 과학 혐오주의	★☆☆
과학 기술의 가치 중립성 논쟁 🔒	★★★

주제 ② 과학 기술의 사회적 책임과 책임 윤리

내적 책임	★★☆
외적 책임(사회적 책임)	★★☆
요나스의 책임 윤리 🔒	★★★

주제 ③ 정보 사회와 윤리

잊힐 권리 VS 알 권리	★★☆
저작권 보호론 VS 정보 공유론	★★★
표현의 자유 VS 인격권 보호	★★☆

❖ 정당화의 과정과 연구 대상의 선정 및 결과 활용의 과정

정당화의 과정

- 과학 기술이 객관적 타당성을 갖춘 보편적인 지식이나 원리로 인정받기 위한 연구 과정
- 연구자의 주관적 가치가 개입되어서는 안 되며, 객관적 가치 중립성을 확보하는 것이 중요함

연구 대상의 선정 및 결과 활용의 과정

- 과학 기술의 연구 대상을 선정하고 그 결과를 활용하는 과정
- 연구자 개인의 가치관, 기업의 이익, 사회적 필요, 정치적 목적 등 다양한 가치가 개입될 수 있음

주제 ① 과학 기술의 영향과 가치 중립성 논쟁

1. 과학 기술의 영향

(1) 과학 기술의 긍정적 측면과 부정적 측면

긍정적 측면	물질적 풍요와 안락한 삶, 시·공간적 제약의 극복, 건강의 증진과 생명의 연장에 기여함
부정적 측면	환경 문제 발생, 인간의 주체성 약화 및 비인간화 현상 초래, 인권과 사생활 침해, 생명의 존엄성 훼손 등의 문제를 초래함

(2) 과학 기술 지상주의와 과학 기술 혐오주의

과학 기술 지상주의(과학 기술 낙관주의)	과학 기술 혐오주의(과학 기술 비관주의)
• 과학 기술의 성과만을 강조하며, 과학 기술의 발전이 모든 사회 문제를 해결할 수 있을 것이라 여김 • 삶의 가치, 인간 존엄성 등에 대한 인간의 반성적 사고 능력을 훼손하고, 환원주의적 사고로 흐를 수 있음	• 과학 기술이 초래하는 문제점만을 강조하며, 인류에게 가져다 준 혜택과 성과를 부정하며, 사회 문제의 원인을 과학 기술 때문이라 여김 • 과학 기술에 대한 근거 없는 두려움으로 이어질 수 있음

3점 공략 🔒

2. 과학 기술의 가치 중립성 논쟁

구분	과학 기술을 가치 중립적으로 보는 입장	과학 기술에 가치 판단이 필요하다는 입장
과학 기술의 본질	과학 기술은 관찰과 실험, 논리적 사고를 통해 보편적·객관적인 사실과 법칙을 발견하는 것이 목적임	과학 기술이 궁극적으로 지향하는 바는 인간의 존엄성 구현과 삶의 질 향상이라는 윤리적 목적과 연결되어 있음
관점	정당화의 과정 강조 : 과학 기술의 '객관적 타당성' 강조 → 과학 기술의 자유로운 발전 추구	연구 결과 활용 과정 강조 : 과학 기술의 연구 대상 선정 및 결과 활용 단계에서는 가치가 개입됨을 강조 → 과학 기술의 윤리적 활용 여부 고려
핵심 주장	• 과학 기술은 윤리적 평가로부터 자유로워야 한다. • 과학자의 연구 활동은 사회로부터 독립적이다.	• 과학 기술은 윤리적 평가와 인도를 받아야 한다. • 과학 기술에는 사회적 책임이 전제되어야 한다.
대표 사상가	야스퍼스 : "기술이란 수단일 뿐이며, 그 자체는 선도 아니고 악도 아니다."	하이데거 : "과학 기술을 가치 중립적인 것으로 인정할 때, 우리는 무방비 상태로 과학 기술에 내맡겨진다."

Tip

❶ **과학 기술을 가치 중립적으로 보는 입장**은 정당화의 과정에 주목하여 과학 기술에는 주관적 가치가 개입될 수 없으며, '사실'을 다루는 과학 기술과 '가치'를 다루는 윤리를 엄격하게 구분해야 한다고 본다. 따라서 과학 기술자의 내적 책임만을 강조한다.

❷ **과학 기술에 대한 가치 판단이 필요하다는 입장**은 과학 기술을 연구하고 활용하는 전 과정을 인간의 삶과 분리된 독립적인 영역으로 여겨서는 안 되며, 과학 기술이 인간의 존엄성 구현과 삶의 질 향상이라는 윤리적 목적에 기여해야 한다고 본다. 따라서 과학 기술자는 내적 책임뿐만 아니라 외적 책임(사회적 책임)에도 충실해야함을 강조한다.

주제 ② 과학 기술의 사회적 책임과 책임 윤리

1. 과학 기술자의 책임

내적 책임	• 과학 기술자는 정직하고 성실한 태도로 책임 있는 연구를 수행하기 위해 지켜야 할 윤리적 원칙과 행동 양식에 충실해야 함 • 과학 기술자는 연구 과정에서 어떠한 정보 자료도 조작하거나 날조해서는 안 됨
외적 책임 (사회적 책임)	• 과학 기술자는 자신의 연구 및 그 결과의 활용과 관련하여 사회에 미칠 영향을 고려하고 책임을 다해야 함 • 과학 기술자는 자신의 연구 활동이 인간의 존엄성을 구현하고 삶의 질 향상을 위한 것인지, 사회적으로 해로운 결과를 초래하지는 않을지에 대해 성찰하는 자세를 가져야 함

2. 요나스의 책임 윤리

윤리적 공백	급속하게 발달하는 과학 기술이 초래할 미래의 부작용이나 문제점에 대해서 현재 시점의 인간들은 알지 못하는 '윤리적 공백'이 발생함
당위적 책임	인간은 지구에서 유일하게 책임을 질 수 있는 존재임 → 책임을 질 수 있다는 것은 곧 책임을 져야만 하는 '의무'로 연결됨
예견적 책임	직접 의도하지 않은 부수적인 결과까지도 충분히 예견하고 그에 따라 행동해야 하며, 그 결과에 대해서도 엄중히 책임을 져야 함
책임의 범위	현세대의 인간뿐만 아니라 미래 세대, 그리고 자연에 대한 책임까지 고려해야 함

주제 ③ 정보 사회와 윤리

1. 정보 기술의 발달에 따른 윤리적 문제

(1) 사생활 침해 문제

잊힐 권리	개인 정보를 비롯하여 자신이 원하지 않는 민감한 정보들이 포털사이트 등을 통하여 많은 사람에게 공개되지 않도록 개인 정보들을 그 정보의 주체가 없애고 통제할 수 있는 권리
정보 자기 결정권	개인적 정보가 공개되는 기간, 대상, 범위, 방식, 폐기 등에 관해 정보의 주인이 알고, 직접 정당한 처리를 요구할 수 있는 권리

(2) 저작권 문제

저작권 보호론(copy right)	정보 공유론(copy left)
• 정보 및 정보를 통해서 나온 것들을 개인의 재산으로 인정하고 보호해야 한다는 입장 → 창작자에게 정보에 대한 배타적 독점권 부여 • 창작자의 노력에 정당한 경제적 보상을 해 주는 것이 창작에 대한 동기를 부여하여 정보 자체의 질적 향상을 높일 수 있음	• 정보와 같은 지적 재산은 인류가 누려야 할 소중한 자산이므로 모두가 공유해야 한다는 입장 • 창작자에 대한 보상이 경제적인 것이어야만 하는 것은 아니며, 정보가 자유롭게 공유되어야 다양한 영감 속에서 질적으로 높은 정보가 생산될 수 있음
양질의 정보가 더 많이 창출될 수 있는 환경을 만들어야 함	

(3) 사이버 폭력 문제 : 시공간의 제약 없이 상시적으로 이루어짐, 정보의 복제와 유포가 쉬워 빠르고 광범위하게 확산됨, 가해자들이 폭력의 심각성을 인식하지 못함

(4) 표현의 자유 문제

의의	• 자아실현, 인간의 존엄성 실현, 민주주의를 실현하는 데 바탕이 됨 • 인간의 기본적 권리이자 알 권리 충족을 위해서도 억압 없이 보장되어야 함
허용 범위	타인의 인권을 침해하지 않는 범위 내에서만, 사회 질서를 어지럽히지 않는 범위 내에서만 보장되고 허용됨

(5) 정보 사회에 필요한 정보 윤리 : 존중(타인의 인격과 사생활, 지식 재산권을 존중해야 함), 책임(익명성을 악용하여 무책임하게 행동하지 않아야 함), 정의(정보의 진실성과 공정성을 추구하여 정의 실현에 기여해야 함), 해악 금지(타인의 기본적 자유와 권리를 침해하지 않고 사회에 해를 끼치지 않아야 함)

2. 정보 사회의 매체 윤리

(1) 뉴 미디어(new media)의 특징 : 상호 작용화, 비동시화, 탈대중화, 능동화, 종합화

(2) 뉴 미디어 시대의 매체 윤리

① 시민의 알 권리를 충족하는 과정에서 개인의 인격권을 침해하지 않도록 해야 함

알 권리	사람들이 필요한 정보를 자유롭게 알 수 있는 권리 → 국민의 알 권리는 인간의 존엄성을 실현하고 헌법에 명시된 행복 추구권을 보장하는 데 필요함
인격권	인간의 존엄성에 바탕을 둔 사적 권리 → 인격적 이익을 기본 내용으로 하며 그 주체만이 행사할 수 있는 권리 예 사생활권, 성명권, 초상권, 저작 인격권 등

② 매체 이해력[미디어 리터러시(media literacy)]를 습득하고 함양해야 함

갑, 을 사상가들의 입장으로 옳은 것은?

> 갑 : 과학의 목적은 자연을 인간의 의도에 맞도록 변형함으로써 인간의 활동 영역을 넓히는 것이다. 인간은 자연의 사용자이자 해석자로서 자연을 경험적으로 연구해야 한다. 자연에 대한 인간의 지배권은 오직 기술과 학문에 달려 있다.
> 을 : 현대 기술의 본질은 기술적인 것이 아니다. 우리는 어디서나 부자유스럽게 기술에 붙들려 있다. 최악의 경우는 기술을 중립적으로 고찰할 때이며, 이 경우 우리는 무방비 상태로 기술에 내맡겨져 전적으로 기술의 본질에 대해 맹목적이게 된다.

① 갑 : 관찰과 실험으로부터 유용한 지식을 이끌어 낼 수는 없다.
② 갑 : 과학의 목적은 삶의 개선이 아니라 진리 탐구 그 자체이다.
③ 을 : 현대 기술의 본질에 대한 자각과 비판적 성찰이 필요하다.
④ 을 : 현대 기술은 인간의 자율적 의지에 전적으로 종속되어 있다.
⑤ 갑, 을 : 기술은 수단일 뿐 그 자체는 가치 판단의 대상이 아니다.

[핵심 키워드] • 갑 : # 과학의 목적은 자연을 인간의 의도에 맞도록 변형 # 인간은 자연을 경험적으로 연구 # 자연에 대한 인간의 지배권
• 을 : # 기술을 중립적으로 고찰할 때이며, 이 경우 우리는 무방비 상태

[접근 방법] ❶ 발문에서 갑, 을이 '사상가들'이라고 하였으므로 제시문을 읽어가며 교과서에 제시된 사상가들 중에 누구의 입장에 해당하는지를 파악한다. ❷ 갑은 인간을 자연의 사용자로 규정하고 있으며, 을은 기술을 중립적으로 고찰하는 것이 최악의 경우라고 보고 있다. ❸ 해당 사상가가 구체적으로 누구인지 판단할 수 없더라도 포기하지 말고 비문학 독해 형식으로 제시문을 토대로 하여 선지의 진위를 추론해가야 한다.

답 ③

07강에서는 크게 **과학 기술의 가치 중립성 논쟁, 요나스의 책임 윤리,** 그리고 **정보 사회에서의 윤리적 문제**들이 자주 출제된다. 그 중에서 과학 기술의 가치 중립성 논쟁은 일반적인 입장에 대해 묻는 문항으로 출제되기도 하고, 각 입장에 해당하는 특정 사상가의 주장을 대비시켜 사상가의 입장과 연계하여 출제되기도 한다.

다음 토론의 핵심 쟁점으로 가장 적절한 것은?

> 갑 : 현대 기술 사회에서 기술은 대다수 시민들에게 막대한 영향력을 행사하고 있습니다. 따라서 기술 정책 결정과 관련하여 시민들에게 기술 시민권을 보장해야 합니다.
> 을 : 동의합니다. 다만 시민들이 기술 정책 결정 과정에 직접 참여하는 것은 많은 비용이 발생하므로 기술 시민권은 기술 정보에 대한 접근권으로 한정되어야 합니다.
> 갑 : 아닙니다. 그러한 접근권만으로는 기술 정책의 정당성을 확보할 수 없습니다. 많은 비용이 발생하더라도 기술 정책 결정 과정에 시민들이 직접 참여할 권리를 보장해야 합니다.
> 을 : 그렇지 않습니다. 기술 정책 결정은 고도의 전문성을 요구합니다. 따라서 전문가의 참여만으로도 기술 정책의 정당성은 충분히 확보될 수 있습니다.

① 기술 사회에서는 기술 시민권이 보장되어야 하는가?
② 기술 사회에서 기술은 막대한 사회적 영향력을 행사하는가?
③ 기술 정책 결정에 시민이 참여하면 많은 비용이 발생하는가?
④ 기술 정책은 적절한 의사 결정 과정을 통해 수립되어야 하는가?
⑤ 기술 정책의 정당성은 전문가의 참여만으로 충분히 확보되는가?

[핵심 키워드] • 갑 : # 기술 정책 결정 과정에 시민들이 직접 참여할 권리를 보장해야
• 을 : # 전문가의 참여만으로도 기술 정책의 정당성은 충분히 확보

[접근 방법] ❶ 갑이 주장하는 바와 을이 주장하는 바의 핵심 내용을 파악해야 한다. ❷ 갑(을)의 주장에 을(갑)이 동의하는 부분은 무엇인지, 그리고 갑(을)의 주장에 을(갑)이 반대하는 부분은 무엇인지를 정리한다. ❸ 선택지의 진술에 대한 근거를 제시문에서 직접적으로 찾을 수 있는지를 고려해야 한다.

답 ⑤

과학 기술의 가치 중립성 논쟁과 관련해서는 과학자의 **내적 책임, 외적 책임**이나 **요나스의 책임 윤리**로까지 그 범위를 확대하여 폭넓게 출제될 수 있다. 뿐만 아니라 기본 입장에 대한 이해를 바탕으로 토론의 핵심 쟁점 파악과 같이 조금은 생소한 유형으로 출제될 수 있으므로 이에 대한 대비도 필요하다.

실전 문제

주제 ① 과학 기술의 영향과 가치 중립성 논쟁

01

갑, 을의 입장만을 〈보기〉에서 있는 대로 고른 것은?

> 갑 : 과학 기술을 가치 중립적인 것으로 간주해서는 안 된다. 과학 기술 연구 및 그 결과 활용에 대한 과학자의 공적인 책임 의식과 외부 규제가 없다면, 인류는 과학 기술에 종속당하여 제어할 수도 없고 돌이킬 수도 없는 불행한 미래에 봉착하게 된다.
>
> 을 : 과학 기술 자체에 선악의 잣대를 적용할 수 없으며, 연구 성과의 활용과 초래되는 결과에 대해 과학자에게 어떠한 책임도 물어서는 안 된다. 외부 간섭에서 벗어나 연구에만 전념할 때 과학 기술은 발전 가능하며, 그 결과 인류는 지속적으로 번영하게 된다.

〔보기〕
ㄱ. 갑 : 과학 기술은 활용의 맥락에서 주관적 도덕 판단을 요구한다.
ㄴ. 갑 : 과학 기술 연구의 독립성을 보장할수록 인류 진보에 대한 공헌도 높아진다.
ㄷ. 을 : 과학 기술 연구 결과의 활용에 대해 과학자는 사회적 책임으로부터 무관하다.
ㄹ. 갑, 을 : 과학 기술은 자연 현상에 대해 객관적인 방법으로 발견한 체계적인 지식과 그 활용 과정이다.

① ㄱ, ㄴ   ② ㄴ, ㄷ   ③ ㄷ, ㄹ
④ ㄱ, ㄴ, ㄹ   ⑤ ㄱ, ㄷ, ㄹ

02

그림의 강연자가 부정의 대답을 할 질문으로 가장 적절한 것은?

① 과학 기술 연구의 결과가 사회에 미칠 영향을 고려해야 하는가?
② 과학 기술의 정당화 맥락에는 가치 판단이 개입되어야만 하는가?
③ 과학 기술 연구의 목적을 설정할 때에는 가치의 개입이 불가피한가?
④ 과학 기술 연구의 결과를 활용하는 과정에서는 가치가 개입될 수 있는가?
⑤ 과학 기술 이론의 진위 여부를 판단할 때에는 엄격한 가치 중립이 필요한가?

03

㉠에 들어갈 적절한 진술만을 〈보기〉에서 있는 대로 고른 것은?

> 오늘날 과학은 모든 이가 자기의 행위에 대한 책임을 져야 하는 사회적 행위의 영역 한 가운데에 자리하게 되었다. 과학의 어떤 분야도 과학자를 엄청난 결과를 초래한 장본인으로서의 책임에서 면제시켜 줄 수 없다. 그런데 어떤 사람들은 과학자가 자신의 개인적인 가치관 혹은 성향을 연구로부터 분리시켜 대상을 가치 중립적으로 보고 관찰함으로써 순수한 지식을 발견할 수 있도록 연구의 자유를 제한 없이 보장해야 한다고 주장한다. 나는 이 사람들이 [㉠   ]고 생각한다.

〔보기〕
ㄱ. 지식의 임무는 자연의 이용이 아니라 자연의 이해에 있음을 간과한다
ㄴ. 과학 분야는 기술적 효용의 측면에서 평가될 수 없다는 점을 간과한다
ㄷ. 과학자의 연구는 인간의 삶에 큰 영향을 주므로 윤리적 평가의 대상임을 간과한다
ㄹ. 과학자의 연구의 자유는 어떤 제약도 가해서는 안 되는 절대적인 것이 아님을 간과한다

① ㄱ, ㄴ   ② ㄱ, ㄷ   ③ ㄷ, ㄹ
④ ㄱ, ㄴ, ㄹ   ⑤ ㄴ, ㄷ, ㄹ

주제 ② 과학 기술의 사회적 책임과 책임 윤리

04

| 수능 |

다음 토론의 핵심 쟁점으로 가장 적절한 것은?

> 갑 : 과학은 가치 중립적이지 않습니다. 과학자는 연구 주제를 설정할 때 주관적 가치를 개입시키게 됩니다. 또한 연구 과정에서 과학자는 연구 윤리를 준수해야 합니다.
>
> 을 : 동의합니다. 또한 과학자는 연구 과정에서의 내적 책임뿐만 아니라 자신의 연구 결과가 미칠 사회적 영향을 인식하여 연구 및 개발과 그 활용에 관한 사회적 책임까지 다해야 합니다.
>
> 갑 : 아닙니다. 과학자에게 그러한 책임까지 돌리면 과학의 발전이 지체됩니다. 연구 결과가 활용되어 사회에 부정적 결과를 초래해도 그것은 연구 결과를 활용한 사람들의 책임일 뿐입니다.
>
> 을 : 과학의 발전이 지체될 수 있지만 과학자에게 사회적 책임을 부과하는 것은 정당합니다. 과학의 발전에서 더 중요한 것은 시간적 속도가 아니라 윤리적 방향입니다.

① 과학자는 연구 과정에서 연구 윤리를 준수해야 하는가?
② 과학자는 연구 주제를 설정할 때 가치 중립적 태도를 취하는가?
③ 과학자는 과학 연구에 대한 모든 책임에서 면제되어야 하는가?
④ 과학자에게 내적 책임과 더불어 사회적 책임도 부과해야 하는가?
⑤ 과학자에게 사회적 책임을 부과하면 과학 발전이 지체될 수 있는가?

05

다음 갑~정 중 적어도 세 명이 부정의 대답을 할 질문만을 〈보기〉에서 있는 대로 고른 것은?

〔보기〕
ㄱ. 과학자는 사회적으로 해로운 결과가 예상된다면 연구를 중단해야 하는가?
ㄴ. 과학자는 새로운 사실의 발견을 위해 모든 책임에서 면제되어야 하는가?
ㄷ. 과학자는 자료와 연구 결과를 조작해서라도 사회적 책임을 다해야 하는가?
ㄹ. 과학자는 연구 자체에 대해서 뿐만 아니라 미래에 초래할 수 있는 위험에 대해서까지도 책임져야 하는가?

① ㄱ, ㄴ　　　② ㄱ, ㄹ　　　③ ㄷ, ㄹ
④ ㄱ, ㄴ, ㄷ　　　⑤ ㄴ, ㄷ, ㄹ

06

다음 사상가가 부정의 대답을 할 질문으로 옳은 것은?

우리에게는 악의 인식이 선의 인식보다 무한히 쉽다. 선은 눈에 띄지 않게 존재하며 반성을 하지 않으면 인식될 수 없지만, 악의 현존은 우리에게 인식을 강요한다. 우리가 실제로 무엇을 보호해야 하는가를 알아내기 위해 전통 윤리학과 달리 새로운 윤리학은 미리 사유된 위험 그 자체가 나침반이 되어야 한다. 미래에 있을 수 있는 심상치 않은 상황의 변화, 전 지구적 차원의 위험, 인류 몰락의 징조 등을 통해 비로소 윤리적 원리들이 발견될 수 있다.

① 인류의 존속 가능성을 파괴하지 않도록 행동해야 하는가?
② 인간은 예견할 수 있는 모든 결과에 대해서 책임져야 하는가?
③ 책임질 수 있는 능력은 책임져야 하는 당위로 연결되어야 하는가?
④ "무조건 A하라."라는 형식의 명법에 따라 윤리 원칙을 도출해야 하는가?
⑤ 과학 기술의 긍정적인 영향에 주목하여 최고선에 대한 희망에서 출발해야 하는가?

07

㉠에 들어갈 적절한 내용만을 〈보기〉에서 있는 대로 고른 것은?

인간 행위의 새로운 유형에 적합하고 새로운 유형의 행위 주체를 지향하는 명법은 다음과 같다. "너의 행위의 효과가 지상에서의 진정한 인간적 삶의 지속과 조화될 수 있도록 행위하라." 인류는 지구상에 계속 존재해야 한다. 이를 위해서는 사고의 전환이 요청된다. 전통적 윤리는 인간적 삶의 전 지구적 조건과 종(種)의 먼 미래와 실존을 고려할 필요가 없었다. 이제 우리에게 요청되는 책임은 [　　㉠　　]

〔보기〕
ㄱ. 사후적 책임뿐만 아니라 사전적 책임도 중시하는 것이다.
ㄴ. 호혜성의 원칙에 따른 상호적 권리와 의무로 설명될 수 있다.
ㄷ. 자녀에 대한 부모의 책임처럼 일방적이고 절대적인 책임이다.
ㄹ. 자연을 제외한 미래 세대의 삶의 조건까지 고려하는 미래 지향적 책임이다.

① ㄱ, ㄷ　　　② ㄴ, ㄷ　　　③ ㄴ, ㄹ
④ ㄱ, ㄴ, ㄹ　　　⑤ ㄱ, ㄷ, ㄹ

08

| 평가원 |

다음 서양 사상가의 입장으로 옳은 것은?

인간은 행위하는 존재이므로 윤리는 반드시 있어야 한다. 행위는 인과적 파급 효과를 산출하기 때문에 행위의 힘이 커질수록 윤리적 책임은 더욱 강조되어야 한다. 따라서 과학 기술로 인해 인간이 갖게 되는 새로운 행위 능력을 규제할 새로운 윤리가 요청되는 것이다. 이러한 새로운 윤리 없이는 기술 능력을 실현시키고자 하는 압력으로 인해 심각한 윤리적 문제가 발생하게 될 것이다.

① 기술의 발달은 인간을 윤리적 책임에서 면제시켜 준다.
② 새로운 윤리는 행위의 결과가 아니라 동기를 고려해야 한다.
③ 기술 발전으로 생기는 문제를 기존의 윤리로 해결해야 한다.
④ 새로운 윤리는 기술에 대하여 가치중립적 태도를 지녀야 한다.
⑤ 기술에 대한 윤리적 성찰이 결여될 때 윤리적 공백이 발생한다.

09

갑, 을의 입장으로 가장 적절한 것은?　　　　　| 수능 |

① 갑 : 정보는 누구나 향유할 수 있는 공공적 가치를 지닌다.
② 갑 : 정보의 사적 소유권은 자유롭게 이전될 수 있어야 한다.
③ 을 : 정보는 배타적인 권리를 주장할 수 없는 공유 자산이다.
④ 을 : 정보에 대한 소유권은 개인의 노력과는 무관하게 성립된다.
⑤ 갑, 을 : 정보를 생산한 자에게 경제적인 보상은 필요하지 않다.

10

갑은 긍정, 을은 부정의 대답을 할 질문만을 〈보기〉에서 있는 대로 고른 것은?

> 갑 : 개인이 시간과 노력을 투입하여 만든 정보와 지식 또한 창의적 생산물이다. 농부가 한 해 동안 힘들게 노동하여 수확한 생산물을 훔쳐가는 것과 타인의 저작물을 무단으로 복제하여 사용하는 것을 다르다고 보기 어렵다.
>
> 을 : 아무리 뛰어난 창작자라도 무(無)에서 유(有)를 낳은 창조자가 아니라 유에서 유를 낳은 생산자이다. 이처럼 정보와 지식은 기존의 사회의 지적 재산에 근거하여 형성된 것이므로 특정 개인의 독창적인 산물로 보기 어렵다.

> **보기**
> ㄱ. 정보와 지식을 대가 없이 이용하는 것은 잘못인가?
> ㄴ. 정보와 지식은 배타적 권리를 가지는 창작물로 보아야 하는가?
> ㄷ. 양질의 정보가 더 많이 창출될 수 있는 환경을 만들어야 하는가?
> ㄹ. 보다 많은 사람들이 공유할수록 정보와 지식의 가치는 높아지는가?

① ㄱ, ㄴ　　　　② ㄱ, ㄹ　　　　③ ㄴ, ㄷ
④ ㄱ, ㄷ, ㄹ　　　⑤ ㄴ, ㄷ, ㄹ

11

갑, 을의 입장에 대한 설명으로 가장 적절한 것은?

> 갑 : 최근 SNS나 불법 사이트 등을 통해 몰래 카메라나 웹캠 등을 통한 개인정보, 음란 사진 및 동영상 유출이 빈번해지면서 큰 사회 문제로 대두되고 있습니다. 개인의 사생활과 인격권을 침해하는 이러한 문제를 해결하기 위해서는 사이버 공간에서 사용자가 통제권을 갖고 자신이 원하지 않는 정보나 게시물을 지울 수 있는 권리를 보장해야 합니다.
>
> 을 : 사이버 공간에서 음란물을 유포하거나 개인정보를 함부로 유출시키는 것은 도덕적으로 옳지 못할 뿐만 아니라 범죄 행위입니다. 그러나 사이버 공간에는 공익 증진에 도움이 되는 정보 또한 많이 있습니다. 개인의 사생활과 인격권 보호를 이유로 영향력 있는 누군가가 자신의 정보를 함부로 삭제하게 한다면 시민들의 주인된 권리가 훼손될 수 있습니다. 누구나 자유롭게 정보에 접근하고 정보를 활용할 수 있는 권리를 보장해야 합니다.

① 갑은 잊힐 권리가 공동선의 증진을 저해할 수 있다고 본다.
② 갑은 개인의 인격권을 보호하기 위해 알 권리를 제한해야 한다고 본다.
③ 을은 잊힐 권리의 보장이 알 권리를 침해할 수 있다고 본다.
④ 을은 어떠한 정보에도 자유롭게 접근하고 유통할 수 있어야 한다고 본다.
⑤ 갑, 을은 사이버 공간에서는 현실 세계와 다른 규범을 적용해야 한다고 본다.

12

㉠에 들어갈 주장의 근거로 가장 적절한 것은?

> 갑 : ㉠
>
> 을 : 저는 당신의 주장에 반대합니다. 자유는 자유를 올바르게 향유할 줄 아는 사람만이 누릴 수 있는 권리이지, 누구에게나 무조건 부여되는 것은 아닙니다. 즉, 자유는 자유를 보장해 줄 수 있는 안전장치가 있을 때에만 가능한 것입니다. 따라서 사이버 공간에 대한 최소한의 윤리적 규제는 현실의 권력 구조로 사이버 공간을 식민지화하려는 것이 아니라, 오히려 건전한 사이버 문화를 형성하고 유지해 나가기 위한 최소한의 안전장치를 마련하기 위한 것이라고 할 수 있습니다.

① 인간이 자유를 누리기 위해서는 일정한 제약이 필요하다.
② 사이버 공간은 탈억제로 인해 도덕규범의 영향력이 약화된다.
③ 건전한 사이버 문화를 형성하기 위해서는 제도적 장치가 필요하다.
④ 사이버 공간에서는 의사 결정의 집중화로 효율성을 추구해야 한다.
⑤ 사이버 공간에서는 누구나 자신의 의사를 자유롭게 표현할 자유를 지닌다.

킬러 문항 완전 정복

01

(가)의 갑, 을 사상가들의 입장을 (나) 그림으로 표현할 때, A~C에 해당하는 옳은 진술만을 〈보기〉에서 있는 대로 고른 것은?

(가)	갑 : 과학자는 자신의 연구 결과가 미칠 사회적 영향을 인식하여 연구에 대한 책임과 개발 및 활용에 관한 사회적 책임을 다해야 한다. 을 : 과학자는 사실 인식과 가치 판단을 구별하여 연구 과정에서 객관성을 확보해야 한다. 그리고 과학 지식의 활용에 대한 책임은 활용하는 사람들의 몫이다.
(나)	갑 ── 을 (A) (B) (C) 〈범례〉 A : 갑만의 입장 B : 갑, 을의 공통 입장 C : 을만의 입장

〈보기〉

ㄱ. A : 과학 지식이 활용되는 과정에 가치가 배제되어서는 안 된다.
ㄴ. B : 과학 지식의 활용은 인간의 삶의 질 향상에 기여할 수 있다.
ㄷ. B : 과학자는 객관적인 지식을 발견하는 과정에서 가치를 개입시키면 안 된다.
ㄹ. C : 과학자는 자신의 연구가 초래한 부정적인 결과에 대해 책임을 질 필요가 없다.

① ㄱ, ㄴ   ② ㄱ, ㄹ   ③ ㄷ, ㄹ
④ ㄱ, ㄴ, ㄷ   ⑤ ㄴ, ㄷ, ㄹ

02

㉠에 들어갈 내용으로 가장 적절한 것은?

전통적인 윤리학은 '지금'과 '여기'에 관련된 것들이고, 이들 사이에서 생겨나는 용무와 연관되어 있으며, 사적인 삶과 공적인 삶에서 늘 반복되는 전형적인 상황들과 관련된 것이었다. 하지만 현대의 기술이 산출한 행위들의 규모는 너무나 새롭고, 그 대상과 결과가 너무나 새로운 것이므로 인간 사이의 관계에 한정되고 단기적인 예견에 토대를 둔 전통 윤리들로는 이 행위들을 더 이상 파악하기 어렵게 되었다. 위험은 자연 과학적·기술적 산업 문명의 비대화로부터 기인한다. 그런데 어느 사상가는 지식을 자연의 지배라는 목표에 맞추고 자연의 지배를 인간 운명의 개선을 위해 사용할 수 있도록 만들겠다고 구상하였다. 나는 이 사상가의 구상에 대해 '㉠'고 생각한다.

① 기술에 대한 근거 없는 두려움은 기술 발전의 저해 요소임을 알아야 한다.
② 기술의 유용성을 활용할 때 인간 삶의 무한한 발전이 가능함을 알아야 한다.
③ 자연 지배에 대한 인간의 열정이 인류 번영에 기여할 수 있음을 알아야 한다.
④ 기술이나 과학은 인간에게 어떠한 긍정적 영향력도 미치지 못함을 알아야 한다.
⑤ 기술로 자연을 정복하려는 이상은 인류에게 심각한 위험을 초래하였음을 알아야 한다.

03

갑, 을의 입장에 대한 설명으로 옳은 것은?

① 갑은 정보 생산자의 배타적 권리를 국가가 최대한 보장해야 한다고 본다.
② 갑은 정보 생산을 해악 금지의 원칙에 따라 국가가 규제해서는 안 된다고 본다.
③ 을은 정보의 생산과 유통에 있어 정보의 공공재적 성격을 고려해야 한다고 본다.
④ 을은 정보 유통에 대한 국가의 규제와 개인의 표현의 자유는 양립 가능하다고 본다.
⑤ 갑, 을은 정보에 자유롭게 접근할 권리를 국가가 제한하는 것은 잘못이라고 본다.

04

다음 토론의 핵심 쟁점으로 가장 적절한 것은?

> 갑 : 빅 데이터를 활용하면 광범위한 분야에서 가치를 창출할 수 있습니다. 공공 부문에서 비용을 절감할 수 있고, 여러 산업 분야에서 생산성 향상이 가능합니다.
> 을 : 저도 빅 데이터 활용 효과가 있다는 점을 인정합니다. 하지만 빅 데이터의 부작용을 고려하여 신중하게 활용되어야 합니다.
> 갑 : 빅 데이터는 사회적 병리 현상이나 위험을 미리 예측하고 대안을 마련하게 해 주므로 제한 없이 적극적으로 활용되어야 합니다.
> 을 : 빅 데이터는 모든 정보를 수집하려는 경향이 있습니다. 따라서 개인 정보가 무분별하게 수집되어 사생활이 침해되지 않도록 해야 합니다.

① 사이버 공간과 현실에서의 자아 정체성의 괴리를 줄여야 하는가?
② 사이버 범죄를 예방하기 위해 빅 데이터 활용을 금지해야 하는가?
③ 정보 격차 해소를 위해 빅 데이터를 적극적으로 활용해야 하는가?
④ 개인 정보를 보호하기 위해 데이터에 대한 접근을 제한해야 하는가?
⑤ 사이버 공간에서 표현의 자유를 누릴 수 있도록 익명성을 보장해야 하는가?

08강 자연과 윤리

출제 POINT

주제 1 자연을 바라보는 동서양의 관점

인간 중심주의 - 베이컨, 데카르트	★★☆	생명 중심주의 - 테일러 ★★★
온건한 인간 중심주의 - 칸트 ★★★		생태 중심주의 - 레오폴드 ★★★
동물 중심주의 - 싱어, 레건 ★★★		유교, 불교, 도가의 자연관 ★★☆

주제 2 환경 문제에 대한 윤리적 쟁점

기후 변화	★☆☆
환경 문제의 특징	★☆☆
미래 세대에 대한 책임	★☆☆

주제 1 자연을 바라보는 동서양의 관점

1. 자연을 바라보는 서양의 관점

Tip

❶ **인간 중심주의**는 이성을 지닌 인간이 이성이 없는 자연을 지배할 수 있다고 보는 입장이다.

❷ **칸트의 온건한 인간 중심주의**에 대해 묻는 문항이 자주 출제된다. 베이컨, 데카르트와 달리 칸트는 자연을 함부로 훼손하는 것에 대해 반대하는데, 그 이유는 자연의 내재적 가치를 인정하기 때문이 아니라 궁극적으로 인간을 위한 것임을 이해해야 한다.

3점 공략

(1) 인간 중심주의

① 인간 중심주의와 도구적 자연관

인간 중심주의	• 인간만이 이성과 자율성을 지닌 존재로서 유일하게 도덕적 지위를 가짐 • 인간은 자신의 이익과 욕구 충족을 위해 자연을 지배하고 착취할 수 있음
도구적 자연관	자연은 인간에게 있어 도구적이며 수단적인 가치를 지닐 뿐임 → 인간 상호간의 의무만을 인정할 뿐, 자연에 대한 인간의 직접적인 의무는 인정하지 않음

② 대표적 사상가

아리스토텔레스	"식물은 동물을 위해서, 동물은 인간을 위해서 존재한다." → 목적론적 자연관
아퀴나스	"신의 섭리에 따라 동물은 인간이 사용하도록 만들어졌다." → 자연에 대한 인간의 지배를 신의 명령으로 파악
베이컨	• "아는 것이 힘이다." → 자연 과학적 지식의 유용성 강조 • "자연을 노예로 만들어 인간의 이익에 봉사하게 해야 한다. 과학자의 목적은 고문을 해서라도 자연의 비밀을 밝혀내는 것이다." → 자연에 대한 지배와 착취를 정당화
데카르트	• 이분법적 자연관 : 이성을 지닌 인간과 물질적 대상에 불과한 자연을 엄격하게 분리 • 동물 기계론 : 동물은 신이 창조한 기계에 불과하며, 고통을 느끼지 못하고 본능에 따라서만 움직이는 존재로 간주
칸트	• 온건한 인간 중심주의 : 동물 학대에 반대하지만, 이는 동물에 대한 학대가 인간에 대한 학대로 이어질 수 있기 때문임 → 이성적·자율적 존재인 인간만이 존엄한 존재이며, 인간은 인간 자신에 대해서는 직접적인 도덕적 의무를 지니지만 자연에 대해서는 간접적인 의무만을 지님

Tip

❶ **동물 중심주의** 사상가인 싱어는 '인간과 동물을 동일하게 대우해야 한다'고 보는 것이 아니라, '인간과 동물의 이익 관심을 동등하게 고려해야 한다'고 보는 입장임을 분명하게 이해해야 한다.

❷ **싱어와 레건**이 대표적으로 출제된다. 특히 쾌고 감수 능력에 대한 두 사상가의 입장 차이는 숙지해 두어야 한다. 싱어는 쾌고 감수 능력만 지니면 도덕적 고려의 대상이라고 보는데 비해, 레건은 쾌고 감수 능력에 더해 정체성 자각 등의 부가적인 능력을 갖춘 존재라야 도덕적 고려의 대상이라고 보았다. 싱어는 공리주의, 레건은 의무론에 기반하고 있음도 알아두는 것이 좋다.

3점 공략

(2) 동물 중심주의

① 동물 중심주의 : 쾌락과 고통을 느낄 수 있는 존재(인간+동물)를 도덕적 고려 대상으로 삼아야 함

② 대표적 사상가

벤담	'최대 다수의 최대 행복'에 입각한 쾌락의 추구 및 고통의 제거 → "동물을 대우하는 데 있어 고려해야 할 중요한 것은 이성을 지니고 있거나 말을 할 수 있는가가 아니라, 고통을 느낄 수 있는 가이다."
싱어	• 공리주의에 기초하여 쾌고 감수 능력을 도덕적 고려의 기준으로 삼음 • '쾌고 감수 능력', '이익 평등 고려의 원칙', '종(種) 차별주의' → "쾌락과 고통을 느낄 수 있는 (쾌고 감수 능력) 모든 존재의 이익 관심을 공평하게 고려해야 하는데(이익 평등 고려의 원칙), 인간과 동물을 다르게 대우하는 것은 종 차별주의이다." 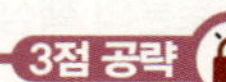(인간+일부 고등 포유 동물)
레건	• 의무론에 기초하여 내재적 가치를 지닌 존재는 수단이 아니라 목적으로 대우해야 한다고 봄 • '삶의 주체' → "쾌고 감수 능력에 더해 자신의 정체성을 느끼고, 지각, 기억, 믿음 등을 지니고 있는 개체는 단순히 살아 있다는 의미를 넘어서 자신의 삶을 영위할 수 있는 능력을 지닌 행위자, 즉 '삶의 주체'이므로 인간을 위한 수단으로 취급해서는 안 된다."

(3) 생명 중심주의

① 생명 중심주의 : 모든 생명체(인간+동물+식물)는 그 자체로서 도덕적으로 존중받을 내재적 가치를 지니고 있음

② 대표적 사상가

슈바이처	• 생명 외경(畏敬) 사상 : 모든 생명은 살고자 하는 의지를 지니고 있으며, 그 자체로 두려워하고 공경할 만큼 신성함을 강조 → "생명을 유지하고 고양하는 것은 선(善)이고, 생명을 파괴하는 것은 악(惡)이다." • 모든 생명은 동등한 가치를 지니지만, 자신의 생명을 유지하기 위해 필연적으로 불가피하게 다른 생명을 해쳐야 하는 선택의 상황을 인정함 → 그러한 선택에도 도덕적 책임을 느껴야 함을 강조
테일러	• 모든 생명체는 각기 고유한 방식으로 자신의 생존, 성장, 발전, 번식이라는 목적을 추구하는 '목적론적 삶의 중심'임 • 생명체를 존중하기 위한 인간의 네 가지 의무 : 악행 금지의 의무(불침해의 의무), 불간섭의 의무, 성실의 의무(신의의 의무), 보상적 정의의 의무

(4) 생태 중심주의

① 생태 중심주의 : 무생물을 포함하여 생태계를 이루는 자연 전체(인간+동물+식물+무생물)를 도덕적 고려의 대상으로 삼아야 함

② 대표적 사상가

레오폴드	대지 윤리 : 도덕 공동체의 범위를 동물, 식물 등의 생명체뿐만 아니라, 흙, 물 등의 무생물까지 포함하는 생태계 전체의 대지로 확장함
네스	심층 생태주의 : 인간 중심적인 자아를 넘어서 인간이 자연 만물과 상호 평등한 관계('생명 중심적 평등') 속에서 더불어 살아가는 '큰 자아실현'을 강조함

2. 자연을 바라보는 동양의 관점

유교	천인합일 (天人合一)	• 자연[天] : 하늘은 인간의 선한 본성의 근원이며, 자연의 생명력을 도덕적으로 해석 • 인간[人] : 자연을 본받아 타인과 타 존재에게 인(仁)을 실천해야 함
불교	연기설 (緣起說)	상호 의존성 강조 : 모든 존재는 무수한 원인과 조건으로 연결되어 있으며, 상호 의존을 통해 생멸 변화함 → 불살생(不殺生)의 계율과 무소유의 삶 강조
도가	무위자연 (無爲自然)	• 자연[天] : 아무런 목적이 없는 무위(無爲)의 체계 → '무목적의 질서'가 내재해 있음 • 인간[人] : 자연에 인위적인 조작과 통제를 가하는 인위(人爲)에서 벗어나 무위(無爲)의 삶을 살아야 함

주제 ② 환경 문제에 대한 윤리적 쟁점

1. 기후 변화와 기후 정의

기후 변화	• 원인 : 화석 연료 사용 증가와 산림 파괴 등으로 온실가스가 급증하면서 지구 온난화가 심화되고 있음 • 문제점 : 홍수·가뭄 등의 자연재해가 자주 일어남, 농작물 생산량 감소로 식량난 발생, 생태계 교란으로 새로운 질병 발생, 해수면 상승 등의 문제 발생
기후 정의	산업화가 일찍 시작된 선진국의 무분별한 개발 등으로 인해 기후 변화가 초래되었는데, 그 피해는 기후 변화에 상대적으로 영향을 덜 끼친 개발 도상국과 경제적 약자에게 더욱 크게 나타남

2. 환경 문제의 특징과 미래 세대에 대한 책임

(1) **환경 문제의 특징** : 전 지구적으로 영향을 끼치는 초국가적 성격을 지님, 다양한 원인으로 발생하여 책임 소재를 명확히 가리기 어려움, 현세대에만 국한되는 것이 아니라 미래 세대까지 영향을 끼침

(2) **미래 세대에 대한 책임** : 인류는 하나의 연속적 세대로 이루어진 도덕 공동체이며, 어느 세대도 자신의 이익을 위해 자연환경을 남용할 권리를 가지고 있지 않음

Tip

❶ 생명 중심주의는 각각의 개별 생명체의 가치를 동등하게 존중하는 개체론적 성격으로, 생태계 전체를 고려하지는 못한다는 한계를 지닌다.

❷ 테일러의 사상을 제시문으로 하여 생명 중심주의의 기본 입장에 대해 묻는 문항이 자주 출제된다. 간혹 테일러의 사상에 대해 깊이 있는 지식을 요하는 고난도 문항이 출제되기도 하므로 테일러가 제시한 네 가지 의무에 대해서는 숙지해 둘 필요가 있다.

Tip

❶ 생태 중심주의는 개별 생명체가 아닌 생태계 전체를 하나의 도덕적 고려 대상으로 보아야 한다는 전체론의 입장을 취한다. 따라서 자연 전체를 보호하기 위해 개별 생명체의 이익을 고려하지 않는다는 환경 파시즘이라는 비판을 받기도 한다.

❷ 특히 주의해야 할 점은 제시문에 '생명 공동체'나 '생명 중심적 평등'과 같은 단어가 언급되었다고 해서 무조건 생명 중심주의로 보아서는 안 된다는 것이다. 생태 중심주의에서는 생태계 전체의 관점에서 하나하나의 생명체들이 서로 유기적으로 연결되어 전체적인 균형과 조화를 이루며 공생하는 존재로 본다는 것을 이해해야 한다.

🔒 3점 공략 Check

Q1 칸트는 인간에 대해서는 ㉠ (간접적 / 직접적) 의무를 지니지만, 자연에 대해서는 ㉡ (간접적 / 직접적) 의무를 지닌다고 보았다.

Q2 싱어는 (　　　)을 지닌 존재는 도덕적 고려의 대상이라고 보았다.

Q3 레건은 일부 동물을 자신의 삶을 영위할 수 있는 능력을 지닌 (　　　)로서 내재적 가치를 지니고 있으므로 수단으로 대우해서는 안 된다고 보았다.

Q4 테일러는 개별 생명체는 모두 자신의 생존, 성장, 발전, 번식이라는 목적을 지향하고 있으므로 모든 생명체가 (　　　)이라고 규정하였다.

Q5 (　　　)는 도덕 공동체의 범위를 생명체뿐만 아니라 무생물까지 포함하는 대지 윤리를 제시하였다.

3점 공략 개념 CHECK 정답 _ Q1 ㉠직접적 ㉡ 간접적 **Q2** 쾌고 감수 능력 **Q3** 삶의 주체 **Q4** 목적론적 삶의 중심 **Q5** 레오폴드

대표 기출 VS 고난도 기출

531 PROJECT H

순한맛 # 수능

(가)의 갑, 을, 병 사상가들의 입장을 (나) 그림으로 표현할 때, A~D에 해당하는 적절한 진술만을 〈보기〉에서 있는 대로 고른 것은?

(가)	갑 : 자연 안에 생명이 없는 아름다운 대상들에 대한 파괴를 일삼는 것은 도덕성을 크게 촉진하는 감정을 약화시켜 자기 자신에 대한 인간의 의무와 대립한다. 을 : 일부 동물들은 삶의 주체로서 존중받을 도덕적 권리를 갖는다. 우리가 생명 공동체를 구성하는 개체들의 권리를 존중한다면 그 공동체는 보존될 것이다. 병 : 인간은 생명 공동체인 대지의 구성원이다. 어떤 것이 생명 공동체의 온전성, 안정성, 아름다움의 보존에 이바지한다면 그것은 옳고, 그렇지 않다면 그르다.
(나)	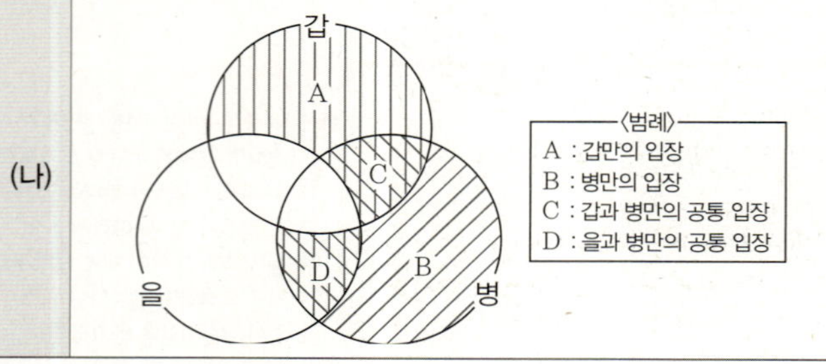

〈보기〉

ㄱ. A : 수단으로만 취급해서는 안 될 존재는 이성적 존재뿐이다.
ㄴ. B : 유기체적 생명 공동체 자체의 도덕적 지위를 존중해야 한다.
ㄷ. C : 자연의 아름다움을 보존하는 데 이바지하는 행위만이 옳다.
ㄹ. D : 인간성을 해친다는 것이 동물 학대가 그른 주된 이유는 아니다.

① ㄱ, ㄴ ② ㄱ, ㄷ ③ ㄷ, ㄹ
④ ㄱ, ㄴ, ㄹ ⑤ ㄴ, ㄷ, ㄹ

[핵심 키워드] • 갑 : # 자기 자신에 대한 인간의 의무와 대립
• 을 : # 일부 동물들은 삶의 주체
• 병 : # 생명 공동체인 대지의 구성원

[접근 방법] ❶ 제시문에서 핵심 키워드를 통해 각 사상가가 누구인지, 어떠한 자연관에 해당하는지를 파악한다. ❷ 〈보기〉의 진술이 해당 사상가의 입장에 해당하는지를 따져본다. ❸ 주의해야 할 점은 해당 사상가의 입장에 해당한다고 섣불리 정답으로 간주해서는 안 된다는 것이다. 예를 들어, A에 해당하는 내용이 갑의 입장에 부합한다고 해도, 을이나 병의 입장에도 해당한다면 답이 될 수 없다는 것을 항상 염두에 두고 선택지를 판단해야 한다. **답 ④**

WHY 왜 빠지지 않고 출제될까?

인간 중심주의, 동물 중심주의, 생명 중심주의, 생태 중심주의의 입장을 묻는 문항은 **순서도나 벤다이어그램의 형식으로 자주 출제되고 있다. 이는 각기 다른 여러 입장을 종합적으로 비교하여 이해하고 있는지를 파악하기 용이한 유형이기 때문**이다. 오늘날 환경 문제가 갈수록 심각해지고 있으므로 인간과 자연과의 관계에 대해 고찰하는 문항은 앞으로도 주요하게 출제될 가능성이 높다. 따라서 이에 대한 준비를 충실히 해두어야 한다.

수능 # 정답률 **31.3%** 매운맛

(가)의 갑, 을, 병 사상가들의 입장에서 서로에게 제기할 수 있는 비판을 (나) 그림으로 표현할 때, A~F에 해당하는 내용으로 가장 적절한 것은?

(가)	갑 : 도덕적 행위 능력과 무관하게 인간과 일부 동물은 도덕적 권리를 갖는다. 그들 각자는 고유한 삶을 살아가는 삶의 주체이다. 을 : 도덕적 행위 능력이 없어도 생명체라면 존중해야 한다. 모든 생명체는 목적론적 삶의 중심이며 내재적 가치를 지닌다. 병 : 도덕적 행위 능력이 있는 인간은 자연을 파괴하는 행위를 삼가야 한다. 그러한 파괴적 성향은 인간의 도덕성에 기여하는 감정을 약화시킨다.
(나)	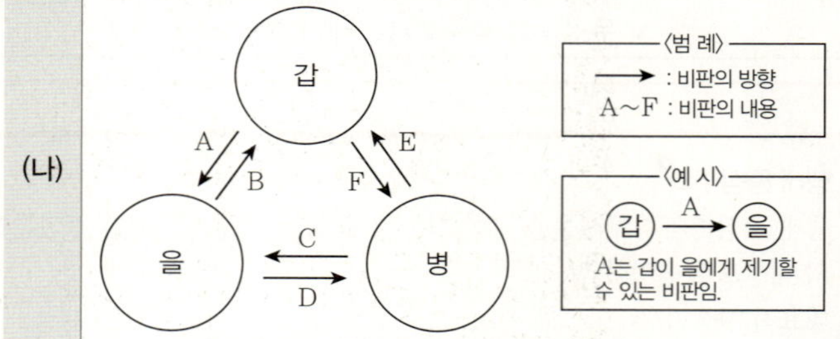

① A : 개체 각각이 지닌 고유한 선은 보호되고 증진되어야 함을 간과한다.
② B : 개체에 대한 도덕적 존중은 내재적 가치에 근거함을 간과한다.
③ D : 도덕적 행위 능력이 없는 존재도 모두 내재적 가치를 지님을 간과한다.
④ F : 어떤 존재를 목적 그 자체로 보는 근거가 이성이 아님을 간과한다.
⑤ C, E : 도덕적 행위 주체들의 도덕적 지위가 서로 평등함을 간과한다.

[핵심 키워드] • 갑 : # 일부 동물은 삶의 주체
• 을 : # 모든 생명체는 목적론적 삶의 중심
• 병 : # 자연을 파괴하는 행위는 인간의 도덕성에 기여하는 감정을 약화

[접근 방법] ❶ 제시문에서 핵심 키워드를 통해 각 사상가가 누구인지, 어떠한 자연관에 해당하는지를 파악한다. ❷ 선택지의 내용이 비판하는 주체가 비판받는 대상에게 할 수 있는 내용으로 적절한가를 판단한다. ❸ 주의해야 할 점은 선택지의 내용이 비판하는 주체의 입장에 해당하지 않거나, 비판받는 대상의 입장에 해당해서는 안 되며, 비판의 주체와 대상을 혼동해서는 안 된다는 것이다. **답 ④**

HOW 킬러 문항, 어떻게 출제될까?

인간 중심주의, 동물 중심주의, 생명 중심주의, 생태 중심주의의 입장을 비교하는 문항은 **등급을 가르는 최고난도 킬러 문항으로 출제되는 내용 영역** 가운데 하나이다. 따라서 다양한 사상가들의 입장을 비교해가며 공통점과 차이점 등을 종합적으로 정리하고 숙지해 두어야 한다. 특히, **칸트의 온건한 인간 중심주의, 싱어와 레건의 동물 중심주의에 대한 입장 차이, 생명 중심주의와 생태 중심주의의 차이점** 등이 매력적인 오답 선택지로 자주 출제된다.

주제 ① 자연을 바라보는 동서양의 관점

01

갑, 을, 병 사상가들의 입장으로 가장 적절한 것은?

> 갑 : 인간은 말과 기호를 사용할 줄 알고 모든 상황에 적절히 대처할 수 있는 데 반해, 동물은 움직이는 자동 기계에 불과하다.
> 을 : 인간의 이익에 봉사하도록 자연을 만들어야 한다. 지식은 인간이 자연을 의도에 맞게 변형하여 자연에 대한 지배력을 강화하는 데 유용하다.
> 병 : 인간은 실천 이성을 지닌 자율적 존재이다. 우리는 인간에 대해서만 직접적인 의무를 지니며, 다른 존재들에 대해서는 그러한 의무를 지니지 않는다.

① 갑 : 인간과 달리 동물은 영혼과 육체의 단순한 결합체일 뿐이다.
② 을 : 인간은 이성이 없는 자연의 피조물을 잔인하게 다루면 안 된다.
③ 병 : 인간과 동물을 수단으로만 취급해서는 안 되며 언제나 동시에 목적 그 자체로 대우해야 한다.
④ 갑, 을 : 인간이 자연을 지배하고 착취하는 것은 정당화될 수 있다.
⑤ 갑, 을, 병 : 인간이 다른 생명보다 본래적으로 우월한 존재는 아니다.

02

(가)의 갑, 을 사상가들의 입장을 (나) 그림으로 탐구할 때, A~C에 해당하는 적절한 질문만을 〈보기〉에서 있는 대로 고른 것은?

(가)	갑 : 고통이나 쾌락을 느낄 수 있는 능력은 적어도 이익을 갖는다는 것의 전제 조건이다. 만약 한 존재가 고통을 느낀다면 그와 같은 고통을 고려의 대상으로 삼기를 거부하는 자세를 옹호하는 도덕적인 논증은 있을 수 없다. 을 : 욕구를 가진 존재는 타자와 구분되는 자신의 복지를 갖고 있다. 이 존재는 희망과 목적을 가지고 있는 삶의 주체이며 수단으로만 대우받아서는 안 된다.
(나)	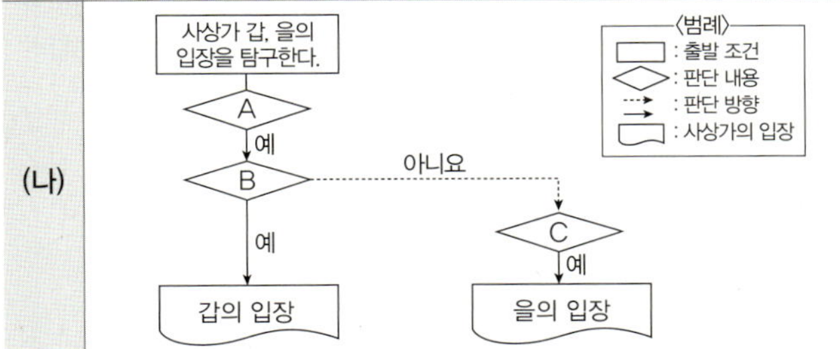

> 〈보기〉
> ㄱ. A : 종의 차이만으로 도덕적 지위에 차별을 두는 것은 잘못인가?
> ㄴ. B : 쾌고 감수 능력을 가진 모든 존재의 이익을 평등하게 고려해야 하는가?
> ㄷ. B : 개체는 쾌고 감수 능력을 지녀야만 도덕적 고려의 대상이 될 수 있는가?
> ㄹ. C : 인간은 생명 공동체에 대해 불간섭의 의무를 지니는가?

① ㄱ, ㄴ   ② ㄱ, ㄹ   ③ ㄷ, ㄹ
④ ㄱ, ㄴ, ㄷ   ⑤ ㄴ, ㄷ, ㄹ

03

갑은 긍정, 을은 부정의 대답을 할 질문으로 가장 적절한 것은?

> 갑 : 생명체는 외적 활동뿐만 아니라 내적 작용이 목적 지향적이며, 변화하는 환경에 적응하는 항상인 경향성을 갖고 있다. 생명체가 목적론적 활동의 중심이 되게끔 하는 것은 자신의 선을 실현하도록 방향 지워진 유기체의 작용이다.
> 을 : 어떤 개체가 다른 존재에게 유용하다는 것과 다른 존재의 이익 관심의 대상이 된다는 것으로부터 논리적으로 독립해서 그들의 경험적 삶이 자신에게 이롭거나 해롭다는 의미에서 개별적인 복지를 갖는다면, 그 개체들은 삶의 주체이다.

① 삶의 주체에 해당하는 모든 존재는 도덕적 지위를 가지는가?
② 인간을 제외한 모든 생명체는 지구 생명 공동체를 구성하는 일원인가?
③ 개별 생명체의 이익 관심보다는 생태계 전체의 이익을 우선시해야 하는가?
④ 사람의 이익이나 욕구에 관계없이 동물은 그 자체로 도덕적 고려의 대상이 될 수 있는가?
⑤ 모든 생명체는 의식 유무와 상관없이 도덕적 지위를 부여하는 내재적 가치를 가지는가?

04

| 평가원

(가)의 갑, 을, 병 사상가들의 입장을 (나) 그림으로 표현할 때, A~D에 해당하는 적절한 진술만을 〈보기〉에서 있는 대로 고른 것은?

(가)	갑 : 늙은 말이나 개와 같이 오랫동안 봉사한 동물들에게 감사의 정(情)을 표현하는 것은 직접적으로는 언제나 인간의 자기 자신에 대한 의무일 따름이다. 을 : 무당벌레와 진딧물의 관계와 같이 하나의 종(種)을 위한 선은 다른 종을 위한 선이 아닐 수 있다. 모든 생명체는 그 자신의 선을 가지는 목적론적 삶의 중심이다. 병 : 식용 송아지의 비참한 모습은 애처롭고 마음 아프게 한다. 도덕적 무능력자이지만 삶의 주체인 동물들의 도덕적 권리를 침해하는 것은 옳지 않다.
(나)	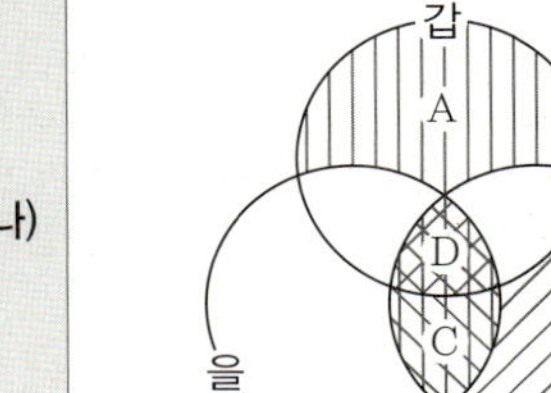

> 〈보기〉
> ㄱ. A : 인간을 목적이 아닌 수단으로만 대우해서는 안 된다.
> ㄴ. B : 인간이 동물보다 본래적으로 더 우월한 것은 아니다.
> ㄷ. C : 내재적 가치를 지니는 비이성적인 개체도 존재한다.
> ㄹ. D : 생태계 그 자체의 도덕적 지위를 인정할 필요는 없다.

① ㄱ, ㄴ   ② ㄱ, ㄷ   ③ ㄷ, ㄹ
④ ㄱ, ㄴ, ㄹ   ⑤ ㄴ, ㄷ, ㄹ

05

을이 갑에게 제기할 수 있는 비판으로 가장 적절한 것은?

> 갑 : 살아 있는 모든 것은 자신의 고유한 방식으로 자신의 목적을 추구한다. 자기 보존과 고유의 선을 위해 움직인다는 점에서 모든 생명체는 동등하다.
> 을 : 대지 윤리는 호모 사피엔스라는 존재를 대지 공동체의 정복자에서 그 구성원으로 변화시킨다. 대지 공동체의 구성원은 동료나 전체 공동체에 대해 존경심을 가져야 한다.

① 인간이 생명 공동체를 조작·통제하는 것은 잘못임을 간과한다.
② 의식과 지각 능력이 없는 존재도 내재적 가치가 있음을 간과한다.
③ 자연의 모든 생명은 인간의 유용성과 독립된 가치를 지님을 간과한다.
④ 고유한 선을 지니지 못하는 존재도 그 자체로 가치가 있음을 간과한다.
⑤ 지구의 자연적 생태 체계들은 복합적인 연결망으로 구성되어 있음을 간과한다.

06

갑, 을, 병 사상가들이 모두 질문에 옳게 대답한 것은?

> 갑 : 인간이 동물의 고통에 동정심을 느낀다면 인간은 더 많은 동정심을 갖게 될 것이다. 이것이 바로 신의 뜻이다.
> 을 : 생명체가 선을 갖는 이유는 그것이 목적론적 삶의 중심이기 때문이다. 생명체는 자신의 성장, 발전, 생존, 번식을 실현하려는 일관성과 통일성을 가진다.
> 병 : 자기가 속한 종(種)의 이익을 옹호하면서 다른 종의 이익을 배척하는 차별적 태도는 도덕적으로 정당화될 수 없다. 인간이 좀 더 나은 지적 능력을 소유하고 있다고 해서 쾌락과 고통을 느낄 수 있는 존재를 착취할 권한을 가질 수는 없다.

	질문	갑	을	병
①	동물은 생태계의 일원으로서 고유의 선을 지닌 존재인가?	예	예	예
②	고통을 느낄 수 없는 생명체라면 도덕적 존중의 대상으로 간주하지 않아도 되는가?	예	아니요	예
③	동물을 포함한 자연의 모든 존재는 동등한 가치를 지니는가?	아니요	예	예
④	인간은 어떤 경우에도 동물을 수단으로 취급하지 말아야 하는가?	아니요	예	예
⑤	인간 외에도 도덕적 지위를 지닌 존재가 있는가?	아니요	아니요	아니요

07

(가)의 갑, 을, 병 사상가들의 입장에서 서로에게 제기할 수 있는 비판을 (나) 그림으로 표현할 때, A~F에 해당하는 내용으로 가장 적절한 것은?

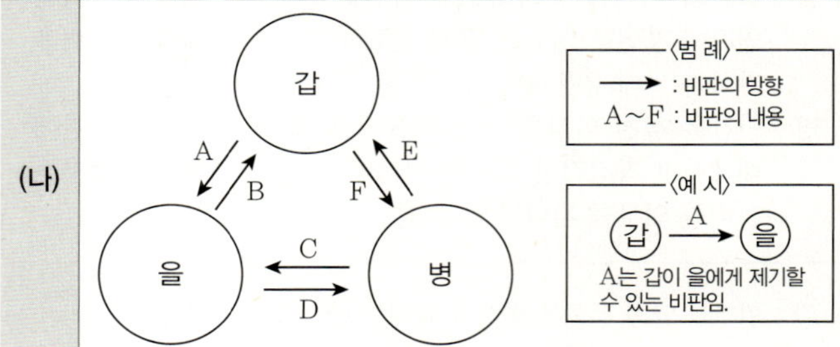

(가)	갑 : 자연 중에 생명이 없음에도 아름다운 것에 대해 파괴를 일삼는 것은 인간의 자기 자신에 대한 의무에 반한다. 을 : 흙, 물, 식물, 동물, 인간을 포함하는 생명 공동체는 생명적 성질을 지닌다. 인간은 생명 공동체의 지배자가 아니다. 병 : 목적론적 삶의 중심인 생명체는 내재적 가치를 지닌다. 그러한 생명체는 자신의 고유한 선을 추구하며 일관성과 통일성을 지향하는 존재이다.
(나)	

① D : 생태계의 안정을 위해서 생명체를 해치는 어떠한 행위도 허용될 수 없음을 간과한다.
② E : 쾌고 감수 능력을 지닌 존재만이 도덕적 지위가 있음을 간과한다.
③ A, C : 모든 생명체가 내재적 가치를 지니는 것은 아님을 간과한다.
④ A, F : 인간만이 유일한 도덕적 행위의 주체임을 간과한다.
⑤ B, D : 대지 위의 모든 존재는 평등한 구성원임을 간과한다.

08
| 평가원 |

(가)의 갑, 을, 병 사상가들의 입장을 (나) 그림으로 표현할 때, A~D에 해당하는 적절한 진술만을 〈보기〉에서 있는 대로 고른 것은?

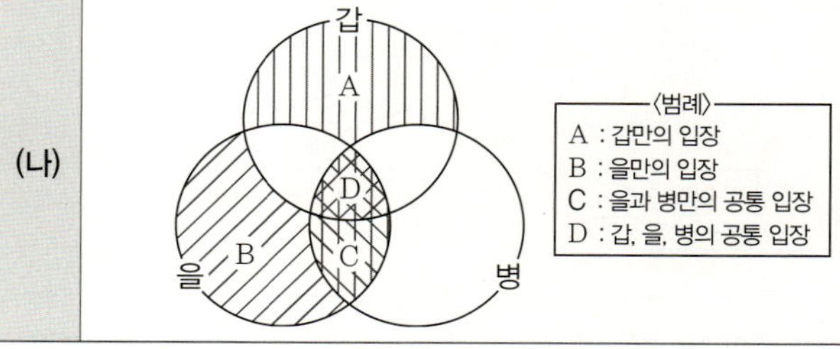

(가)	갑 : 대지 윤리는 생태 윤리를 반영한다. 생태 윤리는 각 개인이 대지의 건강을 위한 자신의 의무를 깨닫고 실천할 것을 요구한다. 을 : 삶의 주체라는 기준을 충족하는 동물들은 내재적 가치를 가진다. 내재적 가치는 무조건적인 개념으로, 그것을 갖거나 갖지 않는 것이지 중간은 없다. 병 : 생명체가 선을 갖는 이유는 그것이 목적론적 삶의 중심이기 때문이다. 생명체는 자신의 성장, 발전, 생존, 번식을 실현하려는 일관성과 통일성을 가진다.
(나)	

> [보기]
> ㄱ. A : 인간은 생태계에 간섭해서는 안 되는 의무를 지닌다.
> ㄴ. B : 한 살 이상의 정상적인 포유 동물은 내재적 가치를 지닌다.
> ㄷ. C : 생태계의 선이 개체의 선보다 우선하는 것은 아니다.
> ㄹ. D : 인간 상호 간의 의무는 도덕적으로 정당화될 수 있다.

① ㄱ, ㄴ   ② ㄴ, ㄷ   ③ ㄷ, ㄹ
④ ㄱ, ㄴ, ㄹ   ⑤ ㄱ, ㄷ, ㄹ

09

| 수능 |

(가), (나) 사상에 대한 옳은 설명만을 〈보기〉에서 고른 것은?

> (가) 인드라망은 끝없이 큰 그물로서 이음새마다 보석처럼 투명하게 빛나는 구슬이 자리 잡고 있다. 구슬들은 혼자 빛날 수 없으며 반드시 다른 구슬의 빛을 받아야만 세상을 밝힐 수 있다.
>
> (나) 하늘과 땅은 편애하지 않아 모든 것을 짚으로 만든 개처럼 취급한다. 하늘과 땅 사이는 커다란 풀무*의 바람통처럼 비어 있으나 다함이 없다.
>
> * 대장간에서 불을 지피기 위해 바람을 일으키는 도구

〈보기〉
ㄱ. (가)는 만물이 원인과 조건에 의해 생멸(生滅)한다고 주장한다.
ㄴ. (나)는 자연을 목적이 없는 무위(無爲)의 체계로 파악한다.
ㄷ. (가)는 (나)와 달리 자연의 순리에 따라야 한다고 강조한다.
ㄹ. (가)는 인간과 자연의 엄격한 분리를, (나)는 합일을 추구한다.

① ㄱ, ㄴ ② ㄱ, ㄷ ③ ㄴ, ㄷ ④ ㄴ, ㄹ ⑤ ㄷ, ㄹ

10

(가), (나) 사상의 입장에 대한 설명으로 옳은 것은?

> (가) 사람은 땅을 법칙으로 삼고 땅은 하늘을 법칙으로 삼는다. 하늘은 도(道)를 법칙으로 삼고 도는 자연(自然)을 법칙으로 삼는다.
>
> (나) 하늘이 명한 것을 성(性)이라고 하고 성을 따르는 것을 도(道)라고 한다. 하늘이 음양(陰陽)과 오행(五行)으로 만물을 생겨나게 하니[化生], 천지 만물은 본래 나와 일체이다.

① (가)는 만물이 지닌 생명력을 천도(天道)의 도덕적 표현으로 본다.
② (나)는 만물을 연기(緣起)에 의한 상호 의존적 존재로 본다.
③ (가)와 달리 (나)는 자연을 필연적 질서가 지배하는 기계적인 존재로 본다.
④ (나)와 달리 (가)는 천지를 가치 중립적인 대상으로 본다.
⑤ (가), (나)는 하늘이 만물의 주재자이자 인간 본성의 근원이라고 본다.

11

갑이 을에게 제기할 수 있는 비판으로 적절한 것만을 〈보기〉에서 있는 대로 고른 것은?

> 갑 : 인간은 결코 수단으로 취급되어서는 안 된다. 또한 현세대는 과거 세대에게 도움을 받았으므로 미래 세대에게 도움을 주는 것이 당연하다. 따라서 미래 세대에게도 도덕적 권리를 부여해야 한다.
>
> 을 : 불확실하고 멀리 있는 쾌락보다 확실하고 가까이 있는 쾌락이 중요하다. 또한 현세대와 미래 세대 사이에는 도움을 주고받는 관계가 성립될 수 없다. 따라서 미래 세대의 도덕적 권리를 고려할 필요가 없다.

〈보기〉
ㄱ. 미래 세대도 현세대와 동일한 합리적인 존재로 도덕적 고려의 대상임을 간과한다.
ㄴ. 먼 미래는 불확실하므로 미래 세대보다 현세대의 이익을 더 중시해야 함을 간과한다.
ㄷ. 현세대가 미래 세대에 대해 갖는 책임은 상호 책임성을 토대로 하는 것이 아님을 간과한다.
ㄹ. 미래 세대를 위해 현세대가 자원 사용을 최소화하면서 고통을 겪어서는 안 됨을 간과한다.

① ㄱ, ㄴ ② ㄱ, ㄷ ③ ㄴ, ㄹ
④ ㄱ, ㄷ, ㄹ ⑤ ㄴ, ㄷ, ㄹ

12

㉠에 들어갈 말로 적절한 것만을 〈보기〉에서 있는 대로 고른 것은?

〈보기〉
ㄱ. 윤리적 책임의 범위를 미래 세대는 물론이고 지구 생태계 전체로 확대해야 합니다.
ㄴ. 부모가 자녀에 대해 책임지는 것처럼 자연에 대해 책임지려는 자세를 가져야 합니다.
ㄷ. 미리 사유된 위험을 충분히 해결할 수 있다는 '희망의 원칙'에 우선성을 두고 따라야 합니다.
ㄹ. 책임질 수 있는 능력이 반드시 책임져야 하는 당위로 연결되는 것은 아님을 인식해야 합니다.

① ㄱ, ㄴ ② ㄴ, ㄷ ③ ㄷ, ㄹ
④ ㄱ, ㄴ, ㄹ ⑤ ㄱ, ㄷ, ㄹ

킬러 문항 완전 정복

1등급 전략

칸트의 온건한 인간 중심주의 입장에 대해서는 시험에 자주 출제되므로 반드시 깊이 있게 학습해 두어야 한다. 베이컨, 데카르트의 인간 중심주의와 칸트의 입장 비교, 칸트가 동물과 자연에 대해 주장하는 인간의 의무 등에 대해서는 꼭 숙지해 두자.

01

(가)의 갑, 을, 병 사상가들의 입장을 (나) 그림으로 탐구할 때, A~D에 들어갈 옳은 질문만을 〈보기〉에서 있는 대로 고른 것은?

(가)	갑 : 이성이 없는 존재들은 단지 수단으로서 상대적 가치만을 가지고 있는 물건들이라고 일컬어진다. 그에 반해 이성적 존재자들은 인격들이라 불린다. 을 : 지각, 욕구, 기억과 미래에 대한 생각 그리고 목표를 추구하기 위해 행동할 수 있는 능력 등을 지닌 삶의 주체의 권리를 존중해야 한다. 병 : 모든 생명체는 자기 보존과 행복을 위해 움직이는 목적론적 삶의 중심이다. 어떤 존재의 도덕적 지위를 결정짓는 특징은 그 존재가 고유한 선을 가지고 있는지 여부이다.

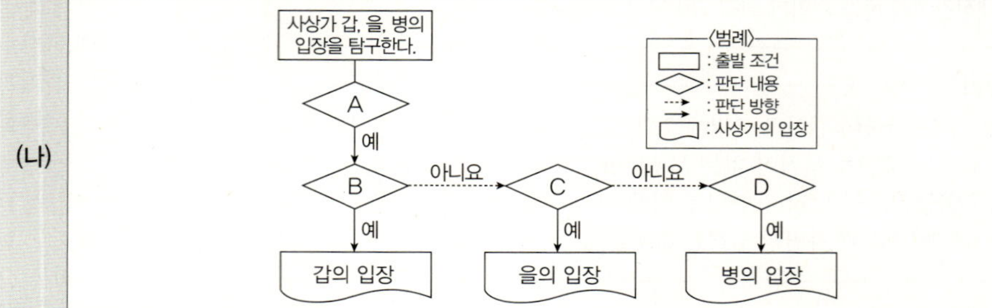

보기

ㄱ. A : 인간은 자기 행위에 대해 책임질 수 있는 도덕적 행위의 주체인가?
ㄴ. B : 인간은 인간 자신에 대해서만 직접적인 의무를 지니는가?
ㄷ. C : 성장한 포유동물을 목적이 없는 존재로 보는 것은 잘못인가?
ㄹ. D : 지구의 자연적 생태 체계들은 긴밀하게 연결된 복합적 연계망인가?

① ㄱ, ㄴ ② ㄱ, ㄷ ③ ㄷ, ㄹ
④ ㄱ, ㄴ, ㄹ ⑤ ㄴ, ㄷ, ㄹ

02

1등급 전략

동물 중심주의, 생명 중심주의, 생태 중심주의 각각의 입장에서 제시하는 도덕적 고려의 대상과 함께 왜 그와 같이 도덕적 고려의 대상을 정하였는지를 논거를 통해 이해해야 한다. 이해하지 못하고 단순히 암기만 하고 있다면 조금만 생소하거나 낯선 선택지 표현에도 개념을 응용하지 못하고 크게 당황할 수 있음에 유의하자.

(가)의 갑, 을, 병 사상가들의 입장을 (나) 그림으로 표현할 때, A~D에 해당하는 적절한 진술만을 〈보기〉에서 있는 대로 고른 것은?

(가)	갑 : 쾌고 감수 능력을 지니며 목적을 위해 행위하는 삶의 주체는 삶을 영위할 권리를 갖는다. 을 : 모든 생명체는 자기 보존과 자체적 좋음을 향하여 움직이는 목적 지향적인 단일화된 체계이다. 병 : 토지는 단지 흙이 아니다. 토지는 토양, 식물 및 동물이라는 회로를 통해 흐르는 에너지가 솟아나는 샘이다.
(나)	

보기

ㄱ. A : 생명체는 아니지만 생명체의 삶의 기반이 되는 존재들도 내재적 가치를 지닐 수 있다.
ㄴ. B : 지각과 의식이 없어도 목적을 추구하는 존재는 도덕적 지위를 지닌다.
ㄷ. C : 인간은 생명 공동체의 한 구성원이며 본질적으로 다른 생명체들보다 우월하지 않다.
ㄹ. D : 도덕적 행위의 주체만이 도덕적 고려의 대상이 될 수 있는 것은 아니다.

① ㄱ, ㄴ ② ㄱ, ㄷ ③ ㄴ, ㄹ
④ ㄱ, ㄷ, ㄹ ⑤ ㄴ, ㄷ, ㄹ

03

(가)의 갑, 을, 병 사상가들의 입장을 (나) 그림으로 탐구할 때, A~D에 들어갈 적절한 질문만을 〈보기〉에서 있는 대로 고른 것은?

(가)	갑 : 토양과 물, 식물과 동물, 곧 포괄하여 토지를 포함하도록 공동체의 범위를 확장하는 대지 윤리가 필요하다. 대지 윤리는 인류의 동료 구성원에 대한 존중 그리고 공동체 자체에 대한 존중을 수반한다. 을 : 모든 생명체가 목적론적 삶의 중심이라는 것은 외적 활동뿐만 아니라 내적 작용이 목적 지향적이라는 것, 그리고 생존과 생식, 생명 활동을 성공적으로 수행하게 해 주는 항상적인 경향성을 갖고 있다는 것이다. 병 : 식물은 동물을 위해 존재한다. 동물은 인간을 위해 존재한다. 인간은 동물을 잘 길들여 자신들을 위하여 사용할 수 있을 뿐만 아니라 인간의 식량을 위하여 사용할 수 있다.
(나)	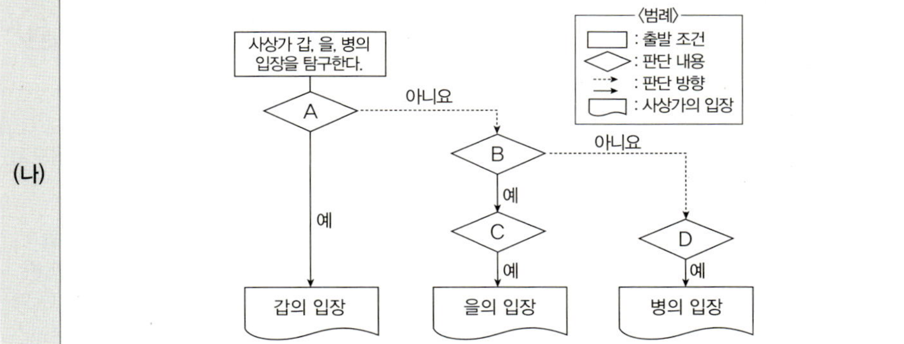

〈보기〉
ㄱ. A : 인간이 생태계를 통제하려고 하는 시도는 잘못인가?
ㄴ. B : 모든 생명체는 각자의 목적을 향해 나아가고 있는가?
ㄷ. C : 인간은 다른 생명체처럼 지구 생명 공동체의 일원인가?
ㄹ. D : 자연에 존재하는 생명체 간에는 위계질서가 존재하는가?

① ㄱ, ㄴ　　　　② ㄱ, ㄷ　　　　③ ㄷ, ㄹ
④ ㄱ, ㄴ, ㄹ　　　⑤ ㄴ, ㄷ, ㄹ

04

동양 사상가 을이 서양 사상가 갑에게 제기할 수 있는 비판으로 가장 적절한 것은?

갑 : 자연 현상을 제어할 수 있는 과학 기술이 발달한 신비의 섬, '뉴 아틀란티스'에서는 눈, 비, 우박 등을 인공적으로 내리게 하며, 천둥과 번개를 만들 수도 있다. 동물의 손상된 부위를 재생하거나 다양한 생물체를 번식시킬 수 있다. 을 : 국가의 규모를 작게 하고 백성의 수가 적어야 한다. 사람의 힘보다 열 배나 백 배 더 일할 능력이 있는 기계가 있더라도 사용하지 않고, 백성이 새끼줄을 묶어 문자 대신 쓰던 소박한 방식으로 돌아가게 하면 백성은 그대로의 음식을 달게 여길 것이고, 의복을 아름답게 여길 것이고, 풍속을 즐거워할 것이고, 거처를 편안하게 여길 것이다.

① 자연 과학적 지식이 인간의 삶을 개선하는 데 유용함을 간과한다.
② 자연은 인간의 의도대로 조작할 수 있는 물질적 대상임을 간과한다.
③ 인간과 자연을 이분법적으로 구분하여 접근하는 것이 합당함을 간과한다.
④ 과학 기술의 발달이 인간의 자연스러운 삶을 방해할 수 있음을 간과한다.
⑤ 과학 기술이 사회의 전 분야에 걸쳐 막대한 영향을 끼칠 수 있음을 간과한다.

09강 문화와 윤리

출제 POINT

주제 ① 예술과 대중문화 윤리		주제 ② 의식주 윤리와 윤리적 소비		주제 ③ 다문화 사회 및 종교와 윤리	
도덕주의 VS 심미주의 🔒	★★★	음식 문화의 윤리적 문제	★☆☆	동화주의 VS 샐러드 볼 VS 국수 대접 🔒	★★★
예술의 상업화	★☆☆	주거 문화의 윤리적 문제	★★☆	윤리 상대주의와 관용	★☆☆
대중문화(문화 산업에 대한 비판)	★★☆	합리적 소비 VS 윤리적 소비	★★☆	엘리아데의 종교관	★★☆

주제 ① 예술과 대중문화 윤리

1. 미적 가치와 윤리적 가치

Tip

3점 공략 🔒

❶ 예술에 대한 도덕주의와 심미주의 입장을 비교하는 문항은 자주 출제되는 내용 영역이지만, 그렇게 어렵게 출제되지는 않는다. 그러나 생소한 사상가나 제시문과 연계되어 출제될 경우 어떠한 입장에 해당하는지를 파악할 수 있어야 하며, 제시문에 충실하게 선택지의 진위를 판단해 나가야 한다.

❷ 동양의 유교 사상(공자, 맹자, 순자, 정약용)과 서양의 고대 그리스 사상(플라톤)은 **도덕주의** 입장에 해당한다. 이에 반해 **묵자**는 유교에서 강조하는 **예악(禮樂) 사상에 대해 비판적**이었음을 알아두자.

(1) 예술에 대한 도덕주의와 심미주의

구분	도덕주의	심미주의
예술의 목적	모든 예술 작품은 도덕적 교훈이나 본보기를 제공해야 함	예술은 예술 자체나 아름다움의 추구를 목표로 해야 함
예술관	• 예술의 사회적 영향력 강조 : 예술 역시 사회의 산물이므로 그 자체로 자율성을 지닐 수 없으며, 사회적·윤리적 책임을 다해야 함 • 참여 예술론 : 예술가는 사회인, 예술 활동은 사회 활동 → 예술은 사회의 모순을 비판하고 사회 발전에 이바지해야 함	• 예술의 자율성 강조 : 예술을 도덕, 정치 등 다른 어떤 것을 위한 수단으로 취급해서는 안 됨 • 순수 예술론 : '예술 지상주의', '예술을 위한 예술' → 예술은 그 자체의 미적 가치로 판단되어야 하며, 도덕적 평가로부터 자유로워야 함
대표 사상가	플라톤 : "좋은 음악이 되기 위해서는 노랫말이 훌륭한 덕을 지닌 사람의 용기와 절제를 모방해야 하고, 선율과 리듬의 형식이 그러한 내용을 적절히 반영해야 한다."	와일드 : "모든 예술은 부도덕하다. 예술가가 다른 사람의 욕구를 만족시키려는 순간, 그는 예술가이기를 포기한 것이다. 예술가에게 윤리적 공감은 독창성을 잃게 하는 것이므로 필요 없다."
문제점	예술에서 미적 요소가 경시되어 예술의 질적 저하가 초래될 수 있고, 예술가의 자유로운 창작이 제한될 수 있음	예술과 현실을 분리함으로써 현실 도피를 정당화할 수 있으며, 인간의 삶과 무관한 예술로 예술의 존재 의미가 상실될 수 있음

❷ 예술과 윤리의 관계

예술	윤리
• 미(美)를 추구 • 현실적 제약을 넘어서 자유를 추구함	• 선(善)을 추구 • 현실이라는 제약 속에서 도덕적 당위를 추구함

도덕과 예술의 상호 보완성 강조 → 동양의 예악(禮樂) 사상, 그리스의 선미(善美) 사상

(2) 미적 가치와 윤리적 가치의 바람직한 관계

칸트	미(美, 예술)와 선(善, 도덕)은 모두 자유가 전제될 때 성립할 수 있으며, 이해관계를 따지지 않는다는 무관심성의 측면에서 유사한 형식을 지니므로, 미는 선의 상징이며 선의 실현에 이바지할 수 있음
정약용	음악[樂]은 인격 수양과 화합을 위한 중요한 도구이므로 항상 악을 가까이 해야 함

(3) 예술의 상업화

긍정적 측면	• 특수 계층만 누려왔던 예술 작품에 대중도 쉽게 접근할 수 있는 계기를 제공함 • 예술가에게 경제적 이익은 물론 예술 활동을 할 수 있는 기반을 마련해 줌으로써 예술가의 창작 의욕을 북돋움
부정적 측면	• 예술의 자율성 훼손 : 작가 정신보다 대중성을 중시할 수 있음 • 질적 저하 초래 : 예술의 경제적 가치만 강조되어 고급 문화가 위축되고 선정적 표현들이 범람할 수 있음

❷ 문화 산업

의미	자본주의적으로 대량 생산된 대중문화 또는 문화를 생산하는 산업
비판	아도르노 : "현대 예술은 자본에 종속되어 문화 산업으로 획일화되었으며, 하나의 상품으로 전락한 예술 작품을 감상하는 것은 감상자에게 고유한 체험이 아니라 표준화된 소비 양식이 될 뿐이다."

2. 대중문화와 관련된 윤리적 문제

선정성과 폭력성	• 수익성만을 추구하여 과도하게 선정적이고 폭력적인 요소를 포함하게 됨 • 선정성과 폭력성의 미화로 대중의 정서에 악영향을 미칠 수 있고, 모방 범죄로 이어질 수 있음
자본 종속	• 현대 대중문화에서 막대한 자본 투자로 대중문화를 자본의 힘이 지배하는 현상 • 대중문화를 생산하고 소비하는 각 개인이 문화 산업의 도구가 됨으로써 문화의 창조성과 예술의 자율성이 제약될 수 있음

1. 의식주 윤리

구분	윤리적 의미	윤리적 문제
의복 문화	• 개인적 : 의복을 통해 개성과 가치관을 표현함 • 사회적 : 중요 행사에 격식을 갖춰 예의를 표시함, 소속 집단의 특징과 시대의 성격이 드러남	명품 선호와 과시 소비 문제, 동조 소비 문제, 동물 학대 문제, 제복 등에 의한 개성 억압 문제
음식 문화	• 생명권 : 음식 섭취를 통해 생명과 건강 유지 • 사회적 도덕성 : 음식의 생산과 유통, 소비에 이르기까지 안전성과 생태계 질서를 고려해야 함	올바르지 못한 식습관(폭식과 탐식), 유해 음식(정크푸드, GMO), 환경오염(음식 생산 시 오염, 쓰레기), 비윤리적 동물 대우 → 슬로푸드 운동, 로컬푸드 운동 등이 대안으로 부각됨
주거 문화	• 휴식과 행복, 평화를 누릴 수 있는 내적 공간 • 가족은 물론 이웃, 지역 사회에 대한 소속감 형성 → 품성과 가치관 형성, 삶의 질에 영향을 줌	안정된 주거 공간으로서의 실존적 의미 상실, 집의 경제적 가치에만 집착하는 문제, 이웃 간 익명성과 소통 단절

2. 합리적 소비와 윤리적 소비

합리적 소비	최소의 비용으로 최대의 만족을 얻고자 하는 소비
윤리적 소비	소비자가 재화나 서비스를 구매할 때 평화, 인권, 사회 정의, 환경 등 인류의 보편적 가치를 고려하여 선택하는 소비 → 녹색 소비(환경 중시), 착한 소비(인권 중시)

1. 다문화 사회와 문화 정체성

3점 공략

동화주의	이민자가 출신국의 언어, 문화, 사회적 특성을 포기하고 주류 사회의 일원이 되도록 주류 문화로 편입시켜야 한다고 보는 입장
샐러드 볼 이론	서로 다른 문화가 각자의 고유한 정체성을 유지하면서 서로 대등하게 전체적으로 조화를 이루어야 한다고 보는 입장
국수 대접 이론	주류 문화(국수)의 우선성을 인정하면서 비주류 문화(고명) 역시 고유성을 잃지 않고 공존해야 한다고 보는 입장

2. 다문화 사회에서 관용의 필요성과 한계

(1) 문화 상대주의와 윤리 상대주의

문화 상대주의	각 문화를 그 사회의 고유한 환경과 전통 속에서 이해하고자 하며, 문화의 고유성과 상대성을 이해하고 존중하는 관점 → 문화의 차이를 있는 그대로 인정함
윤리 상대주의	옳고 그름의 도덕적 기준은 각 사회마다 다르므로 보편적 도덕 기준은 존재하지 않는다는 입장 → 보편 윤리에 위배되는 문화까지 무비판적으로 인정하게 될 수 있음

(2) 관용

의미	• 소극적 의미 : 나와 다름에 대해 반대하거나 간섭하지 않음 • 적극적 의미 : 나와 다른 주장을 상대방이 개진할 권리를 보장하기 노력함
한계	인류의 보편적 가치를 침해하는 불관용에 대해서는 불관용할 수 있어야 함
범위	타인의 인권과 자유를 침해하지 않고, 사회 질서를 훼손하지 않는 범위 내에서 관용해야 함

3. 종교와 윤리

(1) 종교적 존재로서의 인간 : 인간은 삶의 유한성과 불완전성으로 인해 영원한 삶에 대한 동경과 초월적인 대상에 의지하여 삶의 궁극적 의미를 찾고자 하는 종교적 지향성을 지님

(2) 엘리아데의 종교관 : 성(聖)과 속(俗)의 조화 추구 → 종교학자인 엘리아데는 '성현(聖顯)'이란 표현을 통해 초월적이고 성스러운 경험을 가지되 현실을 떠나서는 안 되며, 세속적 휴머니즘과 성스러움의 세계가 공존하는 종교 생활을 할 것을 강조함

♀ 다문화 이론의 한계

구분	한계
동화주의	문화의 다양성 부족, 소수 집단의 문화적 자유와 인간 존엄성이 훼손될 수 있음
샐러드 볼 이론	이질적인 문화 간 대립과 경쟁이 심화될 경우 사회 결속과 통합이 어려울 수 있음
국수 대접 이론	주류 문화의 우선성을 인정하므로 소수 문화의 존중이 형식적 수준에 그칠 수 있음

Tip

〈질문〉
(1) 소수 문화의 정체성을 인정하는가?
(2) 주류 문화, 비주류 문화를 구분하는가?
(3) 주류 문화로의 통합을 강조하는가?

〈질문에 대한 입장〉

구분	(1)	(2)	(3)
동화주의	×	○	○
샐러드 볼 이론	○	×	×
국수 대접 이론	○	○	×

3점 공략 Check

Q1 다음에 해당하는 입장을 골라 쓰시오.

㉠ 도덕주의   ㉡ 심미주의

(1) 예술은 인간의 감정 순화 및 인격 완성에 기여해야 한다. (   )
(2) 예술은 예술 그 자체를 목적으로 해야 한다. (   )
(3) 예술은 미(美)적 가치를 추구하는 정신 활동이다. (   )

Q2 주류 문화의 우선성을 인정하면서 비주류 문화와의 공존을 도모하는 것은 (   ) 이론이다.

Q3 각기 다른 다양한 문화들이 동등하게 각자의 고유한 정체성을 유지하면서 조화를 이루고자 하는 것은 (   ) 이론이다.

예술에 대한 도덕주의와 심미주의

대표 기출 VS 고난도 기출
531 PROJECT H

순한맛 # 수능

갑, 을의 입장으로 가장 적절한 것은?

> 갑 : 예술의 목표는 진리라는 생각 때문에 시(詩)만을 위한 시는 시적 품위가 결여된 것으로 여겨졌다. 그러나 예술이란 본래 심미적 가치만을 추구하기에 시 그 자체 외의 어떠한 다른 목적도 염두에 두지 않고 쓰인 시만이 진정한 시이다.
>
> 을 : 예술의 사명은 신(神)의 세계, 즉 인간의 최고 목적인 사랑의 세계를 건설하는 일이다. 따라서 예술은 인류애가 모든 사람의 자연스러운 감정이 되도록 교육하는 데 기여해야 한다.

① 갑 : 예술의 심미적 가치는 도덕적 가치에 의해 제어되어야 한다.

② 갑 : 예술이 도덕적 진리를 추구할 때 심미적 가치가 더욱 고양된다.

③ 을 : 예술은 사람들의 도덕적인 감정의 고양에 기여해야 한다.

④ 을 : 예술은 그 자체가 목적으로 다른 것을 위한 수단이 아니다.

⑤ 갑, 을 : 예술은 어떤 것에도 제한받지 않는 독립성을 지녀야 한다.

[핵심 키워드] • 갑 : # 예술이란 본래 심미적 가치만을 추구 # 그 자체 외의 어떠한 다른 목적도 염두에 두지 않고
• 을 : # 예술의 사명은 사랑의 세계를 건설하는 일 # 예술은 인류애를 교육하는 데 기여해야

[접근 방법] ❶ 제시문을 읽으며 예술에 대한 도덕주의와 심미주의의 입장 중 갑, 을이 각각 어떠한 입장에 해당하는지를 파악한다. ❷ 선택지의 각 진술이 어떠한 입장에 해당하는 내용인지를 살펴보고, 갑, 을의 입장에 부합하는지 판단한다. ❸ 주의해야 할 점은, 도덕주의와 심미주의 모두 예술이 미적 가치를 추구하는 활동임을 인정한다는 것이다.

답 ③

WHY 왜 빠지지 않고 출제될까?

예술에 대한 도덕주의와 심미주의의 입장에 대해 묻는 문항은 일반적으로 도덕주의와 심미주의를 대표하는 사상이나 사상가의 주장을 제시한 후, 도덕주의와 심미주의의 일반적인 입장을 묻는 유형으로 출제되어왔다. 따라서 **도덕주의와 심미주의의 기본 입장에 대해서 잘 이해하고 있어야 한다.**

수능 # 정답률 62.7% 매운맛

(가), (나) 사상의 입장으로 적절한 것만을 〈보기〉에서 있는 대로 고른 것은?

> (가) 악(樂)은 '같음'을, 예(禮)는 '다름'을 위한 것이다. 같으면 서로 친하게 되고, 다르면 서로 공경하게 된다. 악이 화합을 극진하게 하고 예가 순서를 극진하게 하여, 안으로 화합하고 밖으로 질서를 이룬다면, 백성은 그 안색을 보고 서로 다투지 않게 되며, 그 용모를 보고 업신여기지 않게 된다.
>
> (나) 악(樂)은 비록 눈으로 보기에 아름답고 귀로 듣기에 즐거우나, 백성의 이익에는 부합하지 않는다. 악기를 연주하며 춤추는 것을 일삼는다면, 백성이 입고 먹을 재물은 어찌 얻을 수 있겠는가? 일찍이 여러 악기를 만들고 연주했어도 천하의 이익을 증진하는 데 도움이 되지 않았다.

보기
ㄱ. (가) : 예와 악은 서로 보완적인 역할을 한다.
ㄴ. (가) : 예악은 정서의 순화와 언행의 교화 모두에 기여한다.
ㄷ. (나) : 음악은 실용적 관점보다 심미적 관점에서 평가해야 한다.
ㄹ. (가), (나) : 음악의 가치는 사회적 효과를 고려하여 판단해야 한다.

① ㄱ, ㄴ   ② ㄴ, ㄷ   ③ ㄷ, ㄹ

④ ㄱ, ㄴ, ㄹ   ⑤ ㄱ, ㄷ, ㄹ

[핵심 키워드] • (가) : # 악(樂)이 화합을 극진하게 하고 예(禮)가 순서를 극진하게 하여
• (나) : # 악(樂)은 백성의 이익에는 부합하지 않는다.

[접근 방법] ❶ 제시문을 잘 읽어보며 음악[樂]에 대한 (가)와 (나)의 입장 차이를 파악한다. ❷ 음악[樂]에 대한 (가)와 (나)의 입장 차이가 어떠한 논거를 바탕으로 하는지를 제시문에서 찾아본다. ❸ 주의해야 할 점은, 도식적으로 암기하는 것이 아니라 제시문을 근거로 추론하는 능력을 키우는 것이다.

답 ④

HOW 킬러 문항, 어떻게 출제될까?

그동안 출제되지 않았던 묵자의 예술관에 대한 지문이 출제되어 많은 학생들이 어려워하였다. **생활과 윤리 교과에 동양 사상의 비중이 커지면서** 이러한 경향은 앞으로 지속될 것으로 예상한다. 이처럼 일반적인 도덕주의와 심미주의의 입장을 묻는 것이 아니라 특정 사상이나 사상가의 예술관에 대해 묻는 유형의 경우, 당황하지 말고 침착하게 제시문에 근거하여 문제를 풀어가는 훈련을 해 두어야 한다.

주제 1 예술과 대중문화 윤리

01

을이 갑에게 제기할 비판으로 가장 적절한 것은?

> 갑 : 예술은 삶이나 사상과는 별개의 것이고, 예술은 예술 이외에 그 무엇도 표현하지 않는다. 삶과 자연은 예술적 규칙에 따라 변형되었을 때만 예술의 소재가 될 수 있고, 예술이 인생을 모방하는 것보다 인생이 예술을 더 모방하는 것이다.
> 을 : 시인이나 설화 작가들은 용감하고 절제 있고 경건하며 자유인다운 사람들을 어릴 때부터 모방해야만 한다. 이들은 비굴한 짓이나 어떤 창피스러운 짓도 모방하지 말아야 하며, 이런 것을 모방하는 데 있어서 능한 사람들이 되어서는 안 된다.

① 예술이 인간의 덕성 함양에 기여해야 함을 지나치게 강조하고 있다.
② 예술은 예술 그 자체의 아름다움을 목표로 해야 함을 모르고 있다.
③ 예술 작품에 대한 도덕적 평가는 바람직하지 않음을 모르고 있다.
④ 예술은 사회적 책임을 우선시해야 함을 지나치게 강조하고 있다.
⑤ 예술적 가치와 도덕적 선은 분리될 수 없음을 모르고 있다.

02

다음을 주장한 사상가의 입장만을 〈보기〉에서 있는 대로 고른 것은?

> 자연에 대한 모방이야말로 세상에 만연한 악을 이기고 선이 승리하도록 만드는 예술 본연의 임무이다. 이런 최상급의 예술을 구현할 수 있도록 만드는 힘은 '질서와 사랑'을 통해 가능하다. 질서와 사랑은 반항적이고 파괴적인 힘을 가진 저급한 피조물의 상태를 거룩하게 만들어줄 수 있다. 예술은 이런 순수 에너지로서 절대적인 사랑의 힘을 보여 주는 것이다. 질서와 사랑은 인간의 본능이다. 왜냐하면 모든 인간은 완전하기를 염원하기 때문이다. 이런 의미에서 질서와 사랑은 개인적 이기심을 드러내는 행위가 아니라 인간 보편의 정념을 표출시키는 것이다.

〈보기〉
ㄱ. 예술은 자연의 본질을 모방하는 활동이어야 한다.
ㄴ. 예술은 인간의 윤리적 관념을 강화하는 수단이 될 수 있다.
ㄷ. 예술은 인간 본능에 기반을 두면서도 보편성을 지향하는 활동이다.
ㄹ. 예술의 궁극적 목적은 현실을 초월하는 절대 진리를 획득하는 데에 있다.

① ㄱ, ㄴ
② ㄴ, ㄹ
③ ㄷ, ㄹ
④ ㄱ, ㄴ, ㄷ
⑤ ㄱ, ㄷ, ㄹ

03

갑, 을의 입장으로 가장 적절한 것은?

> 갑 : 경험으로서 예술 작품은 우리의 삶 속에 존재하며, 예술은 삶의 일부를 형성한다. 오늘날 미적인 것은 모든 삶의 영역 속으로 빨려 들어가고 있다. 삶 속에서도 대중 예술에서도 미적인 것의 구현은 가능하다.
> 을 : 현대 자본주의 사회에서 대중 예술에 투사된 세계는 갈등이 조화롭게 해결되는 듯한 느낌을 준다. 하지만 이는 기만적 대리 만족이다. 문화 산업이 독점한 대중 예술은 개인의 특성을 획일화하여 자신의 논리를 관철한다. 개인은 자유가 있는 것 같지만 실은 경제적 · 사회적 장치의 산물이다.

① 갑 : 대중 예술품의 주된 가치는 교환 가치에 의해서 결정된다.
② 갑 : 예술 작품은 삶 속에서 기능하지 않아야 미적 가치를 지닌다.
③ 을 : 대중 예술은 예술과 삶을 통합시키기보다는 분리시킨다.
④ 을 : 예술 본연의 목적은 일상적 삶의 고통을 잊게 하는 것이다.
⑤ 갑, 을 : 대중 예술의 감상은 획일화되지 않은 개인의 고유한 체험이다.

04

| 평가원 |

갑, 을 사상가들의 입장으로 적절하지 <u>않은</u> 것은?

> 갑 : 복제 기술의 발달로 예술 작품의 '아우라'는 사라지지만 누구든 예술 작품에 대해 자신의 의견을 표현할 수 있게 된다. 또 대중 예술의 발달은 대중의 각성을 불러일으킴으로써 대중을 집단적 주체로 형성시키는 데 기여한다.
> 을 : 현대 자본주의 사회에서 대중문화의 가치에 대한 평가 기준은 돈으로 일원화된다. 이러한 사회에서 대중문화는 문화 산업으로 전락하게 되며, 규격품을 만들어 내듯이 인간을 획일화시켜 능동적으로 사유하는 것을 불가능하게 만든다.

① 갑 : 복제 기술의 발달은 대중들의 예술에 대한 접근성을 높인다.
② 갑 : 예술 작품의 아우라 소멸은 대중의 예술 비평 활동을 위축시킨다.
③ 을 : 문화 산업의 확산은 인간의 상품화와 몰개성화를 조장한다.
④ 을 : 문화의 가치는 경제적 효율성에 의해 결정되어서는 안 된다.
⑤ 갑, 을 : 문화의 대중화는 대중의 비판적 사고에 영향을 미친다.

05

그림의 강연자가 지지할 입장으로 가장 적절한 것은?

| 수능 |

> 거주(居住)함은 인간 존재의 근본 특성입니다. 인간은 현존재로서 땅, 하늘, 신적인 것들, 죽은 자들의 본질을 사물들 안으로 가져와 소중히 보살피며, 세계 안에서 건축하고 사유하면서 거주합니다. 인간은 자기 공간의 중심이 되며, 인간이 움직일 때마다 사물의 연관 체계로서 공간도 함께 변화합니다. 인간이 건축함과 거주함에서 사유함을 잊을 때 고향 상실이 일어납니다. 이때 거주함에 대해 다시 배워야 합니다. 오늘날 거주 공간이 상실되어 탈공간의 시대에 살고 있는 인간은 잃어버린 고향에 대해 숙고하고, 고향을 되찾아야 합니다.

① 인간의 거주 공간은 체험과 무관한 객관적 공간이다.
② 인간은 고향을 되찾기 위해 거주 공간을 떠나야 한다.
③ 인간은 자신의 행복을 위해 공간을 지배하고 통제해야 한다.
④ 인간은 사물을 보살피면서 거주 공간에 대한 책임을 갖는다.
⑤ 인간은 거주함으로써 신적인 것들과 죽을 자들에게서 해방된다.

06

다음을 주장한 사상가의 입장으로 옳은 것은?

> 거주는 집 안에 살고 있는 인간의 표현으로 인간 자체의 공간화된 부분이다. 따라서 거주한다는 것은 단순한 공간의 점유만을 의미하지 않으며, 그 안에서 공동체를 이루어 생활할 때 가능해진다. 따라서 거주 공간과 그 속에서 삶을 영위하는 공동체는 인간적인 아늑함과 편안함의 실현을 위해 분리될 수 없는 관계를 맺고 있다. 거주 공간으로서의 집은 외부 세계에 대해 열릴 수 있는 닫힘의 공간이어야 한다.

① 집이 가지는 최고의 가치는 외부로부터 인간을 보호하는 데 있다.
② 인간은 집을 외부 세계와 분리된 사생활 보호의 공간으로 한정해야 한다.
③ 집은 외부 세계와의 쌍방향적 소통을 이루는 공간으로 활용될 수는 없다.
④ 인간은 집에서의 정서적 안정을 바탕으로 외부로 나아가는 기반을 마련한다.
⑤ 공적 영역인 공동체와 사적 영역인 집의 상호 독립성 보장만이 참된 주거의 의미를 실현하는 방법이다.

07

다음 사상가가 지지할 주장만을 〈보기〉에서 있는 대로 고른 것은?

> 먹을거리와 관련된 도덕 문제에 적용 가능한 윤리적 원칙으로는 투명성, 공정성, 인도주의, 사회적 책임, 필요성의 다섯 가지를 들 수 있다. 우리에게는 우리가 먹는 음식이 어떻게 만들어졌는지 알 권리가 있다. 또한, 식품 생산 비용은 생산자나 소비자 중 일방적으로 어느 한쪽에 전가해 피해를 주지 말아야 하고, 식품 관련 노동자들은 타당한 임금과 작업 조건을 보장받아야 하며, 식품 생산과 소비에서 중요하지 않은 이유로 동물에게 고통을 주는 것은 잘못이다. 생명과 건강을 유지하는 데 필요한 적절한 영양을 갖춘 식품을 요구하는 것은 다른 어떤 욕망보다 정당하다.

| 보기 |
> ㄱ. 식품 생산 과정에서 노동자들은 적절한 임금을 받아야 한다.
> ㄴ. 소비자는 구입하려는 식품과 관련된 충분한 정보를 제공받아야 한다.
> ㄷ. 육식을 통해 영양을 보충하려는 인간의 욕망은 최대한 충족되어야 한다.
> ㄹ. 생산자는 식품 생산 과정에서 동물에게 어떠한 고통도 주어서는 안 된다.

① ㄱ, ㄴ　　　② ㄱ, ㄷ　　　③ ㄷ, ㄹ
④ ㄱ, ㄴ, ㄹ　　　⑤ ㄴ, ㄷ, ㄹ

08

갑, 을의 입장에서 지지할 주장만을 〈보기〉에서 골라 옳게 연결한 것은?

> 갑 : 자신의 소비 생활이 개인에게 미치는 영향만이 아니라 사회, 자연 등에 미치는 영향을 고려하여 윤리적인 가치 판단에 따라 올바른 선택을 하는 소비를 해야 한다.
> 을 : 자신의 욕구를 정확하게 파악하고 상품 정보를 충분히 알아본 뒤 계획을 세워 주어진 예산의 범위 안에서 자신에게 가장 효용이 큰 제품을 선택하여 소비해야 한다.

| 보기 |
> ㄱ. 공동선을 추구하는 기업의 제품을 선택해야 한다.
> ㄴ. 비용 대비 편익의 극대화를 소비의 기준으로 삼아야 한다.
> ㄷ. 소비할 때 생산 노동자의 권리가 보장되는지 고려해야 한다.
> ㄹ. 자신의 처지에 맞는 가장 효율적인 소비인지를 고려해야 한다.

	갑	을		갑	을
①	ㄱ, ㄴ	ㄷ, ㄹ	②	ㄱ, ㄷ	ㄴ, ㄹ
③	ㄴ, ㄷ	ㄱ, ㄹ	④	ㄴ, ㄹ	ㄱ, ㄷ
⑤	ㄷ, ㄹ	ㄱ, ㄴ			

09

| 수능 |

다음 대화에서 갑, 을의 입장으로 가장 적절한 것은?

① 갑 : 주류 문화 우위를 전제로 이민자 문화의 특수성을 보장해야 한다.
② 갑 : 주류 문화를 수용하는 이민자의 문화적 정체성을 보장해야 한다.
③ 을 : 사회 조화를 위해 주류와 비주류 간 문화 위계를 인정해야 한다.
④ 을 : 이민자의 문화적 다양성을 인정하면서 사회 통합을 모색해야 한다.
⑤ 갑, 을 : 사회적 연대를 위해 주류와 비주류 문화 간 공존과 결속을 강화해야 한다.

10

㉠에 들어갈 내용으로 가장 적절한 것은?

> 다문화 사회에서는 이주민들이 자신들의 문화를 포기하지 않은 채 보편적 도덕 원리에 어긋나는 문화적 현상을 제외한 모든 문화가 동등하게 인정되는 속에서 조화를 이루어야 한다. 그런데 어떤 사람들은 "다문화 사회에서는 이주민들이 자신들의 문화적 정체성에서 벗어나 기존 사회의 고유한 정체성에 편입되어 제대로 적응하고 정착하도록 도와야 한다."라고 주장한다. 나는 이러한 주장이 　　　㉠　　　고 생각한다.

① 주류 문화와 비주류 문화가 조화를 이루며 공존해야 함을 강조하고 있다
② 사회 통합을 위해 이주민은 출신국의 문화를 포기해야 함을 강조하고 있다
③ 이주민 문화를 동화시키려는 동일성의 논리를 버려야 함을 강조하고 있다
④ 이주민 문화가 인륜적 가치에 어긋나더라도 있는 그대로 인정해야 함을 간과하고 있다
⑤ 기존 사회에 대한 정보를 이주민들이 쉽게 습득할 수 있도록 지원해야 함을 간과하고 있다

11

다음 사상가의 입장에서 긍정의 대답을 할 질문만을 〈보기〉에서 고른 것은?

> 인간은 이 세계를 초월하면서도 이 세계 안에서 자신을 나타내는, 그럼으로써 이 세계를 성스럽게[聖] 만드는 절대적 실재가 있다고 믿으며 그들을 모방함으로써 더 의미 있는 곳으로 다가갈 수 있는 존재이다. 인간이 거룩한 것을 깨닫는다는 것은 그것이 세속적인[俗] 것과는 전적으로 다른 그 무엇으로서 자신을 드러내고 보여 주기 때문이다.

〈보기〉
ㄱ. 성(聖)과 속(俗)은 분리되어 있는 것인가?
ㄴ. 일상적인 삶 자체가 언제든지 성현(聖顯)이 될 수 있는가?
ㄷ. 종교적인 사람들만이 일상 속에서 성스러운 행위를 할 수 있는가?
ㄹ. 세속과 성스러움의 세계가 조화를 이루는 종교 생활을 해야 하는가?

① ㄱ, ㄴ　　② ㄱ, ㄷ　　③ ㄴ, ㄷ　　④ ㄴ, ㄹ　　⑤ ㄷ, ㄹ

12

다음 사상가의 관점에만 모두 '✓'를 표시한 학생은?

> 성스러운 것이 성현(聖顯) 속에서 그 스스로를 현현할 때, 그것은 공간의 균질성을 파괴할 뿐만 아니라 무한히 넓은 주위의 비실재에 대립하는 절대적 실재를 계시한다. 성스러운 것의 현현은 세계를 존재론적으로 창조하는데, 어떤 목표도 없고 방향성도 없는 무한히 균질적인 공간 가운데 하나의 절대적인 고정점, 하나의 중심이 성현을 통해 드러나게 된다.

관점 \ 학생	갑	을	병	정	무
종교적 인간은 성속(聖俗)을 초월하여 모든 공간을 균질적이게 경험한다.	✓	✓		✓	
성스러운 공간의 경험은 진정한 의미의 삶을 살 수 있게 한다.	✓		✓		✓
종교적인 건축은 성스러운 공간의 체험으로부터 유래한 것이다.			✓	✓	✓
인간은 죽음 이후에 비로소 성스러움이 현현하는 세계를 체험하게 된다.		✓		✓	✓

① 갑　　② 을　　③ 병　　④ 정　　⑤ 무

01

다음을 주장한 사상가가 긍정의 대답을 할 질문으로 가장 적절한 것은?

> 인간은 언어를 통해서 사상을 교환하고, 예술의 형상을 통해서 현재뿐 아니라 과거와 미래의 모든 사람과도 감정을 교환한다. 이 두 교류 기관은 인류에게만 고유한 것이며, 그 중 어느 한쪽이라도 고장이 나면 그 고장난 쪽에는 해로운 결과가 초래될 것은 당연한 일이다. 현대 사회에는 흥미는 있으나 사람을 타락시키는 가짜 예술과 훌륭한 것처럼 보이지만 실은 내용이 공허한 독선적인 예술이 범람하고 있다.

① 예술은 모든 유정적 존재가 공감할 수 있는 보편적인 영역인가?

② 예술은 대중의 호응을 기준으로 옳고 그름이 판단되어야 하는가?

③ 예술은 현실에서 벗어난 미적 가치만을 추구하는 활동이어야 하는가?

④ 예술은 인류를 진보시키며 사람들의 화합을 실현하는 데 기여하는가?

⑤ 예술을 통해서는 시공간을 초월하여 인간의 감정을 공유하지 못하는가?

02

갑, 을, 병의 입장으로 적절하지 <u>않은</u> 것은?

> 갑 : 집은 인간의 최초의 세계이자 하나의 우주이다. 인간의 삶에서 집은 우연성을 배제시키며, 몽상을 지켜주고, 몽상하는 이를 보호해 주고, 평화롭게 꿈꾸게 해준다.
>
> 을 : 거주함이란 각각의 본질이 소중히 보살펴지는 평화 안에, 즉 자유로운 영역 안에 울타리 쳐진 채 머물러 있음을 의미한다. 거주함의 근본 특성은 이러한 보살핌이다.
>
> 병 : 인간은 세계라는 공간에서 일을 한 후 집으로 돌아올 수 있어야 한다. 인간의 내적인 건강은 세계라는 외부 공간에서의 노동과 집이라는 내부 공간의 평온함 사이의 균형에 근거한다.

① 갑 : 집은 인간이 혼란에 빠지지 않도록 숨겨주고 보호해 준다.

② 을 : 거주함은 인간이 사물의 본질을 보호한다는 의미를 갖는다.

③ 병 : 집은 인간이 안식을 누리고 세계로 나아가는 바탕이 된다.

④ 갑, 병 : 집은 하나의 세계 전체로서 집과 세계는 구분되지 않는다.

⑤ 을, 병 : 거주함은 인간 삶의 기본이며 인간의 본질적인 존재 방식이다.

03

밑줄 친 'A 이론'의 입장으로 가장 적절한 것은?

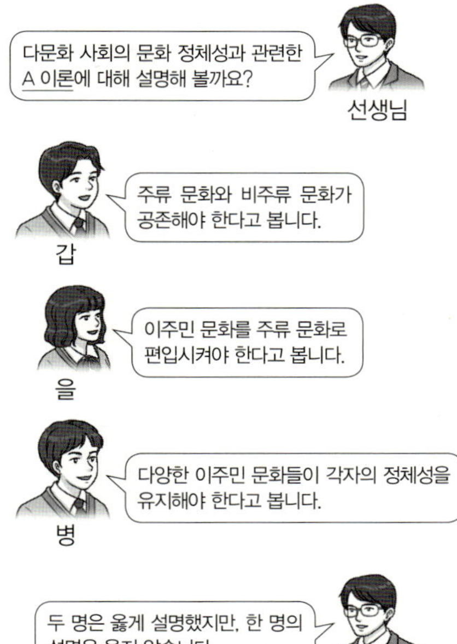

① 이주민 문화는 주류 문화에 흡수·통합되어야 한다.
② 다양한 문화가 서로 대등하게 조화를 이루어야 한다.
③ 문화 간의 어떠한 차별이나 위계도 인정해서는 안 된다.
④ 단일한 문화를 유지하는 것이 사회 통합과 문화 발전에 기여한다.
⑤ 주된 역할을 하는 문화와 부수적인 역할을 하는 문화로 구분할 수 있다.

🔑 1등급 전략

학생들의 발표 내용에 대한 교사의 평가를 통해 'A 이론'이 무엇인지를 특정하는 것이 문제 해결의 관건이다. 그동안 익숙하게 출제되어왔던 유형이 아니라 낯설고 새로운 유형으로 출제될 경우 뻔히 알고 있는 내용도 당황할 수 있으므로 각별히 유의해서 문제를 풀어야 한다.

04

그림은 서술형 평가의 문제와 학생 답안이다. 학생 답안의 ㉠~㉤ 중 옳지 <u>않은</u> 것은?

서술형 평가

◎ 문제 : 종교에 대한 갑, 을 입장을 비교하여 서술하시오.

> 갑 : 성스러움의 변증법에서 나무, 식물과 같은 일부는 우주, 삶과 같은 전체의 가치를 가지고, 범속한 것은 성현(聖顯)이 된다.
> 을 : 억압받는 생명들의 탄식인 종교는 봉건 사회와 자본주의 사회의 경제 관계가 낳은 부산물로, 전도된 세계의식이며, 인간 본질의 환상적 현실화에 불과하다.

◎ 학생 답안

> 종교에 대한 갑, 을 입장을 비교하면, 갑은 ㉠ <u>종교를 일상 속에서 성스러움과의 만남이라고 보고</u>, ㉡ <u>종교가 사회적 필요에 의해 만들어졌다고 본다</u>. 을은 ㉢ <u>종교가 인간을 수동적이고 도피적으로 만들어 더 큰 고통을 안겨준다고 보며</u>, ㉣ <u>종교는 사람들에게 위안을 줌으로써 비판 의식을 약화시킨다고 본다</u>. 한편, 을과 달리 갑은 ㉤ <u>세속과 성스러움의 세계가 조화롭게 공존할 수 있다고 본다</u>.

---

① ㉠   ② ㉡   ③ ㉢   ④ ㉣   ⑤ ㉤

🔑 1등급 전략

서술형 평가 형식으로 두 사상가의 입장을 비교하여 옳지 않은 진술을 고르는 문항이다. 갑(을)의 입장으로 언급되어 있는 내용이 사실은 을(갑)의 입장에 해당하지는 않는지를 특히 잘 따져보아야 한다.

 10강 평화와 공존의 윤리

출제 POINT

주제 1 갈등 해결과 소통 및 민족 통합의 윤리

원효, 공자	★☆☆
하버마스의 담론 윤리	★★★
분단 비용, 통일 비용, 통일 편익	★☆☆

주제 2 국제 분쟁의 해결과 평화

현실주의 VS 이상주의	★★☆
갈퉁의 적극적 평화	★★☆
칸트의 영구 평화론	★★☆

주제 3 국제 사회에 대한 책임과 기여

노직의 해외 원조론	★★☆
싱어의 해외 원조론	★★★
롤스의 해외 원조론	★★★

주제 1 갈등 해결과 소통 및 민족 통합의 윤리

1. 갈등 해결과 소통의 윤리

(1) 갈등의 원인과 기능

원인	사회적 가치의 희소성, 가치관 및 이해관계의 차이, 소통의 부재, 시민 사회의 자율성 확대, 양극화와 경쟁의 심화 등으로 인해 다양한 사회 갈등이 발생함
기능	• 순기능 : 사회에 내재된 문제를 명확히 인식하게 하여 사회 발전의 계기가 됨 • 역기능 : 자신의 이해관계와 가치관만을 고집하여 대립할 경우 사회가 해체될 수 있음

(2) 동서양의 소통과 담론의 윤리

① 동양 : 원효, 공자

원효	화쟁(和諍) 사상 : "모든 종파와 사상을 분리시켜 고집하지 말고, 더 높은 차원에서 하나로 종합해야 한다." → 특수하고 상대적인 각자의 입장에서 벗어나 대승적으로 융합해야 함을 강조
공자	화이부동(和而不同) : "군자는 남과 조화를 이루지만 같아지려고 하지는 않고, 소인은 남과 똑같아지려고 하지만 조화를 이루지는 못한다." → 원칙을 지키며 다름을 인정함

② 서양 : 하버마스의 담론 윤리

핵심 원리	• 행위 규범은 그 규범에 의해 영향을 받는 사람들이 합리적인 토론을 통하여 자유롭게 동의할 경우에만 타당성을 지닐 수 있음 • 규범의 구체적인 내용을 규정하기보다 담론 과정을 통해 규범의 정당성을 확보하는 것을 중시함
의사소통의 합리성	• 개방적인 논의와 담론을 서로 존중할 수 있는 '의사소통의 합리성'이 실현되어야 대화에 참여한 모든 사람이 합의 결과를 수용할 수 있음 • 돈이나 권력에 의한 왜곡 및 억압 없이 누구나 평등하게 담론에 참여하여 어떠한 주장이든 자유롭게 개진할 수 있어야 함
이상적 담화 상황	• 진리성 : 담론 참여자의 발언을 구성하는 명제들이 참이어야 함 • 정당성 : 담론 참여자의 발언은 사회 규범적 맥락 속에서 정당해야 함 • 진실성 : 담론 참여자는 타인을 속일 의도로 발언해서는 안 됨 • 이해 가능성 : 담론 참여자는 다른 참여자가 이해할 수 있도록 발언해야 함

Tip

❶ 담론(談論)이란 이성적이고 논증적으로 문제를 해결하기 위한 의사소통 행위로, 쉽게 말해 공적 영역에서의 합리적인 대화나 토론을 의미한다.

❷ 하버마스는 윤리 문제에 대한 이성적 해결이 가능하다고 보고, 무엇이 옳고 그른지에 대한 판단의 정당성을 공적 담론에서 찾는다.

2. 민족 통합의 윤리

(1) 통일과 관련된 비용 문제

분단 비용	• 분단으로 인해 남북한이 부담하는 유·무형의 모든 비용 : 막대한 군사비, 안보 비용 등의 직접적 비용＋경제·사회·문화적 손실 등의 간접 비용 등 • 대결과 갈등으로 지출되는 소모적인 성격을 지님
통일 비용	• 통일 이후 남북한 간 격차를 해소하고 이질적인 요소를 통합하기 위해 부담해야 할 비용 • 통일 이후 일정 기간 동안 한시적으로 발생하며, 번영을 위한 투자적인 성격의 생산적 비용
통일 편익	• 통일로 얻게 되는 경제적 측면＋비경제적 측면에서의 보상과 혜택 • 통일 이후 지속적으로 발생함

(2) 통일 한국의 미래상 : 수준 높은 문화 국가, 자주적인 민족 국가, 정의로운 복지 국가, 자유로운 민주 국가, 평화롭고 풍요로운 국가

통일의 필요성과 방법

통일의 필요성

• 남북한 주민 인권 증진
• 분열된 민족 정체성 회복
• 경제, 안보 등 남북한 역량 결집
• 동북아 긴장 완화, 세계 평화에 기여

통일의 방법

• 평화 통일의 원칙 확립
• 점진적·단계적 통일(문화, 경제 → 정치, 군사)
• 주변국들의 도움과 협력 강화
• 국민적 이해와 합의를 토대로 민주적으로 추진

1. 국제 관계를 바라보는 관점

구분	현실주의	이상주의
인간관	인간은 이기적 존재임	인간은 선한 존재 또는 이성적 존재임
국가관	국가는 이기적 인간들로 구성되어 있어 자국의 이익만을 최우선적으로 추구함	국가는 이성적 개인들로 구성되어 있으므로 국가 또한 이성적이고 합리적임
분쟁 원인	국제 사회는 무정부적 상태이며, 각국은 힘의 논리를 바탕으로 자국의 이익만을 추구하기 때문	국가 간의 분쟁은 상대방 국가에 대한 무지나 오해, 불완전하고 잘못된 제도에서 유래함
분쟁 해결	이해관계가 같은 국가들끼리 동맹을 맺어 이해관계가 다른 국가들 간의 세력 균형을 이루어 전쟁을 억지해야 함	국가 간 이성적 대화와 협력을 바탕으로 국제기구, 국제법, 국제 규범을 통해 제도를 개선함으로써 전쟁을 방지할 수 있음
한계	• 국가 간 군비 경쟁을 유발함 • 전쟁과 무력 행사를 정당화할 수 있음 • 국제 협력에 대해 설명하기 어려움	• 국제 관계를 통제할 실효성 있는 제재가 어려움 • 현실에서 나타나는 국가 간 경쟁과 갈등을 설명하기 어려움

2. 평화의 가치와 국제 평화를 위한 노력

갈퉁	• 소극적 평화 : 범죄, 테러, 전쟁 등과 같은 직접적 폭력이 사라진 상태 • 적극적 평화 : 직접적 폭력뿐만 아니라 구조적 폭력, 문화적 폭력과 같은 간접적 폭력까지 사라져 모두가 인간다운 삶을 누릴 수 있는 상태 → 인간 안보
칸트	'영구 평화'를 위한 세 가지 확정 조항 제시 1항 모든 국가의 시민적 정치 체제는 공화 정체이어야 한다. 2항 국제법은 자유로운 국가들의 연방 체제에 기초해야 한다. 3항 세계 시민법은 보편적 우호의 조건들에 국한되어야 한다.

♀ 갈퉁의 간접적 폭력

구조적 폭력	부정의한 사회 제도나 구조를 통하여 이루어지는 폭력 → 억압, 착취
문화적 폭력	문화적 영역이 직접적 폭력이나 구조적 폭력을 정당화하는 데 이용되는 형태의 폭력

주제 ③ 국제 사회에 대한 책임과 기여

3점 공략

1. 해외 원조에 대한 다양한 입장

노직	• 개인의 배타적 소유 권리 중시 : 각 개인은 절대적이며 배타적인 소유 권리를 지니고 있으며, 이를 침해하는 것은 부정의한 행위임 • "개인의 자발적인 자선과 소유물 양도 행위는 훌륭한 태도이지만, 개인에게 원조를 강제하는 것은 개인의 절대적 권리를 침해하는 불의한 행위이다."	**자선의 관점** "원조를 강요해서는 안 된다."
싱어	• 공리주의에 기반한 세계 시민주의적 관점 : 고통을 감소시키고 쾌락을 증진하는 것은 세계 시민으로서의 인류의 의무임 • "'이익 평등 고려의 원칙'에 따라 지역과 국가에 관계없이 세계의 모든 빈민을 대상으로 원조함으로써 인류 전체의 행복을 증진시켜야 한다."	**의무의 관점** "원조는 그 자체가 당연한 윤리적 의무이다."
롤스	• 원조의 목적 : 원조는 인류의 복지 수준 향상이 아니라, 무질서로 인해 '고통받는 사회'를 '질서 정연한 사회'가 되도록 돕기 위해 이루어져야 함 • 원조의 차단점 : 원조를 받던 사회가 '질서 정연한 사회'로 진입하게 되면 여전히 빈곤한 상태일지라도 더 이상의 원조는 요구되지 않음	

2. 세계화에 대한 관점

구분	긍정적 측면	부정적 측면
세계화	국가 간 상호 협력 및 교류가 광범위하게 이루어져 전 지구적 문제를 공동으로 대처할 수 있으며, 공동의 번영을 이룰 기회가 증대됨	서구 선진 자본주의의 시장 확대 과정에 불과하며, 개인 간, 국가 간 빈부 격차 심화 및 문화의 독점화·획일화를 야기할 수 있음
지역화	문화의 다양성 보존에 기여하며, 각 지역이 경제 주체로 성장하여 격차가 해소될 수 있음	지역 이기주의의 팽배로 지구촌 차원에서의 공동 문제 해결이나 공동선 실현이 어려워질 수 있음
글로컬리즘	세계화가 이루어지는 동시에 지역의 고유성을 존중하는 현상 → 지역성에 토대를 두되, 세계 시민 의식을 바탕으로 인류의 공존과 화합을 도모해야 함	

Tip

❶ 싱어는 공리주의 관점에서 원조를 통해 얻는 이익이 비용보다 클 경우 어떤 공동체의 구성원인지에 관계없이 도움을 주어야 한다고 본다.

❷ 롤스는 빈곤의 문제도 자원의 부족 때문이 아니라 정치적·사회적 제도의 결함 때문에 발생하는 것이라고 보아 국제주의 관점에서 개인이 아니라 사회를 대상으로 원조가 이루어져야 한다고 본다.

🔒 3점 공략 Check

Q1 다음 입장에 해당하는 사상가를 쓰시오.

(1) 원조의 목적은 빈곤한 개인의 복지를 지원하여 인류 전체의 행복을 증진시키는 것이다. (   )

(2) 원조의 목적은 무질서한 사회를 질서 정연한 사회로 만드는 것이다. (   )

(3) 해외 원조는 자선의 관점에서 이루어져야 한다. (   )

순한맛 # 수능

갑, 을 사상가들의 입장으로 적절한 것만을 〈보기〉에서 있는 대로 고른 것은?

> 갑 : 우리는 이익 평등 고려의 원칙에 따라 절대 빈곤에 처한 사람들을 도와야 한다. 사치품을 구입할 여유가 있는 사람들이 기부하지 않는 것은 막을 수 있는 죽음이 무한정 지속되는 현실에 무관심함을 드러내는 것일 뿐이다.
>
> 을 : 질서 정연한 사회들의 장기 목표는 고통받는 사회들을 질서 정연한 만민 사회로 가입시키는 것이다. 이는 고통받는 사회가 자신의 문제를 합당하게 관리할 수 있게 도와 만민 사회의 구성원이 되도록 하려는 것이다.

〈보기〉
ㄱ. 갑 : 자국민에 대한 우선적 원조가 도덕적으로 정당한 경우도 있다.
ㄴ. 갑 : 모든 사람은 빈곤 해소를 위한 원조에 동등한 부담을 져야 한다.
ㄷ. 을 : 적정 수준의 제도 확립에 막대한 부가 꼭 필요한 것은 아니다.
ㄹ. 갑, 을 : 인권이 보장된 민주주의 국가도 원조 대상에 포함된다.

① ㄱ, ㄷ   ② ㄱ, ㄹ   ③ ㄴ, ㄹ
④ ㄱ, ㄴ, ㄷ   ⑤ ㄴ, ㄷ, ㄹ

평가원 # 정답률 **46.1**% 매운맛

(가)의 갑, 을 사상가들의 입장을 (나) 그림으로 표현할 때, A~C에 해당하는 적절한 질문만을 〈보기〉에서 있는 대로 고른 것은?

(가)	갑 : 고통받는 사회는 정의로운 정치 체제를 만들 수 있는 전통을 결핍하고 있다. 질서 정연한 사회의 만민은 이러한 고통받는 사회를 원조해야 할 의무를 갖는다. 을 : 절대 빈곤은 나쁘다. 어떤 절대 빈곤이 그에 상당하는 도덕적으로 중요한 다른 일을 희생하지 않고서 방지될 수 있다면, 우리는 이 절대 빈곤을 막아야만 한다.

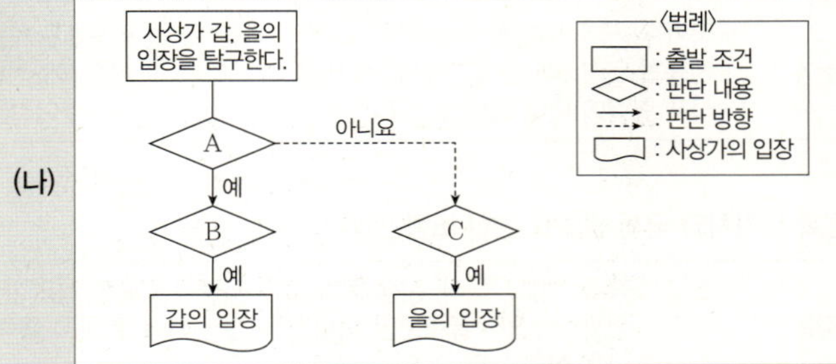

〈보기〉
ㄱ. A : 원조는 국가 간 복지 수준의 조정을 목표로 하는가?
ㄴ. B : 원조는 국가 간에 자원을 재분배하는 윤리적 의무인가?
ㄷ. C : 질서 정연한 사회의 구성원은 원조 대상이 될 수 있는가?
ㄹ. C : 원조 주체와 대상의 이익을 평등하게 고려해야 하는가?

① ㄱ, ㄴ   ② ㄱ, ㄷ   ③ ㄷ, ㄹ
④ ㄱ, ㄴ, ㄹ   ⑤ ㄴ, ㄷ, ㄹ

[핵심 키워드] • 갑 : # 이익 평등 고려의 원칙   # 절대 빈곤에 처한 사람들을 도와야
• 을 : # 질서 정연한 사회   # 고통받는 사회   # 만민 사회의 구성원

[접근 방법] ❶ 제시문의 핵심 키워드를 통해 어떠한 사상가의 주장인지를 파악한다. ❷ 예를 들어 '이익 평등 고려의 원칙'과 '자국민에 대한 우선적 원조' 등과 같이 선택지의 진술이 제시문과 모순되거나 상충하지는 않는지를 주의 깊게 따져본다.

답 ①

[핵심 키워드] • 갑 : # 고통받는 사회   # 정의로운 정치 체제   # 질서 정연한 사회
• 을 : # 절대 빈곤   # 다른 일을 희생하지 않고서 방지될 수 있다면

[접근 방법] ❶ 제시문을 통해 갑, 을이 각각 어떠한 사상가에 해당하는지를 파악한다. ❷ A에는 갑의 입장에는 해당하지만, 을의 입장에는 해당하지 않는 질문이 들어가야 한다. ❸ B에는 (을의 입장과 무관하게) 갑의 입장에 해당하는 질문이, C에는 (갑의 입장과 무관하게) 을의 입장에 해당하는 질문이 들어가면 된다.

답 ③

WHY 왜 빠지지 않고 출제될까?

해외 원조에 대한 다양한 입장은 롤스와 싱어의 입장을 대비시켜 묻는 유형의 문항이 주로 출제된다. 따라서 제시된 자료의 내용을 통해 롤스와 싱어 중 어느 사상가의 입장에 해당하는지를 옳게 파악할 수 있어야 한다. 이에 더해, 해외 원조는 의무가 아니라 자선이라고 본 노직의 입장까지 함께 출제될 수 있음에 유의하자.

HOW 킬러 문항, 어떻게 출제될까?

해외 원조에 대한 다양한 입장을 묻는 문항은 단순히 비문학 독해 형식으로 제시문에 의존해서만은 해결하기 어려우며, 어느 정도의 **깊이 있는 교과 지식을 필요로 하는 유형으로 출제**된다. 따라서 **롤스, 싱어, 노직의 해외 원조에 대한 기본적인 입장과 세 사상가의 공통점 및 차이점**에 해당하는 내용에 대해서 종합적으로 정리하고 숙지해 두어야 한다.

실전 문제

· 정답 및 해설 p.36~38

주제 ① 갈등 해결과 소통 및 민족 통합의 윤리

01

다음 서양 사상가의 입장으로 가장 적절한 것은?

| 평가원 |

> 오늘날 시민들은 공적 장소에서 토론할 기회를 제대로 가질 수 없을 뿐만 아니라, 그러한 공적 토론이 시민들에게 권장되지도 않는다. 시민들 간의 합리적 의사소통이 없으면 건강한 민주 사회를 유지할 수 없게 된다. 이러한 문제를 극복하기 위해서는 자유롭고 평등한 시민들에 의해 공적 문제에 대한 문제 제기와 토론이 활성화되어야 한다. 민주적 공론장에서 이성적인 시민들이 모두가 합의할 수 있는 논증의 형태로 대화에 참가하고, 그 토론의 결과가 법체계에 반영된다면 현대 사회의 다양한 정치적 · 윤리적 문제를 해결할 수 있을 것이다.

① 토론의 절차가 아니라 토론의 결과만을 중시해야 한다.
② 공적 문제에 대한 문제 제기는 민주주의 발전을 저해한다.
③ 토론의 결과가 반영된 법에 대해 다시 토론해서는 안 된다.
④ 정치적 문제의 해결을 위해 공적 토론을 권장할 필요는 없다.
⑤ 의사소통의 합리성을 실현해야 토론의 합의에 도달할 수 있다.

02

다음 서양 사상가의 입장에만 모두 '✓'를 표시한 학생은?

> 일상적 의사소통의 구조에서 새로운 합리성의 준거를 찾을 수 있다. 의사소통 행위에 있어 합리적이라고 말할 수 있는 것은 다음과 같은 때이다. 의사소통 능력을 소지한 행위자들은 상호 간에 제기된 비판에 열려 있는 타당성을 주장하는데, 이들은 이 타당성을 검토하여 정초된 합의에 이르게 되며 그 합의는 행위자들에게 합리적 동기를 부여하고 또한 강제 없는 구속력을 갖게 된다.

입장 \ 학생	갑	을	병	정	무
대화 상대를 이성적 존재로 동등하게 인정해야 한다.	✓	✓		✓	
공적 담론을 통해 합의된 내용을 수정하려고 해서는 안 된다.			✓	✓	✓
공적 담론에 참여한 모든 사람들은 합의 결과를 수용해야 한다.	✓				✓
공적 담론의 결론은 다수결의 원칙에 따라 공정하게 도출되어야 한다.		✓	✓		✓

① 갑 ② 을 ③ 병 ④ 정 ⑤ 무

03

갑, 을 사상가들의 입장만을 〈보기〉에서 있는 대로 고른 것은?

> 갑 : 임금은 임금답고 신하는 신하다우며 부모는 부모답고 자식은 자식다워야 한다.
> 을 : 깨끗함과 더러움은 그 성품이 다르지 않고, 참과 거짓 또한 서로 다르지 않다. 이 마음은 언어와 생각을 초월했으니, 무엇이라고 할 수 없어 억지로 하나의 마음[一心]이라고 한다.

보기

ㄱ. 갑 : 남과 조화를 이루되 같아지려고 해서는 안 된다.
ㄴ. 을 : 모든 종파와 사상을 보다 높은 차원에서 하나로 종합해야 한다.
ㄷ. 을 : 선악을 엄격히 구분하여 선한 것을 추구하고 악한 것을 배척해야 한다.
ㄹ. 갑, 을 : 시비의 기준은 주관적이고 상대적인 것으로 자신의 견해만이 옳다고 고집해서는 안 된다.

① ㄱ, ㄴ ② ㄱ, ㄹ ③ ㄷ, ㄹ
④ ㄱ, ㄴ, ㄷ ⑤ ㄴ, ㄷ, ㄹ

04

㉠에 들어갈 옳은 내용만을 〈보기〉에서 있는 대로 고른 것은?

> 통일 비용은 통일에 의해 발생하게 되는 비용이다. 통일 과정 및 통일 이후 남북 간의 격차를 해소하고 이질적인 요소를 통합하는 데 소요되는 정치 · 경제 · 사회 · 문화적 비용을 의미하는 것이라고 할 수 있다. 통일 비용에는 위기관리 비용, 경제 재건 비용, 제도 통합 비용, 사회 보장 비용 등이 포함된다. 이런 점에서 볼 때, 통일 비용은 [㉠]

보기

ㄱ. 사회 간접 자본 및 생산 시설 구축에 필요한 비용이다.
ㄴ. 치안, 인도적 긴급 구호, 실업 해소 등의 처리 비용이다.
ㄷ. 이념적 갈등과 대립, 외국인 투자 감소에 따른 기회비용이다.
ㄹ. 투자적 성격의 분단 비용과는 달리 소모 비용의 성격을 지닌다.

① ㄱ, ㄴ ② ㄱ, ㄷ ③ ㄴ, ㄹ
④ ㄱ, ㄷ, ㄹ ⑤ ㄴ, ㄷ, ㄹ

주제 2 국제 분쟁의 해결과 평화

05

| 평가원 |

그림은 서양 사상가 갑, 을의 가상 대화이다. 갑, 을의 입장으로 옳지 <u>않은</u> 것은?

① 갑 : 개별 국가의 주권을 인정하면서 영원한 평화를 실현해야 한다.
② 갑 : 국제법을 통해 국가 간 우호와 시민의 자유를 증진해야 한다.
③ 을 : 편견 극복을 위한 교육은 적극적 평화를 실현하는 방법이다.
④ 을 : 직접적 폭력을 제거함으로써 인간 존엄 실현의 조건이 완비된다.
⑤ 갑, 을 : 평화의 실현을 위해서는 정치 제도의 개선이 필수적이다.

06

(가)를 주장한 사상가의 입장에서 제시할 수 있는 (나)의 ㉠에 들어갈 진술로 적절하지 <u>않은</u> 것은?

(가)	최고의 도덕적 입법권의 영예를 지닌 이성이 전쟁을 절대적으로 탄핵하고 평화 상태를 직접적인 의무로서 부과한다고 해도, 국가 간의 제약이 없이는 어떠한 평화도 보장받을 수 없다. 이러한 이유로 평화 연맹이 필요하다. 평화 조약은 그때그때의 전쟁을 종식시키지만 평화 연맹은 영원히 모든 전쟁의 종식을 추구한다.
(나)	영구 평화를 실현하기 위해서는 ㉠

① 모든 국가의 상비군은 완전히 폐지되어야 한다.
② 국제적으로 최고 권력을 가진 세계 공화국이 필요하다.
③ 모든 국가의 시민적 정치 체제는 공화 정체이어야 한다.
④ 국제법은 자유로운 국가들의 연방 체제에 기초해야 한다.
⑤ 세계 시민법은 보편적 우호의 조건들에 국한되어야 한다.

07

그림은 서술형 평가 문제와 학생 답안이다. 학생 답안의 ㉠~㉤ 중 옳은 것은?

> **서술형 평가**
>
> ◎ 문제 : 갑, 을의 입장을 비교하여 서술하시오.
>
> > 갑 : 국제 사회에서 법의 지배란 단지 극히 위태로운 세력 균형에 의해서만 지탱된다. 국제 사회에서 국제법의 지배란 비효율적 허구에 지나지 않는다.
> > 을 : 영구 평화를 이루기 위해서는 모든 국가의 시민적 정치 체제는 공화정체(共和政體)가 되어야 하고, 보편적 우호 관계에 기반을 둔 국제법이 적용되는 국제 연맹이 필요하다.
>
> ◎ 학생 답안
>
> > 갑, 을의 입장을 비교해 보면, 갑은 ㉠ 국제 갈등은 가치 공유와 합리적 설득을 통해 해결된다고 보며, ㉡ 국가 권력은 국익을 위해서라면 폭력적 대결도 불사한다고 본다. 을은 ㉢ 국제법만 준수하면 세계 영구 평화가 달성된다고 보며, ㉣ 개별 국가 권력을 지배하는 상위의 권력 기관이 필요하다고 본다. 한편 갑, 을은 ㉤ 국가 상호 간의 서로에 대한 이해 부족이 국제 분쟁의 주된 요인이라고 본다.

① ㉠　　② ㉡　　③ ㉢　　④ ㉣　　⑤ ㉤

08

갑, 을 사상가들의 입장으로 적절하지 <u>않은</u> 것은?

> 갑 : 진정한 평화는 전쟁, 테러 등의 직접적 폭력과 억압, 착취 등의 구조적 폭력의 소멸은 물론 이를 정당화시켜 주는 문화적 폭력까지 모두 사라질 때 비로소 실현될 수 있다.
> 을 : 도덕의 주체인 인간은 타인을 수단으로만 대할 수 없으며, 국가도 한 인격체로서 타국의 한낱 수단이 될 수 없다. 따라서 어떤 독립 국가도 상속, 매매, 증여, 교환에 의해 다른 국가의 소유가 될 수 없다. 이는 영구 평화를 위한 전제 조건이다.

① 갑 : 종교와 사상은 폭력을 미화하는 수단이 될 수 있다.
② 갑 : 물리적 폭력이 사라진다고 해서 진정한 평화가 즉시 실현되는 것은 아니다.
③ 을 : 영구 평화는 세계 정부의 강제력이 없이는 실현될 수 없다.
④ 을 : 국가 간에 맺어진 모든 평화 조약이 인정되는 것은 아니다.
⑤ 갑, 을 : 평화의 실현을 위해서는 전쟁의 종식이 필수적이다.

09

| 수능 |

갑, 을 사상가들의 입장으로 가장 적절한 것은?

> 갑 : 인권에 대한 강조는 무능한 정치체제나 국민의 복지에 무감각한 통치자들의 행동을 바꾸도록 작용할 수 있으며 기근 예방에도 도움이 될 것이다. 원조의 목적은 고통받는 사회가 질서정연한 사회로 바뀌도록 돕는 데 있다.
> 을 : 인권 유린이 없거나 절대 빈곤 상태가 아니라 해서 개인을 돕는 일에 관계하지 않는 국제 정의의 원칙은 옳지 않다. 우리는 지구상 모든 사람의 이익을 평등하게 고려하여, 기본적 필요조차 충족되지 못한 개인들을 도와야 한다.

① 갑 : 원조의 목적은 국가 간 경제적 평등을 위한 분배 정의 실현이다.
② 갑 : 원조 대상국에게 인권 상황을 개선하도록 권고해서는 안 된다.
③ 을 : 원조 대상은 최대 효용의 원리에 따라 결정되어서는 안 된다.
④ 을 : 원조 주체의 과도한 희생이 없는 범위 내에서 원조해야 한다.
⑤ 갑, 을 : 원조는 고통받는 사회들 간의 부의 수준 조정을 지향해야 한다.

10

표는 어느 서양 사상가의 가상 질문 응답지이다. ㉠, ㉡에 들어갈 질문으로 옳은 것은?

질문	예	아니요
원조는 개인의 자유로운 선택에 근거해야 하는가?		✓
원조의 목적은 불리한 여건으로 고통받는 사회를 질서 정연한 사회가 되도록 돕는 것인가?	✓	
㉠	✓	
㉡		✓

① ㉠ : 전 지구적 평등주의 원칙에 따라 해외 원조를 해야 하는가?
② ㉠ : 고통받는 사회에 대한 원조의 의무는 명백한 목표와 중단점을 지니는가?
③ ㉠ : 원조는 자선이 아니라 불이행시 법적 처벌의 대상이 되는 의무에 해당하는가?
④ ㉡ : 원조의 의무는 사회적 · 경제적 불평등을 조정하는 정의의 원칙과는 구별되는가?
⑤ ㉡ : 한 사회가 불리한 입장에 처하는 것은 그 사회의 자연 자원보다 정치 문화에 기인하는가?

11

갑, 을 사상가들의 입장만을 〈보기〉에서 있는 대로 고른 것은?

> 갑 : 사회들 간의 부와 복지의 수준들은 다양할 수 있다. 그러나 이런 부와 복지 수준을 조정하는 것은 원조 의무의 목표가 아니다. 단지 고통받는 사회들만 도움이 필요하다.
> 을 : 우리는 공적인 윤리를 변경시켜 사치품을 살 여유가 있는 누구나 극단적 빈곤에 있는 사람에게 의미 있는 어떤 것을 주는 것이 윤리적 삶의 기본적인 부분이 되도록 해야 한다.

〈보기〉

ㄱ. 갑 : 국제적 분배 정의에 있어서도 차등의 원칙이 적용되어야 한다.
ㄴ. 갑 : 열악한 천연 자원과 빈약한 부를 가진 사회라 할지라도 원조의 대상에서 제외될 수 있다.
ㄷ. 을 : 인간이라면 누구나 자신의 소득 중 일부를 기부해야 한다.
ㄹ. 갑, 을 : 개인적 차원과 국가적 차원에서 이루어지는 원조는 모두 정당하다.

① ㄱ, ㄷ ② ㄱ, ㄹ ③ ㄴ, ㄹ
④ ㄱ, ㄴ, ㄷ ⑤ ㄴ, ㄷ, ㄹ

12

(가)의 갑, 을, 병의 입장을 (나) 그림으로 표현할 때, A~D에 해당하는 적절한 진술만을 〈보기〉에서 있는 대로 고른 것은?

(가)	
	갑 : 원조의 의무 실행을 위한 과세는 강제 노동과 같다. 우리를 불가침의 개인들로 간주하는 정의로운 국가는 최소 국가뿐이다. 을 : 인권이 보장되고 민주적 의사 결정이 제도화된 사회의 구성원이라면 해외 원조를 반대할 이유가 없다. 원조는 고통받는 사회의 자유와 평등 확립을 목적으로 삼아야 한다. 병 : 경제적 여유가 있는 사람이라면 고통에 빠진 사람들을 위해 소득 중 일부는 기부해야 한다. 원조함으로써 우리 자신에게 다른 더 큰 피해가 생기지 않는 한 마땅히 원조해야 한다.

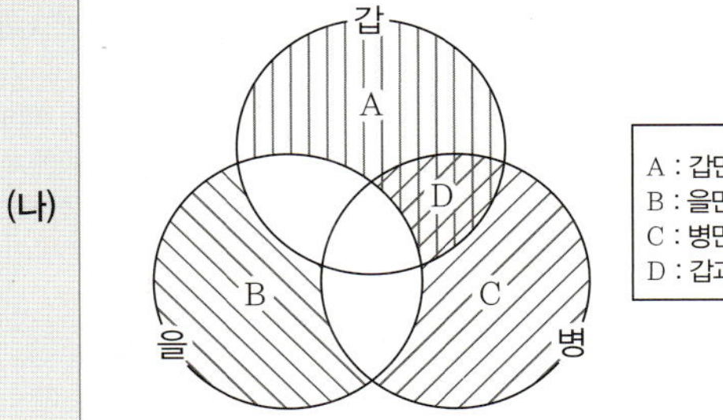

〈보기〉

ㄱ. A : 최소 국가만이 개인에게 원조를 의무로 부과할 수 있다.
ㄴ. B : 정의의 원칙이 확립된 자원 빈곤국은 원조의 대상이 될 수 없다.
ㄷ. C : 원조는 인류의 행복 증진을 위한 세계 시민으로서의 의무이다.
ㄹ. D : 모든 개인의 원조 의무를 규정하는 보편 원리는 없다.

① ㄱ, ㄴ ② ㄱ, ㄹ ③ ㄴ, ㄷ
④ ㄱ, ㄷ, ㄹ ⑤ ㄴ, ㄷ, ㄹ

01

다음을 주장한 사상가의 입장만을 〈보기〉에서 있는 대로 고른 것은?

실제의 담론에서 의사소통의 합리성을 보장하기 위해 의사소통 과정에서 지켜야 할 규범은 다음과 같이 요약될 수 있다. 말할 수 있고 행위 능력이 있는 사람들은 모두가 자유롭게 참여할 자격이 있다. 자신의 주장뿐만 아니라 개인적인 바람, 욕구 등을 표현할 수 있다. 다른 사람의 주장에 대해 의문을 제기하고 비판할 수 있다.

〈보기〉
ㄱ. 담론의 결과보다는 담론의 절차를 중시해야 한다.
ㄴ. 담론 참여자는 주관적 소망이나 개인적 욕구에서 벗어날 수 있어야 한다.
ㄷ. 관련된 모든 당사자들이 동의할 수 있는 보편화 가능한 행위 규범은 있을 수 없다.
ㄹ. 합리적 개인은 자신의 고유한 이해 관심을 침해하는 합의된 규범을 거부해야 한다.

① ㄱ, ㄴ 　　② ㄱ, ㄹ 　　③ ㄷ, ㄹ
④ ㄱ, ㄴ, ㄷ 　　⑤ ㄴ, ㄷ, ㄹ

02

(가)의 갑, 을의 입장을 (나) 그림으로 표현할 때, A~C에 해당하는 적절한 진술만을 〈보기〉에서 있는 대로 고른 것은?

(가)	갑 : 국제 사회의 가장 중요한 행위자는 국가이다. 국가는 무정부 상태가 본질인 국제 관계 구조에서 생존을 위해 언제나 권력과 국익을 추구한다. 을 : 국제 제도와 민주적 여론을 통한 국가 간 신뢰와 협력 확대가 국제 평화의 필수 조건이다. 국제 관계에서 힘의 논리를 부정할 수는 없지만 국가는 국제 규범을 지켜 나감으로써 상호 협력을 이루어낼 수 있다.
(나)	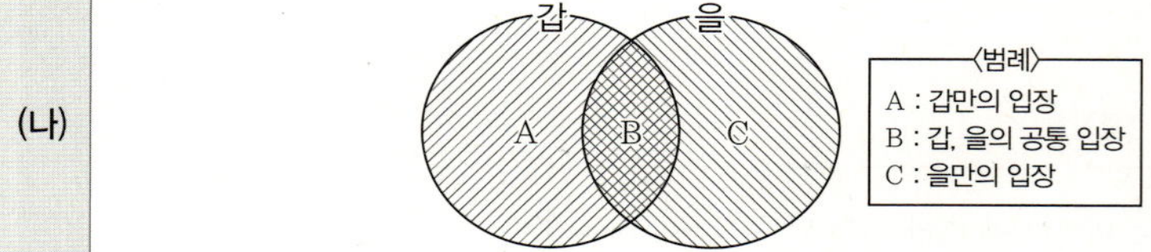

〈보기〉
ㄱ. A : 국가는 국제 사회의 중요한 행위 주체이다.
ㄴ. A : 국가 간 세력 균형이 안보를 위한 최적의 수단이다.
ㄷ. B : 국제 관계에서 개별 국가들 사이에는 힘의 논리가 존재한다.
ㄹ. C : 국제 사회에는 국가보다 상위의 중앙 권위체가 존재할 수 없다.

① ㄱ, ㄹ 　　② ㄴ, ㄷ 　　③ ㄴ, ㄹ
④ ㄱ, ㄴ, ㄷ 　　⑤ ㄱ, ㄷ, ㄹ

03

다음을 주장한 사상가의 입장만을 〈보기〉에서 있는 대로 고른 것은?

> 세계 시민법이라는 이념은 더 이상 공상적이고 과장된 법의 표상 방식이 아니다. 그것은 공적인 인권 일반을 위한, 그리하여 영원한 평화를 위한, 국가법과 국제법의 불문 법전의 필수적인 보완이다. 사람들은 이러한 조건 아래에서만 영원한 평화에 연속적으로 접근해가고 있노라고 자부할 수 있을 것이다.

┌ 보기 ┐
ㄱ. 국제 사회에서는 여러 국가들이 참여하는 협력체가 존재할 수 있다.
ㄴ. 개별 국가는 타국에 의해 처분이나 거래되어서는 안 되는 정치 체제이다.
ㄷ. 평등한 국가들 간의 국제 연맹 체제는 평화를 유지하는 기본 체제가 될 수 없다.
ㄹ. 타국의 침략을 방어할 만큼 최소한의 상비군을 유지할 경우에만 영구 평화를 실현할 수 있다.

① ㄱ, ㄴ   ② ㄱ, ㄹ   ③ ㄷ, ㄹ
④ ㄱ, ㄴ, ㄷ   ⑤ ㄴ, ㄷ, ㄹ

04

(가)의 갑, 을, 병 사상가들의 입장에서 서로에게 제기할 수 있는 비판을 (나) 그림으로 표현할 때, A~F에 해당하는 내용으로 가장 적절한 것은?

(가)	갑 : 어떤 사회가 합당하고 합리적으로 조직되고 통치된다면 자원이 너무 부족하여 그 사회가 질서 정연한 사회가 될 수 없는 경우는 없다. 을 : 개인이 정당하게 취득한 재산의 배타적 소유권을 타인의 삶과 행복을 명목으로 침해해서는 안 된다. 원조는 개인의 자유로운 선택의 영역이다. 병 : 신발 한 켤레 값으로 한 어린이의 생명을 구하는 개발 도상국의 건강 프로그램에 기여할 수 있다면 우리는 세계 시민의 한 사람으로서 그렇게 해야만 한다.
(나)	

〈범 례〉
→ : 비판의 방향
A~F : 비판의 내용

〈예 시〉
갑 —A→ 을
A는 갑이 을에게 제기할 수 있는 비판임.

① A : 개인의 기본권이 유린되는 무법적 국가의 빈민은 원조의 대상이 될 수 있음을 간과한다.
② B : 정의의 제2원칙을 국제적 차원으로 확대 적용해서는 안 됨을 간과한다.
③ D : 원조는 개인적 차원에서 인류의 행복 증진을 목표로 해야 함을 간과한다.
④ F : 질서 정연한 빈곤국에서 고통받는 개인은 원조의 대상이 아님을 간과한다.
⑤ C, E : 원조는 국가 간의 경제적 불평등 해소를 위한 의무 이행이어야 함을 간과한다.

01강 현대의 삶과 실천 윤리

? 핵심 개념

Q1 빈칸에 알맞은 말을 쓰시오.

1. 윤리학의 분류

( ) 윤리학	• 도덕적 행위의 근거가 되는 도덕 원리나 인간의 성품에 관해 탐구하고, 이를 바탕으로 도덕적 문제의 해결과 실천 방법을 제시함 • 이론 윤리학과 실천 윤리학으로 구분됨
( ) 윤리학	도덕 언어의 의미를 분석하고 도덕적 추론의 타당성을 입증하는 것을 주된 목표로 하는 윤리학
( ) 윤리학	도덕적 풍습이나 관습에 관해 묘사하거나 객관적으로 기술하는 것을 주된 목표로 하는 윤리학

2. 규범 윤리학의 분류

구분	( ) 윤리학	( ) 윤리학
의미	윤리적 판단과 행위를 위한 근본 원리를 탐구하고 이에 대한 정당화 근거를 마련하는 데 초점을 두는 윤리학	이론 윤리를 현대 사회의 여러 윤리 문제에 적용하여 구체적인 윤리 문제를 해결하는 데 초점을 두는 윤리학
종류	의무론, 공리주의, 덕 윤리 등	생명 윤리, 환경 윤리, 정보 윤리 등

▶▶ 본문 p.04 참고

? 고난도 기출

Q2 ㉠에 들어갈 진술로 가장 적절한 것은?

> 나는 윤리학이란 규범 윤리적 물음에 답하기 앞서 "그것을 학문적으로 다룰 수 있는가?"라는 문제부터 비판적으로 탐구하는 것을 근본 과제로 삼아야 한다고 생각한다. 그런데 어떤 사람들은 "도덕 문제를 어떻게 해결할 것인가?"라는 질문에 관심을 갖고 생명 복제, 사회 불평등 등과 같은 실제적인 도덕 문제에 대한 해답을 제시하려고 노력한다. 나는 이들의 입장이 [㉠   ]고 생각한다.

① 인접 학문과의 학제적 탐구의 필요성을 간과한다
② 당위의 학문이라는 윤리학의 본질적 성격을 간과한다
③ 도덕 문제 해결을 위한 도덕 원리의 중요성을 간과한다
④ 규범 윤리학 이론과 도덕적 실천의 유기적 연관성을 간과한다
⑤ 도덕 언어의 논리적 타당성과 의미 분석의 중요성을 간과한다

02강 삶과 죽음 및 생명 윤리

? 핵심 개념

Q3 빈칸에 알맞은 말을 쓰시오.

동서양의 죽음관

( )	• 죽음을 자연의 과정으로 여기면서 애도(哀悼)하는 것을 마땅한 일로 여김 • 죽음보다는 현세의 도덕적 삶에 더 관심을 가짐
( )	• 삶과 죽음은 하나이며, 죽음은 생로병과 더불어 고통임 • 죽음은 또 다른 세계로 ( )하는 것이며, 인간의 선행과 악행은 죽음 이후의 삶을 결정한다고 봄
( )	• 삶과 죽음을 ( )가 모이고 흩어지는 것으로 보면서, 자연적이고 필연적인 과정으로 이해함 → 삶과 죽음을 서로 연결된 순환 과정으로 봄 • 죽음을 너무 슬퍼하지도 말고, 삶에 지나치게 집착하지도 말라고 가르침
( )	육체를 순수한 인식을 불가능하게 하는 감옥처럼 생각하였으며, 죽음을 육체에 갇혀 있던 영혼이 ( ) 세계로 되돌아가는 것으로 봄
( )	• 죽음은 인간을 이루던 원자가 흩어지는 것임 • 인간은 죽음을 경험할 수 없기 때문에 죽음을 두려워할 필요가 없다고 봄
( )	• 현존재인 인간만이 죽음을 인식할 수 있음 • 죽음에 대한 자각을 통해 삶을 더욱 의미 있고 가치 있게 살 수 있다고 봄

▶▶ 본문 p.12 참고

? 고난도 기출

Q4 갑, 을 사상가들의 입장으로 가장 적절한 것은?

> 갑 : 아침에 도(道)를 들으면 저녁에 죽어도 괜찮다. 뜻이 있는 선비와 인(仁)을 갖춘 사람은 삶에 집착하다가 인을 해치는 경우가 없지만, 자신을 희생하여 인을 이루는 경우는 있다.
> 을 : 성인(聖人)의 삶은 자연의 운행과 같고, 죽음은 만물의 변화와 같다. 그는 행복을 추구하지 않으며, 불행을 자초하지 않는다. 그의 삶은 물 위에 떠 있는 것과 같고, 죽음은 휴식과 같다.

① 갑 : 죽음은 반복되는 윤회에서 벗어날 수 있는 방법이다.
② 갑 : 죽음은 내세(來世)에서의 도덕적 완성을 위한 과정이다.
③ 을 : 죽음은 모든 만물의 근원인 도(道)와 연관된 현상이다.
④ 을 : 죽음은 상례(喪禮)를 통해 애도해야만 하는 슬픈 일이다.
⑤ 갑, 을 : 죽음이 아쉽지 않도록 도덕적으로 충실하게 살아야만 한다.

03강 사랑과 성 윤리

? 핵심 개념

Q5 빈칸에 알맞은 말을 쓰시오.

1. 전통 사회의 부부 윤리

( )의 관계	• 음양의 운동과 변화로 우주 만물의 생성소멸을 설명하는 이론 • 음과 양의 관계처럼, 부부 관계도 서로 대등한 관계이면서 동시에 상호 보완적이고 서로 조화를 이루고 있음
( )	부부 사이에는 서로 침범하지 못할 본분과 구별이 있음
( )	부부는 서로를 공경하기를 마치 귀한 손님을 대하듯 해야 함
부부상경	부부간에 서로 존중하고 공경해야 함

2. 형제자매 간의 윤리

( )	부모로부터 같은 기운을 타고 태어난 형제자매 관계를 일컫는 말
( )	형제자매는 사람의 손과 발처럼 세상에서 가장 가까운 사이임
( )	부부는 서로를 공경하기를 마치 귀한 손님을 대하듯 해야 함
( )	형은 동생을 사랑하고, 동생은 형을 공경함

▶▶ 본문 p.21 참고

? 고난도 기출

Q6 (가) 사상의 입장에서 제시할 (나)의 ㉠, ㉡에 대한 옳은 설명만을 〈보기〉에서 있는 대로 고른 것은?

(가)	사람이 어질지[仁] 않으면 예(禮)는 해서 무엇 하며, 악(樂)은 해서 무엇 하겠는가?
(나)	○ 　㉠　은/는 두 사람이 힘을 합쳐 부모를 섬기고, 후세를 잇기 위해 노력해야 하는 관계이다. ○ 　㉡　은/는 동기간(同氣間)으로 서로 화목함으로써 효(孝)를 실천해야 하는 관계이다.

〔 보기 〕

ㄱ. ㉠은 서로 사랑해야 하는 천륜(天倫)의 관계이다.
ㄴ. ㉠은 서로 상호 공경하면서도 분별[別]이 요구되는 관계이다.
ㄷ. ㉡은 차이를 인정하고 위계를 존중해야 하는 관계이다.
ㄹ. ㉠, ㉡은 권면(勸勉)과 신의에 힘써야 하는 관계이다.

① ㄱ, ㄷ 　② ㄱ, ㄹ 　③ ㄴ, ㄷ
④ ㄱ, ㄴ, ㄹ 　⑤ ㄴ, ㄷ, ㄹ

04강 직업과 청렴의 윤리

? 핵심 개념

Q7 빈칸에 알맞은 말을 쓰시오.

1. 동양의 직업관

( )	(　　) 사상 : 사회 구성원 각자가 제 이름에 걸맞은 역할에 충실하여 조화를 이룰 때 사회가 안정될 수 있음을 강조
( )	• 생계유지와 도덕성의 관계 강조 : 백성들은 (　　)이 있어야 (　　)을 도모할 수 있음을 강조 • 사회적 분업 강조 : 정신노동과 육체노동을 구분하여 사회적 분업과 직업 간의 상호 보완성 강조
( )	• 사회적 역할 분담 강조 : 각자의 덕을 헤아려 지위를 정하고, 능력을 헤아려 관직을 맡겨야 함 • (　　) : 사회적 역할 분담을 규정해 주는 규범

2. 서양의 직업관

( )	'이성 – 기개 – 욕망'이라는 개인의 영혼에 따라 '(　　) – 방위자 – (　　)' 계급으로 역할이 나누어짐
중세 그리스도교	• 인간은 속죄의 차원에서 노동을 해야 한다고 봄 • 물질적 부의 추구는 탐욕적이고 성스럽지 않은 행위라고 여김
( )	직업은 신의 거룩한 부름, 즉 (　　)에 따라 행하는 것이라고 보며, 직업적 성공을 거두는 것을 긍정적으로 봄
( )	인간은 노동을 통해 세계와 관계 맺고 자신의 본질을 실현할 수 있는 존재라고 보며, 자본주의 체제의 분업화된 노동이 (　　)를 발생시킨다고 비판함

▶▶ 본문 p.28 참고

? 고난도 기출

Q8 서양 사상가 갑, 을의 입장에 대한 적절한 설명만을 〈보기〉에서 있는 대로 고른 것은?

> 갑 : 인간은 노동을 통해 자기의 본질을 실현하고자 한다. 그러나 자본주의하에서는 노동의 본질이 왜곡된다. 노동자는 생계유지를 위해 자신의 노동을 자본가에게 팔아야 하기 때문에 생산을 위한 도구로 전락한다.
>
> 을 : 인간은 구원을 예정해 놓은 신의 부르심[召命]에 노동을 통해 응답해야 한다. 왜냐하면 신은 여러 가지 삶의 양식(樣式)들을 구분해 놓음으로써 각 개인이 해야 할 일을 정해 두었기 때문이다.

〔 보기 〕

ㄱ. 갑은 인간 소외의 극복을 위해 사회적 분업을 강조한다.
ㄴ. 을은 노동을 통하여 이웃 사랑을 실천할 것을 강조한다.
ㄷ. 갑은 을과 달리 노동을 통한 사유 재산 축적을 중시한다.
ㄹ. 갑, 을은 노동이 가진 생계 수단 이상의 가치를 중시한다.

① ㄱ, ㄴ 　② ㄱ, ㄷ 　③ ㄴ, ㄹ
④ ㄱ, ㄷ, ㄹ 　⑤ ㄴ, ㄷ, ㄹ

05강 사회 정의와 윤리

핵심 개념

Q9 빈칸에 알맞은 말을 쓰시오.

다양한 분배적 정의관

( )	공정으로서의 정의 : 분배 ( )가 공정하면 그에 따른 결과도 정당하다고 봄 → 제1원칙( ), 제2원칙 (기회균등의 원칙, ( )
( )	( )로서의 정의 : 정의란 자기 소유 및 재산 소유에 대한 개인의 권리를 존중하는 것으로 봄 → ( )의 원칙, 양도(이전)의 원칙, 교정(시정)의 원칙
( )	( )으로서의 정의 : 다양한 사회적 재화는 공동체의 역사적 문화적 맥락에 따른 다양한 기준에 따라 분배되어야 함

▶▶ 본문 p.36~37 참고

고난도 기출

Q10 (가)의 갑, 을, 병 사상가들의 입장을 (나) 그림으로 탐구할 때, A~D에 해당하는 적절한 질문만을 〈보기〉에서 있는 대로 고른 것은?

(가)	갑 : 개인들의 소유 권리를 보장하는 것이 정의이다. 포괄적 국가는 개인의 권리를 침해할 것이므로 좁은 기능으로 제한된 최고 국가만이 정당화된다. 을 : 개인들이 공정한 조건에서 합의한 것이 정의의 원칙이다. 개인의 기본적 자유를 보장하고 최소 수혜자에게 최대 이익이 돌아가도록 해야 한다. 병 : 개인들의 노동량에 따라 재화를 분배하는 것은 정의롭지 않다. 노동 소외가 극복되고 생산력이 고도화된 공산주의 사회에서는 새로운 분배 원칙이 요구된다.

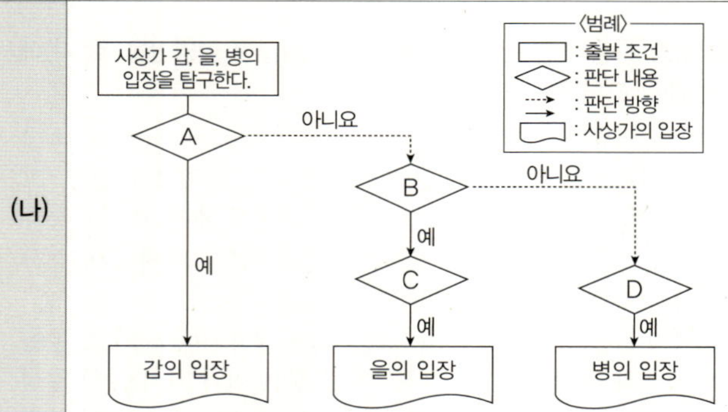

보기

ㄱ. A : 정형화된 재화 분배 원칙은 분배적 정의에 위배되는가?
ㄴ. B : 경제적 불평등의 극복을 위해 기본적 자유를 제약할 수 있는가?
ㄷ. C : 분배 절차의 공정성으로 분배 결과의 정의가 보장되는가?
ㄹ. D : 업적에 따른 분배 원칙은 부당한 경제적 불평등을 초래하는가?

① ㄱ, ㄴ   ② ㄴ, ㄹ   ③ ㄷ, ㄹ
④ ㄱ, ㄴ, ㄷ   ⑤ ㄱ, ㄷ, ㄹ

06강 국가와 시민의 윤리

핵심 개념

Q11 빈칸에 알맞은 말을 쓰시오.

1. 시민 불복종에 대한 다양한 관점

( )	시민 불복종의 최종 근거는 헌법을 넘어서는 개인의 ( )임 → "우리는 국민이기 이전에 먼저 사람이어야 한다."
( )	시민 불복종의 기준은 개인적 양심이 아니라, 다수에 의해 ( )임 → "시민 불복종은 거의 정의로운 사회에서 법에 대한 충실성의 한계 내에서 부정의한 법과 정책의 변화를 위해 전개되어야 한다."
( )	( )적 계산을 통해 시민 불복종의 정당성 여부를 결정할 수 있음 → "시민 불복종이 산출할 이익과 손해를 계산해 보아야 하며, 성공 가능성까지 고려해야 한다."

2. 시민 불복종의 일반적인 정당화 조건

( )	부정의를 해결하기 위한 합법적인 절차와 수단을 다 거친 뒤에도 개선되지 않을 경우 ( )으로 시도되어야 함
( )	폭력적·파괴적인 방법을 거부하고 ( )적인 방법으로 전개되어야 함
공동선 추구	사익이 아닌 사회 정의 실현을 목적으로 해야 함
( ) 행위	불의한 법의 부당성과 불복종의 정당성을 널리 알리기 위해 은밀하게가 아니라 ( )으로 이루어져야 함
( ) 감수	법체계를 부정하기 위한 것이 아니라 정당한 법체계를 세우기 위한 의도적인 '위법 행위'이므로 ( )을 감수해야 함

▶▶ 본문 p.47 참고

고난도 기출

Q12 갑, 을 사상가들의 입장으로 적절하지 **않은** 것은?

갑 : 시민 불복종은 법에 대한 충실성의 한계 내에서 부정의에 대해 항거하는 위법한 행위이다. 이는 공동 사회의 다수가 갖는 정의감을 나타내고, 자유롭고 평등한 사람들 사이에서 정의의 원칙이 존중되고 있지 않음을 선언하는 것이다.
을 : 시민 불복종은 합법적인 수단이 실패했을 때 사용될 수 있는 적합한 수단이다. 우리는 중단시키려고 하는 악의 크기와 우리의 행위가 가져올 법과 민주주의에 대한 존중의 심각한 감소 정도를 저울질해 봐야 한다.

① 갑 : 시민 불복종은 민주적 체제의 합법성을 인정하는 시민의 행위이다.
② 갑 : 거의 정의로운 사회에서 부정의한 모든 법은 시민 불복종의 대상이다.
③ 을 : 시민 불복종이 산출할 사회적 이익과 해악이 고려되어야 한다.
④ 을 : 부정의를 해결할 수 있는 합법적 방법이 우선적으로 고려되어야 한다.
⑤ 갑, 을 : 시민 불복종 참여자는 위법 행위에 대한 처벌을 감수해야 한다.

07강 과학 기술 및 정보 사회와 윤리

핵심 개념

Q13 빈칸에 알맞은 말을 쓰시오.

과학 기술의 가치 중립성 논쟁		
구분	과학 기술을 (　　　)으로 보는 입장	과학 기술에 (　　　)이 필요하다는 입장
과학 기술의 본질	과학 기술은 관찰과 실험, 논리적 사고를 통해 보편적·객관적인 사실과 법칙을 발견하는 것이 목적임	과학 기술이 궁극적으로 지향하는 바는 인간의 존엄성 구현과 삶의 질 향상이라는 윤리적 목적과 연결되어 있음
관점	정당화의 과정 강조 : 과학 기술의 '객관적 타당성' 강조 → 과학 기술의 자유로운 발전 추구	연구 결과 활용 과정 강조 : 과학 기술의 연구 대상 선정 및 결과 활용 단계에서는 가치가 개입됨을 강조 → 과학 기술의 윤리적 활용 여부 고려
핵심 주장	• 과학 기술은 (　　　)로부터 자유로워야 한다. • 과학자의 연구 활동은 사회로부터 독립적이다.	• 과학 기술은 윤리적 평가와 인도를 받아야 한다. • 과학 기술에는 (　　　)이 전제되어야 한다.
대표 사상가	야스퍼스 : "기술이란 수단일 뿐이며, 그 자체는 선도 아니고 악도 아니다."	하이데거 : "과학 기술을 가치 중립적인 것으로 인정할 때, 우리는 무방비 상태로 과학 기술에 내맡겨진다."

▶▶ 본문 p.54 참고

고난도 기출

Q14 다음 토론의 핵심 쟁점으로 가장 적절한 것은?

> 갑 : 현대 기술 사회에서 기술은 대다수 시민들에게 막대한 영향력을 행사하고 있습니다. 따라서 기술 정책 결정과 관련하여 시민들에게 기술 시민권을 보장해야 합니다.
>
> 을 : 동의합니다. 다만 시민들이 기술 정책 결정 과정에 직접 참여하는 것은 많은 비용이 발생하므로 기술 시민권은 기술 정보에 대한 접근권으로 한정되어야 합니다.
>
> 갑 : 아닙니다. 그러한 접근권만으로는 기술 정책의 정당성을 확보할 수 없습니다. 많은 비용이 발생하더라도 기술 정책 결정 과정에 시민들이 직접 참여할 권리를 보장해야 합니다.
>
> 을 : 그렇지 않습니다. 기술 정책 결정은 고도의 전문성을 요구합니다. 따라서 전문가의 참여만으로도 기술 정책의 정당성은 충분히 확보될 수 있습니다.

① 기술 사회에서는 기술 시민권이 보장되어야 하는가?

② 기술 사회에서 기술은 막대한 사회적 영향력을 행사하는가?

③ 기술 정책 결정에 시민이 참여하면 많은 비용이 발생하는가?

④ 기술 정책은 적절한 의사 결정 과정을 통해 수립되어야 하는가?

⑤ 기술 정책의 정당성은 전문가의 참여만으로 충분히 확보되는가?

08강 자연과 윤리

핵심 개념

Q15 빈칸에 알맞은 말을 쓰시오.

자연을 바라보는 서양의 관점	
인간 중심주의	• (　　　) : 자연 과학적 지식의 유용성을 강조하며 인간의 자연에 대한 지배와 착취를 정당화함 • (　　　) : 인간은 인간에 대해서는 직접적 의무를 지니며, 자연에 대해서는 간접적 의무만을 지님
동물 중심주의	• 싱어 : (　　　)을 지닌 모든 존재의 이익 관심을 동등하게 대우해야 함 • (　　　) : 쾌고 감수 능력과 함께 지각, 기억, 믿음 등을 지닌 개체는 (　　　)이므로 수단으로 취급해서는 안 됨
(　　　) 중심주의	• 슈바이처 : 모든 생명은 그 자체로 신성하다는 (　　　) 사상을 제시함 • (　　　) : 모든 생명체는 각기 고유한 방식으로 생존이라는 목적을 추구하는 '(　　　)'임
(　　　) 중심주의	• (　　　) : 도덕 공동체의 범위를 토양, 물 등의 무생물까지 포함한 대지까지 확대하는 (　　　)를 제시함 • (　　　) : 자신을 자연과의 관계 속에서 존재하는 것으로 이해하는 '큰 자아 실현'과 모든 생명체를 상호 연결된 전체의 평등한 구성원으로 보는 '생명 중심적 평등'을 제시함

▶▶ 본문 p.62~63 참고

고난도 기출

Q16 (가)의 갑, 을, 병 사상가들의 입장에서 서로에게 제기할 수 있는 비판을 (나) 그림으로 표현할 때, A~F에 해당하는 내용으로 가장 적절한 것은?

(가)	갑 : 도덕적 행위 능력과 무관하게 인간과 일부 동물은 도덕적 권리를 갖는다. 그들 각자는 고유한 삶을 살아가는 삶의 주체이다. 을 : 도덕적 행위 능력이 없어도 생명체라면 존중해야 한다. 모든 생명체는 목적론적 삶의 중심이며 내재적 가치를 지닌다. 병 : 도덕적 행위 능력이 있는 인간은 자연을 파괴하는 행위를 삼가야 한다. 그러한 파괴적 성향은 인간의 도덕성에 기여하는 감정을 약화시킨다.
(나)	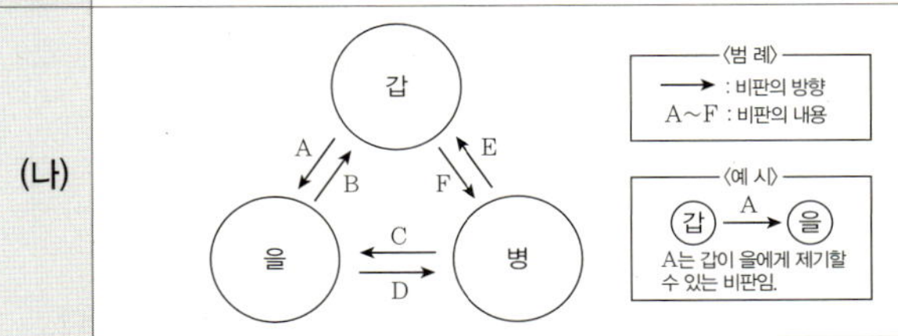

① A : 개체 각각이 지닌 고유한 선은 보호되고 증진되어야 함을 간과한다.

② B : 개체에 대한 도덕적 존중은 내재적 가치에 근거함을 간과한다.

③ D : 도덕적 행위 능력이 없는 존재도 모두 내재적 가치를 지님을 간과한다.

④ F : 어떤 존재를 목적 그 자체로 보는 근거가 이성이 아님을 간과한다.

⑤ C, E : 도덕적 행위 주체들의 도덕적 지위가 서로 평등함을 간과한다.

09강 문화와 윤리

핵심 개념

Q17 빈칸에 알맞은 말을 쓰시오.

예술에 대한 도덕주의와 심미주의

구분	( )	( )
예술의 목적	모든 예술 작품은 도덕적 교훈이나 본보기를 제공해야 함	예술은 예술 자체나 아름다움의 추구를 목표로 해야 함
예술관	예술의 ( ) 강조 : 예술 역시 사회의 산물이므로 그 자체로 자율성을 지닐 수 없으며, 사회적·윤리적 책임을 다해야 함	예술의 ( ) 강조 : '예술 지상주의', '예술을 위한 예술' → 예술은 그 자체의 미적 가치로 판단되어야 하며, 도덕적 평가로부터 자유로워야 함
대표 사상가	( ) : "좋은 음악이 되기 위해서는 노랫말이 훌륭한 덕을 지닌 사람의 용기와 절제를 모방해야 하고, 선율과 리듬의 형식이 그러한 내용을 적절히 반영해야 한다."	( ) : "모든 예술은 부도덕하다. 예술가가 다른 사람의 욕구를 만족시키려는 순간, 그는 예술가이기를 포기한 것이다. 예술가에게 윤리적 공감은 독창성을 잃게 하는 것이므로 필요 없다."

▶▶ 본문 p.70 참고

고난도 기출

Q18 (가), (나) 사상의 입장으로 적절한 것만을 〈보기〉에서 있는 대로 고른 것은?

(가) 악(樂)은 '같음'을, 예(禮)는 '다름'을 위한 것이다. 같으면 서로 친하게 되고, 다르면 서로 공경하게 된다. 악이 화합을 극진하게 하고 예가 순서를 극진하게 하여, 안으로 화합하고 밖으로 질서를 이룬다면, 백성은 그 안색을 보고 서로 다투지 않게 되며, 그 용모를 보고 업신여기지 않게 된다.

(나) 악(樂)은 비록 눈으로 보기에 아름답고 귀로 듣기에 즐거우나, 백성의 이익에는 부합하지 않는다. 악기를 연주하며 춤추는 것을 일삼는다면, 백성이 입고 먹을 재물은 어찌 얻을 수 있겠는가? 일찍이 여러 악기를 만들고 연주했어도 천하의 이익을 증진하는 데 도움이 되지 않았다.

〔보기〕
ㄱ. (가) : 예와 악은 서로 보완적인 역할을 한다.
ㄴ. (가) : 예악은 정서의 순화와 언행의 교화 모두에 기여한다.
ㄷ. (나) : 음악은 실용적 관점보다 심미적 관점에서 평가해야 한다.
ㄹ. (가), (나) : 음악의 가치는 사회적 효과를 고려하여 판단해야 한다.

① ㄱ, ㄴ   ② ㄴ, ㄷ   ③ ㄷ, ㄹ
④ ㄱ, ㄴ, ㄹ   ⑤ ㄱ, ㄷ, ㄹ

10강 평화와 공존의 윤리

핵심 개념

Q19 빈칸에 알맞은 말을 쓰시오.

해외 원조에 대한 다양한 입장

	내용	관점
( )	• 개인의 배타적 ( ) 중시 : 각 개인은 절대적이며 배타적인 소유 권리를 지니고 있으며, 이를 침해하는 것은 부정의한 행위임 • "개인의 자발적인 자선과 소유물 양도 행위는 훌륭한 태도이지만, 이를 강제하는 것은 개인의 절대적 권리를 침해하는 불의한 행위이다."	( )의 관점 "원조를 강요해서는 안 된다."
( )	• 공리주의에 기반한 세계 시민주의적 관점 : 고통을 감소시키고 쾌락을 증진하는 것은 세계 시민으로서의 인류의 의무임 • "지역과 국가에 관계없이 세계의 모든 빈민을 대상으로 원조함으로써 인류 전체의 행복을 증진시켜야 한다."	( )의 관점 "원조는 그 자체가 당연한 윤리적 의무이다."
( )	• 원조의 목적 : 원조는 무질서로 인해 '고통 받는 사회'를 '( )'가 되도록 돕기 위해 이루어져야 함 • 원조의 차단점 : 원조를 받던 사회가 '질서 정연한 사회'로 진입하게 되면 여전히 빈곤한 상태일지라도 더 이상의 원조는 요구되지 않음	

▶▶ 본문 p.79 참고

고난도 기출

Q20 (가)의 갑, 을 사상가들의 입장을 (나) 그림으로 표현할 때, A~C에 해당하는 적절한 질문만을 〈보기〉에서 있는 대로 고른 것은?

(가)	갑 : 고통받는 사회는 정의로운 정치 체제를 만들 수 있는 전통을 결핍하고 있다. 질서 정연한 사회의 만민은 이러한 고통받는 사회를 원조해야 할 의무를 갖는다. 을 : 절대 빈곤은 나쁘다. 어떤 절대 빈곤이 그에 상당하는 도덕적으로 중요한 다른 일을 희생하지 않고서 방지될 수 있다면, 우리는 이 절대 빈곤을 막아야만 한다.
(나)	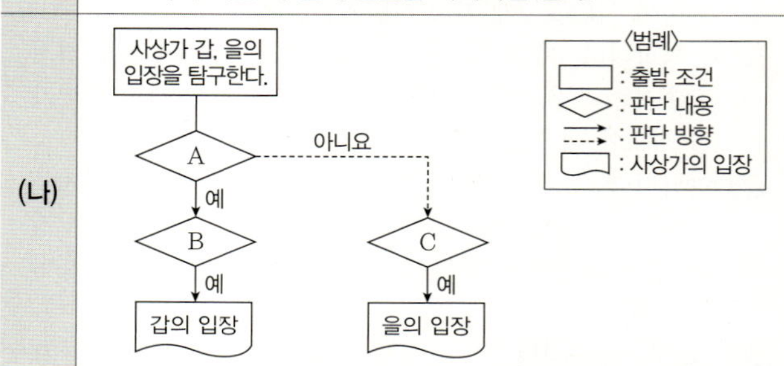

〔보기〕
ㄱ. A : 원조는 국가 간 복지 수준의 조정을 목표로 하는가?
ㄴ. B : 원조는 국가 간에 자원을 재분배하는 윤리적 의무인가?
ㄷ. C : 질서 정연한 사회의 구성원은 원조 대상이 될 수 있는가?
ㄹ. C : 원조 주체와 대상의 이익을 평등하게 고려해야 하는가?

① ㄱ, ㄴ   ② ㄱ, ㄷ   ③ ㄷ, ㄹ
④ ㄱ, ㄴ, ㄹ   ⑤ ㄴ, ㄷ, ㄹ

칸트

칸트(1724년~1804년)

윤리 문제에 대한 접근	**의무론 :** • 행위의 결과보다 행위의 동기를 기준으로 도덕성을 평가해야 한다. • 오로지 의무 의식과 선의지에서 비롯된 행위만이 도덕적 가치를 지닌다. • 대표적인 도덕 법칙		
	보편주의	"네 의지의 준칙(격률)이 언제나 동시에 보편적 입법의 원리가 될 수 있도록 행위하라."	
	인격주의	"너 자신과 다른 모든 사람의 인격을 결코 단순히 수단으로만 취급하지 말고 언제나 동시에 목적으로 대우하도록 행위하라."	
	→ 준칙은 개인의 주관적인 행위 원리를 의미하며, 격률이라고도 함		
교정적 정의	**응보주의 :** • 형벌의 본질은 범죄 행위에 대한 응당한 보복을 가하는 것이다. • 형벌은 범죄자 자신의 자율적 행위에 대해 책임을 지우는 것으로, 범죄자의 인격을 존중하는 것이다.		
자연관	**온건한 인간 중심주의 :** • 이성적 인격체인 인간만이 도덕적 지위를 지닌다. • 인간은 오직 인간에 대해서만 직접적 의무를 지니며, 자연에 대해서는 간접적 의무만을 지닌다.		
예술관	**미(美)는 도덕성의 상징 :** 미적 체험이나 도덕적 행위는 모두 자유가 전제될 때 성립 가능하며, 이기적인 욕구를 벗어나 있다는 점에서 동일하다. 즉, 미와 선은 형식이 유사하므로, 미는 도덕성의 상징이다.		
영구 평화론	**이상주의 :** • 모든 국가의 시민적 정치 체제는 공화 정체이어야 한다. • 국제법은 자유로운 국가들의 연방 체제에 기초해야 한다. • 세계 시민법은 보편적 우호의 조건(환대권 : 이방인이 낯선 땅에서 적대적으로 대우받지 않을 권리)들에 국한되어야 한다. → 이상주의 관점에서 국제기구가 세계 평화에 기여할 수 있다고 봄		

롤스

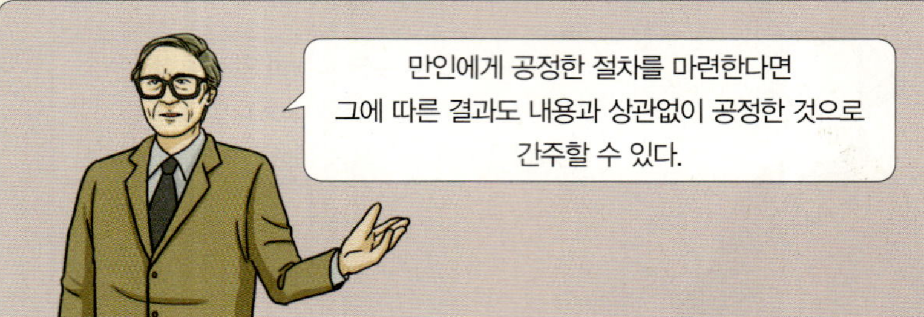

롤스(1921년~2002년)

분배적 정의	• 정의의 원칙 도출 과정 자연적·사회적 우연성을 배제하고 모두에게 공정한 분배 원칙을 수립하고자 함 → 자신과 상대방의 능력, 사회적 지위 등에 대하여 전혀 알지 못하는 **무지의 베일**에 싸여 있는 상태에서 자신에게 적용되길 희망하는 분배의 원칙에 합의하는 가상의 **원초적 입장** 설정 → 각자는 자신이 최소 수혜자의 위치에 놓일 가능성을 염려하여 사회적 약자에게 최대한 이익이 되는 정의의 원칙에 합의하게 됨 • 정의의 두 원칙

	제1원칙	평등한 자유의 원칙	모든 사람은 동등한 기본적 자유를 최대한 누려야 한다.
	제2원칙	차등의 원칙	사회적·경제적 불평등은 최소 수혜자에게 최대의 이익이 될 때 정당화된다.
		기회균등의 원칙	사회적·경제적 불평등의 계기가 되는 직위와 직책을 얻을 수 있는 기회는 모두에게 열려 있어야 한다.

→ 제1원칙이 제2원칙에 우선하며, 제2원칙 중에서도 기회균등의 원칙이 차등의 원칙에 우선함

시민 불복종	• 시민 불복종은 거의 정의로운 사회에서 '평등한 자유의 원칙'이나 '기회균등의 원칙'을 심각하게 위반하는 법률이나 정책을 개선하기 위해 법에 대한 충실성의 한계 내에서 법에 대한 불복종을 나타내는 것이다. → 차등의 원칙은 시민 불복종의 대상이 아님 • 시민 불복종의 기준은 사회적 다수에 의해 공유된 정의관이다. → 다수의 정의관이 개인의 양심과 반드시 같거나 상충하는 것은 아님
해외 원조	• 원조의 목적은 국가 간 부의 재분배나 복지 향상이 아니라, 무질서로 인해 **고통받는 사회**를 **질서 정연한 사회**가 되도록 돕는 것이다. • 빈곤의 문제 또한 천연자원이 부족하기 때문에 발생하는 것이 아니라, 정치·사회적인 제도의 결함 때문에 발생하는 것이므로 질서 정연한 사회로 만드는 것은 궁극적으로 빈곤 문제의 해결에도 기여한다. • 고통받는 사회가 적정 수준의 기본 제도들을 갖춘 사회가 되면 더 이상의 원조는 불필요하다. → 해외 원조에는 차등의 원칙을 적용하지 않으며, 여전히 빈곤국일지라도 어느 정도 질서 정연한 사회가 되면 원조는 중단됨

싱어

싱어(1946년~   )

시민 불복종	• 시민 불복종은 부정의를 시정하기 위한 합법적인 수단이 실패했을 때 사용될 수 있는 적합한 수단이다. • 시민 불복종이 산출할 **이익과 손해를 계산**해 보아야 하며, 불복종 행위의 성공 가능성도 고려해야 한다. → 싱어는 기본적으로 행위의 결과가 산출할 쾌락과 고통을 고려할 것을 강조하는 현대 공리주의자에 해당함
동물 중심주의	• 쾌락과 고통을 느낄 수 있는 **쾌고 감수 능력**을 지닌 모든 존재(인간+동물)는 도덕적 고려의 대상이다. • 모든 이익 관심은 동등한 대우를 받아야 한다는 **이익 평등 고려의 원칙**에 근거하여 동물의 고통과 이익을 무시하거나 가볍게 여기는 것은 인종이 다르다고 차별하는 것이 잘못된 것과 같은 **종 차별주의에 해당**한다. → 인간과 동물을 동등하게 대우해야 한다는 것이 아니라, 인간과 동물의 이익 관심을 동등하게 고려해야 한다는 것임
해외 원조	• 원조의 목적은 가난으로 고통받는 사람들을 도와 인류 전체의 고통을 줄이고 행복을 증진시키기 위한 것이다. • 원조는 이익 평등 고려의 원칙에 따라 나와 가깝고 먼 공동체에 속해 있는가를 따지지 않고 누구에게나 차별 없이 이루어져야 한다. • 원조는 원조를 통한 이익이 비용보다 클 경우 누구나 세계 시민으로서 마땅히 참여해야 하는 **윤리적 의무**이다. • 자기 자신과 자기 가족의 필요를 채우고도 남는 소득이 있는 모든 사람들은 원조를 해야 할 의무가 있다.

MEMO

효과 빠른 약점 처방전

사람 생활과 윤리 H

정답 및 해설

이투스북

531
PROJECT

효과 빠른 약점 처방전

사람 **생활과 윤리 H**

Ⅰ. 현대의 삶과 실천 윤리

01강 현대의 삶과 실천 윤리

대표 기출 vs 고난도 기출

본문 p.06

순한맛 ④   매운맛 ⑤

순한맛 이론 윤리학과 실천 윤리학 이해   정답 ④

문제 분석 (가)는 이론 윤리학, (나)는 실천 윤리학의 입장이다.

정답 찾기 ④ 현실 문제에 대한 도덕 원리의 적용을 핵심 과제로 삼는 것은 실천 윤리학의 입장이다.

오답 피하기 ① 도덕 언어의 의미 분석을 핵심 과제로 삼는 것은 메타 윤리학의 입장이다. ② 도덕적 관습이나 풍습 등을 경험적으로 조사하는 것을 핵심 과제로 삼는 것은 기술 윤리학의 입장이다. ③ 윤리학의 학문적 성립 가능성을 검증하는 것은 메타 윤리학의 입장이다. ⑤ 이론 윤리학과 실천 윤리학은 모두 가치 판단을 배제하지 않는다. 즉, 규범 윤리학은 인간이 어떻게 행동해야 하는가에 대한 보편적 원리를 탐구하고자 하므로 가치 판단을 포함한 결론을 도출한다.

매운맛 메타 윤리학과 실천 윤리학 비교   정답 ⑤

①	② 함정	③	④	⑤
5.7%	13.1%	11.5%	8.3%	61.4%

자료 분석

메타 윤리학의 입장 / 메타 윤리학의 주요 과제

나는 윤리학이란 규범 윤리적 물음에 답하기 앞서 "그것을 학문적으로 다룰 수 있는가?"라는 문제부터 비판적으로 탐구하는 것을 근본 과제로 삼아야 한다고 생각한다. 그런데 어떤 사람들은 "도덕 문제를 어떻게 해결할 것인가?"라는 질문에 관심을 갖고 생명 복제, 사회 불평등 등과 같은 실제적인 도덕 문제에 대한 해답을 제시하려고 노력한다. 나는 이들의 입장이 실천 윤리학의 주요 과제

㉠

고 생각한다.
메타 윤리학에서 실천 윤리학에 대해 평가하는 내용이 들어가야 함

문제 분석 '나'는 메타 윤리학적 입장을 지지하고, '어떤 사람들'은 실천 윤리학적 입장을 지지하고 있다.

정답 찾기 ⑤ 메타 윤리학을 지지하는 입장에서는 실천 윤리학적 입장이 도덕 언어의 의미와 도덕 명제의 타당성 분석의 중요성을 간과한다고 진술할 수 있다.

오답 피하기 ① 실천 윤리학은 인접 학문과의 학제적 탐구의 필요성을 간과하지 않는다. ②, ③ 실천 윤리학은 규범 윤리학의 성격을 지니고 있으므로 마땅히 지켜야 할 도덕 원리를 탐구하고 이를 실천하고자 하는 당위적 학문의 성격을 지닌다. ④ 실천 윤리학은 도덕적 행위의 근거가 되는 도덕 원리를 실제 도덕 문제에 적용하고자 하므로 규범 윤리학 이론과 도덕적 실천과의 유기적 연관성을 강조한다.

함정 피하기

메타 윤리학, 실천 윤리학의 특징뿐 아니라, 실천 윤리학이 규범 윤리학으로서 이론 윤리학과 어떤 연관성이 있는지를 알아야 헷갈리지 않고 정답을 고를 수 있는 문항이다. 실천 윤리학은 이론 윤리학에서 강조하는 도덕 원리를 도덕 문제 속에 적용하여 실질적인 해답을 제시하는 것을 강조하는데, ④번 선지에서 이를 이론과 실천의 '유기적 연관성'이라고 표현하였다.

실전 문제

본문 p.07~09

01 ①	02 ②	03 ②	04 ⑤	05 ③	06 ①
07 ③	08 ④	09 ⑤	10 ③	11 ⑤	12 ④

01 실천 윤리학과 메타 윤리학의 이해   정답 ①

문제 분석 (가)는 실천 윤리학, (나)는 메타 윤리학이다.

정답 찾기 ① 실천 윤리학은 구체적인 윤리 문제의 해결을 주요 과제로 삼는다.

오답 피하기 ② 메타 윤리학의 입장이다. ③ 기술 윤리학의 입장이다. ④ 메타 윤리학은 도덕적 언어 의미 분석을 통해 도덕적 추론의 정당성을 검증하고, 윤리학의 성립 가능성을 모색하므로, 도덕성의 검증을 핵심 과제로 삼지 않는다. ⑤ 이론 윤리학의 입장이다.

02 규범 윤리학과 메타 윤리학 비교   정답 ②

문제 분석 갑은 규범 윤리학, 을은 메타 윤리학의 입장이다.

정답 찾기 ㄴ. 규범 윤리학은 도덕 판단의 근거가 되는 윤리 이론을 정립하고 도덕 원리나 규범의 제시를 중시하는 특징을 지닌다. ㄷ. 메타 윤리학은 도덕적 지식의 성립 가능성이나 윤리학의 학문으로서의 성립 가능성에 대해 탐구한다.

오답 피하기 ㄱ. 기술 윤리학에 대한 설명이다. ㄹ. 메타 윤리학은 도덕 문제의 해결보다 도덕 언어의 분석에 더 중점을 둔다.

03 기술 윤리학과 실천 윤리학 비교   정답 ②

문제 분석 '나'는 기술 윤리학, '어떤 사람들'은 실천 윤리학을 강조하고 있다.

정답 찾기 ② 도덕적 관행과 풍습의 사실적 기술을 강조하는 기술 윤리학과 달리 실천 윤리학은 이러한 사실적 기술을 중시하지 않으므로 기술 윤리학이 실천 윤리학의 입장에게 제시할 수 있는 진술이다.

오답 피하기 ① 실천 윤리학은 도덕 문제의 해결을 강조한다. ③ 도덕적 용어의 개념을 분석하는 데 주력하는 것은 메타 윤리학의 입장이다. ④ 실천 윤리학은 다양한 학문 분야와 전문 지식을 함께 활용하는 학제적 접근을 중시한다. ⑤ 덕 윤리학의 입장에서 의무론이나 공리주의 입장에게 제시할 수 있는 진술이다.

04 이론 윤리학과 실천 윤리학 이해   정답 ⑤

문제 분석 갑은 이론 윤리학, 을은 실천 윤리학의 입장이다.

정답 찾기 ⑤ 이론 윤리학과 실천 윤리학은 모두 규범 윤리학에 속한다. 규범 윤리학은 도덕적 행위의 근거가 되는 도덕 원리나 인간의 성품에 관해 탐구하고, 이를 바탕으로 도덕적 문제 해결과 실천 방법을 제시하려는 목표를 지니고 있다.

 ① 도덕 언어의 의미 분석을 강조하는 것은 메타 윤리학의 입장이다. ② 다양한 사회의 도덕적 관습을 사실적으로 기술하는 것을 주목적으로 삼는 것은 기술 윤리학의 입장이다. ③ 실천 윤리학은 실제적 도덕 문제의 해결을 위해 노력한다. ④ 이론 윤리학은 도덕의 원리와 법칙의 정립을 추구한다.

05 유교와 도가 사상의 이해 　　　　　　정답 ③

문제 분석 (가)는 유교 사상, (나)는 도가 사상이다.

정답 찾기 ③ 유교 사상에서는 사회 구성원 모두가 자신의 역할과 책임을 실천하는 정명(正名)을 강조하였다. 반면 도가에서는 자연스러움을 따르는 무위자연을 추구하므로, 사회적 지위에 따른 분별이나 예의, 규범 따위의 인위적인 것들이 사회 혼란의 원인이 된다고 주장하였다.

오답 피하기 ①, ②, ⑤ 도가 사상의 입장에서 긍정의 대답을 할 질문이다. 도가에서는 만물을 도(道)의 관점에서 평등하게 바라보아야 한다고 보았고, 부와 명예 같은 인위적인 것들과 마음의 욕심을 버리고 자연의 흐름에 따르는 소박한 삶을 살 것을 주장하였다. ④ 불교 사상의 입장이다.

06 불교 사상에서 강조하는 삶의 태도 　　　　정답 ①

문제 분석 그림의 사상가는 불교 사상가인 석가모니이다.

정답 찾기 ① 불교 사상에서는 연기에 의한 만물의 상호 의존성을 깨닫고 번뇌의 속박에서 벗어나야 함을 강조하였다.

오답 피하기 ② 불교 사상에서는 모든 것은 관계성을 맺고 있으므로 독립된 자아는 존재하지 않는다고 보았다. ③ 불교 사상에서는 모든 것이 허무하다고 본 것이 아니라, 자연 만물을 하나로 여기는 지혜를 깨닫고 자비를 실천하는 것을 강조하였다. ④ 불교 사상에서는 너와 내가 불가분의 관계를 맺고 있다고 보았다. 또한 무명의 상태는 진리에 대한 무지를 뜻하므로 벗어나야 할 상태이다. ⑤ 불교 사상에서는 윤회를 통해 삶과 죽음을 반복하게 된다고 보았는데, 연기의 법을 올바르게 이해하면 윤회의 고통에서 벗어나 해탈의 경지에 도달할 수 있다고 주장하였다.

07 도가 사상의 적용 　　　　　　　　　정답 ③

문제 분석 (가)는 도가 사상가인 장자의 입장이다.

정답 찾기 ③ 장자는 도와 자연의 흐름을 따르는 삶을 추구하였고, 만물이 가치의 측면에서 똑같이 평등하고 소중하므로, 자연 그대로의 모습을 간직하고 자연과 내가 하나가 되는 경지를 추구하였다. 따라서 자연 그대로의 모습을 버리고 인위적인 모습을 만들기 위해 수술을 고민하고 있는 A에게 외물에 얽매이지 않는 자연스러운 삶을 추구하라고 조언할 수 있다.

오답 피하기 ① 장자는 사회적인 규범을 인위적인 것으로 보아 인간의 자연스러움과 순수함을 해치는 것으로 간주한다. ② 장자는 인위적인 노력과 본성의 변화를 추구하지 않았다. ④ 장자는 결과의 실용성을 따지지 않았다. ⑤ 장자는 자연과 내가 하나가 되는 경지인 물아일체를 추구한 사상가이다.

08 공자와 순자의 사상 이해 　　　　　　정답 ④

문제 분석 갑은 공자, 을은 순자이다. 공자와 순자는 모두 유교 사상가이다.

정답 찾기 ㄱ, ㄹ. 유교에서는 통치자가 먼저 군자다운 인격을 닦은 후에 백성을 다스려야 한다고 주장하였다. 이를 수기이치인이라고 한다. 특히 공자는 덕치를 주장하였고, 순자는 예치를 주장하였다. ㄷ. 공자와 순자 모두 사람은 수양을 통해 누구나 성인이 될 수 있다고 주장하였다.

오답 피하기 ㄴ. 순자는 인간의 본성을 악하게 보았기 때문에, 타고난 본성을 확충할 것이 아니라 악한 본성을 예를 통해 교화하여 선하게 변화시켜야 한다고 주장하였다.

09 매킨타이어와 밀의 사상 이해 　　　　정답 ⑤

문제 분석 갑은 덕 윤리 사상가 매킨타이어, 을은 질적 공리주의자 밀이다.

정답 찾기 ⑤ 매킨타이어는 덕 윤리적 관점에서 공동체 속에서의 전통과 맥락, 역사성을 강조하였다. 반면 밀은 결과적 유용성을 양적으로도 계산할 수 있고, 질적으로도 판단할 수 있다고 보았다. 따라서 매킨타이어의 입장에서 밀에게 공동체의 전통이 중요함을 간과하고 있다고 반론을 제기할 수 있다.

오답 피하기 ① 밀은 인간이 고통을 피하고 쾌락을 추구하는 존재임을 인정한다. ② 매킨타이어는 인간은 역사와 전통 속에서 살고 있는 존재라는 것을 강조하면서 선택 상황 속에서의 구체적 맥락을 중시해야 한다고 보았다. ③ 밀은 도덕 판단의 기준이 결과적 유용성에 있다고 보았다. ④ 밀은 공리주의자로서 최대 다수의 최대 행복의 원리가 모든 행위에 적용되는 보편적인 도덕 원리라고 강조하였다.

10 자연법 사상의 적용 　　　　　　　정답 ③

문제 분석 제시문의 사상가는 자연법 윤리를 주장한 아퀴나스이다.

정답 찾기 ③ 아퀴나스는 인간의 자연적 성향은 신이 인간에게 부여한 섭리로서 자연법의 형태로 존재하며 이성을 통해 이를 발견할 수 있다고 보았다. 이러한 자연적 성향은 자기 보존, 종족 보존, 신과 사회에 대한 진리 파악 등이며, 인간은 이러한 자연적 성향에 따라 살아야 한다고 주장하였다. 따라서 아퀴나스는 A에게 자기 보존의 자연적 성향에 따라 행위하라고 조언할 수 있다.

오답 피하기 ① 아퀴나스는 정신적 쾌락을 극대화하라는 주장을 하지 않았다. ② 최대 다수의 행복을 고려하는 것은 공리주의의 입장이다. ④ 아퀴나스는 고통의 크기를 계산하여 행위를 선택하라는 주장을 하지 않았다. ⑤ 아퀴나스는 스스로 세운 준칙이 아니라 신으로부터 주어진 자연적 성향, 즉 자연법에 따라 행위하라고 주장하였다.

11 덕 윤리의 근대 윤리 비판 　　　　　정답 ⑤

문제 분석 제시문의 '나'는 덕 윤리를 주장하는 사람이다. 반면 보편적인 도덕 원리나 규칙만을 강조하여 도덕 문제를 해결하려고 한 '근대 몇몇 윤리 이론들'은 의무론, 공리주의와 같은 법칙 중심의 윤리 사상이다. 덕 윤리는 행위자 내면의 도덕성과 품성의 중요성을 간과한 근대 윤리 이론의 한계를 지적하며 등장하였다.

정답 찾기 ⑤ 덕 윤리학은 공동체의 전통과 역사를 중시하며, 도덕 판단에서의 구체적이고 맥락적인 사고를 중시한다. 이에 비해 의무론, 공리주의와 같은 근대 윤리학들은 개인의 자유와 권리를 강조하고 보편적인 도덕 원리에 따르는 삶을 강조한다. 따라서 덕 윤리는 근대 윤리에게 행위자 중심의 윤리, 즉 덕을 함양한 사람의 도덕적 판단과 공동체 속에서의 그 실천에 주목해야 함을 간과하고 있다고 비판할 수 있다.

오답 피하기 ①, ②, ④ 의무론, 공리주의와 같은 근대 윤리들은 개인의 자유와 권리를 강조하였고, 도덕 법칙이나 도덕 원리, 그 법칙의 형식을 그대로 따르는 행위를 해야 한다고 주장하였다. ③ 구체적이고 맥락적인 사고를 반영한 도덕적 판단은 덕 윤리에서 강조할 내용이다.

12 칸트의 의무론 이해 　　　　　 정답 ④

문제 분석 제시문의 사상가는 칸트이다.

정답 찾기 ④ 칸트는 의무 의식이 동기가 된 행위, 선의지의 지배를 받는 행위, 도덕 법칙에 대한 자발적 존중에서 비롯된 행위, 정언 명령을 따르는 행위가 도덕적 행위라고 보았다. 따라서 결과적으로는 남을 이롭게 한 행위이더라도 행위의 동기가 의무로부터 비롯된 것이 아니라면 도덕적 행위라고 볼 수 없다고 주장하였다. 또한 도덕 법칙은 실천 이성이 우리 스스로에게 부과한 자율적 명령으로, 무조건적으로 따라야 하는 정언 명령의 형식으로 제시된다고 보았다.

오답 피하기 네 번째 관점. 칸트는 행복주의, 쾌락주의를 비판하면서 도덕은 다른 무엇을 실현하기 위한 수단이 아니라 그 자체가 목적이라고 주장하였다. 따라서 칸트에게 있어서 사회적 유용성을 높이고자 하는 의도에서 비롯된 행위는 도덕적 행위라고 볼 수 없다.

킬러 문항 완전 정복

본문 p.10~11

01 ③	02 ②	03 ①	04 ③

01 윤리학의 구분 이해 　　　　　 정답 ③

자료 분석

메타 윤리학
(가) 윤리학의 주된 탐구 대상은 윤리학적인 용어 또는 도덕 판단의 가치, 도덕적 사실의 존재, 도덕의 인식론적 정당화여야 한다.
실천 윤리학
(나) 윤리학의 핵심 과제는 생명, 환경, 정보 등 삶의 여러 다양한 영역에서 제기되는 윤리적 문제들에 대해 윤리 이론을 적용하여 해결책을 제시하는 것이다.
기술 윤리학
(다) 윤리학의 본질은 사회적·심리적 사실로서의 도덕 현상과 개인의 도덕 발달 과정이나 단계에 대해 과학적 방법으로 탐구하는 데 있다.

문제 분석 (가)는 메타 윤리학, (나)는 실천 윤리학, (다)는 기술 윤리학이다.

정답 찾기 ③ 실천 윤리학은 다른 학문 영역과 연계하여 이루어지는 간학문적 성격을 지닌다.

오답 피하기 ①, ② 메타 윤리학은 도덕의 본질에 대해 규명하려 하며, 도덕 언어와 도덕적 추론의 논리적 분석을 중시한다. ④, ⑤ 기술 윤리학은 도덕적 관행을 가치 중립적 입장에서 서술해야 하며, 사회마다 서로 다른 규범 체계를 갖출 수 있다고 본다.

02 불교와 도가 사상의 이해 　　　　　 정답 ②

자료 분석

석가모니
갑 : 출가자가 가까이하지 않아야 할 두 가지 극단이 있다. 그것은 저열하고 촌스럽고 범속하고 성스럽지 못한 감각적 욕망들에 대한 쾌락의 탐닉에 몰두하는 것과 괴롭고 성스럽지 못한 자기 학대에 몰두하는 것이다. 중도(中道)는 안목을 만들고 지혜를 만들며, 고요함과 최상의 지혜와 바른 깨달음과 열반으로 인도한다.
└ 양극단으로 치우치지 않음
└ 불교에서 추구하는 최고의 경지
장자
을 : 성인(聖人)은 사람의 형체를 가지고 있지만, 사람의 치우친 감정은 없다. 사람의 형체를 가지고 있기 때문에 사람과 무리를 이루어 사람과 함께 살아가지만, 사람의 치우친 정이 없으므로 옳다 그르다 하는 시비는 그와 무관하다. 그는 아주 작아 보이지만 실은 위대하다.
└ 지인, 진인
└ 세상 만물은 평등한 가치를 지님

문제 분석 갑은 석가모니, 을은 장자이다. 석가모니는 쾌락과 고행의 양극단에서 벗어나 중도(中道)를 깨달아야 한다고 강조하였다. 장자는 인위를 버리고 인간과 사물의 자연스러운 본성에 따라 살아갈 것을 주장하였다.

정답 찾기 ② 석가모니는 무명과 애욕을 고통의 원인으로 보고, 무명과 애욕을 없애야 더 이상 고통이 없는 열반에 이르게 된다고 보았다.

오답 피하기 ① 불성(佛性)은 후천적으로 형성되는 것이 아니라 선천적인 것이다. ③ 공자의 입장이다. ④ 맹자의 입장이다. ⑤ 장자는 윤회설을 주장하지 않았다.

03 규칙 공리주의적 접근과 의무론적 접근 비교 　　　　　 정답 ①

자료 분석

규칙 공리주의
갑 : 옳은 행위란 타당한 행위 규칙에 일치하는 행위이다. 행위에 대한 규칙의 타당성을 결정하는 척도는 바로 유용성이며, 모든 인류에게 구속력을 갖는 참된 규칙이란 일반적으로 그것을 따를 때가 다른 어떤 규칙을 따를 경우보다 모든 사람에게 더 많은 쾌락과 더 적은 고통을 일으키는 규칙이다.
└ 규칙 공리주의의 핵심
칸트
을 : 옳은 행위란 선의지의 지배를 받는 행위이다. 그 자체로 유일하게 선한 선의지는 타고난 지성 안에 이미 들어 있기 때문에 일깨우기만 하면 된다. 이러한 선의지라는 개념을 명백히 하기 위해 우리는 의무라는 개념을 다루어야 한다. 의무란 법칙에 대한 존경심 때문에 어떤 행위를 하지 않을 수 없는 것을 가리킨다.
└ 칸트 의무론의 핵심

문제 분석 갑은 규칙 공리주의자이고, 을은 의무론을 대표하는 사상가인 칸트이다.

정답 찾기 ① 규칙 공리주의는 '어떤 규칙이 최대의 유용성을 낳는가?'에 대한 관심을 바탕으로 공리의 원리를 만족시키는 행위 규칙에 따를 것을 주장한다.

오답 피하기 ② 규칙 공리주의는 최대의 유용성을 산출하는 결과를 가져올 수 있는 규칙을 강조한다. ③ 칸트는 공감과 같은 자연적 경향성에서 비롯된 행위는 도덕적 가치를 지니지 못한다고 보았다. ④ 칸트는 행위의 결과가 아니라 행위의 동기가 행위의 옳고 그름을 결정한다고 보았다. ⑤ 훌륭한 성품을 지닌 사람의 선을 지향하는 성품에 따른 행위를 강조하는 것은 덕 윤리 사상가가 제시할 조언이다.

04 아퀴나스와 칸트의 입장 비교   정답 ③

아퀴나스
갑 : 인간에게는 본성에 따른 선을 지향하는 경향성이 있다. 자기 보존, 종족 보
　　└ 본성적으로 지니는 자연적 성향
존, 그리고 신에 관한 진리를 알고자 하는 경향성, 사회 속에서 살고자 하는
경향성이 그것이다. 그리고 이러한 경향성을 고려하는 것은 자연법과 관련
된다.

칸트
을 : 인간의 경향성에 도움이 되는 것이 아니라 그것을 압도하거나 아니면 최소
한 무엇인가를 선택할 때 경향성을 전혀 고려하지 않도록 만드는 것. 그것
이 바로 법칙이다. 법칙만이 존경의 대상일 수 있고 명령을 제공할 수 있다.
　└ 오로지 의무 의식에서 나온 행위를 하는 것
　　└ 도덕 법칙

문제 분석 갑은 아퀴나스, 을은 칸트이다.

정답 찾기 ㄷ. 칸트는 의무를 도덕 법칙에 대한 존경심으로 인해 그 법칙이 명령하는 행위를 하려는 것이라고 보았으며, 의무 의식이 동기가 된 행위만이 도덕적인 가치를 지닌다고 보았다. ㄹ. 아퀴나스와 칸트는 모두 인간이 자기 자신을 보존할 자연법적 의무가 있다고 보았다.

오답 피하기 ㄱ. 아퀴나스가 제시한 자기 보존의 성향과 종족 보존의 성향은 다른 사물이나 동물과 공유하는 본성에 따른 선을 지향하는 경향성이다. ㄴ. 칸트는 보편적 입법의 원리가 될 수 없는 준칙은 따라서는 안 된다고 보았다.

02강 삶과 죽음 및 생명 윤리

순한맛 공자와 장자의 죽음관 이해   정답 ⑤

문제 분석 (가)는 공자의 사상, (나)는 장자의 사상이다. 공자는 대표적인 유교 사상가이고, 장자는 대표적인 도가 사상가이다.

정답 찾기 ⑤ 불교의 죽음관이다. 불교는 생로병사를 모두 고통으로 보았고, 이러한 고통에서 벗어나기 위해서는 무명을 깨닫고 삼독을 제거하여 해탈의 경지에 이르러 윤회에서 벗어나야 한다고 주장하였다.

오답 피하기 ① (가) 제시문의 "자신을 희생함으로써 인을 이룬다네."라는 구절을 통해 유추할 수 있는 내용이다. 공자는 도덕적인 가치인 인을 실현하기 위해서는 자신의 생명을 희생할 수도 있다는 살신성인의 자세를 주장하였다. ② 공자는 자기 자신에 대한 도덕적 성찰과 도덕적 실천을 하는 삶에 관심으로 가지고 언제 닥칠지 모르는 죽음에 임해서도 항상 인의 자세를 유지하며 도덕적인 삶을 살아야 한다고 주장하였다. ③ 진인은 장자가 주장한 이상적인 인간상이다. 진인은 삶과 죽음이라는 자연스럽고 필연적인 과정에 순응하는 사람이다. ④ 장자는 인간의 삶과 죽음은 서로 연결된 순환 과정이며, 삶이 있듯 죽음이 있는 것도 자연스럽고 당연한 것으로 보아 이를 운명으로 받아들이고 삶을 기뻐하거나 죽음을 애도하며 슬퍼할 필요가 없다고 주장하였다.

매운맛 공자와 장자의 죽음관 이해   정답 ③

①	② 🔒함정	③	④	⑤
2.4%	18.3%	56.6%	5%	17.7%

공자
갑 : 아침에 도(道)를 들으면 저녁에 죽어도 괜찮다. 뜻이 있는 선비와 인(仁)을
갖춘 사람은 삶에 집착하다가 인을 해치는 경우가 없지만, 자신을 희생하여
인을 이루는 경우는 있다.　　　　　　　　　　└ 살신성인
장자
을 : 성인(聖人)의 삶은 자연의 운행과 같고, 죽음은 만물의 변화와 같다. 그는
행복을 추구하지 않으며, 불행을 자초하지 않는다. 그의 삶은 물 위에 떠 있
　└ 인위적으로 무엇을 추구하지 않음
는 것과 같고, 죽음은 휴식과 같다.

문제 분석 갑은 공자, 을은 장자이다.

정답 찾기 ③ 장자는 도를 천지 만물의 근원으로 보았고, 도에 따라 인위적으로 강제하지 않고 자연스러움을 따르는 삶의 자세를 강조하였다. 죽음 역시 이러한 도의 자연스러움과 연관된 현상이므로 도와 일치하는 삶을 살면서 죽음을 받아들이라고 주장하였다.

오답 피하기 ① 죽음을 윤회의 관점에서 언급하는 것은 불교의 입장이다. ② 공자는 죽음 이후의 세계인 내세가 있다고 강조하지 않았고, 오직 현세에서의 도덕적 삶을 강조하였다. ④ 장자는 죽음을 애도해야만 하는 슬픈 일로 본 것이 아니라 운명으로 받아들여야 하는 자연스러운 순환

과정의 하나로 보았다. ⑤ 공자만의 입장이다. 장자는 도덕적으로 충실한 삶을 주장하지 않았다.

🔒 **함정 피하기**

많은 학생들이 어렵게 느꼈던 포인트는 선지 ③번 '모든 만물의 근원인 도'가 '죽음'과 연관된 현상이라는 것인데, 도가의 죽음을 자연스러운 현상 정도로 단순하게 암기한 학생이라면 충분히 어렵게 느낄 수 있는 선지였다. 이를 몰랐다면 도가 사상에 대한 심도 깊은 내용 정리와 함께 다양한 기출 선지를 분석하여 선지의 변형에 대비하는 것이 중요하다.

실전 문제

본문 p.15~17

01 ②	02 ②	03 ⑤	04 ④	05 ⑤	06 ④
07 ④	08 ②	09 ④	10 ⑤	11 ⑤	12 ③

01 장자의 죽음관 이해
정답 ②

문제 분석 제시문의 사상가는 장자이다.

정답 찾기 ② 장자는 천지 만물의 근원인 도에 따라 자연스러움을 추구해야 한다고 보았고, 이러한 자연스러움은 삶과 죽음을 서로 연결된 순환 과정으로 보고 삶에 집착하지 않으며 죽음을 회피하려고 하지 않는 것이다.

오답 피하기 ① 불교의 입장이다. ③ 장자의 입장으로 옳지 않다. ④ 인의의 삶에 힘써야 한다고 주장한 것은 공자와 같은 유교 사상가들의 입장이다. ⑤ 유교의 입장이다. 장자는 죽음을 상례를 통해 애도해야 한다고 보지 않았다.

02 하이데거와 에피쿠로스의 죽음관 이해
정답 ②

문제 분석 갑은 하이데거, 을은 에피쿠로스이다.

정답 찾기 ㄱ. 하이데거는 죽음을 외면하지 말고 항상 죽음이 자신의 것이라는 사실을 인지하면서 이를 받아들일 때 삶을 더욱 의미 있고 가치 있게 살 수 있다고 보았다. ㄷ. 에피쿠로스는 인간이 죽음을 경험할 수 없기 때문에 죽음을 두려워할 필요가 없다고 보았다.

오답 피하기 ㄴ. 에피쿠로스는 죽음은 인간을 구성하는 원자가 흩어지는 것이므로 내세와 영혼은 없다고 보았다. ㄹ. 하이데거는 죽음을 직시할 때 참된 자아를 발견할 수 있다고 보았고, 에피쿠로스는 죽음 이후는 인간이 존재하지 않는다고 보았다.

03 플라톤의 죽음관 이해
정답 ⑤

문제 분석 제시문의 사상가는 플라톤이다.

정답 찾기 ⑤ 플라톤은 육체를 순수한 인식을 방해하는 감옥처럼 생각하였고, 죽음을 육체로부터 해방되는 것으로 보았다. 따라서 죽음을 통해 영혼이 해방되어야 플라톤이 추구하는 이데아의 세계로 들어갈 수 있는 것이다.

오답 피하기 ① 플라톤은 죽음을 통해 더 순수한 인식을 할 수 있다고 보았으므로 죽음을 두려움의 대상으로 보지 않았다. ② 에피쿠로스가 긍정의 답을 할 질문이다. ③ 공자가 긍정의 답을 할 질문이다. ④ 플라톤은 죽음을 고통으로 간주하지 않았다.

04 칸트 사상의 적용
정답 ④

문제 분석 제시문의 사상가는 칸트이다.

정답 찾기 ④ 칸트는 인간에게는 자기 보존의 의무가 있다고 보았다. 자기 보존의 의무는 자연의 일부로서 자연의 본성을 따라야 한다는 자연법적 관점과, 인격을 목적으로 대우하라는 정언 명령의 관점 모두에서 발생하는 의무이다. 따라서 당장의 고통에서 벗어나기 위해 자살을 선택하는 것은 자기 인격을 수단으로 이용한 것에 불과하다고 보아, 칸트는 자살을 반대한다.

오답 피하기 ① 공리주의적 입장에서 제시할 수 있는 조언이다. ② 칸트는 스스로 세운 준칙이 보편타당성을 지닐 수 있는지를 확인하라고 조언할 것이다. 칸트는 사회적 승인을 중시하는 입장이 아니다. ③ 유교의 입장에서 제시할 수 있는 조언이다. ⑤ 칸트는 인간이 자연의 일부로서 자기 보존의 의무가 있으며 이를 따를 것을 강조하였다.

05 인공 임신 중절에 관한 찬반 논쟁 파악
정답 ⑤

문제 분석 갑은 인공 임신 중절을 반대하는 입장, 을은 인공 임신 중절을 찬성하는 입장이다.

정답 찾기 ⑤ 갑은 부정, 을은 긍정의 답을 할 질문이다. 갑은 태아의 인간으로서의 권리, 잠재성 논거 등에 따라 인공 임신 중절을 반대하는 입장이고, 을은 임산부의 자율성 논거, 태아에 대한 소유권 논거 등을 근거로 인공 임신 중절을 찬성하는 입장이다.

오답 피하기 ① 갑, 을 모두 긍정의 답을 할 질문이다. ② 을이 부정의 답을 할 질문이다. ③ 갑은 긍정, 을은 부정의 답을 할 질문이다. ④ 갑, 을 모두 부정의 답을 할 질문이다.

06 뇌사에 대한 윤리적 쟁점 파악
정답 ④

문제 분석 갑, 을은 모두 뇌사를 죽음의 기준으로 인정하고 있지만, 갑은 뇌사를 통한 장기 이식에 찬성하고 있는 반면, 을은 뇌사를 통한 장기 이식을 반대하고 있다.

정답 찾기 ④ 갑은 뇌사를 통한 장기 이식이 다른 사람에게 생명을 부여하는 존엄한 행위임을 강조하는 반면, 을은 뇌사자의 장기 이식을 허용할 경우 뇌사 판정이 악용될 수도 있고, 장기 이식을 위해 생명을 사고팔 수 있는 행위로 이어질 수 있음을 경계하고 있다.

오답 피하기 ①, ⑤ 토론에서의 핵심 쟁점이 아니다. ② 갑, 을 모두 심폐사가 아닌 뇌사를 죽음으로 판단해야 한다고 주장하고 있다. ③ 갑, 을 모두 뇌사 인정이 인간 생명의 존엄성을 침해하는 것으로 보는 것이 아니라, 을이 뇌사 인정을 통해 장기 이식을 허용하는 경우 인간의 존엄성이 침해될 수 있음을 우려하고 있는 것이다.

07 싱어의 동물 실험에 대한 입장 이해
정답 ④

문제 분석 제시문의 사상가는 싱어이다.

정답 찾기 ㄱ. 싱어는 쾌고 감수 능력을 지닌 동물과 인간의 이익 관심을 동등하게 고려해야 한다고 주장하였다. 따라서 고통을 느낄 수 있는 동물의 이익 관심을 고려하지 않는 동물 실험은 부당하다고 주장할 것이다. ㄴ. 싱어는 쾌고 감수 능력을 지닌 존재를 인간과 다른 종이라는 이유만으로 차별하는 것은 종 차별주의라고 보았다. ㄷ. 싱어는 쾌고 감수 능력을 지닌 동물의 이익 관심을 인간과 동등하게 고려하라고 주장하였으므로 동물에게 불필요한 고통을 주는 실험을 금지하라고 주장할 것이다.

오답 피하기 ㄹ. 싱어가 부정의 답을 할 질문이다. 싱어는 동물이 인간과 동일한 권리를 지닌 것이 아니라, 인간과 같이 쾌고 감수 능력을 지닌다고 본 것이다.

08 싱어와 칸트의 입장 이해 　　　　　　　　정답 ②

문제 분석 갑은 싱어, 을은 칸트이다.

정답 찾기 ② 칸트는 동물에 대한 인간의 의무는 직접적인 의무가 아니라 간접적인 의무라고 보았다. 또한 무생물인 광물이나 생명이 있는 식물까지도 함부로 다루는 것에 반대하였는데, 이는 그것들이 그 자체로 도덕적으로 존중받을 만한 가치를 지니기 때문이 아니라 그것들을 함부로 다루는 행위가 인간성을 해친다고 보았기 때문이다.

오답 피하기 ① 싱어는 동물을 포함한 모든 생명체가 동등한 가치를 지닌다고 보지 않았고, 쾌고 감수 능력을 지닌 존재가 도덕적으로 고려받을 권리를 지닌다고 보았다. ③ 싱어와 칸트 모두 동정심을 동물에 대한 도덕적 의무의 근거로 보지 않았다. ④ 칸트는 인간 이외의 존재의 도덕적 지위를 인정해야 한다고 보지 않았다. ⑤ 싱어는 쾌고 감수 능력을 지닌 동물과 인간의 이익 관심을 동등하게 고려하라고 보았고, 칸트는 인간과 동물을 동일하게 대우하라고 보지 않았다.

09 레건과 칸트의 입장 파악 　　　　　　　　정답 ④

문제 분석 갑은 레건, 을은 칸트이다.

정답 찾기 ④ 레건은 긍정, 칸트는 부정의 답을 할 질문이다. 레건은 삶의 주체인 일부 동물은 인간처럼 내재적 가치가 있다고 본 반면에, 칸트는 동물을 삶의 주체로 보지 않는다.

오답 피하기 ① 레건과 칸트 모두 부정의 답을 할 질문이다. 레건과 칸트 모두 동물을 도덕적 주체로 보지 않았다. ② 칸트가 긍정의 답을 할 질문이다. 칸트는 동물을 함부로 다루지 말아야 하는 인간의 의무는 간접적인 의무라고 보았다. ③ 레건은 부정, 칸트는 긍정의 답을 할 질문이다. 레건은 삶의 주체인 동물이 도덕적 권리를 지닌다고 보았고, 칸트는 동물을 단지 함부로 대우하지 말아야 한다고 주장하였다. ⑤ 레건이 부정의 답을 할 질문이다. 레건은 의무론적인 관점에서 동물도 존중받을 권리를 지닌다는 동물 권리론을 주장하였다.

10 데카르트와 코헨의 입장 이해 　　　　　　정답 ⑤

문제 분석 (가)의 갑은 데카르트, 을은 코헨이다.

정답 찾기 ⑤ 데카르트와 코헨은 모두 동물의 도덕적 권리를 인정하지 않는 사상가들이다. 따라서 도덕적으로 고려해야 할 대상은 오직 인간뿐이라고 조언할 수 있다.

오답 피하기 ① 데카르트는 동물을 고통과 쾌락을 경험할 수 없는 자동인형 또는 움직이는 기계에 불과하다고 보았다. ② 칸트의 입장에서 제시할 수 있는 조언이다. ③, ④ 코헨은 동물은 윤리 규범의 고안 능력이나 자율성 등이 없으므로 도덕적 권리가 없다고 보았다.

11 유전자 조작에 대한 윤리적 쟁점 파악 　　　정답 ⑤

문제 분석 갑, 을 모두 유전자 조작이 질병 극복을 위해 허용될 수 있음을 주장하고 있지만, 갑은 치료를 넘어서 개인 차원의 유전자 조작에도 찬성하고 있는 반면, 을은 치료를 위한 유전자 조작만이 허용될 수 있음을 주장하고 있다.

정답 찾기 ⑤ 자질 강화를 위한 개인 차원의 유전자 조작에 대해 갑은 찬성, 을은 부정의 입장을 취하고 있으므로 토론의 핵심 쟁점으로 적절하다.

오답 피하기 ①, ② 갑, 을 모두 긍정의 답을 할 질문이고, ③, ④ 갑, 을 모두 부정의 답을 할 질문이므로 토론의 핵심 쟁점으로 적절하지 않다.

12 개체 복제의 윤리적 쟁점 이해 　　　　　　정답 ③

문제 분석 제시문의 '나'는 개체 복제를 반대하는 입장, '어떤 사람들'은 개체 복제를 찬성하는 입장이다.

정답 찾기 ③ '불임 부부의 고통을 덜어줄 수 있음'은 개체 복제를 찬성하는 입장의 논거이므로 ㉠에 들어갈 내용으로 적절하지 않다.

오답 피하기 ①, ②, ④, ⑤ 개체 복제를 반대하는 입장의 근거이다. 개체 복제를 반대하는 입장에서는 복제를 원한 사람의 의도에 따라 복제 인간을 도구로 이용할 수도 있다고 보았고, 출산의 과정에서 인간의 상호 의존성을 파괴하며, 복제된 인간은 체세포를 제공한 사람과 유전 형질이 같으므로 자신의 고유성을 갖기 어렵다는 이유 등을 근거로 개체 복제를 반대한다.

킬러 문항 완전 정복

본문 p.18~19

01 ②　　　02 ③　　　03 ②　　　04 ③

01 불교 사상과 도가 사상의 죽음관 비교 　　　정답 ②

자료 분석

석가모니
갑 : 이것이 있기 때문에 저것이 있다. 이를 일컬어 인연법(因緣法)이라고 한다.
　　모든 것이 상호 관계 속에서만 존재함
　　삶이 있으므로 늙음과 죽음이 있고, 삶을 떠나서는 늙음과 죽음도 없다.
장자
을 : 삶과 죽음은 춘하추동 사계절의 운행과 같다. 태어나는 것을 기뻐하지 않고
　　자연적인 과정
　　죽는 것을 거부하지 않으니 자연을 따라가고 따라올 뿐이다. 이 경지에 있
　　는 사람을 진인(眞人)이라 한다.
　　장자의 이상적 인간상

문제 분석 갑은 불교 사상가 석가모니, 을은 도가 사상가 장자이다.

정답 찾기 ② 석가모니는 연기의 법을 올바르게 이해할 때 고통에서 벗어나 해탈에 이를 수 있다고 보았는데, 해탈은 삶을 떠나서가 아닌 삶 속에서 이를 수 있는 것이다.

오답 피하기 ① 석가모니는 죽음을 생로병과 함께 하나의 고통으로 보았고, 삶과 죽음이 반복되는 윤회에서 벗어나기 위해서는 연기의 법을 깨닫고 해탈해야 한다고 보았다. ③, ④ 장자는 삶과 죽음을 자연적이고 필연적인 과정으로 이해하므로 어느 한쪽에 집착하거나 죽음에 대해 슬퍼할 필요가 없다고 보았다. ⑤ 석가모니는 죽음을 윤회의 과정 중 하나로, 장자는 필연적이고 자연스러운 과정으로 여겼다.

02 플라톤과 에피쿠로스의 죽음관 비교 　　　　정답 ③

자료 분석

플라톤
갑 : 잘 산다는 것은 불멸의 영혼을 정화하는 것이다. 잘 죽는다는 것은 더 이
　　└ 육체와 달리 영혼은 영원불멸함
　　상 정화될 필요 없이 순수한 상태의 영혼을 간직한 채로 삶을 마감하는 것
　　이다.
에피쿠로스
을 : 죽음은 우리에게 아무것도 아니다. 우리가 살아있을 때 죽음은 우리에게 아
　　└ 죽음을 두려워할 필요가 없음
　　직 오지 않았으며, 죽음이 왔을 때 우리는 이미 존재하지 않기 때문이다.

문제 분석 (가)의 갑은 플라톤, 을은 에피쿠로스이다.

정답 찾기 ㄷ. 에피쿠로스만의 입장이다. 에피쿠로스는 쾌락을 선, 고통
을 악이라고 보았고, 진정한 쾌락을 정신적 쾌락이라고 본 쾌락주의 사
상가이다. 에피쿠로스는 죽음에 대한 공포는 인간의 정신을 어지럽히는
악(惡)이므로, 죽음의 공포로부터 벗어나 정신적 쾌락을 추구해야 한다
고 주장하였다. ㄹ. 에피쿠로스만의 입장이다. 에피쿠로스는 죽음은 인
간을 구성하던 원자가 흩어져 육체가 소멸되는 것이고, 이를 통해 인간
의 모든 감각 기능이 소멸되면서 정신적 활동이 소멸되는 것이라고 보았
다. 플라톤은 죽음을 통해 정신적 활동이 소멸된다고 보지 않았다.

오답 피하기 ㄱ. 플라톤의 입장이 아니다. 플라톤은 죽음을 통해 영혼이
육체로부터 해방된다고 보았는데, 육체를 떠난 영혼은 완전한 세계인 이
데아의 세계로 되돌아가게 된다. 이데아의 모상(模像)이란 사물의 완전
하고 이상적인 원형인 이데아를 본 따 만든 것으로 현실 세계에 존재하
는 모형들을 일컫는 말이다. 이러한 모형들은 현실 세계에서 감각적 경
험에 의해 파악되는 것들이므로 죽음을 통해 인식하게 되는 궁극적인 것
에 해당하지 않는다. ㄴ. 플라톤과 에피쿠로스 모두의 입장이 아니다. 플
라톤은 죽음을 원자의 흩어짐으로 보지 않았고, 에피쿠로스는 영혼의 세
계를 인정하지 않았다.

03 칸트와 레건의 사상 비교 　　　　정답 ②

자료 분석

칸트
갑 : 어떤 동물들의 행위가 인간의 행위와 유사하고 동일한 원리로부터 나왔다
　　면 우리는 인간에 대한 의무를 기르기 위해 동물들에 대해서도 의무를 가
　　　　└ 동물에게 간접적인 의무를 지는 이유　　　└ 간접적인 의무
　　져야 한다.
레건
을 : 자연의 다른 존재를 위한 유용성과는 독립적으로, 쾌고(快苦)를 느끼며 목
　　표를 위해 행위하는 삶의 주체는 비록 의무를 지닐 수 없다 해도 삶을 영위
　　　　　　　　　　　　└ 레건의 키워드
　　할 권리를 갖는다.

문제 분석 (가)의 갑은 칸트, 을은 레건이다.

정답 찾기 ㄱ. 칸트는 이성적 존재만이 내재적 가치를 지닌다고 보았고,
레건은 이성적 존재인 인간뿐 아니라 인간이 아닌 삶의 주체 역시 내재
적 가치를 지닌다고 보았다. ㄹ. 레건은 인간을 위한 상업적 목적으로 동
물을 사용하는 관행은 동물의 본래적 가치를 부정하고 동물의 권리를 무
시하는 것이라고 보았다.

오답 피하기 ㄴ. 칸트는 오직 이성적 능력을 지닌 인간만이 목적적 존재
로 대우받을 수 있다고 보았다. ㄷ. 레건은 쾌고 감수 능력을 지닌 유기
체 중에서도 삶의 주체인 동물, 즉 희망과 목적을 추구하는 등의 삶의 주
체의 조건을 충족시키는 일부 동물은 내재적 가치를 지니므로 실험의 대
상이 될 수 없지만, 그 외의 유기체들은 실험의 대상이 될 수 있다고 보
았다.

04 인공 임신 중절에 관한 논쟁 이해 　　　　정답 ③

자료 분석

인공 임신 중절 허용
갑 : 태아는 인간 전단계의 세포 덩어리에 불과하다. 여성의 건강, 기존 가족의
　　행복, 가족계획 등을 근거로 인공 임신 중절 여부를 결정할 수 있다.
조건부 인공 임신 중절 허용
을 : 태아는 잠재적 인간으로 생명권을 지니지만, 태아나 여성 어느 한 쪽에 수
　　반되는 고통과 피해를 고려하여 인공 임신 중절 여부를 결정할 수 있다.
인공 임신 중절 반대
병 : 태아는 인간과 동일하게 존엄한 존재이다. 인공 임신 중절은 태아가 지닌
　　생명의 존엄성과 생명에 대한 불가침성을 침해하는 것이다.

문제 분석 갑은 인공 임신 중절을 폭넓게 허용할 수 있다고 보고, 을은
특정한 조건에서 제한적으로 인공 임신 중절을 허용할 수 있다고 보며,
병은 어떤 경우에도 인공 임신 중절을 허용할 수 없다고 본다.

정답 찾기 ③ 갑은 '아니요', 을, 병은 '예'의 대답을 할 질문이다. 갑은 태
아를 세포 덩어리에 불과하다고 보고, 을은 태아를 생명권이 있는 존재
로 보며, 병은 태아가 인간과 동일한 생명 존엄성을 지니고 있다고 본다.

오답 피하기 ① 갑은 '아니요', 을, 병은 '예'의 대답을 할 질문이다. ②
갑, 을은 '예', 병은 '아니요'의 대답을 할 질문이다. ④, ⑤ 갑, 을은 '아니
요', 병은 '예'의 대답을 할 질문이다.

03강 사랑과 성 윤리

대표 기출 vs 고난도 기출

본문 p.22

순한맛 ③　　　매운맛 ⑤

순한맛 유교 사상에서 본 형제자매 관계 　　정답 ③

문제 분석 (가)는 유교 사상이다. 유교 사상에서는 인의 실천 덕목인 충서의 실천을 강조하였다. (나)의 ㉠은 형제자매이다. 형제자매는 사람의 손과 발처럼 서로 아끼고 도와주는 수족지의의 관계이다.

정답 찾기 ③ 동기간이란 형제자매 관계를 일컫는 말로, 부모로부터 같은 기운을 받고 태어났다는 뜻이다. 형제자매는 동기간으로서 부모에 대한 사랑과 공경을 실천해야 하는 관계이다.

오답 피하기 ① 자애는 자녀에 대한 부모의 지극한 사랑이다. 서로 간에 자애와 효도를 실천해야 하는 관계는 부모와 자녀 간의 관계이다. ② 형제자매는 계약을 바탕으로 한 관계가 아니라 혈연으로 맺어진 관계이다. ④ 친구 관계에 대한 설명이다. ⑤ 부부 관계에 대한 설명이다.

매운맛 유교 사상에서 본 부부 관계와 형제자매 관계 　　정답 ⑤

①	②	③	④ 함정	⑤
10.0%	6.8%	16.6%	27.8%	38.8%

자료 분석

유교 사상 (가)	사람이 어질지[仁] 않으면 예(禮)는 해서 무엇 하며, 악(樂)은 해서 무엇 하겠는가? *유교 사상에서 자주 언급하는 키워드*
(나)	○ ㉠ 은/는 두 사람이 힘을 합쳐 부모를 섬기고, 후세를 잇기 위해 노력해야 하는 관계이다. *부부 관계 / 부부 키워드*
	○ ㉡ 은/는 동기간(同氣間)으로 서로 화목함으로써 효(孝)를 실천해야 하는 관계이다. *형제자매 키워드 / 형제자매 관계*

문제 분석 (가)는 유교 사상이며, (나)의 ㉠은 부부 관계, ㉡은 형제자매 관계이다.

정답 찾기 ㄴ. 부부는 서로 공경하면서도 남편과 아내의 역할을 구별하고 분별하는 자세가 요구된다. ㄷ. 형제자매는 수평적 관계인 동시에 서로의 차이를 인정하고 장유유서의 정신에 따라 상하 위계를 존중해야 하는 측면도 지닌다. ㄹ. 부부와 형제자매는 서로가 올바른 길로 나아갈 수 있도록 서로의 잘못을 충고해 주고, 신의를 쌓는 데 힘써야 하는 관계이다.

오답 피하기 ㄱ. 천륜(天倫)은 하늘이 맺어준 인연을 말하는 것으로 부모 자녀 간, 형제자매 관계를 뜻한다. 부부 관계는 인륜(人倫)에 해당한다.

함정 피하기

ㄱ을 정답으로 선택했다면 천륜의 관계가 어떤 관계를 의미하는지 다시 공부해야 한다. 천륜은 하늘이 맺어준 인연을 말하므로 태어남과 동시에 맺어지는 혈족인 부모 자녀 간, 형제자매 관계만을 뜻한다. 부부 관계는 두 남녀가 성장하여 만남을 통해 성립되므로 천륜의 관계에 해당하지 않는다.

01 ⑤	02 ①	03 ④	04 ⑤	05 ⑤	06 ⑤
07 ②	08 ①	09 ③	10 ⑤	11 ③	12 ④

01 사랑과 성의 관계 이해 　　정답 ⑤

문제 분석 갑은 보수주의 입장, 을은 중도주의 입장이다. 보수주의는 성이 부부간의 신뢰와 사랑을 전제로 할 때만 도덕적으로 정당화될 수 있다고 보는 입장이고, 중도주의는 사랑이 동반된 성적 관계는 정당화될 수 있다고 보는 입장이다.

정답 찾기 ⑤ 보수주의와 중도주의 모두 성적 관계가 정당화되기 위해서는 인격적인 사랑이 전제되어야 함을 주장한다.

오답 피하기 ① 보수주의는 성적 관계가 부부간의 신뢰와 사랑을 바탕으로 해야 함을 강조한다. 즉, 성적 관계를 도덕적 가치 판단의 대상이라고 본다. ② 보수주의는 성적 관계의 목적으로 출산을 중시하므로 쾌락적 가치보다 생식적 가치를 더 중시한다. ③ 중도주의는 사랑이 전제된 성적 관계는 결혼 여부와 상관없이 정당화될 수 있다고 본다. ④ 상호 동의만 전제되면 성적 관계가 도덕적으로 허용될 수 있다고 본 것은 자유주의 입장이다.

02 프롬의 사랑의 기술 이해 　　정답 ①

문제 분석 제시문의 사상가는 프롬이다.

정답 찾기 ㄱ, ㄴ. 프롬은 사랑은 수동적 활동이 아니라 능동적 활동이며, 상대방의 개성과 성장에 관심을 가져 고양시키는 동시에 자신의 생동감도 고양시킬 수 있다고 본다.

오답 피하기 ㄷ. 프롬은 사랑의 본질에 대해 상대방에 대한 사랑을 되돌려받는 것이 아니라 사랑을 '주는 것'이라고 본다. ㄹ. 프롬은 일방적으로 자신을 희생하여 상대방의 요구를 무조건적으로 수용하는 것을 올바른 사랑으로 보지 않는다.

03 밀의 양성평등 사상 이해 　　정답 ④

문제 분석 제시문은 밀의 저서 "여성의 종속" 중 일부로, 남성과 여성이 현재의 부자연스러운 상호 관계 속에서 상대의 성을 파악하고 있기 때문에 양성의 본성을 제대로 이해하지 못하고 있으며, 여성의 본성이라고 불리고 있는 것은 인위적으로 만들어진 것이라고 본다.

정답 찾기 ④ 밀은 여성의 본성이라고 알려져 있는 것들이 인위적으로 만들어진 것들이라고 본다. 즉, 밀에게 있어서 여성의 본성이란 그 당시의 사회 환경이 만들어낸 인위적인 산물인 것이다.

오답 피하기 ① 밀이 부정의 답을 할 질문이다. 밀은 남녀의 본성을 규정할 수 없으므로 이에 따른 사회적 역할 분담은 적절하지 않다고 본다. ② 밀은 생물학적 요소에 의해 남녀를 구분하고 분별하라고 주장하는 것이 아니라 여성의 본성이 인위적으로 만들어진 것이라고 보면서, 여성으로 태어난 것 자체가 사회적 지위를 결정하고 다양한 직업으로의 진출을 방해하는 이유가 되어서는 안 된다고 주장한다. ⑤ 밀은 남성과 여성에 대해 어느 한쪽이 정신적으로 우월한 존재라고 보지 않는다.

04 사랑과 성의 관계 이해 　　　　　정답 ⑤

문제 분석 갑은 자유주의 입장, 을은 중도주의 입장, 병은 보수주의 입장이다.

정답 찾기 ⑤ 보수주의 입장은 자유주의, 중도주의 입장과 달리 성에 있어서 결혼이라는 사회적 인정과 출산을 통한 사회의 존속을 강조한다.

오답 피하기 ①, ③ 자유주의 입장은 자발적 동의에 의한 성적 관계가 정당화될 수 있다고 보며, 중도주의 입장은 사랑이 동반된 성적 관계는 정당화될 수 있다고 보지만, 자유주의와 중도주의 모두 타인에게 피해를 주지 않는 한에서 이루어져야 한다는 조건까지 지켜져야 한다고 본다. ② 보수주의 입장에 대한 설명이다. ④ 성의 생식적 가치는 출산을 통해 이루어지는 가치를 뜻한다. 자유주의 입장은 성의 생식적 가치 실현을 강조하지 않는다.

05 사랑과 성의 관계 이해 　　　　　정답 ⑤

문제 분석 갑은 '사랑 있는 성'을 강조하는 중도주의 입장, 을은 보수주의 입장이다.

정답 찾기 ⑤ 중도주의와 보수주의 모두 자발적인 동의 내에서 성적 관계가 이루어져야 한다고 본다. 중도주의는 자발적인 동의가 바탕이 된 사랑이 있는 성적 관계를, 보수주의는 자발적인 동의가 바탕이 된 결혼을 통한 성적 관계를 정당하다고 본다.

오답 피하기 ① 중도주의 입장은 성의 목적을 쾌락의 가치를 추구하는 것으로 보지 않는다. 타인에게 해악을 주지 않는 범위에서 성인들의 자발적인 동의에 따른 성적 쾌락의 가치를 추구하는 것은 자유주의 입장이다. ② 결혼의 틀 내에서 이루어지는 출산을 목적으로 하는 성을 정당화하는 것은 보수주의 입장이다. ③ 보수주의는 성과 결혼을 상호 독립적인 별개의 것이라고 보지 않는다. 보수주의는 결혼과 출산 중심의 성 윤리를 제시하였다. ④ 보수주의는 성은 부부간의 신뢰와 사랑을 전제로 할 때만 도덕적이라고 본다.

06 성 상품화에 대한 칸트의 입장 이해 　　　　　정답 ⑤

문제 분석 제시문의 사상가는 칸트이다.

정답 찾기 ⑤ 칸트는 쾌락이나 행복을 따르는 행위가 아닌 오로지 의무 의식과 선의지에 따른 행위만이 도덕적 가치를 지닌다고 보았다.

오답 피하기 ①, ②, ③, ④ 칸트에게 있어 성 상품화는 인간을 수단화하고 도구화하는 것이다. 칸트는 인간의 존엄성을 강조하면서 인간을 수단이 아닌 목적 그 자체로 대우할 것을 주장하였다. 칸트는 인간에게 의무로 주어진 보편적인 도덕 법칙을 따르고, 자신이 세운 주관적 행위 원리인 준칙이 보편화 가능한지를 검토해야 한다고 보았다.

07 음양론의 관점에서 본 부부 　　　　　정답 ②

문제 분석 (가)는 동양의 음양론에 대한 관점이며, (나)의 ㉠에 들어갈 단어는 부부이다.

정답 찾기 ② 음양론에서는 음과 양이 상호 의존하는 가운데 조화를 이루어 만물을 생성함을 강조하고 있다. 이러한 관점에서 볼 때, 부부 관계 역시 각자의 덕목을 실천하면서 서로를 보완해주어야 한다고 볼 수 있다.

오답 피하기 ① 혈연적 관계에 기초하여 친애를 실천해야 하는 관계는 형제자매 관계이다. 부부 관계는 혈연 관계가 아니다. ③ 부부는 서로

동등한 입장에서 각자가 부족한 부분을 채워주는 상호 보완적인 관계를 수립해야 한다. ④ 음양론에 따르면 부부의 역할은 고정되어 있는 것이 아니라, 시대와 상황에 따라 달라지는 것으로 볼 수 있다. ⑤ 형제자매에 대한 설명이다.

08 부모 자녀 간의 윤리 이해 　　　　　정답 ①

문제 분석 제시문은 효의 실천에 대해 논하고 있다. 효는 부모의 사랑과 은혜에 대한 응답이다. 효는 예(禮)와 의(義)를 바탕으로 하는 것이므로, 부모에 대한 맹목적인 복종은 진정한 효라고 할 수 없다. 어버이는 어버이답고 자식은 자식답게 되는 것이 효라고 볼 수 있다.

정답 찾기 ① 부모의 잘못에 대해서는 바른 선택을 하실 수 있도록 정직하게 말씀드리는 간언을 해야 한다. 단, 부모의 잘못을 간언할 때는 공경하는 마음과 공손한 태도를 갖추는 것이 예(禮)이다.

오답 피하기 ② 부자간은 서로 간의 도덕적 완성을 돕는 관계이므로 맹목적 복종은 효가 아니다. ③ 효는 부자자효(父慈子孝)를 바탕으로 하는 호혜적, 상호적 윤리 규범이다. 자식이 먼저 효를 행해야만 부모가 자식을 사랑하는 것은 아니다. ④ 부모가 잘못할 경우에는 공손하게 간언을 해야 한다. ⑤ 부자간에는 부자간의 사랑과 정이 있기 때문에 그에 어울리게 간언해야 한다.

09 형제자매 간의 윤리 이해 　　　　　정답 ③

문제 분석 ㉠은 '형제자매'이다.

정답 찾기 ③ 형제자매는 기본적으로 형과 아우의 순서가 있는 상하 관계이면서도 한 부모 아래 동기(同氣)라는 점에서 횡적 관계를 이룬다.

오답 피하기 ①, ② 부부 관계에 대한 설명이다. ④ 형제자매는 서로 같은 세대에 속하므로 같은 항렬을 사용한다. ⑤ 형제자매는 상하 관계에 따른 장유유서의 도리가 적용된다.

10 부모 자녀 간의 윤리 이해 　　　　　정답 ⑤

문제 분석 (가)는 유교 사상가인 공자의 주장이다. 공자에 따르면, 인(仁)은 사람들 간의 바람직한 인간관계와 그러한 관계를 이루어 내는 마음가짐을 의미하는 개념이다. (나)의 ㉠은 효(孝)이다.

정답 찾기 ㄴ, ㄷ, ㄹ. 유교에서 우애의 정신은 효와 밀접한 관련이 있는 것이며, 부모에게 정성스럽게 간언하는 것도 효의 실천이라고 보았다. 부모의 뜻을 헤아려 실천함으로써 부모를 기쁘게 해드리는 것 또한 부모에 대한 감사의 마음을 실천하는 것이라고 보았다.

오답 피하기 ㄱ. 유교에서는 부모에 대한 보은의 마음을 가지는 것만으로 그치지 않고 정성스러운 봉양을 통해 부모에 대한 사랑과 존경의 마음을 올바르게 표현하고 그것을 실천하는 것이 진정한 효라고 보았다.

11 부부간의 윤리 이해 　　　　　정답 ③

문제 분석 (가)는 유교 사상이고, (나)의 ㉠은 부부이다.

정답 찾기 ㄴ. 유교에서는 부부간에 부부유별(夫婦有別)의 덕목이 필요하다고 보았다. 부부유별은 서로 간의 분별이 있어야 함을 의미한다. ㄹ. 유교에서 부부는 서로의 역할을 존중하고, 손님 대하듯 공경하는 자세[相敬如賓]를 지녀야 함을 강조한다.

오답 피하기 ㄱ. 부부는 혈연적 관계를 맺고 있지 않다. ㄷ. 부부는 항렬이 다르다고 표현하지 않는다.

12 부모 자녀 간의 윤리 이해 　　　　　　　　정답 ④

문제 분석 제시문은 유교 경전 중의 하나인 "효경"의 내용 중 일부이다.

정답 찾기 ④ 유교 사상에 따르면 부모를 사랑하고 공경하는 사람은 타인을 사랑하고 공경하며, 천자가 사랑과 공경으로 어버이를 섬기면 백성들이 이를 모범으로 삼아 배우게 된다. 부모에 대한 효의 정신은 부모가 어떤 행동을 하는지에 따라 달라지는 조건부 사랑이 아니다.

오답 피하기 ① 유교 사상에서는 자기 부모를 먼저 섬기고 그 사랑의 정신을 바탕으로 남의 부모를 섬겨야 한다고 본다. ② 유교 사상에서는 군자뿐만 아니라 보통 사람도 사랑과 공경으로 어버이를 섬겨야 한다고 본다. ③ 유교 사상에서는 부모의 잘못에 대해 부드럽게 예의를 갖추어 간해야 한다고 본다. ⑤ 유교 사상에서는 살아계실 때뿐만 아니라 돌아가신 후 장사지낼 때에도, 제사지낼 때에도 모두 예(禮)를 갖추어 효를 실천해야 한다고 본다.

킬러 문항 완전 정복
본문 p.26~27

01 ⑤　　　02 ④　　　03 ③　　　04 ③

01 프롬의 사상 이해 　　　　　　　　정답 ⑤

자료 분석

문제 분석 그림의 강연자는 프롬이다.

정답 찾기 ㄱ. 프롬은 사랑은 서로 전혀 모르고 지냈던 두 사람이 만나 서로를 인격적인 존재로 바라보게 한다는 점에서 중요한 윤리적 의미를 지니고 있다고 보았다. ㄷ. 프롬은 성적 매력과 성적 결합에 의해 주도되고 이와 결합될 때 갑자기 친밀해지는 기적이 일어날 수 있으나 이러한 유형의 사랑은 그 성격상 지속적이지 못하고, 결국 서로에 대한 적대감과 실망감으로 실패하게 된다고 주장하였다. ㄹ. 프롬은 사랑의 구성 요소 중 존경은 사랑을 지배하고 소유하는 것이 아니라 상대를 있는 그대로 보는 것이라고 보았다.

오답 피하기 ㄴ. 프롬은 어떤 사람들은 고통을 감수하는 희생이라는 의미에서 사랑을 '주는 것'이라고 보지만, 그들은 모두 사랑에 대해 오해하고 있다고 보았다. 프롬은 상대방의 생명과 성장에 적극적인 관심을 가지고, 자발적으로 책임지고 착취 없이 존경하는 것이 생산적인 활동의 '주는' 사랑이며, 사랑이 추구해야 하는 가치라고 보았다.

02 사랑과 성의 관계 이해 　　　　　　　　정답 ④

자료 분석

보수주의
(가) 성의 목적은 신으로부터 주어졌으며 그것은 부부간 출산함에 있다. 그러므로 신이 부여한 출산이라는 목적에 이르지 못하는 성은 모두 부도덕하다. 인간의 모든 행동은 신의 섭리에 부합할 때 자신의 본질에 가장 가깝게 된다.
└ 출산을 강조하는 보수주의 입장

중도주의
(나) 성은 상대방과의 진정한 합일의 상태를 향해 가는 것이다. 사랑이 없는 성은 몸과 마음이 분리되는 인격의 파편화를 초래하여 인격의 통합성을 파괴한다. 사랑이 없는 성은 출산에 관련된 것일지라도 도덕적이라고 할 수 없다.
└ 사랑을 강조하는 중도주의 입장

문제 분석 (가)는 보수주의 입장, (나)는 중도주의 입장이다.

정답 찾기 ④ (가)는 부정, (나)는 긍정의 답을 할 질문이다. 남녀 간의 성적 활동이 도덕적이기 위한 필수적인 전제 조건이 사랑이라고 보는 것은 중도주의 입장이다. 보수주의는 출산과 결혼 중심의 성 윤리를 제시한다.

오답 피하기 ①, ③ (나)가 부정의 대답을 할 질문이다. ② (가)는 부정, (나)는 긍정의 대답을 할 질문이다. ⑤ (가)가 긍정의 대답을 할 질문이다.

03 보부아르의 양성평등 사상 이해 　　　　　　　　정답 ③

자료 분석

└ 남성
주체는 타자와 직접 대립하지 않고서는 자신을 주체로 정의할 수 없다. 주체
└ 여성
는 타자와 직접 대립함으로써 자신을 주체로 파악하며 자신을 '본질'로, 타자를 비본질적인 '객체'로 설정한다. 자기를 주체로 정립한 남성에 의해 여성은 타자로 정의되었다. 주체는 대립함으로써 자신의 지위를 확보하며 자기를 본질로, 비본질적인 것을 객체로 설정함으로써 자신을 확보해간다. 남녀 사이에는 상호성과 상대성이 없으며, 남성만이 유일한 본질이며 여성은 자신을 주체로 정립한 남성에 의해 순수한 타자로 규정되었다. 여성의 모든 역사는 남성에 의해 만들어진 것이며, 여성은 여성으로 태어나는 것이 아니라 만들어지는 것이다.
→ 보부아르는 "제2의 성"이라는 책에서 여성이 사회속에서 '여성다움'을 강요받아 왔다고 지적하고 생물학적 차이를 이유로 여성을 부당하게 차별하는 것은 잘못이라고 주장하였다.

문제 분석 제시문은 보부아르의 주장이다. 보부아르는 남성은 '주체'이자 '절대'이지만, 여성은 '객체' 또는 '타자'로 인식되어 스스로의 삶을 선택하고 결정하지 못하고 남성들의 시각과 가치에 따라 살아가야만 하는 현실을 비판한다. 그녀는 "여성은 태어나는 것이 아니라 그렇게 만들어지는 것이다."라는 말을 통해 여성 역시 자유롭고 주체적인 존재라는 점에서 남성과 다르지 않다고 주장한다.

정답 찾기 ③ 보부아르는 여성이 주체가 아닌 객체로서의 삶을 살아가거나 타자로서의 삶을 살아가서는 안 된다고 본다.

오답 피하기 ①, ②, ④ 보부아르는 남녀의 선천적 차이를 근거로 주체와 타자를 구분해서는 안 된다고 본다. 또한 남녀 중 어느 한쪽이 유일한 본질로서 존재하는 것도 아니라고 본다. 즉, 남녀 중 어느 한쪽이 주체이자 절대로, 반대로 어느 한쪽이 객체 또는 타자로 인식되는 것에 반대하였다. ⑤ 보부아르는 사회적으로 부여된 여성의 역할은 남성에 의해 규정지어진 것이라고 비판하였다.

04 부자(父子), 형제자매 간의 윤리 이해 정답 ③

자료 분석

○ 오륜(五倫)에서는 [㉠] (부자(父子)) 관계에서 서로 간에 친(親)함이 있어야 한다고 본다. [㉠] 관계는 서로 다른 남이 만나 자녀를 낳은 이후에 이루어지는 관계이다.

○ 전통 사상에서는 [㉡] (형제자매) 관계를 부모의 골육을 함께 받았기에 동기간(同氣間)이라고 하며, 서로 간의 친애를 효(孝)의 실천으로 보았다. (└ 자주 출제되는 선지) [㉡] 관계는 일반적으로 인간의 삶 동안에 가장 오래 지속되는 관계이다.

문제 분석 ㉠은 '부자'이고, ㉡은 '형제자매'이다. 부자 관계는 부부의 사랑의 결실을 통해 맺어지고, 서로 사랑하게 되어 있는 사이이며, 수직적 관계이다. 형제자매 관계는 부자 관계에 비해 비교적 수평적 관계이며, 서로 사랑하면서도 경쟁을 하기도 하는 관계이다.

정답 찾기 ③ 부자 관계와 형제자매 관계는 모두 인위적인 선택에 의해 맺어지는 관계가 아닌 천륜 관계이다.

오답 피하기 ① 부자 관계는 서로 끊을 수 없는 친밀한 관계이다. ② 형제자매 관계에서는 장유유서의 도리가 강조된다. ④ 형제자매 관계는 사랑과 경쟁의 양면을 갖고 있다. ⑤ 부자 관계와 형제자매 관계는 모두 상하 관계에 따른 위계질서를 가지고 있다. 하지만 이러한 위계질서는 우열에 근거한 절대적인 질서가 아니라 윗 사람은 아랫 사람을 보살피고 사랑하며, 아랫 사람은 윗 사람을 따르고 존경하는 의미의 사랑의 정신으로 이해된다.

Ⅲ. 사회와 윤리

04강 직업과 청렴의 윤리

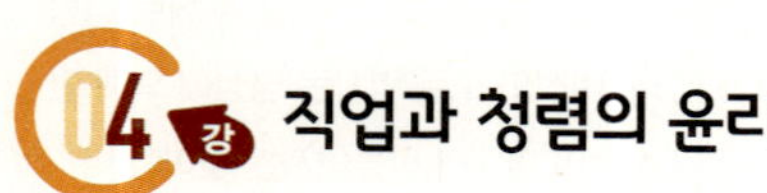
대표 기출 VS 고난도 기출

본문 p.30

순한맛 ④   매운맛 ③

순한맛 순자와 맹자의 직업관 비교 정답 ④

문제 분석 갑은 순자, 을은 맹자이다. 참고로, 순자와 맹자는 모두 유교 사상가에 해당한다.

정답 찾기 ④ 맹자에 따르면 육체노동에 종사하는 일반 백성들은 항산(생계 수단)이 있어야 항심(도덕성)을 유지할 수 있다.

오답 피하기 ① 순자는 각자의 적성과 능력에 따라 사회적 역할을 분담하는 예(禮)에 따를 것을 강조하였다. ② 순자에 의하면 다스리는 사람인 군자는 도를 익혀 정통해야만 자신의 직분인 다스리는 일을 완수할 수 있다. ③ 맹자는 마음을 쓰는 정신노동과 몸을 쓰는 육체노동이 상호 보완적 관계에 있음을 강조하였다. ⑤ 순자와 맹자는 공통적으로 사회적 역할 분담을 통해 상호 보완적으로 사회가 질서를 유지하며 조화와 발전을 이루어간다고 보았다.

매운맛 마르크스와 칼뱅의 직업관 비교 정답 ③

①	②	③ 함정	④	⑤
6.2%	6.9%	62.3%	14.0%	10.6%

자료 분석

마르크스
갑 : 인간은 노동을 통해 자기의 본질을 실현하고자 한다. 그러나 자본주의하에서는 노동의 본질이 왜곡된다. 노동자는 생계유지를 위해 자신의 노동을 자본가에게 팔아야 하기 때문에 생산을 위한 도구로 전락한다.
→ 인간은 노동을 통해 자기의 본질을 실현해 나가는 존재이지만, 자본주의하에서는 노동의 본질이 왜곡된다고 주장하는 사회주의 사상가인 마르크스의 입장

칼뱅
을 : 인간은 구원을 예정해 놓은 신의 부르심[召命]에 노동을 통해 응답해야 한다. 왜냐하면 신은 여러 가지 삶의 양식(樣式)들을 구분해 놓음으로써 각 개인이 해야 할 일을 정해 두었기 때문이다.
→ 구원 예정설과 직업 소명설을 주장하고 있는 종교 개혁 사상가인 칼뱅의 입장

문제 분석 갑은 마르크스, 을은 칼뱅이다.

정답 찾기 ㄴ. 칼뱅은 노동을 속죄의 수단으로 여기는 기존의 중세 그리스도교적 노동관에서 탈피하여 직업은 신이 인간에게 부여한 소명으로서 노동을 통하여 이웃 사랑을 실천할 것을 강조하였다. ㄹ. 마르크스는 노동이 인간의 본질을 실현하는 행위라고 보았으며, 칼뱅은 신의 거룩한 부름에 따라 행하는 것이라고 보았다.

오답 피하기 ㄱ. 마르크스는 오로지 이윤의 극대화만을 추구하기 위한 자본주의적 분업이 오히려 노동으로부터의 소외를 초래하였다고 보았다. ㄷ. 마르크스는 사유 재산제가 인간의 인간에 대한 착취를 야기하여 불평등을 심화시키고 노동 소외를 초래하는 근본 원인이라고 보아, 사유 재산제의 철폐를 주장하였다.

함정 피하기

ㄴ을 정답으로 선택하지 못한 학생은, 직업을 신의 소명에 대한 응답이라고 강조한 칼뱅의 입장이 철저하게 종교적이라고만 해석하여 세속적 삶과는 무관하다고 보았을 가능성이 높다. 칼뱅은 직업이 신이 부여한 소명임을 알고 순종할 것과 함께, 직업을 통해 얻은 이익을 이웃과 나눌 것을 강조하였음을 분명히 이해해야 한다.

실전 문제

본문 p.31~33

| 01 ① | 02 ② | 03 ① | 04 ③ | 05 ② | 06 ④ |
| 07 ② | 08 ② | 09 ④ | 10 ③ | 11 ③ | 12 ⑤ |

01 노동에 대한 마르크스와 베버의 입장 비교 정답 ①

문제 분석 갑은 마르크스, 을은 베버이다.

정답 찾기 ① 마르크스에 따르면 자본주의 사회에서 노동자의 노동은 소외된 노동이다. 마르크스는 노동자가 소외에서 벗어나기 위해서는 사적 소유를 폐지해야 한다고 주장한다.

오답 피하기 ② 마르크스에 따르면 분업은 정신적 능력을 쇠퇴시키며 소외를 심화시킨다. ③ 베버는 노동 계급에 강제된 금욕과 직업 노동을 의무로 여기는 청교도적 윤리가 결합하여 노동 생산성을 촉진시켰다고 본다. ④ 베버는 청교도가 노동을 은총 상태를 확인하기 위한 수단으로 파악함으로써 노동을 종교적 실천으로 여겼다고 본다. ⑤ 마르크스는 분업

이 생산성을 대폭 향상시켰다고 보았고, 베버는 소명 의식에 기반한 노동이 자본주의 발전에 기여했다고 본다.

02 마르크스의 노동관 이해 　　　　정답 ②

문제 분석 제시문은 마르크스의 주장으로, ㉠에는 마르크스의 입장에 부합하는 내용이 들어가야 한다.

정답 찾기 ㄱ. 마르크스는 노동을 통해 인간의 본질을 실현할 수 있다고 보았지만, 자본주의 체제하에서의 분업은 인간을 노동으로부터 소외되게 만든다고 주장하였다. ㄹ. 마르크스는 자본주의 체제를 생산 수단을 독점한 자본가 계급이 생산 수단을 소유하지 못한 노동자 계급을 착취하는 불평등한 사회라고 보아, 사적 소유제를 철폐하고 생산 수단을 공유화하여 만인이 평등한 사회를 실현해야 한다고 주장하였다.

오답 피하기 ㄴ. 마르크스는 자본가 계급과 노동자 계급의 연대가 가능하다고 보지 않았고, 분업이 오히려 노동 소외를 심화시킨다고 보았다. ㄷ. 마르크스는 분업이 자본가 계급의 이익을 증대시키는 데 기여한다고 보았다.

03 칼뱅의 직업관 이해 　　　　정답 ①

문제 분석 제시문을 주장한 사상가는 칼뱅이다.

정답 찾기 ㄱ. 칼뱅은 물질적 번영은 신의 축복이 확실하나, 그것은 가난한 자들과 못 가진 자들을 위해 나누기 위함이지 자신만을 위한 것이 아니라고 주장하면서, 소명을 받은 자가 사회에 유익을 끼치며 사는 삶보다 더 신에게 칭찬받을 만한 일은 없다고 강조하였다. ㄴ. 칼뱅은 신이 각 사람에게 독특한 생활양식을 지정하였다고 본다. 그는 모든 직업이 신의 부름, 즉 소명에 따라 이루어지는 것이므로 각자는 자신의 직업을 성실하게 수행하여 소명을 적극적으로 실천해야 한다고 주장하였다.

오답 피하기 ㄷ. 칼뱅은 구원에 대한 내적 확신만을 강조하며, 부의 축적이 구원의 확신을 얻기 위해 필수적이라고 주장하지는 않았다. ㄹ. 칼뱅은 직업에서의 노동이 신의 명령을 따르고 이웃을 사랑하는 차원에서 이루어져야 한다고 주장하였다.

04 맹자와 순자의 직업관 비교 　　　　정답 ③

문제 분석 갑은 맹자, 을은 순자이다.

정답 찾기 ③ 순자는 각자의 적성과 능력에 따라 순서와 역할을 정하는 사회적 역할 분담을 중시하였으며, 사회적 역할 분담의 기준으로 예(禮)를 강조하였다.

오답 피하기 ① 맹자와 순자는 공통적으로 사회적 부의 증대를 도모하기 위해서는 사회적 역할 분담이 필요하다고 보았다. ② 맹자는 대인이 하는 정신노동과 소인이 하는 육체노동의 구분이 필요하다고 주장하면서 농사를 짓는 일과 천하를 다스리는 일을 동시에 할 수 없음을 강조하였다. ④ 순자는 하늘이 인간의 삶과 무관하게 존재하는 자연일 뿐이라고 보았기에 직업을 하늘이 인간에게 내린 명령이라고 보지 않았다. ⑤ 순자는 빈부와 귀천의 차등이 있어야 사회가 안정적으로 유지될 수 있다고 보았다.

05 맹자와 칼뱅의 직업관 비교 　　　　정답 ②

문제 분석 갑은 항산이 있어야 항심을 유지할 수 있음을 강조하는 동양

의 유교 사상가인 맹자이며, 을은 직업 소명설을 주장한 서양의 종교 개혁 사상가인 칼뱅이다.

정답 찾기 ② 맹자는 대인은 마음을 쓰는 정신노동을 하고, 소인은 몸을 쓰는 육체노동을 해야 한다고 보았다.

오답 피하기 ① 맹자는 직업 활동을 통해 선한 마음이 확충될 수 있다고 보아 직업을 선택할 때 신중할 것을 강조하였다. ③ 칼뱅은 모든 직업을 신이 인간에게 부과한 명령, 즉 소명(召命)이라고 본다. ④ 칼뱅은 부의 축적이 직업의 궁극적 목적이라고 보지 않는다. ⑤ 칼뱅의 입장에만 해당한다. 맹자는 신이 사람들에게 직업을 정해 준다고 보지 않는다.

06 칼뱅, 마르크스, 맹자의 직업과 노동에 대한 입장 이해 　정답 ④

문제 분석 갑은 종교 개혁 사상가인 칼뱅, 을은 사회주의 사상가인 마르크스, 병은 유교 사상가인 맹자이다.

정답 찾기 ④ 칼뱅과 마르크스는 노동이 단순한 생계유지 수단 이상의 의미를 지닌다고 보았다. 칼뱅은 소명으로서의 직업 노동을 통해 신의 영광을 드러내고 종교적 가치를 실현할 수 있다고 보았고, 마르크스는 노동은 삶 속에서 인간의 본질을 실현하게 해 주는 창조 활동이라고 보았다.

오답 피하기 ① 중세 그리스도교의 노동관에 해당한다. 칼뱅은 직업 생활에서의 노동을 신의 부르심, 즉 소명에 따르는 활동이라고 보았다. ② 마르크스는 자본주의 사회에서의 분업 노동은 오로지 생산성 증대만을 목표로 하는 것으로, 인간 소외를 발생시킨다고 보았다. ③ 맹자는 대인이 하는 마음을 쓰는 일과 소인이 하는 힘을 쓰는 일을 구분하면서 각자가 자신의 역할에 충실하여 전체적으로 조화를 이루는 분업의 원리를 강조하였다. ⑤ 마르크스는 사적 소유제를 철폐하고 생산 수단을 공유하여 분배의 평등을 실현한 것을 강조한 사회주의 사상가이다.

07 기업의 사회적 책임에 대한 입장 비교 　　　　정답 ②

문제 분석 갑은 기업이 공익 실현을 사회적 책임으로 수용할 때 장기적으로 기업의 이익에 도움이 된다고 본다. 을은 기업의 사회적 책임은 오직 시장의 질서를 준수하면서 이윤 극대화에 힘쓰는 것이라고 본다.

정답 찾기 ㄱ. 갑은 기업이 사회적 책임에 힘써야 한다는 입장이므로 기업은 모든 사회적 책임으로부터 자유로워야 하느냐는 질문에 부정의 대답을 할 것이다. 을은 시장의 질서를 준수하면서 기업 이익의 극대화를 추구하는 것이 기업의 사회적 책임이라고 보므로 이에 대해서까지도 기업이 자유로워야 하느냐는 질문에 부정의 대답을 할 것이다. ㄷ. 시민 단체 등이 공익 증진을 본질적 목적으로 삼아 설립된 집단이라면, 기업은 본질적으로 합법적 수단과 절차를 통한 이윤의 극대화를 목적으로 설립된 집단이다. 따라서 질문 자체가 성립하지 않는 내용이므로 갑, 을 모두가 부정의 대답을 할 것이다.

오답 피하기 ㄴ. 갑, 을 모두 긍정의 대답을 할 질문이다. ㄹ. 갑은 긍정, 을은 부정의 대답을 할 질문이다.

08 기업의 사회적 책임에 대한 입장 파악 　　　　정답 ②

문제 분석 제시문의 '나'는 기업에 이윤 극대화 이외의 다른 사회적 책임을 강요해서는 안 된다는 프리드먼이며, '어떤 사람들'은 기업이 사회적 책임을 다해야 한다는 입장이다.

정답 찾기 ② 프리드먼은 주주의 요구에 부응하는 기업 운영을 해야 하며, 사회적 이익을 위해 주주들의 이익이 침해되어서는 안 된다고 보았다.
오답 피하기 ① 프리드먼은 기업이 시장 경제에서 자유 경쟁을 할 수 있어야 한다고 본다. ③ 프리드먼은 기업의 사회적 책임이 바로 이윤 극대화임을 강조하였다. ④ 프리드먼에 따르면 주주의 이익 제공을 넘어선 기업 활동은 자유 시장 경제 질서에 위배된다. ⑤ 프리드먼은 기업이 이윤 추구 이외의 사회적 책임을 수행하는 데에 반대한다.

09 기업의 사회적 책임에 대한 입장 파악   정답 ④

문제 분석 제시된 강연자는 기업이 이윤 추구를 목적으로 하는 집단임을 인정하면서도 기업은 이윤 추구 외에 인권 존중, 자선 활동과 같은 사회적 책임을 적극적으로 수행해야 한다고 본다.
정답 찾기 ㄱ, ㄴ. 기업은 주주에 대해서 직접적인 책임을 져야 한다. 단지 기업에 사회적 책임을 강요해서는 안 된다는 입장에서는 기업은 오직 주주에 대해서만 직접적인 책임을 져야 한다고 보는 데 비해, 기업이 사회적 책임에 충실해야 한다는 입장에서는 그에 더해 사회적 영향력을 고려한 윤리적 책임까지 기업에게 부과한다는 데 차이점이 있는 것이다.
ㄹ. 기업의 이윤 추구 활동은 합법적인 경우 자유롭게 보장되어야 한다.
오답 피하기 ㄷ. 강연자는 기업의 설립 목표가 공공의 이익 실현이 아니라, 이윤 추구에 있음을 인정하고 있다.

10 프리드먼과 애로우의 입장 비교   정답 ③

문제 분석 갑은 프리드먼, 을은 애로우이다.
정답 찾기 ③ 애로우는 적극적으로 사회적 책임을 다하는 기업은 기업의 이미지가 개선되어 기업의 매출이 늘어날 것이라고 보았다.
오답 피하기 ①, ② 프리드먼은 기업의 목적이 이윤 추구를 극대화하는 것이라고 보았다. ④ 애로우는 기업의 사회적 책임 수행은 소비자의 신뢰를 얻게 해줌으로써 장기적 이익의 증대에 기여할 것이라고 보았다. ⑤ 프리드먼과 애로우는 공통적으로 기업의 이윤 추구 과정이 합법적이어야 한다고 보았다.

11 정약용과 플라톤의 공직자 윤리 이해   정답 ③

문제 분석 목민관으로서 갖추어야 할 덕과 행위 규범에 대해 강조하고 있는 갑은 조선 시대 실학 사상가인 정약용이다. 참고로 목민관은 백성을 다스려 기르는 벼슬아치라는 뜻으로, 고을의 원(員)이나 수령 등의 외직 문관을 통틀어 이르는 말이다. 그리고 통치자들은 공적 영역에 충실하기 위해 사유 자산을 가져서는 안 된다고 주장하는 을은 고대 그리스의 사상가인 플라톤이다.
정답 찾기 ③ 플라톤은 인간의 영혼이 '이성-기개-욕망'이라는 세 부분으로 나누어져 있다고 보았으며, 각 개인이 지니고 있는 주된 영혼의 부분에 따라 국가를 이루고 있는 구성원들 또한 '통치자-방위자-생산자' 계급으로 역할이 나누어진다고 보았다. 그리고 사회 구성원 각자가 자신의 역할과 본분에 해당하는 덕을 잘 발휘하여 전체적으로 조화를 이룰 때 비로소 정의로운 국가가 실현된다고 주장하였다. 이러한 플라톤의 입장에 따르면 통치자는 지혜의 덕을 잘 발휘하여 정의로운 국가의 실현을 위해 노력해야 한다.

오답 피하기 ① 정약용은 공직자가 공적 업무와 사적 업무의 경계를 철저히 하고, 공적 업무를 우선시해야 한다는 입장이다. ② 정약용은 청렴이 공직자가 갖추어야 할 가장 우선적이고 필수적인 덕목이라고 보았다. ④ 플라톤은 시민들이 통치에 직접 참여하는 민주주의 정치를 중우 정치(어리석은 군중들에 의한 정치)라고 비판하면서 통치는 오직 지혜의 덕을 갖춘 통치자 계급만이 전담해야 한다고 보았다. ⑤ 다스리는 자의 사유 재산을 금지하는 것은 플라톤의 입장에만 해당한다. 정약용은 다스리는 자가 청빈하게 살며 절용해야 한다고 강조하였지만, 사유 재산을 금지해야 한다고 보지는 않았다.

12 정약용의 공직자 윤리 파악   정답 ⑤

문제 분석 제시문은 정약용의 주장이다.
정답 찾기 ⑤ 정약용에 의하면 목민관은 백성을 사랑하는 애민 정신을 바탕으로 백성을 보살피는 정치를 해야 한다. 즉, 정약용은 목민관과 백성이 사적으로 서로 신세를 지고 또 갚는 상호 호혜적 관계에 있다고 보지 않았으며, 목민관이 받은 선물이 아무리 하찮은 것이라도 신세지는 정이 맺어지면 이미 사사로움이 행해진 것이라고 보아 경계하였다.
오답 피하기 ① 정약용은 재화를 숭상하고 의리를 미천하게 여기는 사람들은 공적 업무를 제대로 처리할 수 없다고 보았다. ② 청렴한 관리는 백성들의 신임을 얻을 수 있고, 백성들의 신임을 받고 있는 관리는 더 높은 관직에 오를 수 있다. 이러한 관점에서 정약용은 포부가 큰 사람은 반드시 청렴하고자 한다고 주장한 것이라 할 수 있다. ③ 정약용은 당시의 공직 사회에서 발생하는 대부분의 부조리의 원인은 행정에 종사하는 목민관들의 전문성 결여에서 발생하는 것이라고 보고, 목민관들은 실용적인 행정 업무 처리 능력을 갖추어야 한다고 강조하였다. ④ 정약용은 목민관이 갖추고 있는 인성적 측면이 그의 통치 행위에 반영된다고 보아, 목민관은 애민 정신과 지혜를 갖추고 절용을 실천해야 한다고 강조하였다.

킬러 문항 완전 정복

본문 p.34~35

01 ①	02 ③	03 ②	04 ③

01 맹자, 순자, 플라톤의 직업관 비교   정답 ①

자료 분석

맹자
갑 : 대인(大人)이 할 일이 따로 있고 소인(小人)이 할 일이 따로 있다. 나라를 다스리는 일을 밭을 갈면서 할 수는 없다. → 정신노동을 하는 대인의 일과 육체노동을 하는 소인의 일을 구별하여 사회적 분업과 직업 간 상호 보완성을 강조하는 맹자의 입장

순자
을 : 왕이나 사대부의 자손이라도 예의에 맞지 않으면 일반 서민으로 귀속시키고, 서민의 자손이라도 학덕을 쌓고 품행이 단정하면 재상이나 사대부로 귀속시켜야 한다. → 각자의 적성과 능력에 따라 사회적 역할을 분담하는 기준으로 예(禮)를 강조하는 순자의 입장

플라톤
병 : 수호자들로부터 신통찮은 자손이 나올 경우 이 사람은 다른 계층으로 보내야 하고, 다른 계층으로부터 빼어난 자손이 나올 경우 이 사람은 수호자 계층으로 보내야 한다. → 신분의 세습이 아니라 각자가 갖추고 있는 영혼과 덕에 따라 역할을 부여해야 한다는 플라톤의 입장

공적인 영역에 종사하는 '통치자+방위자'를 의미하는 플라톤의 핵심 개념어
사적인 영역에 종사하는 '생산자' 계층을 의미함

[문제 분석] 갑은 맹자, 을은 순자, 병은 플라톤이다.

[정답 찾기] ① 맹자는 일반 백성은 일정한 생업이 없으면 이로 인해 일정한 마음을 가질 수 없지만, 선비는 일정한 생업이 없더라도 일정한 마음을 가질 수 있다고 보았다.

[오답 피하기] ② 순자는 재화에 대한 욕망을 인정하면서 동시에 적절하게 절제할 필요성을 강조하였다. ③ 플라톤은 국가를 이루는 통치자, 방위자, 생산자의 세 계층 간 역할의 교환이나 참견이 나라의 질서와 조화를 해쳐 파멸을 가져다줄 것이라고 보았다. ④ 맹자는 공자의 정명 사상을 계승하여 임금답지 못한 임금은 이미 임금이라 할 수 없으므로 백성들의 뜻에 따라 물러나게 하고 새로운 왕조로 대체할 수 있다는 역성 혁명론을 주장하였다. ⑤ 순자의 입장에만 해당한다. 플라톤은 이성, 기개, 욕망이라는 영혼의 세 부분이 어떻게 상응하는가에 따라 사람들이 통치자, 방위자, 생산자의 세 계층으로 나누어진다고 보았다.

02 마르크스와 칼뱅의 직업관 비교 정답 ③

마르크스
갑 : 자본가는 노동자에게 자기 노동력의 가치보다 더 많은 노동을 하도록 요구한다. 자본주의 생산 양식에서는 생산 수단에 포함된 죽은 노동이 노동자의 살아 있는 노동을 지배하는 전도 또는 왜곡이 발생한다.
→ 자본주의 사회에서는 노동자에 대한 자본가의 노동 착취로 인해 노동 소외 문제가 초래됨을 지적하는 마르크스의 입장

칼뱅
을 : 신은 각 사람에게 그 독특한 생활 양식에 따라 의무를 지정하셨다. 그리고 아무도 자기의 한계를 경솔히 벗어나지 않도록 그 다양한 생활들을 소명이라고 부르셨다. 그러므로 각 개인에게는 신이 지정하신 생활 방식이 있다.
→ 신이 각 개인에게 의무로서 지정하신 생활 방식, 즉 소명에 따라야 함을 강조하는 칼뱅의 입장

[문제 분석] 갑은 마르크스, 을은 칼뱅이다.

[정답 찾기] ㄴ. 칼뱅은 일을 통해 얻은 이익은 이웃과 나눠야 하며, 항상 검약한 생활을 해야 한다고 보았다. 마르크스는 노동을 통해 얻은 이익을 생산 수단을 소유하고 있는 개인이나 특정 계급이 독점하는 것에 반대하였다. ㄹ. 칼뱅은 신으로부터 받은 소명인 직업 생활을 성실하게 수행한 결과물로서의 부의 축적이 곧 구원을 받는 징표라고 보지는 않았으나, 그에 대해 긍정적으로 보았으며, 인간의 구원 여부는 이미 신으로부터 정해져 있기 때문에 인간은 신을 믿고 주어진 소명을 충실하게 지켜 나가는 것이 최선이라고 보았다.

[오답 피하기] ㄱ. 마르크스는 자본주의 체제하에서 생산성 증대만을 목적으로 이루어지는 매뉴팩처의 분업 노동이 인간을 부품화하여 노동 소외를 초래한다고 본 것이지, 사회의 모든 구성원들이 자급자족을 해야 한다고 주장한 것은 아니다. ㄷ. 칼뱅뿐만 아니라 마르크스의 입장에도 해당한다. 칼뱅은 직업 노동에 성실하게 임하는 것이 신의 명령을 따르는 것이라고 보았으며, 마르크스는 인간은 노동을 통해 세상과 관계를 맺으며 자아를 실현하는 존재라고 보았다.

03 기업의 사회적 책임에 대한 입장 이해 정답 ②

애로우
갑 : 기업은 법의 테두리 내에서의 경영을 통한 재무적 성과에 대한 책임만이 아니라 적극적인 사회적 책임을 경영 전략의 하나로 받아들이고 수행할 때 기업의 주된 목적인 이익 증대에 기여할 수 있다. → 기업은 합법적 이윤 추구뿐만 아니라 사회적 책임에도 충실해야 하며, 그것이 기업의 장기적 이익에 도움이 된다는 애로우의 입장

프리드먼
을 : 자유 경제에서 기업이 지는 사회적 책임은 오로지 하나뿐인데, 이는 게임의 규칙을 준수하는 한에서 기업의 이익 극대화를 위하여 자원을 활용하고 이를 위한 활동에 매진하는 것이다. → 기업에게 합법적인 이윤 추구 활동 이외의 다른 사회적 책임을 요구해서는 안 된다는 프리드먼의 입장

[문제 분석] 갑은 기업의 사회적 책임을 강조하는 애로우, 을은 기업에게 사회적 책임을 강요해서는 안 된다는 프리드먼이다.

[정답 찾기] ② 프리드먼과 달리 애로우는 기업의 합법적인 의무와 도덕적인 책임이 양립할 수 있다고 본다.

[오답 피하기] ① 프리드먼과 애로우 모두 기업의 본질이 건전한 이윤 추구에 있다고 본다. ③ 애로우는 기업은 사회적 책임을 수행해야 하고 이는 기업의 장기적 이익 확보에도 도움이 된다고 본다. ④, ⑤ 프리드먼은 기업에 사회에 대한 적극적 책임을 강요하는 것은 자유 시장 경제의 틀을 깨뜨리는 행위이며, 기업의 본질에 대한 무지에서 나온 것이라고 본다.

04 플라톤과 정약용의 공직자 윤리 파악 정답 ③

플라톤
갑 : 공동 식사, 공동 생활 등 생활 방식뿐만 아니라 심지어는 배우자와 자식까지도 공유하는 철저한 공유제를 감당할 수 있는 사람만이 통치자가 될 수 있다. 그리고 생산자 계급은 이러한 통치자에게 절대 복종해야 한다. → 사유 재산의 소유가 가능한 생산자 계급과는 달리 국가 전체의 행복을 곧 자신의 행복으로 여기며 국가를 위해 헌신해야 하는 수호자 계급은 사유 재산을 소유할 수 없다는 플라톤의 입장

정약용
을 : 지혜가 깊은 선비는 청렴을 교훈으로 삼고 탐욕한 것을 경계하지 않는 이가 없었다. 그리고 청렴하면서 치밀하지 못하거나 재물을 내어 쓰되 실효가 없으면 또한 잘된 일이라 할 수 없다. → 청렴과 절용을 강조하며, 치밀하고 실효성 있게 업무를 수행해야 한다는 정약용의 입장

[문제 분석] 갑은 플라톤, 을은 정약용이다.

[정답 찾기] ㄴ. 정약용은 공직자가 욕심을 갖고 이익을 바라면 백성들의 고혈을 짜게 되므로 절용은 백성을 사랑하는 데 있어 공직자인 목민관이 가장 먼저 지켜야 할 일이라고 보았다. ㄷ. 정약용은 공직자가 민본과 애민의 정신을 바탕으로 공사(公私)를 엄격히 구분하여 공익을 추구하고, 업무를 수행함에 있어서 공정성과 함께 효율성도 갖추어야 한다고 보았다.

[오답 피하기] ㄱ. 공직자를 주권자인 시민의 대리인으로 파악하는 것은 민주주의의 입장이다. 플라톤은 공직자를 시민의 대리인으로 보지 않았으며, 민주주의를 중우 정치(어리석은 대중들에 의한 정치)라고 비판하면서 엘리트 정치를 이상적이라고 보았다. ㄹ. 플라톤은 공적인 영역에 종사하는 수호자는 사유 재산과 같은 사적인 것을 갖지 말아야 한다고 보았고, 정약용은 공직자가 사익보다 공익을 우선시해야 한다고 보았다.

Ⅲ. 사회와 윤리

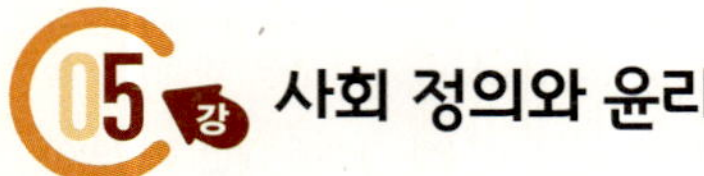

05강 사회 정의와 윤리

대표 기출 vs 고난도 기출

본문 p.39

순한맛 ①　　　매운맛 ⑤

순한맛 마르크스, 롤스, 노직의 분배 정의론　　　정답 ①

문제 분석 갑은 마르크스, 을은 롤스, 병은 노직이다.

정답 찾기 ㄱ. 마르크스는 능력에 따라 일하고 필요에 따라 분배받는 사회인 공산 사회를 이상적인 사회로 보았다. ㄴ. 롤스는 모두의 이익을 보장해야 사유 재산의 불평등이 정당화된다고 보았고, 노직은 모두의 이익을 보장하지 않아도 정당한 최초 취득, 이전, 교정의 원리에 어긋나지 않으면 사유 재산의 불평등도 정당하다고 보았다.

오답 피하기 ㄷ. 롤스가 부정의 답을 할 질문이다. 롤스가 설정한 가상적 상황인 무지의 베일 속의 사람들은 타인의 이해관계에 무관심하며 오직 자신의 이익만을 합리적으로 추구한다. ㄹ. 노직이 부정의 답을 할 질문이다. 노직은 자유롭게 이전된 소유물이라 하더라도 그 소유물의 역사적 과정에 비추어 볼 때, 부정의에 의한 취득이나 타인에게 해를 끼치고 얻게 된 소유물이라면 교정의 대상이 될 수 있다고 보았다.

매운맛 노직, 롤스, 마르크스의 분배 정의론　　　정답 ⑤

①	②	③ 🔒함정	④	⑤
4.3%	8.9%	38.9%	8.7%	39.2%

자료 분석

노직
갑 : 개인들의 소유 권리를 보장하는 것이 정의이다. 포괄적 국가는 개인의 권리를 침해할 것이므로 좁은 기능으로 제한된 최소 국가만이 정당화된다.
　　　　　　　　　　　　└ 시민의 안전 보호와 계약 집행의 감독 기능만을 수행함

롤스
을 : 개인들이 공정한 조건에서 합의한 것이 정의의 원칙이다. 개인의 기본적 자유를 보장하고 최소 수혜자에게 최대 이익이 돌아가도록 해야 한다.
　　　제1원칙(평등한 자유의 원칙) ┘　　　제2원칙(차등의 원칙) ┘

마르크스
병 : 개인들의 노동량에 따라 재화를 분배하는 것은 정의롭지 않다. 노동 소외가 극복되고 생산력이 고도화된 공산주의 사회에서는 새로운 분배 원칙이 요구된다.
　　　능력에 따라 일하고 필요에 따라 분배받음 ┘

문제 분석 갑은 노직, 을은 롤스, 병은 마르크스이다.

정답 찾기 ㄱ. 노직은 롤스의 정의의 원칙과 같은 정형화된 재화 분배 원칙은 개인의 소유 권리를 침해한다고 주장하며, 비정형화된 역사적 원칙인 소유 권리론을 주장하였다. ㄷ. 롤스는 공정한 절차에 따라 분배된다면 그 분배의 결과 역시 공정하다는 절차적 정의의 입장을 지닌다. ㄹ. 마르크스는 필요에 따른 분배를 주장하면서, 자본주의 논리의 업적에 따른 분배 원칙은 필연적으로 경제적 불평등을 초래한다고 보았다.

오답 피하기 ㄴ. 롤스는 정의의 제1원칙인 평등한 자유의 원칙이 제2원칙인 차등의 원칙과 기회균등의 원칙보다 우선시되어야 한다고 보았다. 이러한 롤스의 입장에 따르면 경제적 불평등의 극복을 위해 개인의 기본적 자유를 제한할 수 없다.

🔒 함정 피하기

〈보기〉 ㄱ에 대한 노직의 입장을 정확하게 이해하고 넘어가자. 노직은 고정적이고 객관적인 기준이 존재하는, 즉 정형화된 분배 원칙인 롤스의 정의의 원칙은 개인의 자유를 침해한다고 비판하면서, 취득과 양도의 과정에 주목하는 자신의 비정형적인 분배 이론이 개인의 소유 권리를 보장하는 이론이라고 주장하였다. 각 사상가들이 서로에게 제기할 수 있는 비판점은 선지의 내용으로 자주 출제되는 만큼 다양한 갈래의 비판점을 심도 있게 공부하도록 하자.

실전 문제

본문 p.40~43

01 ②	02 ②	03 ②	04 ④	05 ③	06 ①
07 ①	08 ②	09 ③	10 ③	11 ④	12 ④
13 ③	14 ②	15 ③	16 ④		

---

01 니부어의 사회 윤리 이해　　　정답 ②

문제 분석 제시문의 사상가는 니부어이다.

정답 찾기 ② 니부어는 개인적으로 도덕적인 사람도 집단에 속하게 되었을 때는 그 집단의 이익을 위해 비도덕적으로 행동하기 쉬우므로, 개인의 도덕적 행위는 집단의 도덕성을 결정하지 못한다고 보았다. 따라서 개인의 이타심과 애국심은 국가 간의 정의로운 행동을 보장하지 못한다.

오답 피하기 ① 니부어는 개인의 양심과 덕목의 실천만으로는 사회 정의를 실현하지 못한다고 보았기 때문에 정치적 강제력이 필수적으로 요구된다고 보았다. ③ 니부어는 국가 간 이해관계는 설득만으로 합리적으로 조정되지 않는다고 보았다. ④ 니부어는 도덕적인 개인이 모인 사회라고 할지라도 집단의 이익을 위해 행동하기 쉬운 인간의 속성으로 인해 비도덕적인 사회가 될 수 있다고 보았다. ⑤ 니부어는 개인과 집단의 도덕성은 별개라고 보면서 개인의 공동체에 대한 사랑, 이타심 등의 비이기적 태도가 오히려 집단 간 대립 상황을 초래하거나 심화시킬 수 있다고 보았다.

02 개인 윤리와 사회 윤리 이해　　　정답 ②

문제 분석 갑은 개인 윤리를 강조하는 입장이며, 을은 사회 윤리를 강조하는 니부어이다.

정답 찾기 ㄱ. 개인 윤리를 강조하는 입장에서는 개인의 도덕성 함양이 확장되어 사회 문제를 해결할 수 있다고 본다. ㄹ. 개인 윤리와 사회 윤리 모두 개인의 이타심이 사회 정의 실현에 기여할 수 있다고 본다. 다만 니부어의 사회 윤리 입장에서는 개인의 이타심만으로는 사회 정의를 실현하기 어렵고 사회적·정치적 강제력의 동원을 통해 사회 정의를 실현할 수 있다고 본다.

오답 피하기 ㄴ. 니부어는 정의 실현을 위한 비합리적 수단은 반드시 선의지의 통제를 받아야 한다고 본다. ㄷ. 니부어는 인간의 이성이 집단의 이기심에 의해 타락할 수 있다고 보았다.

03 니부어와 칸트의 사상 이해　　　정답 ②

문제 분석 갑은 사회 윤리를 강조한 니부어, 을은 개인의 도덕성 함양을 강조한 칸트이다.

정답 찾기 ② 니부어는 세력 균형이 사회 정의를 실현하는 중요한 방법이 될 수 있다고 본다.

오답 피하기 ① 칸트는 선의지에 따른 행위는 도덕적 행위가 될 수 있다고 본다. ③ 니부어는 개인의 도덕성이 사회의 도덕성보다 우월하다고 본다. ④ 칸트는 행위에 대한 도덕 판단은 행위자의 의지와 밀접하게 관련된다고 본다. ⑤ 칸트의 입장과 관련이 없다.

04 노직과 롤스의 분배 정의론 이해　　정답 ④

문제 분석 갑은 노직, 을은 롤스이다.

정답 찾기 ④ 롤스는 무지의 베일에 싸여 타인에게 무관심하며 이타심을 발휘하지 못하는 원초적 입장에서 만인에게 공정한 정의의 원칙이 도출된다고 보았다.

오답 피하기 ① 노직은 분배의 결과를 규제하는 원칙은 개인의 소유 권리를 침해한다고 보았다. 노직은 오직 분배 절차의 정당성을 따져 보아야 한다고 보았다. ② 노직은 부자에게 세금을 부과해 가난한 사람을 돕는 정책을 땀 흘려 얻은 노동에 대한 대가를 빼앗는 도둑질과 같다며 비판하였다. ③ 롤스는 정의는 공정한 절차를 통해 사회 구성원 간의 합의를 통해 이루어져야 한다고 보았다. ⑤ 노직과 롤스 모두 시장의 올바른 작동을 위한 국가의 역할을 인정하였다.

05 왈처, 롤스, 노직의 분배 정의론 이해　　정답 ③

문제 분석 갑은 왈처, 을은 롤스, 병은 노직이다.

정답 찾기 ㄴ. 롤스는 무지의 베일이라는 가상적인 상황에서 합의된 정의의 원칙에 따를 때 자연적 우연성에 의한 불평등이 정당화될 수 있다고 보았다. 반면 노직은 자연적 우연성 또한 온전히 그 개인의 소유이기 때문에 그에 따른 재화의 분배에 국가가 개입하는 것은 부정의하다고 주장하였다. ㄹ. 노직은 재화의 최초 취득, 이전, 교정의 과정이 정당하다면 그 과정을 통해 얻은 소유물에 대해서는 개인이 절대적인 소유 권리를 가지므로, 결과적으로 발생한 빈부의 격차는 정당한 것이라고 보았다.

오답 피하기 ㄱ. 왈처는 어떤 사회적 가치와 관련하여 한 시민이 지닌 어떠한 위치도 다른 영역 혹은 다른 가치와 관련된 그의 지위 때문에 침해당할 수 없음을 주장하였다. 즉, 특정 영역의 가치를 가졌다는 이유만으로 다른 분배 영역의 가치를 지배하는 것을 비판하였다. ㄷ. 롤스는 모든 사람의 경제적 처지를 향상시킨다는 이유로 공정한 기회 균등을 제한할 수 없다고 보았다.

06 롤스와 노직의 분배 정의론 이해　　정답 ①

문제 분석 갑은 롤스, 을은 노직이다.

정답 찾기 ① 롤스는 부정, 노직은 긍정의 답을 할 질문이다. 롤스는 소득과 부의 분배는 사회 구성원들이 합의한 정의의 원칙에 따라 분배되어야 한다고 보았고, 노직은 재화의 분배는 최대한 개인 간의 자유에 맡겨야 한다고 보았다.

오답 피하기 ② 롤스가 긍정의 답을 할 질문이다. 롤스는 가상 상황인 원초적 입장에서 사회 구성원들이 가장 정의로운 분배의 원칙에 합의하게 된다고 보았다. ③ 롤스와 노직 모두 부정의 답을 할 질문이다. 노직은 사회적 약자의 권리 신장을 위해 세금을 걷는 등의 행위는 강제적 착취라고 주장하며 복지를 위한 국가의 재분배를 반대하였고, 롤스는 사회적 약자의 권리 신장을 위해 다수의 이익을 제한할 수 없다고 보았다. ④ 롤스가 긍정의 답을 할 질문이다. 롤스는 천부적·자연적 자질을 통해 획득

한 재화는 정당한 절차에 따라 사회적 약자에게 재분배되는 것이 정당하다고 보았다. ⑤ 롤스와 노직 모두 부정의 답을 할 질문이다. 롤스와 노직 모두 분배의 결과는 절차의 공정성이 보장될 때 정의롭다는 절차적 정의의 입장을 지닌다.

07 왈처와 마르크스의 입장 이해　　정답 ①

문제 분석 갑은 왈처, 을은 마르크스이다.

정답 찾기 ㄱ. 왈처는 분배적 정의와 관련된 모든 가치들은 사회적 가치이며, 그 공동체의 문화적·역사적 맥락에서 의미가 부여된다고 보았다. ㄷ. 마르크스는 궁극적으로 국가의 소멸을 주장하였다.

오답 피하기 ㄴ. 마르크스는 계급이 사라진 사회에서 사적 소유권을 인정하지 않는다. 계급이 사라진 사회는 모두가 평등한 사회이며, 능력에 따라 일하고 필요에 따라 분배받는 사회이다. ㄹ. 왈처는 돈과 상품은 자유 교환에 따라, 기초 교육은 사회적 특수성과 평등의 원칙에 따라 분배되어야 한다고 보았다. 마르크스는 필요에 따른 분배를 주장하였다.

08 왈처와 롤스의 입장 이해　　정답 ②

문제 분석 (가)의 갑은 왈처, 을은 롤스이다.

정답 찾기 ㄱ. 왈처만의 입장이다. 왈처는 복합 평등을 통해 다양한 사회적 가치들이 그 고유한 영역 안에 머묾으로써 내재적 자율성이 존중된다고 보았다. ㄷ. 왈처와 롤스의 공통점이다. 왈처와 롤스 모두 복지 정책을 통해 재분배를 실현하고 이를 통해 사회 정의를 구현할 수 있다고 보았다.

오답 피하기 ㄴ. 왈처만의 입장이다. 왈처는 상이한 사회적 가치들은 상이한 근거와 절차에 맞게 상이한 주체에 의해 분배되어야 한다고 보았다. 롤스는 원초적 입장에서 무지의 베일을 쓴 사회 구성원이 모두가 동의할 수 있는 단일한 정의의 원칙을 주장하였다. ㄹ. 롤스의 입장으로 옳지 않다. 롤스는 무지의 베일을 쓴 가상적 상황에서 공정한 정의의 원칙에 합의하게 된다고 본 것이지, 이러한 가상적 상황에서 정의의 원칙이 실현된다고 주장한 것은 아니다.

09 우대 정책의 핵심 쟁점 파악　　정답 ③

문제 분석 갑은 사회적 불평등 개선을 위한 대책 마련의 필요성은 인정하지만, 과거로부터 이어져 온 차별을 시정하기 위한 특정 우대 정책에 대해서는 반대하는 입장이고, 을은 이를 찬성하는 입장이다.

정답 찾기 ③ 보상의 논리는 과거의 차별에 따른 고통에 대해 보상받을 권리를 인정하여 우대 정책을 찬성하는 논거 중 하나이다. 갑은 보상의 논리에 따른 우대 정책을 반대하고 있고, 을은 찬성하고 있으므로 토론의 핵심 쟁점으로 적절하다.

오답 피하기 ①, ④ 토론의 내용과 무관하다. ② 갑, 을 모두 찬성하므로 토론의 핵심 쟁점으로 적절하지 않다. ⑤ 우대 정책을 반대하는 논거이다. 갑, 을은 우대 정책의 필요성에 대해서는 인정하고 있다.

10 소수 집단 우대 정책 이해　　정답 ③

문제 분석 갑은 소수 집단 우대 정책을 찬성하는 입장이다.

정답 찾기 ③ 갑은 소수 집단 우대 정책을 찬성하는 입장이므로, 〈사례〉 속의 홈즈 로스쿨이 아프리카계 미국인의 입학에 혜택을 주기로 한 결정

에 대해 사회적 다양성을 실현하고 사회 전체의 공동선을 증진시키기 위한 노력의 일환이라고 평가할 수 있다.

오답 피하기 ①, ②, ④, ⑤ 소수 집단 우대 정책을 반대하는 논거이다.

11 사형 제도에 대한 다양한 입장 비교　　　정답 ④

문제 분석 갑은 베카리아, 을은 벤담, 병은 칸트이다.

정답 찾기 ④ 응보주의를 강조한 칸트와 달리 베카리아는 공리주의적 관점에서 범죄의 예방이 처벌의 목적이라고 본다.

오답 피하기 ① 벤담은 '법률이 없으면 형벌은 없다'는 죄형법정주의를 인정한다. ② 벤담과 베카리아 모두 범죄의 이익보다 처벌의 손실이 더 크도록 형벌을 부과해야 한다고 본다. ③ 칸트는 보복법이 형벌의 질과 양을 명확히 제시할 수 있다고 본다. ⑤ 벤담은 공리의 원리라는 보편적 원리에 따라 형벌이 부과되어야 한다고 본다.

12 벤담과 칸트의 입장 이해　　　정답 ④

문제 분석 갑은 벤담, 을은 칸트이다.

정답 찾기 ④ 벤담과 칸트 모두 긍정의 답을 할 질문이다. 벤담과 칸트가 각각 사형 제도를 찬성하는 이유는 다르지만, 결과적으로는 모두 살인을 저지른 범죄자에게 사형을 내림으로써 사회 정의를 실현시킬 수 있다고 보았다.

오답 피하기 ① 벤담과 칸트 모두 부정의 답을 할 질문이다. 베카리아가 긍정의 답을 할 질문이다. ② 벤담과 칸트 모두 부정의 답을 할 질문이다. 벤담과 칸트 모두 형벌 집행의 주체는 국가여야 한다고 보았다. ③ 칸트만이 긍정의 답을 할 질문이다. ⑤ 벤담만이 긍정의 답을 할 질문이다. 벤담은 공리주의적 입장에서 사형 제도의 정당성을 판단해야 한다고 보았다.

13 루소와 베카리아의 입장 이해　　　정답 ③

문제 분석 갑은 루소, 을은 베카리아이다.

정답 찾기 ③ 베카리아는 형벌은 사회적 유용성, 즉 최대 다수의 최대 행복을 위해 집행되어야 한다고 보았다. 따라서 최대 행복의 원칙에 의해 형벌의 정당성을 평가해야 한다고 보았다.

오답 피하기 ①, ② 루소는 각 개인은 사회 계약을 통해 생명에 대한 권리를 국가에 양도하였고, 이러한 국가 속에서 생명과 안전을 보장받는다고 보았다. 이때 사회 계약을 위반한 살인자는 본인의 권리를 잃어버린 것이고, 시민 사회의 구성원으로서의 자격을 박탈당하므로 사형에 처해질 수 있다고 본 것이다. ④ 베카리아는 형벌이 정당화되려면 그 형벌은 타인들의 범죄를 억제시키기에 충분한 정도의 강도만을 가져야 한다고 보았는데, 이를 만족시키는 형벌은 종신 노역형이라고 주장하였다. ⑤ 루소는 종신 노역형을 주장하지 않았다.

14 칸트와 베카리아의 입장 이해　　　정답 ②

문제 분석 (가)의 갑은 칸트, 을은 베카리아이다.

정답 찾기 ㄱ. 칸트만의 입장이다. 칸트는 형벌은 다른 목적에 의해서가 아닌 범죄자가 그 범죄를 저지른 것에 대한 정당한 보복의 차원에서 가해지는 것이라고 보았다. ㄹ. 베카리아는 형벌의 목적은 안전과 질서를 유지하는 데 있다고 보았고, 그 한계를 넘어서는 형벌은 법률의 횡포라

고 보았다. 반면 칸트는 범죄와 그에 따른 형벌이 동등해야 한다고 보았으며, "모든 형벌에는 그 자체로 정의가 내재되어 있으며, 정의가 형벌 개념의 본질"이라고 보았다.

오답 피하기 ㄴ. 베카리아는 사형을 필요악이라고 간주하지 않았다. ㄷ. 칸트만의 입장이다. 칸트는 동등성의 원리에 따라 형벌의 양과 질이 결정되어야 한다고 보았다.

15 사형 제도에 대한 벤담의 입장 이해　　　정답 ③

문제 분석 제시문의 사상가는 양적 공리주의자인 벤담이다.

정답 찾기 두 번째 입장. 벤담은 공리주의적 입장에서 형벌과 사형 제도를 평가한다. 세 번째 입장. 벤담은 범죄의 예방과 교화를 통해 사회적 효용을 극대화해야 한다고 보는 입장에서 형벌은 그러한 공리성을 높이는 방향에서만 허용될 수 있다고 보았다.

오답 피하기 첫 번째 입장. 벤담은 형벌 그 자체는 고통을 발생시키므로 악이라고 보았다. 다만 사회적 효용성에 따라 필요악으로써 사용 가능한 것이라고 본 것이다. 네 번째 입장. 벤담은 형벌이 초래할 해악이 예방할 해악보다 더 커서는 안 된다고 보는 공리주의적 입장이다.

16 베카리아와 루소의 입장 이해　　　정답 ④

문제 분석 갑은 베카리아, 을은 루소이다.

정답 찾기 ④ 루소는 살인자는 법을 위반함으로써 시민의 자격을 상실하고 국가에 대한 전쟁을 하게 된다고 보면서, 공공의 적으로 간주되어 사형에 처해져야 한다고 보았다.

오답 피하기 ① 베카리아는 범죄를 억제하기 위해 종신 노역형과 같은 범죄 예방 효과가 큰 형벌을 시행해야 한다고 보았다. ② 베카리아는 시민들이 자신의 생명을 박탈할 권리까지 위임할 것을 동의하지 않았다고 주장하였다. ③ 루소는 살인자는 시민의 안전과 생명을 보장하기 위한 사회 계약을 어겼기 때문에 사형에 처하는 것이지, 사회의 이익 증진 정도에 따라 사형 여부가 결정되는 것은 아니라고 보았다. ⑤ 베카리아와 루소 모두 사회 계약론적 관점을 지닌 사상가들이지만, 베카리아는 계약론적 관점에서 사형을 반대하였고, 루소는 계약론적 관점에서 사형을 찬성하였다.

킬러 문항 완전 정복

본문 p.44~45

01 ②　　**02** ③　　**03** ④　　**04** ⑤

01 니부어의 입장 이해　　　정답 ②

자료 분석

　가장 친밀한 사회 집단보다 규모가 큰 사회적 협력은 모두 일정한 강제성을 요구한다. 어떠한 국가도 순전히 강제성에 의해서만 통일성을 유지하는 것은 불가능하지만, 강제성 없이 국가를 보존하는 것은 더욱 불가능하다. 상호 간의 합의의 요인이 강하게 발휘된 곳에서, 그리고 한 조직 행위 내에서 서로 상충하는 이해관계를 조정하고 해결하는 표준적이고 아주 공정한 방법들이 확립되어 있는 곳에서, 강제적 요인은 잠재되어 있다가 위기의 순간이나 반항적 개인들에 대하여 집단이 가할 필요가 있을 때에만 표면화된다. → 사회 정의를 실현하기 위해서는 강제성이 불가피하게 요구됨을 강조하는 니부어의 사회 윤리 입장

 제시문은 니부어의 입장이다.

 첫 번째 입장. 니부어는 인간이 본성적으로 이기적인 충동과 이타적 충동을 함께 가지고 있다고 본다. 네 번째 입장. 네 번째 입장. 니부어는 개인적 이기심은 개별적으로 점잖게 나타나는데 반해, 집단적 이기심은 더욱 이기적으로 나타난다고 보았다. 이에 따라 사회 집단이 커질수록 사회 집단의 도덕성은 개인의 합리적 도덕성보다 열등해지고, 집단적 이기심은 더욱 커지게 된다고 보았다.

 두 번째 입장. 니부어는 정치적 강제력은 선의지의 통제를 받아야 하기 때문에 개인의 도덕성과 정치적 강제력을 배타적인 관계로 보지 않는다. 세 번째 입장. 니부어는 인간의 지성이 성장하면 자동적으로 사회 불의가 제거될 것이라는 믿음은 18세기 계몽주의 사상에서 비롯되었다고 보면서, 이러한 믿음에 대해 비판적 견해를 제시하였다.

02 노직, 롤스, 아리스토텔레스의 입장 이해　　정답 ③

노직
갑 : 자유세계에서 새로운 소유물은 자발적 교환과 행위로부터 발생한다. 정의의 원리에 따르면 정당한 취득과 이전의 과정은 사물에 대한 차별적인 소유 권리나 응분의 자격을 창조한다.

롤스
을 : 생산적 자산과 인적 자산을 널리 분산하여 적정한 사회적·경제적 평등을 실현해야 평등한 기본적 자유와 공정한 기회 균등을 토대로 한 재산 소유 민주주의가 실현될 수 있다. ┗ 소유권을 광범위하게 분산시켜 소수가 경제 및 정치를 장악하는 사태를 방지하기 위한 체제

아리스토텔레스
병 : 법을 잘 따르는 것이 일반적 정의이고, 분배와 거래에 있어 공정함이 부분적 정의이다. 부분적 정의의 하나의 유형에는 동등한 사람에게 동등한 몫을 분배하는 분배적 정의가 있다. ┗ 기하학적 비례에 따른 동등함

 (가)의 갑은 노직, 을은 롤스, 병은 아리스토텔레스이다.

 ㄷ. 롤스가 긍정의 답을 할 질문이다. 롤스는 우연적으로 얻은 천부적 재능의 분포를 사회적 자산으로 보았으며 이를 최소 수혜자에게 최대 혜택이 되도록 분배해야 한다고 보았다. ㄹ. 아리스토텔레스가 긍정의 답을 할 질문이다. 아리스토텔레스는 분배적 정의는 각자의 가치에 비례하는 몫의 분배를 추구하는 기하학적 비례에 따른 동등함을 추구한다고 보았다.

 ㄱ. 노직이 부정의 답을 할 질문이다. 노직은 소유 권리가 발생하게 된 역사적 과정에 주목하는 사상가이다. 따라서 양도의 원칙에 의해 타인으로부터 어떤 물건을 얻었더라도 반드시 정당한 소유권을 가진다고 볼 수 없고, 이 물건이 최초 취득 과정에서 정당한 노동을 통해 얻어진 것인지, 그 과정에서의 부정의는 없었는지를 따져보아야 한다고 주장하였다. 따라서 양도의 원칙에 의해 얻게 된 소유물이라도 교정의 대상이 될 수 있다. ㄴ. 롤스가 부정의 답을 할 질문이다. 롤스는 복지 국가 체제만으로는 정의의 원칙을 충분히 실현할 수 없고, 재산 소유 민주주의 하에서 온전히 정의의 원칙이 실현될 수 있다고 보았다.

03 칸트와 베카리아의 입장 이해　　정답 ④

칸트
갑 : 형벌은 단지 범죄자가 범죄를 저질렀기 때문에 부과되어야 한다. 사형은 살인에 상응하는 보복을 위한 것이다. ┗ 보복법

베카리아
을 : 누구든 자신의 생명을 빼앗을 권한을 기꺼이 양도하지 않을 것이다. 시민들에게 범죄자가 노역하는 고통스러운 모습을 지속적으로 보여 주는 것이 사형보다 더 효과적인 형벌이다. ┗ 종신 노역형

 (가)의 갑은 칸트, 을은 베카리아이다.

 ㄱ. 칸트만의 입장이다. 칸트는 살인자는 사형을 통해 인간으로서의 인격성을 최후까지 존중받는 것이라고 보았다. ㄴ. 칸트만의 입장이다. 칸트는 동등성, 즉 등가성의 원리에 따라 행위를 한만큼의 책임을 지는 것은 형벌에서의 정언 명령을 따르는 것이라고 주장하였다. ㄹ. 베카리아만의 입장이다. 베카리아는 공리주의 관점에서 범죄 예방의 효과가 높은 형벌은 일시적인 사형보다는 그 지속성이 높은 종신 노역형이라고 주장하였다.

 ㄷ. 칸트는 형벌 그 자체가 악이라고 보지 않았다.

04 소수 인종 우대 정책에 대한 윤리적 쟁점 파악　　정답 ⑤

 갑은 소수 인종 우대 정책이 형평성의 문제를 야기하므로 잘못이라고 보는 반면에, 을은 소수 인종 우대 정책이 과거의 차별을 시정할 수 있는 올바른 정책이라고 본다.

 ⑤ 을만의 입장이다.

 ① 갑은 특정 집단만을 대상으로 우대 정책을 펼치는 것은 형평성의 문제를 발생시킨다고 본다. ② 을은 과거에 차별받은 소수 인종을 우대해야 한다고 본다. ③, ④ 갑은 우대 정책을 반대하지만, 을은 찬성하고 있다.

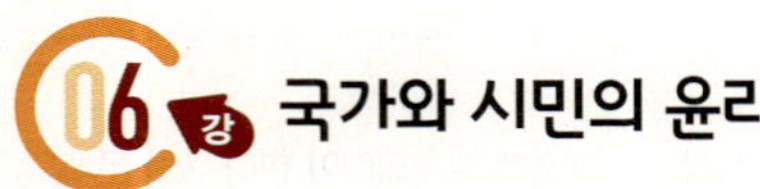

06강 국가와 시민의 윤리

대표 기출 vs 고난도 기출

본문 p.48

순한맛 ③　　　　매운맛 ②

순한맛 롤스와 소로의 시민 불복종 비교　　　정답 ③

문제 분석 갑은 롤스, 을은 소로이다.

정답 찾기 ㄷ. 소로는 법에 대한 존경심보다는 정의에 대한 존경심을 기를 것을 강조한다. ㄹ. 소로와 롤스는 시민 불복종이 시민에게 주어진 정당한 권리라고 본다.

오답 피하기 ㄱ. 롤스는 시민 불복종이 법에 대한 충실성의 한계 내에서 이루어지는 행위라고 본다. ㄴ. 롤스가 말하는 시민 불복종은 공유된 정의관에 어긋나는 법과 제도를 대상으로 한다. 즉, 롤스에게 있어서 시민 불복종의 대상은 정의 원칙 그 자체가 아니라 정의 원칙을 심각하게 훼손하거나 위배하는 부정의한 법률이나 정책이다.

매운맛 롤스와 싱어의 시민 불복종 이해　　　정답 ②

함정

①	②	③	④	⑤
27.7%	53.3%	6.6%	5.5%	6.8%

자료 분석

롤스
갑 : 시민 불복종은 법에 대한 충실성의 한계 내에서 부정의에 대해 항거하는 위법한 행위이다. 이는 공동 사회의 다수가 갖는 정의감을 나타내고, 자유롭고 평등한 사람들 사이에서 정의의 원칙이 존중되고 있지 않음을 선언하는 것이다. → 시민 불복종은 공동 사회의 다수가 갖는 정의감을 기준으로 하여 정의의 원칙을 존중하기 위한 것임을 주장하는 롤스의 입장

싱어
을 : 시민 불복종은 합법적인 수단이 실패했을 때 사용될 수 있는 적합한 수단이다. 우리는 중단시키려고 하는 악의 크기와 우리의 행위가 가져올 법과 민주주의에 대한 존중의 심각한 감소 정도를 저울질해 봐야 한다. → 시민 불복종의 정당성을 인정하면서도 공리주의 관점에서 시민 불복종이 가져올 이익과 손해를 계산해 보아야 함을 주장하는 싱어의 입장

문제 분석 갑은 롤스, 을은 싱어이다.

정답 찾기 ② 롤스에 따르면 거의 정의로운 사회에서도 일부 부정의한 법이 있을 수 있는데, 롤스는 거의 정의로운 사회에서 모든 부정의한 법에 대해 시민 불복종을 전개해야 한다고 보지 않았다. 롤스는 정의의 원칙을 심각하게 위배하거나 훼손하는 법에 대한 시민 불복종은 정당화될 수 있지만, 부정의의 수준이 심각하지 않고 미약한 법률에 대해서는 준수해야 할 의무가 있다고 보았다. 즉, 롤스의 입장에서는 법의 부정의한 정도에 따라 시민 불복종의 정당화 여부가 달라질 수 있다.

오답 피하기 ① 롤스는 시민 불복종이 체제의 전복을 위한 것이 아니라, 민주적 체제의 합법성을 인정하는 시민들이 민주적 체제를 보완하고 개선하기 위한 행위라고 보았다. ③ 싱어는 공리주의적 입장에서 시민 불복종이 산출할 사회적 이익과 해악을 계산해 보아야 한다고 주장하였다. ④ 싱어는 시민 불복종은 합법적인 수단이 실패했을 때 사용될 수 있는 수단이라고 하였다. ⑤ 롤스와 싱어는 모두 시민 불복종이 사회 정의를 실현하기 위한 의도적인 위법 행위이므로 참여자들은 기꺼이 처벌을 감수해야 한다고 보았다.

함정 피하기

①을 선택하였다면 롤스의 시민 불복종에 대한 성립 요건을 다시 한 번 확실하게 이해해 둘 필요가 있다. 롤스에게 있어서 시민 불복종은 거의 정의로운 사회에서 사회 구성원 다수의 정의관에 심각하게 어긋나는 법과 정책을 개선하기 위한 것이다. 즉, 롤스의 입장에서는 아직 정의의 원칙이 확립되지 않은 무질서한 사회에서 시민들이 법에 저항하는 것은 시민 불복종에 해당하지 않으며, 부정의한 모든 법에 대해서 시민 불복종을 전개해야 한다고 보지 않았다는 것도 확실하게 이해해 두어야 한다.

실전 문제

본문 p.49~51

01 ④	02 ⑤	03 ③	04 ②	05 ④	06 ④
07 ③	08 ②	09 ④	10 ④	11 ③	12 ④

01 국가에 대한 맹자와 아리스토텔레스의 입장 파악　　　정답 ④

문제 분석 항산과 항심을 주장하는 갑은 고대 동양의 유교 사상가인 맹자이다. 인간은 본성적으로 국가 공동체를 구성한다고 주장하는 을은 고대 그리스의 사상가인 아리스토텔레스이다.

정답 찾기 ㄱ. 유교 사상가인 공자와 맹자는 통치자가 먼저 수기와 수양으로 덕을 쌓은 후, 덕으로써 백성들에게 모범을 보여 감화시키는 정치를 해야 한다고 강조하였다. ㄴ. 맹자에 따르면 백성은 항산(일정한 생업)이 없으면 항심(도덕적 마음)을 유지하기 어렵다. 이러한 관점에서 맹자는 백성들이 도덕성을 유지할 수 있도록 경제적 안정을 보장하는 것이 곧 왕도 정치의 출발점이라고 보았다. ㄷ. 아리스토텔레스에 따르면 국가는 자급자족적인 최고의 공동체이며, 인간은 국가 공동체 안에서만 행복과 자아실현을 이룰 수 있다.

오답 피하기 ㄹ. 자연 상태에서 벗어나기 위해 계약을 맺고 국가를 수립하였다고 보는 것은 홉스, 로크, 루소 등 사회 계약론의 입장이다.

02 아리스토텔레스의 입장 파악　　　정답 ⑤

문제 분석 제시문을 주장한 사상가는 국가는 인간의 정치적 본성에 따라 자연 발생한 것이라고 보는 아리스토텔레스이다.

정답 찾기 ⑤ 아리스토텔레스는 국가는 자급자족일 뿐 아니라 구성원들이 훌륭하고 행복한 삶을 살 수 있도록 해 주는 가장 포괄적인 도덕 공동체라고 보았다.

오답 피하기 ① 아리스토텔레스는 국가가 구성원들의 덕성 함양에 기여해야 한다고 본다. ② 아리스토텔레스에 의하면 국가가 존재하는 목적은 단지 물질적 필요의 충족만이 아니다. 아리스토텔레스는 오직 인간만이 서로 도와줄 필요가 없는 경우에도 국가를 이루길 원한다고 보았다. ③ 국가와 구성원 간의 합의를 강조하는 것은 사회 계약론의 입장이다. 아리스토텔레스에게 있어서 정치적 의무는 인간의 본성에서 비롯된다. ④ 아리스토텔레스는 인간은 오직 국가 안에서만 최선의 삶이 가능하다고 보았다.

03 롤스의 입장 이해   정답 ③

문제 분석 제시된 그림의 강연자는 롤스이다.

정답 찾기 ③ 롤스는 사회의 가장 불리한 위치에 있는 사람에게 최대 이익이 돌아갈 수 있도록 하는 것이 국가의 역할이자 의무라고 보았다.

오답 피하기 ① 롤스에 의하면 국가는 개인의 평등한 자유를 보장해야 한다. 이에 따라 국가는 타인의 자유를 침해하는 행위를 규제해야 한다고 보았다. ② 개인의 자유로운 사고와 행동을 보장하는 사회를 추구하는 롤스의 입장과는 거리가 멀다. ④ 롤스는 어떠한 사회적 지위에 오를 수 있는 기회를 누구에게나 평등하게 부여해야 한다고 강조하였다. ⑤ 롤스는 개인의 다양한 신념과 양심이 중첩되는 지점을 확보하여 사회의 다수가 공유하는 정의관이 확립되면 그에 따라 공적 의사 결정이 이루어져야 한다고 보았다.

04 맹자와 로크의 입장 비교   정답 ②

문제 분석 갑은 동양의 유교 사상가인 맹자이고, 을은 서양의 사회 계약 사상가인 로크이다.

정답 찾기 ㄱ. 유교 사상에서는 군주의 통치권이 하늘로부터 주어지는 것으로 보고, 부모를 섬기듯이 군주를 섬겨야 한다고 보았다. ㄷ. 사회 계약론에서는 사회 질서를 안정적으로 유지하여 개인이 생명과 자유, 재산을 확실하게 보장받기 위해 계약을 맺고 정치적 의무를 지니게 되었다고 보았다.

오답 피하기 ㄴ. 로크는 군주가 시민의 생명과 재산을 자의적으로 다루지 못하도록 입법권과 집행권으로 권력이 분립되어야 한다고 주장하였다. ㄹ. 로크의 입장에만 해당한다. 유교에서는 개인과 국가의 관계를 유기적으로 바라보며, 국가를 수단적 존재로 보지 않는다.

05 맹자의 정치사상 파악   정답 ④

문제 분석 제시문을 주장한 사상가는 맹자이다. 맹자는 임금이 인의 도덕이 실현되는 왕도 정치를 펼치기 위해서는 먼저 백성들이 굶주림과 고통을 느끼지 않도록 해야 한다고 주장하였다.

정답 찾기 ④ 맹자는 선비들은 항산, 즉 일정한 생계 수단이 보장되어 있지 않더라도 도덕심을 유지할 수 있지만, 이와 달리 일반 백성들은 생계가 안정적으로 보장되어 있지 않으면 도덕심을 유지하기 어렵다고 보았다. 따라서 맹자는 도덕적인 사회를 구현하기 위해서는 임금이 백성들에게 일정한 삶의 조건(생업)을 안정적으로 보장하는 것이 통치의 우선적인 과제라고 보았다.

오답 피하기 ① 맹자는 힘으로 사람을 복종시키려고 하면 마음으로부터 우러나오는 복종을 얻을 수 없지만, 덕으로 복종시키면 사람들이 기뻐하며 진심으로 복종한다고 보았다. 이에 따라 맹자는 백성을 힘이 아닌 덕으로 다스리는 왕도 정치를 주장하였다. ② 맹자는 백성들이 일정한 생업을 가지고 있어야(항산) 도덕심을 일정하게 지닐 수 있다(항심)고 보았다. ③ 도가 사상가인 노자의 입장이다. ⑤ 맹자는 백성을 정치의 주체로 보지 않는다.

06 공자와 묵자의 입장 비교   정답 ④

문제 분석 갑은 덕치를 강조한 공자이며, 을은 차별 없이 서로 돌보고 상호 이익을 추구하여 천하에 혼란이 일어나지 않게 해야 함을 강조한 묵자이다.

정답 찾기 ④ 묵자는 세상이 혼란스러운 이유가 자신을 위하기 위해 남을 해치기 때문이라고 보았다. 따라서 상대방을 위하는 것을 자기를 위하는 것과 같이 하여 나와 남, 내 부모와 남의 부모, 내 나라와 남의 나라를 차별하지 말고 똑같이 사랑한다면 천하에 큰 이익이라는 겸애 교리설을 강조하였다.

오답 피하기 ① 엄격한 법에 따른 신상필벌을 통치의 요체로 본 사상가는 법가 사상가인 한비자이다. 공자는 군주가 인의의 덕에 따라 통치를 해야 한다고 보았다. ② 인간의 본성이 악하다고 본 사상가는 순자, 한비자 등이다. 공자는 인간의 본성이 악하다고 보지 않았다. ③ 유교 사상의 입장에 해당한다. 묵자는 백성들에게 이로운 것이 곧 옳은 것이라고 보았다. ⑤ 공자는 예악을 숭상한 반면, 묵자는 예악이 백성들의 삶의 어렵게 하는 요인이라고 보아 허례허식을 버리고 검소와 절제하는 삶을 살 것을 강조하였다.

07 홉스의 사상 이해   정답 ③

문제 분석 제시문은 홉스의 주장이다.

정답 찾기 ③ 홉스에 따르면 자연 상태의 개인들은 자신의 자연권을 양도하여 국가의 군주에게 강력한 권한을 부여해야 하는데, 이는 법규 위반자를 엄격히 제재하여 사회 질서를 유지하기 위해서 필요한 것이다. 그런데 국가가 제 역할을 다하지 못하여 인민을 보호할 능력이 없어지는 경우에는 그 권위를 상실하게 된다고 보았다.

오답 피하기 ① 홉스에 따르면 자연 상태에서 인간은 자연권을 지니고 있으나 자연법은 존재하지 않는다. ② 홉스는 자연 상태에서 인간들은 자신의 생존과 이익만을 추구하며 그 결과 '만인의 만인에 대한 투쟁 상태'에 빠지게 된다고 보았다. 따라서 이러한 자연 상태를 극복하기 위해 사람들은 계약을 맺어 법과 규범을 만들고 이를 집행하기 위한 정부 또는 국가를 세우게 된다고 주장하였다. ④ 홉스에 따르면 자연 상태에서 인간은 자기 이익만을 추구하지만 이성과 감정을 모두 지닌 합리적 존재이다. ⑤ 마르크스의 국가관에 해당한다. 홉스에게 있어 국가는 자연 상태에서의 불안과 공포로부터 벗어나 생명과 재산을 안정적으로 보호받기 위해 계약을 통해 형성한 인위적 산물이다.

08 로크와 루소의 사상적 입장 비교   정답 ②

문제 분석 갑은 로크, 을은 루소이다.

정답 찾기 ② 로크와 루소는 모두 국가가 개인들의 동의에 의한 사회적 합의의 산물이라고 보는 사회 계약론을 주장하였다. 사회 계약론에서 국가는 성립 그 자체가 목적이 아니라, 시민의 생명과 자유, 재산을 안전하게 보호받기 위해 필요한 수단으로 간주한다.

오답 피하기 ① 루소는 사회 계약을 통해 정부가 수립된 이후에도 주권은 시민에게 있으며 양도될 수 없다고 보았다. ③ 홉스의 사회 계약론에 해당한다. 로크와 루소는 자연 상태를 평화로운 상태로 가정하였다. ④ 국가가 제공하는 혜택으로 인해 정치적 의무가 발생한다고 본 것은 흄이다. 로크, 루소 등 사회 계약 사상가들은 정치적 복종 의무가 시민들의 자발적 동의에서 비롯된다고 본다. ⑤ 로크, 루소는 국가 성립 이전인 자연 상태에서도 인간은 천부적 권리를 지니고 있다고 보며, 이를 안전하게 보장받기 위해 국가를 성립한 것이라고 본다.

09 롤스와 소로의 시민 불복종의 입장 비교 　　정답 ④

문제 분석 갑은 롤스, 을은 소로이다. 롤스는 시민 불복종이 거의 정의로운 사회에서 부정의한 법이나 정부 정책에 변혁을 가져올 목적으로 행해져야 한다고 본다. 소로는 자신의 양심에 따라 정의롭지 못한 국가 권력이나 부당한 법률에 불복종해야 한다고 본다.

정답 찾기 ㄱ. 소로만이 긍정의 대답을 할 질문이다. 롤스는 사소하게 부정의한 법률은 시민 불복종의 대상이 아니라고 본다. ㄴ. 소로만이 긍정의 대답을 할 질문이다. 소로는 헌법을 넘어선 개인의 양심이 저항 판단의 최종 근거라고 본다. ㄷ. 롤스만이 긍정의 대답을 할 질문이다. 롤스는 사회적 다수에 의해 공유된 정의관에 근거해서 시민 불복종을 전개해야 한다고 본다.

오답 피하기 ㄹ. 소로와 롤스 모두 부정의 대답을 할 질문이다. 소로와 롤스는 시민 불복종이 부정의한 국가 권력이나 법률에 저항하는 위법적 행위라고 본다.

10 시민 불복종에 대한 롤스의 입장 파악 　　정답 ④

문제 분석 제시문은 롤스의 주장이다. 그는 시민 불복종을 법이나 정부의 정책에 변혁을 가져올 목적으로 행해지는, 공공적이고 비폭력적이며 양심적이긴 하지만 법에 반하는 정치적 행위로 정의한다. 또한 그는 시민 불복종의 근거는 개개인의 양심이 아니라 사회적 다수의 공적인 정의관이어야 한다고 본다.

정답 찾기 첫 번째 관점. 롤스는 기본적으로 법에 대한 충실성을 지켜야 한다고 보았으며 정의의 원칙에 대한 심각한 위반이나 침해가 있는 경우에 시민 불복종 운동이 전개될 수 있다고 보았다. 두 번째 관점. 롤스는 시민 불복종이 신중하고 양심적인 신념의 표현이라고 규정하였다. 네 번째 관점. 롤스는 시민 불복종이 정당화되기 위해서는 공개적이며 비폭력적이고 마지막 수단이 되어야 하며 성공이 기대될 수 있는 것이어야 한다고 주장하였다.

오답 피하기 세 번째 관점. 롤스에 의하면 시민 불복종은 거의 정의로운 사회에서 부정의한 법과 정책의 변화를 위해 전개되어야 한다. 롤스는 부패한 체제나 권위적인 독재 체제의 전복, 체제 변혁을 위한 시도는 시민 불복종의 영역에 포함되지 않는다고 보았다.

11 소로와 롤스의 시민 불복종에 대한 입장 이해 　　정답 ③

문제 분석 갑은 소로, 을은 롤스이다.

정답 찾기 ③ 롤스는 시민 불복종이 개인적인 양심에 의지해서만 이루어져서는 안 되며, 사회적으로 공유된 다수의 정의감에 근거를 두고 전개되어야 한다고 주장한다.

오답 피하기 ① 롤스의 입장에 해당한다. 소로는 개인적인 양심에 위배되는 법률은 즉각적으로 거부해야 한다고 주장한다. ② 법률은 시민 불복종의 정당성 판별 근거가 아니라, 시민 불복종의 대상이다. ④ 시민 불복종은 체제의 부당성에 대한 저항이다. ⑤ 소로와 롤스 모두 시민 불복종으로 인한 처벌을 감수해야 한다고 본다.

12 롤스와 싱어의 시민 불복종 비교 　　정답 ④

문제 분석 갑은 롤스, 을은 싱어이다.

정답 찾기 ㄱ. 롤스는 다수의 정의관을 근거로 시민 불복종을 행사해야

한다고 보았다. 반면 싱어는 다수의 정의감 이외에 다수의 지지를 받지 않은 현저한 부정의도 시민 불복종의 근거가 될 수 있다고 보았다. ㄷ. 롤스와 싱어 모두 시민 불복종의 목적을 사회 정의 실현으로 보았으며, 비폭력적인 방법으로 공공연하게 이루어져야 한다고 보았다. ㄹ. 싱어는 공리주의적 관점에 기반하여 시민 불복종이 성공 가능성이 있어야 하며, 시민 불복종으로 인한 이익이 그렇게 하지 않은 경우보다 더 커야 한다고 보았다.

오답 피하기 ㄴ. 롤스와 싱어는 공통적으로 시민 불복종은 합법적인 수단으로 부정의를 시정하는 것이 불가능한 경우 행위 결과에 대한 처벌을 감수하면서 최후의 수단으로 사용되어야 한다고 보았다.

킬러 문항 완전 정복

본문 p.52~53

01 ②	02 ③	03 ③	04 ③

01 로크와 맹자의 입장 비교 　　정답 ②

자료 분석

로크
갑 : 누구나 자유롭고 평등한 자연 상태에서는 사람들 사이의 분쟁을 판정할 공평한 재판관이 없다. 이 문제의 해결을 위해 사람들의 동의로 정부가 구성되며, 이 정부는 시민의 생명과 자유, 재산의 보존을 주목적으로 한다.

→ 생명의 보존뿐만 아니라 재산권의 보존을 강조하며, 평등한 자연 상태에서 동의를 통해 정부를 구성하였다고 주장하는 로크의 입장

맹자
을 : 백성이 가장 귀하고 사직(社稷)은 다음이며 군주는 가볍다. 그러므로 백성의 마음을 얻으면 천자가 되고, 천자의 마음을 얻으면 제후가 되고, 제후의 마음을 얻으면 대부가 된다. 제후가 사직을 위태롭게 하면 제후를 바꾼다.

→ 민본주의적 입장을 토대로 군주를 교체하는 역성 혁명이 가능함을 주장하는 맹자의 입장

문제 분석 갑은 서양의 사회 계약 사상가인 로크이며, 을은 동양의 유교 사상가인 맹자이다.

정답 찾기 ㄱ. 로크는 절대 군주가 모든 권력을 독점하는 것보다 통치 권력을 입법권과 행정권으로 분리하여 권력의 남용을 방지하고자 하였다. ㄹ. 맹자(유교 사상)는 군주의 통치권은 하늘로부터 주어진 것으로, 부모에게 효도하는 것과 같이 국가에 충성하는 것이 의무라고 보았다.

오답 피하기 ㄴ. 맹자의 입장에만 해당하는 진술이다. 로크(사회 계약설)는 국가 권위의 정당성은 시민의 동의에서 비롯된다고 본다. ㄷ. 로크의 입장에만 해당하는 진술이다. 맹자는 국가와 백성의 관계가 계약에 기반하여 성립된 것이라고 보지 않는다.

02 로크, 홉스, 루소의 입장 비교 정답 ③

로크
갑 : 자연 상태에서 인간은 생명과 자유와 재산을 확실히 보장받지 못한다. 이를 좀 더 확실히 보장받기 위해서는 각자의 동의를 바탕으로 다른 사람들과 함께 공동체를 결성하기로 합의해야 한다. → 재산권의 보장을 강조하는 로크의 입장

홉스
을 : 자연 상태에서 인간은 자신의 생명과 안전을 위협받는 만인에 대한 만인의 투쟁 상태에 처해 있다. 이러한 끔찍한 상태에서 벗어나 생명과 안전을 보장받기 위해 각자는 자신들의 권리를 양도하여 공동의 권력을 수립해야 한다. → 자연 상태를 '만인에 대한 만인의 투쟁 상태'로 규정하며 자연권의 전부 양도를 주장한 홉스의 입장

루소
병 : 자연 상태에서 인간은 자유롭고 평등하지만 사유 재산의 발생과 더불어 불평등과 예속 상태에 놓이게 된다. 이러한 상태에서 벗어나기 위해 각자는 신체와 모든 힘을 공동의 것으로 삼아 일반의지의 최고 지도하에 두어야 한다. → 자연 상태에서 사유 재산의 발생으로 인해 불평등이 생겼다고 보며, 절대적으로 선한 공동체의 의지인 '일반의지'를 강조하는 루소의 입장

문제 분석 갑은 로크, 을은 홉스, 병은 루소이다.

정답 찾기 ㄴ. 홉스는 주권을 군주에게 전부 양도하고 군주에게 절대 복종함으로써 사회 질서를 유지하는 것이 무질서의 자연 상태에서 살아가는 것보다 낫다고 보았다. 반면 로크와 루소는 군주 주권론이 아닌 국민 주권론을 주장하였다. ㄹ. 홉스, 로크, 루소 모두 국가는 개인의 자연권을 보장하기 위한 수단으로 계약을 통해 형성된 것이라고 보는 사회 계약설을 주장하였다.

오답 피하기 ㄱ. 로크는 특정한 사회의 구성원이 되겠다는 명시적 동의뿐만 아니라 어떤 정부의 영토 일부를 소유하거나 향유하는 묵시적 동의를 통해서도 그 정부의 법률에 복종할 의무를 지니게 된다고 보았다. ㄷ. 자연 상태를 죽음의 공포가 만연한 '만인에 대한 만인의 투쟁 상태'라고 본 것은 홉스에만 해당한다. 로크와 루소는 자연 상태가 평화로운 상태라고 간주한다.

03 국가의 권위에 관한 아리스토텔레스, 로크, 흄의 입장 비교 정답 ③

아리스토텔레스
갑 : 사물의 본성이 그 사물의 최후 형태 또는 궁극 목적의 실현을 의미하듯, 자족적인 국가는 자연적으로 존재하는 결사체의 최후 형태이자, 그 궁극 목적의 실현을 목표로 하는 최선의 단계이다. → 모든 존재는 자신이 존재하는 목적을 가지고 있다고 보며, 국가는 자족적이며 최선의 단계라고 본 아리스토텔레스의 입장

로크
을 : 입법권은 일정한 목적을 위해서만 활동할 수 있는 신탁된 권력이다. 입법부가 시민의 생명과 자유, 재산권 보호
그들에게 맡겨진 신탁에 반해서 행동하는 것이 발견될 때 입법부를 폐지하거나 변경할 수 있는 권력은 여전히 인민에게 있다. → 입법권은 위임된 권력이며, 인민에게는 저항권이 있음을 강조하는 로크의 입장

흄
병 : 권리와 책임 등의 개념은 오직 정부로부터 거두는 이득에서 유래되며, 이 이득 때문에 우리는 자신이 정부에 저항하는 데 반감을 느끼고 다른 사람이 정부에 대해 저항하는 경우에도 불쾌하게 여긴다. → 정부가 제공하는 혜택으로 인해 국가 권위의 정당성과 복종의 의무가 발생한다고 보고, 쾌감, 불쾌감 등 인간의 감정을 중시한 흄의 입장

문제 분석 갑은 인간을 정치적 동물로 보며, 정치적 의무는 인간의 본성에서 비롯된 자연스러운 것이라고 보는 아리스토텔레스, 을은 시민들의

동의로부터 정치적 의무가 발생한다고 보는 로크, 병은 정부가 제공하는 혜택으로 인해 국가 권위의 정당성이 발생한다고 보는 흄이다.

정답 찾기 ③ 흄은 시민들은 안전을 보장하고 필요를 충족시켜주는 정부의 합법성을 인정하게 된다고 본다. 따라서 흄은 정부로부터 얻는 이익이 있을 때에만 정치적 복종의 의무를 진다고 본다.

오답 피하기 ① 아리스토텔레스는 각 개인이 국가를 벗어나서 자아실현과 행복을 얻을 수 없다고 본다. ② 로크는 정치적 의무는 동의에 의해 발생한다고 본다. ④ 로크의 입장이다. 아리스토텔레스는 정치적 의무는 인간의 본성에서 비롯된 것이라고 본다. ⑤ 로크는 정부가 시민들의 생명과 재산을 제대로 보호하지 못하거나 오히려 침해한다면 그러한 정부를 물러나게 할 수 있다고 본다. 흄은 시민들의 복종의 의무는 정부로부터 얻는 이익에서 비롯된다고 본다.

04 시민 불복종에 대한 소로, 롤스, 싱어의 입장 비교 정답 ③

소로
갑 : 법이 사람들을 조금이라도 더 정의로운 인간으로 만든 적은 없다. 오히려 법에 대한 존경심 때문에 선량한 사람들조차도 매일매일 불의의 하수인이 되고 있다. → 시민 불복종의 근거는 법에 대한 존경심이 아니라 개인의 양심이라고 보는 소로의 입장

롤스
을 : 시민 불복종은 거의 정의로운 사회에서 이루어지며, 공공적이고 비폭력적으로 이루어지는 위법 행위이다. 우리는 시민 불복종을 통해서 사회의 다수자가 갖는 정의감을 나타내게 되고, 사회 협동체의 원칙이 존중되지 않고 있음을 선언하게 된다. → 시민 불복종은 거의 정의로운 사회에서 다수자가 갖는 정의감을 근거로 하는 것이라고 보는 롤스의 입장

싱어
병 : 우리는 시민 불복종을 결심함에 있어서 중단시키려고 하는 악의 크기와 불복종 행위가 가져올 법과 민주주의에 대한 존중의 심각한 감소 가능성을 저울질해 봐야 한다. 또한 목표 달성에 실패할 경우 다른 수단으로 성공할 가능성을 감소시킬 가능성도 고려해 봐야 한다. → 공리주의 관점에 기반하여 시민 불복종에 따른 이익과 손해를 계산해보아야 한다고 보는 싱어의 입장

문제 분석 갑은 소로, 을은 롤스, 병은 싱어이다.

정답 찾기 ㄷ. 롤스는 부정의하다고 간주되는 법이나 정책도 때로는 어기지 않아야 할 강력한 이유가 있을 수 있으며, 사회의 기본 구조가 합당하고 정의로운 경우 그 부정의가 지나치지만 않으면 부정의한 법도 구속력이 있다고 보았다. ㄹ. 싱어는 공리주의 입장에서 시민 불복종의 결과가 가져올 이익과 손해를 계산해 보아야 한다고 주장하였다.

오답 피하기 ㄱ. 소로는 시민 불복종을 개인이 옳다고 믿는 양심과 신념에 어긋나는 불의한 법에 복종하지 않는 것이라고 본다. ㄴ. 롤스뿐만 아니라 싱어 또한 합법적인 수단으로 부정의를 시정하는 것이 불가능한 경우에 한하여 비폭력적으로 행위하면서 행위 결과에 대한 처벌을 받아들이는 시민 불복종은 정당화될 수 있다고 보았다.

Ⅳ. 과학과 윤리

07강 과학 기술 및 정보 사회와 윤리

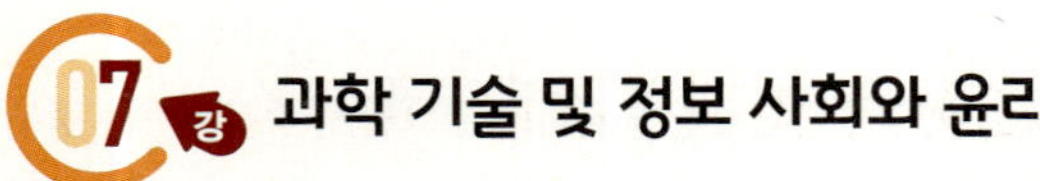

대표 기출 vs 고난도 기출

본문 p.56

순한맛 ③　　　　　매운맛 ⑤

순한맛 과학 기술에 대한 입장 비교　　　정답 ③

문제 분석 자연에 대한 인간의 지배권을 강조하는 갑은 베이컨이며, 과학 기술을 가치 중립적인 것으로 보아서는 안 된다고 경계하는 을은 하이데거이다.

정답 찾기 ③ 하이데거는 기술을 가치 중립적 도구로 여길 경우 인간이 기술에 종속당할 수 있기 때문에 기술의 본질에 대한 윤리적 성찰이 필요함을 강조한다.

오답 피하기 ① 베이컨은 경험적 관찰과 실험을 통해 자연에 대한 유용한 지식을 이끌어 낼 것을 강조한 근대 서구의 인간 중심주의 사상가이다. ② 베이컨에 의하면 과학의 목적은 진리 탐구 그 자체가 아니라, 자연을 인간의 의도에 맞도록 변형함으로써 인간의 활동 영역을 넓히는 것이다. 베이컨은 과학, 즉 인간의 자연에 대한 지식은 인간의 풍요로운 삶을 위한 수단이라고 본다. ④ 하이데거는 현대 기술이 인간의 자율적 의지에 전적으로 종속되어 있다고 본 것이 아니라, 오히려 인간이 현대 기술에 부자유스럽게 붙들려 있다고 주장하고 있다. ⑤ 하이데거는 기술을 단순한 수단으로 간주하거나 가치 중립적인 것으로 고찰해서는 안 된다고 경계하고 있다.

매운맛 기술 정책 결정의 정당성 확보 방안　　　정답 ⑤

함정

①	②	③	④	⑤
26.5%	1.5%	1.7%	8.9%	61.4%

자료 분석

갑 : 현대 기술 사회에서 기술은 대다수 시민들에게 막대한 영향력을 행사하고 있습니다. 따라서 기술 정책 결정과 관련하여 시민들에게 기술 시민권을 보장해야 합니다.
②번 선택지 관련 내용 / ①번 선택지 관련 내용

을 : 동의합니다. 다만 시민들이 기술 정책 결정 과정에 직접 참여하는 것은 많은 비용이 발생하므로 기술 시민권은 기술 정보에 대한 접근권으로 한정되어야 합니다.
①, ②번 선택지 관련 내용 / ③번 선택지 관련 내용

갑 : 아닙니다. 그러한 접근권만으로는 기술 정책의 정당성을 확보할 수 없습니다. 많은 비용이 발생하더라도 기술 정책 결정 과정에 시민들이 직접 참여할 권리를 보장해야 합니다.
③번 선택지 관련 내용

을 : 그렇지 않습니다. 기술 정책 결정은 고도의 전문성을 요구합니다. 따라서 전문가의 참여만으로도 기술 정책의 정당성은 충분히 확보될 수 있습니다.
기술 정책의 정당성 확보와 관련하여 갑은 시민 참여, 을은 전문가만의 참여를 주장하고 있다.

문제 분석 기술 정책 결정 과정에서 시민들의 참여 여부와 관련하여 벌어지는 토론의 쟁점을 파악하는 문항이다.

정답 찾기 ⑤ 제시된 토론 내용을 살펴보면, 갑은 기술 결정 과정에 시민들이 직접 참여해야만 비로소 기술 정책의 정당성이 확보될 수 있다고 보는 반면, 을은 고도의 전문성을 갖춘 전문가의 참여만으로도 기술 정책의 정당성은 충분히 확보될 수 있다고 주장하고 있다. 즉, '기술 정책의 정당성은 전문가의 참여만으로 충분히 확보되는가?'를 쟁점으로 갑은 부정, 을은 긍정의 입장을 제시하면서 토론이 진행되고 있는 것이다.

오답 피하기 ①, ② 갑은 '기술이 막대한 영향력을 행사'한다는 점과, '기술 시민권이 보장되어야 한다'는 점을 주장하고 있는데, 을 또한 이에 동의하고 있으므로 토론의 쟁점으로 성립되지 않는다. ③ 을은 기술 정책 결정 과정에 시민이 직접 참여하게 되면 많은 비용이 발생하게 된다고 지적하고 있지만, 갑은 이를 인정하면서 많은 비용이 발생하더라도 시민 참여는 필요하다고 주장하고 있으므로 토론의 쟁점으로 성립되지 않는다. 만약 ③번이 토론의 핵심 쟁점이 되려면, 을의 주장에 대해 갑은 시민이 직접 참여하더라도 많은 비용은 발생하지 않는다고 반박하는 주장이 이어져야 한다. ④ 갑, 을이 모두 '그렇다'고 인정할 내용으로, 토론의 쟁점에 해당하지 않는다. 즉, 갑, 을은 모두 적절한 의사 결정 과정이 필요하다고 보지만, 구체적인 방법론에서 갑은 시민의 참여가, 을은 전문가만의 참여가 적절하다고 보는 데에 차이가 있는 것이다.

함정 피하기

토론의 쟁점은 하나의 물음에 찬성과 반대로 입장이 나뉘어 각자가 자신의 입장을 논거를 제시하며 주장하는 것이다. 따라서 토론의 쟁점을 파악하는 문항에서 가장 먼저 해야 할 것은 두 사람의 주장에서 차이가 있는 부분을 파악하는 것이다. ①번을 택한 학생들이 많은 것은 '현대 기술 사회에서는 시민들에게 기술 시민권을 보장해야 한다'는 갑의 주장에 을이 '동의한다'고 밝힌 것을 간과하였기 때문이다.

실전 문제

본문 p.57~59

01 ⑤	02 ②	03 ③	04 ④	05 ⑤	06 ③
07 ①	08 ⑤	09 ①	10 ①	11 ③	12 ⑤

01 과학 기술에 대한 가치 중립성 논쟁　　　정답 ⑤

문제 분석 갑은 과학 기술을 가치 중립적인 것으로 보아서는 안 되며, 연구 및 활용에 대한 과학자의 책임을 강조하는 입장이다. 반면 을은 과학 기술 그 자체는 가치 중립적인 것이며, 과학자는 연구 결과 및 그 활용에 대해 어떠한 책임도 져서는 안 된다는 입장이다.

정답 찾기 ㄱ. 갑은 과학 기술 연구 결과를 활용하는 데 있어서 연구자 본인이나 또는 어디에 활용할 것인가를 결정할 권한을 지닌 개인의 가치관이나 권력 관계, 이해관계 등에 따라 주관적 요소가 개입될 수밖에 없으므로 과학 기술에도 윤리적 검토와 통제가 필요하다고 본다. ㄷ. 갑은 과학자는 사회적 책임에 충실해야 한다는 입장인 반면, 을은 과학자는 사회적 책임으로부터 자유로워야 한다는 입장이다. ㄹ. 갑과 을은 과학 기술에 대해 정의하는 데 입장 차이가 있는 것이 아니라, 과학 기술의 활용과 관련해 입장 차이가 있는 것이다.

오답 피하기 ㄴ. 을의 입장에 해당한다. 갑은 과학 기술 연구의 독립성 보장이 아니라 사회적 영향력을 고려할 것을 강조한다.

02 과학 기술에 대한 가치 중립적 입장 이해 정답 ②

문제 분석 그림의 강연자는 과학 기술을 무조건적으로 가치 중립적인 것으로 보아서는 안 되며, 가치 개입이 필요하다고 보는 입장이다.

정답 찾기 ② 을은 과학 기술의 정당화 과정에서는 연구자의 주관적 감정이나 가치 판단이 개입되어서는 안 되며 엄격한 가치 중립성을 보장해야 하지만, 연구 대상의 선정 및 연구 결과의 활용 과정에는 가치 판단이 개입해야 한다고 본다.

오답 피하기 ①, ③ 강연자는 과학 기술 연구의 목적을 설정하고 연구의 결과를 현실에 활용하는 과정에서는 사회적 영향력을 고려하는 등의 가치가 개입될 수밖에 없다고 본다. ④ 강연자는 원자 폭탄을 전쟁에 활용하는 과정에는 가치 판단이 반드시 개입해야 한다고 본다. ⑤ 과학 기술 이론의 사실성 여부를 판단하는 경우에는 실험이나 관찰과 같은 객관적 방법을 통해 검증이 이루어지기 때문에 가치가 개입되어서는 안 된다.

03 과학의 가치 중립성과 과학자의 책임에 대한 입장 파악 정답 ③

문제 분석 제시문의 '나'는 과학의 가치 중립성을 비판하는 입장이고, '어떤 사람들'은 과학의 가치 중립성을 강조하는 입장이다.

정답 찾기 ㄷ. '나'는 과학의 영향력은 막강하며, 인간의 행위가 실제 세계와 타인의 행복에 끼치는 모든 영향은 윤리적 평가와 법률적 제한 속에 있어야 한다고 보는 입장이다. ㄹ. '나'는 '어떤 사람들'과 달리 과학자의 연구의 자유가 무제한 허용되어서는 안 된다고 보는 입장이다.

오답 피하기 ㄱ. 과학의 가치 중립성을 강조하는 사람들은 자연 그 자체에 대한 이해를 목적으로 하는 지식의 발견의 중요성을 강조하는 입장이다. ㄴ. '나'는 과학이 기술적 효용 가치의 측면에서 평가될 수 있다고 보는 입장이다.

04 과학자의 책임에 대한 입장 비교 정답 ④

문제 분석 토론의 쟁점은 서로 다른 입장 차이에서 기인하므로 제시된 갑과 을의 입장에서 공통점과 차이점을 명확히 이해해야 한다.

정답 찾기 ④ 갑과 을은 모두 과학이 가치 중립적이지 않음과 과학자는 연구 과정에서 연구 윤리를 준수해야 한다고 본다. 다만 갑이 연구 과정에서의 내적 책임만을 주장하는 데 반해 을은 연구 과정에서의 내적 책임과 더불어 연구 결과의 활용에 대한 사회적 책임까지 주장한다는 점에서 입장 차이를 보이고 있다. 따라서 '과학자에게 내적 책임과 더불어 사회적 책임도 부과해야 하는가?'가 적절한 토론 쟁점이 될 것이다.

오답 피하기 ① 갑, 을 모두 모두 긍정의 대답을 할 것이므로 토론 쟁점이 아니다. ② 갑, 을 모두 부정의 대답을 할 것이므로 토론 쟁점이 아니다. ③ 갑은 과학자의 내적 책임을, 을은 내적 책임과 사회적 책임 모두를 인정하므로 두 사람 모두 부정의 대답을 할 것이다. 따라서 토론 쟁점으로 적절하지 않다. ⑤ 갑, 을 모두 긍정의 대답을 할 것이므로 토론 쟁점이 아니다.

05 과학자의 내적 책임과 외적 책임 정답 ⑤

문제 분석 과학자의 내적 책임과 외적 책임의 영역에 해당하는 구체적 내용을 이해해야 한다. 특히 발문에서 '적어도 세 명이 부정의 대답을 할 질문'을 놓쳐서는 안 된다. 과학자의 윤리적 책임에 대한 갑~정의 입장을 살펴보면 표와 같다.

구분	내적 책임	외적 책임
갑	있음	있음
을	없음	없음
병	있음	없음
정	없음	있음

정답 찾기 ㄴ. 과학자에게는 아무런 책임이 없다고 보는 정만이 긍정의 대답을 하고, 갑, 을, 병은 부정의 대답을 할 질문이다. ㄷ. 과학자에게는 내적 책임이 있다고 보는 갑, 병은 '자료와 연구 결과를 조작'해서는 안 된다고 보아 부정의 대답을 할 것이다. 그리고 과학자에게는 외적 책임이 없다고 보는 을 또한 '사회적 책임을 다해야 한다'에 부정의 대답을 할 것이다. 즉, 갑, 을, 병이 부정의 대답을 할 질문이다. ㄹ. 과학자에게는 내적 책임과 외적 책임이 모두 있다고 보는 갑만이 긍정의 대답을 하고, 을, 병, 정은 부정의 대답을 할 질문이다.

오답 피하기 ㄱ. 과학자에게는 외적 책임이 있다고 보는 갑, 정은 긍정의 대답을 하고, 과학자에게는 외적 책임이 없다고 보는 을, 병은 부정의 대답을 할 질문이다.

06 요나스의 책임 윤리 이해 정답 ⑤

문제 분석 제시문은 과학 기술의 발달에 따른 부정적인 측면에 주목하여 행위해야 함을 강조한 요나스의 주장이다.

정답 찾기 ⑤ 요나스는 새로운 책임 윤리는 과학 기술의 긍정적인 영향보다 부정적인 영향에 주목해야 하며, 최고악에 대한 공포에서 출발할 필요가 있다고 보았으며, 이를 '공포의 발견술'이라고 하였다.

오답 피하기 ①, ④ 요나스는 인류가 존속해야 한다는 것은 무조건적이고 절대적인 당위로서 정언 명령이라고 보았으며, 이에 따라 인류의 존속 가능성을 파괴하지 않도록 행동할 것을 강조하였다. ②, ③ 요나스에 의하면 인간은 책임질 수 있는 능력을 갖춘 유일한 존재이므로 책임을 져야 한다는 당위를 부여받은 존재이며, 예견할 수 있는 모든 결과에 대해 책임져야 한다고 보았다.

07 요나스가 강조하는 책임에 대한 이해 정답 ①

문제 분석 제시문은 전통적 윤리로는 과학 기술의 발달로 인해 초래된 환경 문제를 극복하기 어렵다고 보아 새로운 윤리학으로서 책임 윤리가 필요함을 강조한 요나스의 주장이다.

정답 찾기 ㄱ. 요나스는 이미 일어난 행위의 결과에 대해서만 책임지는 사후적 책임뿐만 아니라 혹시 일어날 수 있는 결과까지 고려하여 신중하게 행위해야 한다는 사전적 책임을 강조하였다. ㄷ. 요나스에 의하면 인간은 책임질 수 있는 유일한 존재로서 미래 세대와 자연에 대해 일방적이고 절대적인 책임을 지니고 있다.

오답 피하기 ㄴ, ㄹ. 요나스는 책임 윤리에서 인간은 자연에 대한 책임, 미래 지향적 책임, 미래 세대의 삶의 조건에 대한 책임까지 숙고해야 한다고 주장하였다. 그리고 현세대 인간의 자연에 대한 책임, 미래 세대에 대한 책임은 일방적이고 절대적인 것으로 단순히 상호적 권리와 의무로만 설명될 수 없다고 보았다.

08 요나스의 책임 윤리   정답 ⑤

문제 분석 급속한 과학 기술의 발달에 따라 새롭게 요청되는 책임 윤리의 기본 입장에 대해 파악하고 있는지를 묻는 문항이다.

정답 찾기 ⑤ 요나스는 과학 기술에 대한 윤리적 성찰이 결여될 때 급속도로 발달하고 있는 과학 기술을 윤리가 따라가지 못하여 여러 가지 갈등과 혼란이 발생하게 된다고 경고하면서, 이를 '윤리적 공백'이라고 표현하였다.

오답 피하기 ① '행위의 힘이 커질수록 윤리적 책임은 더욱 강조되어야 한다.'는 제시문의 주장을 통해 기술의 발달은 인간의 윤리적 책임을 더욱 막중하게 함을 유추할 수 있다. ② 행위의 결과가 아니라 동기를 고려하는 것은 심정 윤리에 해당한다. 심정 윤리는 행위자의 동기를 고려하여, 선한 동기에서 비롯된 행위라면 비록 그 결과가 나쁠지라도 행위자에게 책임을 물을 수 없다고 본다. 이에 반해 책임 윤리는 행위자가 직접 의도하지 않은 부수적인 결과까지도 충분히 예견하고 행동해야 하며, 그 결과에 대해서도 엄중히 책임을 져야 함을 강조한다. ③ 요나스는 책임의 범위를 현세대의 인간으로 한정하는 기존의 윤리는 현대 과학 기술의 발달이 초래하는 인간 삶의 전 지구적인 문제, 즉 인류의 존속 문제를 진지하게 고려하지 못한다고 지적하면서, 급속한 과학 기술의 발달로 말미암은 위기를 극복하기 위해 새로운 윤리(책임 윤리)가 필요함을 강조하였다. ④ 요나스는 작금의 과학 기술이 인간뿐만 아니라 다른 생명체의 생존을 위협하는 상황에서 기술에 대해 신중하게 윤리적으로 성찰하는 태도를 지녀야 한다고 보았다.

09 정보 공유론과 정보 사유론   정답 ①

문제 분석 갑은 정보는 누구나 사용 가능해야 한다는 정보 공유론, 을은 누군가의 노력이 들어간 정보는 매매의 대상이 될 수 있다고 보는 정보 사유론의 입장이다.

정답 찾기 ① 정보 공유론에서는 생산된 정보를 공유 자산으로 간주하여 누구나 이를 향유할 수 있어야 한다고 본다.

오답 피하기 ② 갑은 정보가 매매의 대상이 될 수 없다고 보면서 정보의 사적 소유권을 인정하지 않고 있다. ③ 정보를 공유 자산이라고 보아, 정보에 대한 배타적인 권리를 인정하지 않는 것은 정보 공유론의 입장이다. ④ 정보 사유론은 정보에 대한 소유권이 노력을 들여 그 정보를 만들어 낸 개인에게 있다는 입장이다. ⑤ 정보 공유론의 입장에만 해당한다. 정보 공유론에서는 정보 생산자에게 굳이 경제적인 보상이 아니더라도 개인적인 자긍심이나 보람 또는 사회적 명예 등 다른 차원의 보상으로도 충분하다고 본다. 반면 정보 사유론에서는 정보 생산자에게 그에 따른 경제적 보상이 필요하다고 본다.

10 지식 재산권에 대한 이해   정답 ①

문제 분석 갑은 정보 사유론, 을은 정보 공유론의 입장이다. 즉, 정보 사유론의 입장에서만 긍정의 대답을 할 질문을 고르는 문항이다.

정답 찾기 ㄱ, ㄴ. 정보 사유론에서는 정보에 대한 생산자의 배타적 소유권을 보장해 주어야 한다고 보며, 이에 따라 정보와 지식을 이용하기 위해서는 정보 생산자에게 합당한 경제적 금액을 지불해야 한다고 본다.

오답 피하기 ㄷ. 정보 공유론에서도 긍정의 대답을 할 질문이다. 정보 사유론에서는 정보 생산자에게 대가를 지불하여 정보 창작자의 창작 의욕

을 고취시키는 것이, 정보 공유론은 많은 사람들이 다양한 정보를 자유롭게 공유하는 것이 양질의 정보가 더 많이 창출될 수 있는 환경을 만드는 데 도움이 된다고 본다. ㄹ. 정보 공유론에서 긍정의 대답을 할 질문이다.

11 잊힐 권리와 알 권리의 입장 이해   정답 ③

문제 분석 갑은 잊힐 권리의 보장을, 을은 알 권리의 보장을 주장하고 있다.

정답 찾기 ③ 을은 개인이 자신의 정보에 대한 통제권을 갖고 자신이 원하지 않는 정보나 게시물을 지울 수 있는 권리인 잊힐 권리의 보장이 자칫하면 정치가가 자신의 부패나 비리 사실을 보도한 기사 등을 삭제함으로써 시민들의 알 권리가 침해될 수 있음을 지적하고 있다.

오답 피하기 ① 갑은 잊힐 권리를 통해 개인의 사생활과 인격권을 보호함으로써 공동선의 증진에 기여할 수 있다는 입장이다. ② 갑은 개인의 인격권을 보호하기 위해 잊힐 권리를 보장할 것을 주장하고 있는 것이지, 알 권리를 제한해야 한다고 주장하고 있는 것은 아니다. ④ 을은 음란물이나 함부로 유출된 개인정보를 유통하는 것은 범죄 행위에 해당한다고 보고 있다. ⑤ 인격권 보장이나 알 권리 보장을 강조하는 것이 사이버 공간과 현실 세계에 서로 다른 규범을 적용하는 것은 아니다. 또한 을은 음란물 유포나 개인정보의 유출 등이 사이버 공간에서도 범죄 행위에 해당한다고 주장하고 있다.

12 사이버 공간과 표현의 자유의 의미 파악   정답 ⑤

문제 분석 ㉠에 들어갈 주장은 "사이버 공간에 대한 규제는 인간의 자유에 대한 심각한 위협이다."이다. 이 주장에 대한 근거를 찾는 문항이다.

정답 찾기 ⑤ 인간이 지닌 표현의 자유를 강조하는 것은 ㉠의 주장에 대한 근거로 적절하다.

오답 피하기 ① ㉠에 대한 반론의 근거이다. ②, ③, ④ ㉠의 주장에 대한 근거로 적절하지 않다.

킬러 문항 완전 정복

본문 p.60~61

01 ⑤	02 ⑤	03 ⑤	04 ④

01 과학자의 책임에 대한 입장 파악   정답 ⑤

자료 분석

내적 책임 ○, 외적 책임 ○
갑 : 과학자는 자신의 연구 결과가 미칠 사회적 영향을 인식하여 연구에 대한 책임과 개발 및 활용에 관한 사회적 책임을 다해야 한다.

내적 책임 ○, 외적 책임 X
을 : 과학자는 사실 인식과 가치 판단을 구별하여 연구 과정에서 객관성을 확보해야 한다. 그리고 과학 지식의 활용에 대한 책임은 활용하는 사람들의 몫이다.

문제 분석 갑은 과학자의 내적 책임과 외적 책임(사회적 책임)에 대하여 모두 인정하는 입장인데 비해 을은 과학자의 내적 책임만을 인정한다.

정답 찾기 ㄴ. 갑, 을은 모두 과학 지식의 활용은 삶의 질 향상에 기여할

수 있다고 본다. ㄷ. 갑, 을은 과학자가 객관적인 타당성을 갖춘 지식이나 원리를 추구하는 과정에서 가치를 개입시키면 안 된다고 본다. ㄹ. 을은 과학자의 연구가 초래한 부정적인 결과에 대해 과학자는 책임으로부터 자유로우며 그 과학 기술을 활용한 사람들이 책임을 져야 한다고 본다.

 ㄱ. 갑, 을은 모두 과학 지식이 활용되는 과정에서 가치가 배제되어서는 안 된다고 볼 것이다. 다만 을은 가치 있게 과학 기술을 활용한 결과에 대한 책임은 그 과학 기술을 연구한 과학자에게 있는 것이 아니라 그것을 활용하기로 결정하고 활용한 사람들에게 있다고 보는 것이다.

02 요나스의 베이컨에 대한 비판 내용 파악 정답 ⑤

자연 과학적·기술적 산업 문명의 비대화가 '위험'을 초래하였다고 보는 요나스의 입장

전통적인 윤리학은 '지금'과 '여기'에 관련된 것들이고, 이들 사이에서 생겨나는 용무와 연관되어 있으며, 사적인 삶과 공적인 삶에서 늘 반복되는 전형적인 상황들과 관련된 것이었다. 하지만 현대의 기술이 산출한 행위들의 규모는 너무나 새롭고, 그 대상과 결과가 너무나 새로운 것이므로 인간 사이의 관계에 한정되고 단기적인 예견에 토대를 둔 전통 윤리들로는 이 행위들을 더 이상 파악하기 어렵게 되었다. 위험은 자연 과학적·기술적 산업 문명의 비대화로부터 기인한다. 그런데 어느 사상가는 지식을 자연의 지배라는 목표에 맞추고 자연의 지배를 인간 운명의 개선을 위해 사용할 수 있도록 만들겠다고 구상하였다. 나는 이 사상가의 구상에 대해 '⠀⠀⠀⠀⠀⠀⠀⠀⠀⊙⠀⠀⠀⠀⠀⠀⠀⠀⠀'고 생각한다.

자연 과학적 지식의 유용성을 강조하며 자연에 대한 인간의 착취를 정당화한 베이컨

요나스의 입장에서 베이컨의 과학 기술 만능주의적 관점에 대해 제기할 수 있는 평가가 들어가야 함

 제시문을 주장한 사상가는 요나스이며, '어느 사상가'는 베이컨이다.

 ⑤ 요나스는 오늘날 현대 사회에서 과학 기술의 힘을 바탕으로 자연을 정복하려는 베이컨적 이상이 인류에게 종말론적 위협을 초래하였고 총체적 재난이 임박한 상황에 이르렀다고 지적하였다.

 ① 과학 기술 지상주의 입장에서 강조할 내용이므로 요나스가 제기할 견해로 적절하지 않다. ② 요나스보다는 베이컨의 입장에서 지지할 내용이다. ③ 베이컨의 입장에 해당하므로 요나스가 제기할 견해로 적절하지 않다. ④ 요나스가 기술이나 과학의 긍정적 역할이나 영향력을 전면 부인한 것은 아니다.

03 정보 접근 및 생산과 유통에 있어서 국가 규제에 대한 입장 비교 정답 ⑤

정보 접근에 대한 국가 규제 X,
생산과 유통에 대한 국가 규제 ○

정보 접근에 대한 국가 규제 X,
생산과 유통에 대한 국가 규제 X

 정보에 대한 접근 및 정보의 생산과 유통에 대한 갑, 을의 입장을 비교하여 이해하고 두 입장의 공통점과 차이점을 파악해야 한다.

 ⑤ 갑과 을은 공통적으로 정보에 대한 접근은 국가의 규제로부터 자유로워야 한다는 입장이다.

 ① 정보 생산자의 배타적 권리를 보장해야 한다는 것은 정보 사유론의 입장이다. 그런데 갑이 정보 사유론의 입장을 지니고 있는지는 제시된 자료만으로는 알 수 없다. ② 갑은 해악 금지의 원칙에 따라 정보의 생산과 유통에 국가가 규제할 수 있다는 입장이다. ③ 정보의 공공재적 성격을 강조하는 것은 정보 공유론의 입장이다. 그런데 을이 정보 공유론의 입장을 지니고 있는지는 제시된 자료만으로는 알 수 없다. ④ 을은 정보 유통에 대한 국가의 규제는 그 자체로 개인의 표현의 자유를 침해하는 것이라고 본다.

04 빅 데이터 활용의 윤리적 문제 이해 정답 ④

갑 : 빅 데이터를 활용하면 광범위한 분야에서 가치를 창출할 수 있습니다. 공공 부문에서 비용을 절감할 수 있고, 여러 산업 분야에서 생산성 향상이 가능합니다.

을 : 저도 빅 데이터 활용 효과가 있다는 점을 인정합니다. 하지만 빅 데이터의 부작용을 고려하여 신중하게 활용되어야 합니다.

갑 : 빅 데이터는 사회적 병리 현상이나 위험을 미리 예측하고 대안을 마련하게 해 주므로 제한 없이 적극적으로 활용되어야 합니다.

을 : 빅 데이터는 모든 정보를 수집하려는 경향이 있습니다. 따라서 개인 정보가 무분별하게 수집되어 사생활이 침해되지 않도록 해야 합니다.

갑은 빅 데이터 활용이 광범위한 분야에서 가치를 창출하므로 제한 없이 활용해야 한다는 입장이다.
을은 빅 데이터 활용이 효과가 있음은 인정하면서도 사생활 침해 등을 고려하여 신중하게 활용해야 한다는 입장이다.

 빅 데이터 활용에 대한 갑과 을의 공통적 입장과 차이점을 파악해야 한다.

 ④ 갑은 광범위한 분야에서 가치를 창출할 수 있는 빅 데이터를 적극적으로 활용하기 위해 모든 데이터에 제한 없이 접근할 수 있어야 한다고 주장한다. 이에 비해 을은 빅 데이터의 활용 효과가 있다는 점을 인정하면서도 사생활이 침해되지 않도록 개인 정보가 담겨 있는 데이터에 대한 접근을 제한해야 한다고 주장한다. 따라서 토론의 핵심 쟁점은 '개인 정보를 보호하기 위해 데이터에 대한 접근을 제한해야 하는가?'이다.

 ①, ③, ⑤ 제시된 토론의 핵심 쟁점으로 보기 어렵다. ② 갑, 을 모두 빅 데이터의 활용은 인정하였으므로 토론의 핵심 쟁점으로 보기 어렵다.

Ⅳ. 과학과 윤리

08강 자연과 윤리

대표 기출 vs 고난도 기출

본문 p.64

순한맛 ④   매운맛 ④

순한맛 | 칸트, 레건, 레오폴드의 환경 윤리 입장 비교   정답 ④

문제 분석 갑은 인간 중심주의적 입장을 취하는 칸트, 을은 동물 중심주의적 입장을 취하는 레건, 병은 생태 중심주의적 입장을 취하는 레오폴드이다.

정답 찾기 ㄱ. 칸트는 이성적 존재만이 목적으로 대우받아야 함을 주장한다. ㄴ. 생명 공동체 자체가 도덕적 지위를 가진다는 주장은 레오폴드의 입장에만 해당한다. 칸트는 이성적 존재로서의 인간만이, 레건은 삶의 주체인 동물만이 도덕적 지위를 갖는다고 본다. ㄹ. 동물 학대가 그른 주된 이유를 레건은 동물의 권리에서 찾고, 레오폴드는 동물이 지닌 생명권에서 찾는다.

오답 피하기 ㄷ. 칸트의 입장에 해당하지 않는다. 칸트는 오직 그 자체로 선한 선의지에서 비롯된 행위만이 옳다고 보며, 자연에 대해서 인간은 간접적 의무만을 지니고 있다고 본다.

매운맛 | 환경 윤리에 대한 입장 비교   정답 ④

①	②	③ (함정)	④	⑤
2.0%	15.4%	48.4%	31.3%	2.9%

자료 분석

레건
갑 : 도덕적 행위 능력과 무관하게 인간과 일부 동물은 도덕적 권리를 갖는다. 그들 각자는 고유한 삶을 살아가는 삶의 주체이다.
→ 인간과 일부 동물(고등 포유류)만이 삶의 주체로서 도덕적 권리를 갖는다는 동물 중심주의 입장

테일러
을 : 도덕적 행위 능력이 없어도 생명체라면 존중해야 한다. 모든 생명체는 목적론적 삶의 중심이며 내재적 가치를 지닌다.
→ '인간+동물+식물'을 도덕적 고려의 대상으로 삼아야 한다는 생명 중심주의 입장

칸트
병 : 도덕적 행위 능력이 있는 인간은 자연을 파괴하는 행위를 삼가야 한다. 그러한 파괴적 성향은 인간의 도덕성에 기여하는 감정을 약화시킨다.
→ 자연을 파괴하는 행위를 하지 말아야 한다고 하면서, 그 이유가 자연 그 자체가 내재적 가치나 도덕적 권리를 가지고 있다고 보기 때문이 아니라, 인간 자신에게 악영향을 끼치기 때문이라고 보는 온건한 인간 중심주의 입장

문제 분석 갑은 레건, 을은 테일러, 병은 칸트이다.

정답 찾기 ④ 인간 중심주의 사상가인 칸트와 달리 레건은 이성의 소유 여부와 관계없이 삶의 주체인 모든 개체를 수단이 아닌 목적으로 대우해야 한다고 보았다.

오답 피하기 ① 레건과 테일러 모두 개체주의의 입장이다. ② 레건은 삶의 주체는 모두 내재적 가치를 지니며 목적으로 대우 받아야 한다는 입장이다. ③ 테일러는 무생물의 내재적 가치는 인정하지 않는다. ⑤ 도덕적 행위 주체는 인간을 말한다. 레건과 테일러도 인간의 도덕적 지위가 평등함을 인정한다.

🔒 **함정 피하기**

갑이 동물 중심주의 사상가, 을이 생명 중심주의 사상가임을 파악하는 것은 크게 어렵지 않았을 것이다. 그에 비해 병이 생태 중심주의 사상가가 아니라 온건한 인간 중심주의 사상가임을 파악하는 것은 어려웠을 것이다. 특히나 ③번 선택지가 상당히 매력적인 오답으로 구성되어 정답으로 착각한 학생들이 많았는데, 선택지에 '모두'나 '만이' 같은 표현이 포함되어 있을 경우 예외적인 경우는 없는지 반증 사례 검토를 해보아야 한다.

실전 문제

본문 p.65~67

01 ④	02 ①	03 ⑤	04 ③	05 ④	06 ②
07 ⑤	08 ③	09 ①	10 ④	11 ②	12 ①

01 데카르트, 베이컨, 칸트의 인간 중심주의   정답 ④

문제 분석 갑은 '동물 기계론'을 주장한 데카르트, 을은 자연 과학적 지식의 유용성을 강조한 베이컨이며, 병은 온건한 인간 중심주의 입장을 지닌 칸트이다.

정답 찾기 ④ 데카르트와 베이컨은 공통적으로 이성을 지닌 인간과 물질적 대상에 해당하는 자연을 이분법적으로 철저히 분리하여 인간이 자연을 지배하고 착취하는 것은 정당하다고 하였다.

오답 피하기 ① 데카르트는 세계를 '이성 ↔ 감정', '영혼 ↔ 육체', '정신 ↔ 물질', '인간 ↔ 자연' 등으로 이분법적으로 구분한 후 전자가 후자보다 우월하다고 본 사상가이다. 그리고 이러한 관점에서 동물은 영혼이 없이 단순히 주어진 본능에 따라서만 움직이므로 흡사 기계와 같다는 '동물 기계론'을 주장하였다. ② 칸트의 온건한 인간 중심주의에 해당한다. 베이컨은 자연을 고문하고 착취해서라도 인간의 이익을 위해 사용하는 것은 정당하다고 하였다. ③ 칸트가 목적적 존재라고 보아 결코 수단으로서만 대우해서는 안 되며 언제나 동시에 목적 그 자체로 대우해야 한다고 한 존재는 동물이 아니라 인간이다. ⑤ 데카르트, 베이컨, 칸트는 모두 이성을 지니고 있는 존재인 인간이 다른 생명체들보다 본래적으로 우월한 존재라고 보는 인간 중심주의 사상가들이다.

02 싱어와 레건의 동물 중심주의   정답 ①

문제 분석 갑은 쾌고 감수 능력을 지닌 모든 존재를 도덕적 고려의 대상으로 삼는 싱어이며, 을은 쾌고 감수 능력에 더해 믿음, 욕구, 지각, 기억, 미래에 대한 의식 등을 갖춘 삶의 주체만이 도덕적 고려의 대상이 될 수 있다고 보는 레건이다.

정답 찾기 ㄱ. 싱어와 레건 모두 인간뿐만 아니라 동물들도 도덕적 지위를 가질 수 있다고 보는 동물 중심주의 사상가에 해당한다. ㄴ. 싱어는 이익 평등 고려의 원칙에 따라 쾌고 감수 능력을 가진 모든 존재의 이익을 평등하게 고려해야 한다고 본다. 그러나 레건에 따르면 단순히 쾌고 감수 능력만을 지니고 있는 존재는 도덕적 고려의 대상이 될 수 없다.

오답 피하기 ㄷ. 싱어뿐만 아니라 레건 또한 긍정의 대답을 할 질문이다. 레건이 강조하는 '삶의 주체'는 쾌고 감수 능력에 더해 자신의 정체성을 자각하는 능력을 갖춘 존재로서, 일부의 고등 포유 동물이 포함된다. ㄹ. 생명 공동체에 대한 불간섭의 의무를 강조한 것은 생명 중심주의 사상가인 테일러이다.

03 테일러와 레건의 환경 윤리 입장　　　　　정답 ⑤

문제 분석 갑은 모든 생명체가 목적론적 삶의 중심이라고 보는 생명 중심주의 사상가인 테일러이며, 을은 인간과 일부 포유 동물을 삶의 주체라고 보는 동물 중심주의 사상가인 레건이다.

정답 찾기 ⑤ 테일러는 생명 중심주의를 대표하는 사상가로, 모든 생명체는 의식 유무와 상관없이 동등한 목적론적 삶의 중심이라고 주장하였다. 반면 레건은 쾌고 감수 능력과 자의식 등을 지닌 인간과 일부 고등 포유 동물만이 삶의 주체로서 내재적 가치를 가진다고 보았다.

오답 피하기 ①, ④ 레건이 긍정의 대답을 할 질문이다. 레건은 동물 중심주의를 대표하는 사상가로, 삶의 주체에 해당하는 일부 동물은 사람의 이익이나 욕구와 관계없이 그 자체로 본래적 가치를 지니는 존재라고 주장하였다. ② 테일러가 부정의 대답을 할 질문이다. 테일러는 인간을 포함한 모든 생명체가 지구 생명 공동체를 구성하는 일원이라고 보았다. ③ 테일러와 레건 모두 부정의 대답을 할 질문이다. 개별 생명체의 이익 관심보다 생태계 전체의 이익을 우선시해야 한다는 것은 생태 중심주의의 입장이다.

04 칸트, 테일러, 레건의 환경 윤리 입장　　　　　정답 ③

문제 분석 갑은 온건한 인간 중심주의 입장을 지닌 칸트, 을은 생명 중심주의 사상가인 테일러, 병은 동물 중심주의 사상가인 레건이다.

정답 찾기 ㄷ. 테일러와 레건만의 공통 입장이다. 이성적 개체는 인간뿐이다. 테일러의 입장에서는 비이성적 개체인 인간 아닌 생명체들도 내재적 가치를 지니고, 레건의 입장에서는 비이성적 개체인 포유동물 역시 내재적 가치를 지닌다. 칸트는 인간에게만 내재적 가치를 부여한다. ㄹ. 생태계 그 자체에 도덕적 지위를 인정하는 것은 생태 중심주의의 입장이다.

오답 피하기 ㄱ. 인간을 수단으로만 대우해서는 안 된다는 것은 칸트뿐만 아니라 테일러와 레건의 입장에도 해당한다. ㄴ. 모든 생명체는 생명이라는 점에서 동등한 내재적 가치를 지닌다고 보는 테일러의 입장에도 해당한다.

05 테일러와 레오폴드의 환경 윤리 입장 비교　　　　　정답 ④

문제 분석 갑은 생명 중심주의 사상가인 테일러이며, 을은 대지 윤리를 제시한 생태 중심주의 사상가인 레오폴드이다.

정답 찾기 ④ 테일러는 모든 생명체는 내재적 가치를 지니며 자기 보존을 위해 자신의 고유한 방식으로 각자의 선을 추구한다는 점에서 목적론적 삶의 중심이라고 보는 생명 중심주의 사상가이다. 이에 비해 레오폴드는 도덕 공동체의 범위를 식물, 동물, 토양, 물을 포함하는 대지로 확장시키는 대지 윤리를 제창하면서 고유한 선을 지니지 못하는 무생물도 내재적 가치가 있음을 강조한 생태 중심주의 사상가이다.

오답 피하기 ① 테일러는 인간이 생명 공동체를 조작·통제하는 것은 잘못이라고 본다. ② 테일러는 의식과 지각 능력이 없는 존재도 내재적 가치가 있다고 본다. ③ 테일러는 자연의 모든 생명은 인간의 유용성과 독립된 가치를 지닌다고 본다. ⑤ 테일러는 지구의 자연적 생태 체계들은 복합적인 연결망으로 구성되어 있다고 본다.

06 아퀴나스, 테일러, 싱어의 환경 윤리 입장　　　　　정답 ②

문제 분석 갑은 인간 중심주의 사상가인 아퀴나스, 을은 생명 중심주의 사상가인 테일러, 병은 동물 중심주의 사상가인 싱어이다.

정답 찾기 ② 아퀴나스와 싱어는 긍정, 테일러는 부정의 대답을 할 질문이다. 싱어는 '이익 평등 고려의 원칙'에 근거해 인간을 우대하고 쾌고 감수 능력을 지닌 동물을 차별하는 태도를 '종 차별주의(종 이기주의)'라고 비판한다. 이에 비해 테일러는 모든 생명체는 의식 유무와 상관없이 생존, 성장, 발전, 번식 등의 목적을 가지고 있으며, 이러한 목적을 지향한다는 점에서 목적론적 삶의 중심이라고 본다.

오답 피하기 ① 아퀴나스가 부정의 대답을 할 질문이다. 아퀴나스는 신의 섭리에 따라 동물은 인간이 사용하도록 운명 지어졌다고 본다. ③, ④ 테일러, 싱어 모두 부정의 대답을 할 질문이다. ⑤ 테일러와 싱어가 긍정의 대답을 할 질문이다.

07 칸트, 레오폴드, 테일러의 환경 윤리 비교　　　　　정답 ⑤

문제 분석 갑은 온건한 인간 중심주의 사상가 칸트, 을은 생태 중심주의 사상가 레오폴드, 병은 생명 중심주의 사상가 테일러이다.

정답 찾기 ⑤ 레오폴드는 인간과 동물, 생명체뿐만 아니라 흙, 물 등의 무생물까지도 포함하여 생태계 전체를 하나의 생명 공동체로 보는데 비해, 칸트는 인간이 다른 생명체보다 우월한 지위를 지니고 있다고 보고, 테일러는 흙, 물 등의 무생물들은 도덕적 고려 대상에 포함시키지 않는다. 따라서 레오폴드는 칸트와 테일러에게 인간 또한 생태계를 구성하는 구성원에 불과하며, 대지 위의 모든 존재는 평등한 존재임을 간과하고 있다고 비판할 수 있다.

오답 피하기 ① 레오폴드와 테일러 모두 생명 유지를 위해 불가피하게 다른 생명체를 해치는 경우까지 허용될 수 없다고 보지는 않는다. ②, ③ 테일러는 쾌고 감수 능력을 지니지 않은 식물 또한 다른 생명체들과 동등한 내재적 가치를 지니고 있다고 본다. ④ 칸트, 테일러, 레오폴드는 모두 도덕적 행위의 주체는 오직 인간뿐이라는 점을 인정한다.

08 레오폴드, 레건, 테일러의 환경 윤리 비교　　　　　정답 ③

문제 분석 갑은 생태 중심주의자인 레오폴드, 을은 동물 중심주의자인 레건, 병은 생명 중심주의자인 테일러이다.

정답 찾기 ㄷ. 전일론의 입장에서 생태계 자체를 중시하는 레오폴드와 달리 레건과 테일러는 개체론의 입장에서 개체의 선이 더 우선한다고 본다. ㄹ. 레오폴드, 레건, 테일러 모두 인간 상호 간의 도덕적 의무는 정당하다고 본다.

오답 피하기 ㄱ. 생태계에 대한 인간의 불간섭 의무를 강조한 사상가는 테일러이다. ㄴ. 테일러도 동의할 진술이다.

09 불교와 도가의 자연관 비교　　　　　정답 ①

문제 분석 (가)는 자연의 상호 의존성을 강조하는 불교 사상이며, (나)는 자연을 무위의 체계이자 무목적의 질서가 내재해 있다고 보는 도가 사상이다.

정답 찾기 ㄱ. 불교에서는 모든 존재와 현상이 원인과 조건에 의해 생멸(生滅)한다고 보고 자연 만물의 상호 의존성을 강조한다. ㄴ. 도가는 자연을 인위적인 가치와 목적과는 무관한 무위(無爲)의 체계라고 본다.

오답 피하기 ㄷ. 도가 사상에서는 자연의 순리에 따르는 삶을 강조한다. ㄹ. 유교, 불교, 도가 등 동양 사상은 공통적으로 인간과 자연의 엄격한 분리가 아니라 조화와 합일을 추구한다.

10 도가와 유교의 자연관 비교   정답 ④

문제 분석 (가)는 도가의 자연관, (나)는 유교의 자연관에 해당한다.

정답 찾기 ④ 유교에서의 자연은 가치 중립적인 대상이 아니며, 하늘의 도(道)를 본성에 담고 있는 것으로 본다. 반면 도가에서는 자연을 인간과 무관하게 존재하는 개별적 실체로 본다.

오답 피하기 ① 하늘을 도덕의 근원으로 삼는 유교의 자연관에 해당한다. 반면 도가에서는 하늘을 자연 그 자체로 본다. ② 모든 현상은 무수한 원인[因]과 조건[緣]이 상호 관계하여 성립하며, 인연이 없으면 결과도 없다고 보아 만물이 상호 의존적 존재임을 강조하는 연기(緣起)적 자연관은 불교 사상에 해당한다. ③ 서양의 기계론적 자연관에 해당한다. 유교, 불교, 도가 등 동양의 전통 사상은 자연을 기계적인 존재로 간주하지 않는다. ⑤ 유교 사상의 자연관에만 해당하는 내용이다.

11 미래 세대에 대한 책임 이해   정답 ②

문제 분석 갑은 의무론에 기반하여 현세대는 미래 세대에 대한 책임을 지니고 있다고 본다. 을은 공리주의에 기반하여 현세대는 미래 세대의 도덕적 권리를 고려할 필요가 없다고 본다.

정답 찾기 ㄱ. 을은 미래 세대의 도덕적 권리를 고려할 필요가 없다고 본다. 반면 갑은 의무론의 관점에서 미래 세대도 현세대와 마찬가지로 합리적인 존재이므로 현세대가 누리는 것과 같은 정도로 도덕적 권리를 갖고 있다고 본다. ㄷ. 을은 현세대와 미래 세대는 서로 도움을 주고받을 수 없으므로 상호 책임성을 근거로 현세대는 미래 세대의 도덕적 권리를 고려할 필요가 없다고 본다. 이에 대해 갑은 현세대가 미래 세대에 대해 갖는 책임은 상호 책임성이 아니라 세대 간 연속성에 근거한다고 비판할 수 있다.

오답 피하기 ㄴ, ㄹ. 공리주의 입장을 지닌 을이 갑에게 제기할 수 있는 비판에 해당한다.

12 기후 변화와 요나스의 책임 윤리   정답 ①

문제 분석 제시된 '선생님'은 미래에 닥쳐올 공포와 재난을 미리 발견하여 그에 대한 책임감 있는 대안을 마련해야 한다는 '공포의 발견술'을 강조한 책임 윤리학자인 요나스이다.

정답 찾기 ㄱ, ㄴ. 요나스는 인간이 태초에 경험했던 자식에 대한 부모의 책임을 원형으로 삼아 이를 현세대는 물론 미래 세대와 자연에까지 확대해야 한다고 보았다.

오답 피하기 ㄷ. 요나스는 인류의 생존을 위협하는 문제를 과학 기술의 발전을 통해 충분히 해결할 수 있다고 보는 '희망의 원칙'이 아니라, 미리 사유된 위험 그 자체와 관련된 '공포의 원칙'에 우선성을 두어야 한다고 보았다. ㄹ. 요나스는 책임질 수 있는 능력은 책임져야 한다는 당위로 연결된다고 보았다.

킬러 문항 완전 정복

본문 p.68~69

01 ④   **02** ④   **03** ③   **04** ④

01 칸트, 레건, 테일러의 환경 윤리 비교   정답 ④

자료 분석

칸트
갑 : 이성이 없는 존재들은 단지 수단으로서 상대적 가치만을 가지고 있는 물건들이라고 일컬어진다. 그에 반해 이성적 존재자들은 인격들이라 불린다.
→ 생명이 있는 동물이나 식물 등을 함부로 다루는 것에 반대하면서 그들에 대한 간접적인 도덕적 의무가 있다고 봄

레건
을 : 지각, 욕구, 기억과 미래에 대한 생각 그리고 목표를 추구하기 위해 행동할 수 있는 능력 등을 지닌 삶의 주체의 권리를 존중해야 한다. → 일부 동물도 삶의 주체로서 도덕적 권리를 지니므로 인간을 위한 수단으로 취급해서는 안 된다고 봄

테일러
병 : 모든 생명체는 자기 보존과 행복을 위해 움직이는 목적론적 삶의 중심이다. 어떤 존재의 도덕적 지위를 결정짓는 특징은 그 존재가 고유한 선을 가지고 있는지 여부이다. → 모든 생명체는 고유의 선(善)을 지니며, 인간이 부여하는 가치와 무관하게 내재적 가치를 가지므로 도덕적으로 고려해야 한다고 봄

문제 분석 갑은 인간 중심주의자인 칸트, 을은 동물 중심주의자인 레건, 병은 생명 중심주의자인 테일러이다.

정답 찾기 ㄱ. 칸트, 레건, 테일러 모두 '예'라고 대답할 질문이다. 세 사상가 모두 인간을 도덕적 행위 능력을 가지고 있는 도덕적 행위의 주체로 보았다. ㄴ. 칸트는 '예', 레건과 테일러는 '아니요'라고 대답할 질문이다. 칸트는 인간은 인간에 대해서만 직접적인 의무를 지닌다고 보았지만, 레건은 일부 동물에 대해, 테일러는 생명체에 대해 직접적인 의무를 지닌다고 보았다. ㄹ. 테일러가 '예'라고 대답할 질문이다. 지구의 자연적 생태 체계들을 긴밀하게 연결된 복합적 연계망(네트워크)로 본 것은 테일러의 기본 관점이다.

오답 피하기 ㄷ. 레건과 테일러 모두 '예'라고 대답할 질문이다.

02 레건, 테일러, 레오폴드의 입장 비교 이해   정답 ④

자료 분석

레건
갑 : 쾌고 감수 능력을 지니며 목적을 위해 행위하는 삶의 주체는 삶을 영위할 권리를 갖는다. → 기억, 지각, 믿음, 자기의식, 의도, 미래에 대한 감각 등의 특성을 지닌 인간+일부 동물

테일러
을 : 모든 생명체는 자기 보존과 자체적 좋음을 향하여 움직이는 목적 지향적인 단일화된 체계이다. → 의식의 유무와 상관없이 생존, 성장, 발전, 번식 등의 목적을 가지고 있으며, 이러한 목적을 지향한다는 점에서 목적론적 삶의 중심

레오폴드
병 : 토지는 단지 흙이 아니다. 토지는 토양, 식물 및 동물이라는 회로를 통해 흐르는 에너지가 솟아나는 샘이다. → 도덕 공동체의 범위를 식물, 동물, 토양, 물을 포함하는 대지로 확장시켜야 함

문제 분석 갑은 의무론에 기반한 동물 중심주의자인 레건, 을은 생명 중심주의자인 테일러, 병은 생태 중심주의자인 레오폴드이다.

정답 찾기 ㄱ. 레오폴드는 무생물도 내재적 가치를 지닐 수 있다고 보았다. ㄷ. 테일러와 레오폴드는 인간이 본질적으로 다른 생명체들보다 우월하지 않다는 점을 인정하였다는 점에서 공통점을 지닌다. ㄹ. 도덕적 행위의 주체는 인간이다. 인간 이외의 존재도 도덕적 고려의 대상이 될 수 있다는 것은 레건, 테일러, 레오폴드의 공통점이다.

오답 피하기 ㄴ. 레건은 동의하지 않을 내용이다.

03 레오폴드, 테일러, 아리스토텔레스의 자연관 비교   정답 ③

자료 분석

레오폴드
갑 : 토양과 물, 식물과 동물, 곧 포괄하여 토지를 포함하도록 공동체의 범위를 확장하는 대지 윤리가 필요하다. 대지 윤리는 인류의 동료 구성원에 대한 존중 그리고 공동체 자체에 대한 존중을 수반한다. → 흙, 물 등 무생물까지 포함하여 하나의 생명 공동체를 도덕적 고려 대상으로 삼아야 한다는 생태주의 입장

테일러
을 : 모든 생명체가 목적론적 삶의 중심이라는 것은 외적 활동뿐만 아니라 내적 작용이 목적 지향적이라는 것, 그리고 생존과 생식, 생명 활동을 성공적으로 수행하게 해 주는 항상적인 경향성을 갖고 있다는 것이다. → 모든 생명은 동등한 가치를 지니고 있다고 보는 생명 중심주의 입장

아리스토텔레스
병 : 식물은 동물을 위해 존재한다. 동물은 인간을 위해 존재한다. 인간은 동물을 잘 길들여 자신들을 위하여 사용할 수 있을 뿐만 아니라 인간의 식량을 위하여 사용할 수 있다. → 모든 존재는 목적을 지니고 있다는 목적론적 존재론을 토대로 한 인간 중심주의 입장

문제 분석 갑은 생태 중심주의자인 레오폴드, 을은 생명 중심주의자인 테일러, 병은 인간 중심주의자인 아리스토텔레스이다.

정답 찾기 ㄷ. 테일러는 인간을 다른 생명체와 함께 지구 생명 공동체를 구성하는 일원으로 보았으며 지구의 자연적 생태 체계들은 긴밀하게 연결된 복합적인 네트워크라고 보았다. ㄹ. 아리스토텔레스는 식물, 동물, 인간 간에 위계질서가 존재한다고 보았다.

오답 피하기 ㄱ. 테일러는 개별 유기체의 자유를 간섭하거나 생태계를 조작, 통제, 개조하려는 시도를 하지 말아야 한다는 불간섭의 의무를 제시하였다. ㄴ. 테일러와 아리스토텔레스가 모두 긍정의 대답을 할 질문이다.

04 도가 사상의 관점에서 베이컨의 자연관 비판   정답 ④

자료 분석

베이컨
갑 : 자연 현상을 제어할 수 있는 과학 기술이 발달한 신비의 섬, '뉴 아틀란티스'에서는 눈, 비, 우박 등을 인공적으로 내리게 하며, 천둥과 번개를 만들 수도 있다. 동물의 손상된 부위를 재생하거나 다양한 생물체를 번식시킬 수 있다. 자연에 대한 지식을 기반으로 과학 기술이 고도로 발달하여 각종 사물과 자연 현상을 인간의 목적에 맞게 조작하고 변화시킬 수 있는 베이컨의 이상 사회

노자
을 : 국가의 규모를 작게 하고 백성의 수가 적어야 한다. 사람의 힘보다 열 배나 백 배 더 일할 능력이 있는 기계가 있더라도 사용하지 않고, 백성이 새끼줄을 묶어 문자 대신 쓰던 소박한 방식으로 돌아가게 하면 백성은 그대로의 음식을 달게 여길 것이고, 의복을 아름답게 여길 것이고, 풍속을 즐거워할 것이고, 거처를 편안하게 여길 것이다.
소국과민 사회 → 인위적인 제도와 가치 규범을 거부하고 물질 문명의 발달이 없는 원시 상태의 생활 방식으로 돌아가 소박하고 검소하게 무욕과 무위의 자연에 따르는 삶을 살아가는 노자의 이상 사회

문제 분석 갑은 서양의 인간 중심주의 사상가인 베이컨이며, 을은 동양의 도가 사상가인 노자이다.

정답 찾기 ④ 베이컨은 인간의 지식과 기술, 과학 문명의 발전에 의해 이상 사회가 이루어질 수 있음을 강조하였다. 반면 노자는 물질 문명이 인간의 자연스런 본성을 해쳐 인간 삶을 어지럽게 만드는 요인이라고 보아, 열 사람 백 사람 몫을 하는 문명의 이기(利器)는 있어도 사용하지 않아야 한다고 보았다.

오답 피하기 ① 베이컨은 '아는 것이 힘'이라는 주장을 통해 인간의 생활에 도움이 되는 자연 과학적 지식의 유용성을 강조하였다. ② 베이컨은 자연을 인간의 의도대로 마음껏 조작할 수 있는 물질적 대상이라고 본다. ③ 베이컨의 자연관은 인간과 자연을 이분법적으로 구분하여 오늘날 환경 위기를 초래한 한 원인으로 작용하였다고 비판받는다. ⑤ 베이컨과 노자 모두 과학 기술이 사회의 전 분야에 걸쳐 막대한 영향을 끼칠 수 있음을 부정하지 않는다.

V. 문화와 윤리

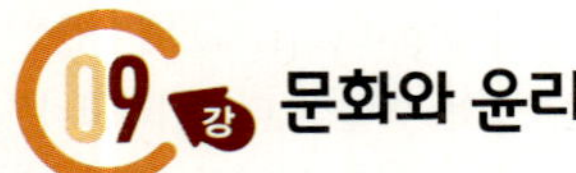

09강 문화와 윤리

대표 기출 vs 고난도 기출

본문 p.72

순한맛 ③　　　　　　　매운맛 ④

순한맛 예술에 대한 심미주의와 도덕주의 입장 비교　　정답 ③

문제 분석 예술과 도덕에 대한 관점 중 갑은 심미주의, 을은 도덕주의의 입장이다.

정답 찾기 ③ 도덕주의 입장에서는 예술이 인간의 도덕성 함양에 기여해야 한다고 본다.

오답 피하기 ①, ② 심미주의는 도덕적 가치와 미적 가치는 무관하다고 보며, 예술이 자율성을 지녀야 한다고 보기 때문에 예술이 도덕적 평가나 도덕적 가치로부터 자유로워야 한다고 본다. ④, ⑤ 심미주의 입장에 대한 설명이다. 예술의 자율성과 독립성을 강조하는 심미주의와 달리 도덕주의에서는 예술이 도덕적 선에 기여해야 한다고 본다.

매운맛 예술에 대한 유교와 묵자의 입장 비교　　정답 ④

함정

①	②	③	④	⑤
23.2%	5.4%	1.3%	62.7%	7.4%

자료 분석

(가) 악(樂)은 '같음'을, 예(禮)는 '다름'을 위한 것이다. 같으면 서로 친하게 되고, 다르면 서로 공경하게 된다. 악이 화합을 극진하게 하고 예가 순서를 극진하게 하여, 안으로 화합하고 밖으로 질서를 이룬다면, 백성은 그 안색을 보고 서로 다투지 않게 되며, 그 용모를 보고 업신여기지 않게 된다. → 음악[樂]을 통한 조화와 예[禮]를 통한 분별을 강조하고 있음 : 유교의 예악 사상

(나) 악(樂)은 비록 눈으로 보기에 아름답고 귀로 듣기에 즐거우나, 백성의 이익에는 부합하지 않는다. 악기를 연주하며 춤추는 것을 일삼는다면, 백성이 입고 먹을 재물은 어찌 얻을 수 있겠는가? 일찍이 여러 악기를 만들고 연주했어도 천하의 이익을 증진하는 데 도움이 되지 않았다. → 음악[樂]이 백성들의 실생활에는 도움이 되지 않음을 비판함 : 묵자의 입장

(가) 유교에서는 인간을 절제하게 하는 외면적 규범으로서 예(禮)를 강조하는데, 예만을 지나치게 강조할 경우 자칫 형식적인 측면에만 치우쳐 딱딱하고 지루해질 수 있기 때문에 이를 완화시키고자 음악을 겸비하여 전체적으로 조화를 이루고자 하였다.

(나) 묵자는 유교에서 중시하는 예악(禮樂) 사상이 실질적인 민생 문제의 해결은 도외시한 채 형식에만 치중하여 사치를 조장한다고 비판하였다.

문제 분석 (가)는 음악과 예(禮)를 겸비할 것을 강조하는 유교의 예악 사상이며, (나)는 음악이 백성의 이익에 도움이 되지 않는다고 비판하는 묵자의 예술에 대한 입장이다.

정답 찾기 ㄱ, ㄴ. 유교의 예악 사상은 예와 악이 인간의 내면을 순화하고 도덕적 행위를 고양한다고 본다. ㄹ. 유교는 음악이 사회적 효과가 있다는 입장이며, 묵자는 음악이 천하의 이익을 증진하는 데 도움이 되지 않는다고 본다.

오답 피하기 ㄷ. 묵자는 음악을 실용적 관점에서 이해한다.

함정 피하기

ㄹ이 정답에 해당하는지 아닌지를 판별하는 것이 이 문제 해결의 관건이다. 단순히 '도덕주의는 예술의 사회적 효과를 고려하지만, 심미주의는 이를 고려하지 않는다.'라고 도식적으로 학습하였다면 (가)는 도덕주의, (나)는 심미주의 입장이라고 간주하여 ㄹ을 정답에서 제외하였을 가능성이 높다. 생활과 윤리 교과는 일단 주어진 제시문을 철저히 분석하고 그에 근거하여 선택지의 진술을 판단해야 함을 명심하자.

실전 문제

본문 p.73~75

01 ⑤	02 ④	03 ③	04 ②	05 ④	06 ④
07 ①	08 ②	09 ④	10 ②	11 ④	12 ③

01 예술에 대한 심미주의와 도덕주의 입장 비교　　정답 ⑤

문제 분석 갑은 예술에 대한 심미주의 입장의 대표적 사상가인 와일드이며, 을은 도덕주의 입장의 대표적 사상가인 플라톤이다.

정답 찾기 ⑤ 플라톤은 예술가들이 용감하고 절제 있고 경건한 것을 모방해야 한다고 주장하면서, 예술이 추구하는 가치와 도덕적 선은 분리될 수 없다고 보았다. 이에 비해 와일드는 예술이 삶이나 사상과 철저히 분리된 것이므로 예술에는 어떤 의도도 없어야 하며 예술과 도덕의 영역은 분리되어야 한다고 보았다.

오답 피하기 ① 예술이 인간의 덕성 함양에 기여해야 한다고 본 사상가는 플라톤이다. ② 와일드는 예술이 예술 그 자체의 아름다움을 목표로 해야 한다고 본다. ③ 와일드는 예술 작품에 대한 도덕적 평가는 바람직하지 않다고 본다. ④ 와일드는 예술의 사회적 책임이 아니라 자율성과 독립성을 강조한다.

02 예술과 도덕의 관계에 대한 관점 파악　　정답 ④

문제 분석 제시문은 예술과 도덕의 관계에서 도덕주의의 입장을 취하는 존 러스킨의 주장이다. 그는 질서와 사랑을 통해 최상급의 예술을 구현할 수 있으며, 이러한 예술은 인간의 완전성에 기여한다고 본다.

정답 찾기 ㄱ. 러스킨은 예술은 자연의 본질을 모방하는 활동이며, 이러한 예술은 선이 악을 이기는 데 기여한다고 본다. ㄴ. 러스킨은 예술이 인간의 윤리성을 강화한다고 본다. ㄷ. 러스킨은 예술이 인간 본능인 질서와 사랑에서 기인하면서 인간 보편의 정념을 표출시킨다고 본다.

오답 피하기 ㄹ. 러스킨은 예술의 궁극적 목적이 현실을 초월하는 절대 진리를 획득하는 데 있다고 보지 않는다.

03 대중 예술에 대한 입장 비교　　정답 ③

문제 분석 갑은 대중 예술을 통해서도 미적인 가치를 구현할 수 있다고 보는 슈스터만이며, 을은 예술의 상업화와 대중 예술에 대해 부정적인 입장을 지닌 아도르노이다.

정답 찾기 ③ 아도르노는 대중 문화 산업이 대중을 기만하고 대중의 의식을 속박한다고 비판하였다. 아도르노에 따르면 자본주의 사회에서 상업화된 대중 예술은 자본의 논리를 통해 지배 계급의 이데올로기를 확대, 재생산하여 기존 질서를 옹호하는 수단에 불과하며, 대중의 자율성을 해치고 획일화시키는 역할을 한다.

오답 피하기 ① 자본주의 사회에서 문화와 예술은 고유의 미적 가치를

추구하는 것이 아니라, 단지 이윤 추구를 위해 획일화, 수단화되어 마치 하나의 상품처럼 교환될 수 있는 가치에 의해서 평가된다고 비판한 사상가는 아도르노이다. ② 슈스터만은 미적인 것은 모든 삶의 영역 속으로 빨려 들어가고 있으며, 삶 속에서도 미적인 것의 구현이 가능하다고 주장하고 있다. ④ 아도르노는 예술 본연의 목적이 현실을 자각하게 하여 사회에 저항하는 힘을 갖도록 하는 것인데, 대중 문화는 오히려 일상적 삶의 고통을 은폐하여 기존 질서를 옹호하는 역할을 한다고 비판하였다. ⑤ 아도르노는 문화 산업이 독점한 대중 예술은 감상자를 독창적인 사유의 주체가 되도록 하는 것이 아니라, 획일적인 상품의 소비자로 전락시켜서 개인의 특성을 획일화한다고 비판하였다.

04 예술의 상업화에 대한 입장 이해　　　　정답 ②

문제 분석 갑은 대중 예술의 발달을 긍정적으로 평가하는 벤야민이고, 을은 문화 산업으로 전락한 현대 사회의 대중문화에 대해 비판적인 아도르노이다.

정답 찾기 ② 벤야민에 따르면 아우라란 예술의 원작이 갖는 신비한 분위기나 예술의 유일성을 뜻한다. 벤야민은 예술 작품의 아우라가 소멸되면서 대중의 예술 비평 활동을 촉진하여 예술의 대중화가 확산되었다고 보았다.

오답 피하기 ① 벤야민은 사진과 같은 복제 기술의 발달은 아우라를 붕괴시키지만 예술의 대중화에 기여한다고 보았다. ③, ④ 아도르노는 자본주의 사회에서 대중문화는 문화 산업으로 전락하여 인간의 상품화와 개성의 획일화를 조장하며, 감상자에게 고유한 체험이 아니라 표준화된 소비 양식을 따르게 한다고 비판하였다. ⑤ 벤야민은 문화의 대중화가 대중의 각성을 불러일으켜 대중의 비판적 사고에 긍정적 영향을 미친다는 입장인 반면, 아도르노는 문화의 대중화가 대중의 비판적 사고를 마비시키는 부정적 영향을 미친다는 입장이다.

05 주거 문화와 윤리　　　　정답 ④

문제 분석 하이데거가 주장하는 거주 문화에 대한 윤리적 입장을 파악하는 문항이다.

정답 찾기 ④ 제시된 자료의 '인간은 현존재로서 땅, 하늘, 신적인 것들, 죽을 자들의 본질을 사물들 안으로 가져와 소중히 보살피며, 세계 안에서 건축하고 사유하면서 거주합니다.'라는 내용을 통해 인간은 사물을 보살피면서 거주 공간에 대한 책임을 갖는다는 것을 유추할 수 있다.

오답 피하기 ① 하이데거에게 있어서 거주 공간은 체험과 무관한 객관적 공간이 아니라, 주체적인 인간 존재의 근본 특성과 관련 있으며, 개인이 움직일 때마다 함께 변화하는 공간이다. ② 하이데거는 고향을 되찾기 위해서는 거주 공간을 떠나는 것이 아니라, 건축함과 거주함에 대해 사유하고 숙고해야 한다고 주장하고 있다. ③ 하이데거는 거주 공간을 지배하고 통제해야 한다고 주장하는 것이 아니라, 보살피고 책임지면서 숙고해야 함을 강조하고 있다. ⑤ 하이데거에 의하면 인간은 거주함으로써 신적인 것들과 죽을 자들을 보살피고 건축하면서 사유한다.

06 주거에 대한 볼노브의 입장 이해　　　　정답 ④

문제 분석 제시문은 볼노브의 주장이다. 볼노브는 거주 공간이란 세상으로부터 자신을 지켜 주는 동시에 다시 세상으로 나아가게 하는 원동력이

되는 곳으로 자기 삶의 중심이 된다고 주장하였다. 또한 집은 단순한 거주 공간의 의미만을 가지는 것이 아니라 그 안에 거주하는 사람들의 삶을 반영하는 곳으로서, 사람들은 가족과 더불어 공동체를 이루어 생활할 때 참된 거주성을 실현할 수 있다고 보았다.

정답 찾기 ④ 볼노브는 집이 외부 세계로부터 자신을 지키고 보호하는 공간이자 동시에 외부 세계로 나아가는 기반이 될 수 있다고 보았다.

오답 피하기 ① 볼노브는 인간 보호 기능을 집이 가진 최고의 가치라고 보지 않았다. ② 볼노브는 집이 단순히 외부 세계로부터 인간을 보호하는 것 이상의 의미를 지닌다고 보았다. ③ 볼노브는 집과 외부 세계로서의 공동체가 서로 분리될 수 없는 관계를 맺고 있다고 보았다. ⑤ 볼노브는 참된 거주성의 실현을 위해서는 사회 공동체와 거주 공간으로서의 집이 상호 의존적 관계에 있어야 한다고 보았다.

07 음식과 관련된 윤리적 원칙 이해　　　　정답 ①

문제 분석 먹을거리와 관련된 윤리적 원칙으로 투명성, 공정성, 인도주의, 사회적 책임, 필요성이라는 다섯 가지 원칙을 제시한 사상가는 싱어이다.

정답 찾기 ㄱ. 싱어는 식품 생산 비용을 일방적으로 어느 한쪽에 전가해서는 안 되며 공정하게 부담이 이루어져야 하고, 식품 관련 노동자들이 차별을 받아서는 안 되며 타당하고 적절한 임금이 제공되어야 한다고 강조하였다. ㄴ. 싱어는 소비자가 구입하려는 식품과 관련하여 충분하고 투명한 정보가 소비자에게 제공되어야 한다고 보았다.

오답 피하기 ㄷ. 싱어는 동물을 먹는다는 것은 건강을 위해서도, 식량 증산을 위해서도 적합하지 않으며, 동물의 고기는 인간의 생존을 위한 필수품이기보다는 사람들이 그 맛을 좋아하기 때문에 먹는 사치품이라고 보았다. ㄹ. 싱어는 식품 생산 과정에서 동물에게 어떠한 고통도 주어서는 안 된다고 한 것이 아니라, 불필요한 고통이나 스트레스를 주어서는 안 된다고 주장하였다.

08 윤리적 소비와 합리적 소비의 이해　　　　정답 ②

문제 분석 갑은 윤리적 소비를, 을은 합리적 소비를 강조하고 있다.

정답 찾기 ② 갑－ㄱ, ㄷ. 윤리적 소비란 인권, 정의, 환경 등 보편적 가치를 지향하는 소비를 말한다. 윤리적 소비는 비용 대비 편익보다는 지속 가능한 소비를 지향한다. 을－ㄴ, ㄹ. 합리적 소비는 소비에 따른 기회비용을 고려하여 가장 큰 편익을 얻으려는 소비를 뜻한다. 합리적 소비는 경제적 효용을 우선적으로 고려한다.

09 동화주의와 다문화주의 비교　　　　정답 ④

문제 분석 갑은 이민자가 출신국의 정체성을 포기하고 주류 사회의 일원이 되어야 한다고 보는 동화주의 입장, 을은 이민자의 문화적 고유성을 인정하며 기존 사회와 대등하게 공존해야 한다고 보는 다문화주의(샐러드 볼 이론)의 입장이다.

정답 찾기 ④ 다문화주의는 서로 다른 다양한 문화들이 제각기 고유한 자신의 정체성을 있는 그대로 유지하면서 대등하게 공존과 조화를 이루어야 한다는 입장이다.

오답 피하기 ①, ② 동화주의는 이민자 문화의 특수성이나 정체성 보장을 주장하지 않으며, 이민자 문화가 주류 문화에 흡수·병합되어야 한다

고 본다. ③, ⑤ 주류 문화와 비주류 문화를 구분하고 문화 간 위계를 인정하는 가운데 공존을 주장하는 것은 문화 다원주의(국수 대접 이론)에 해당한다. 동화주의는 비주류 문화가 주류 문화에 흡수되어야 한다고 보며, 다문화주의는 주류 문화와 비주류 문화를 구분하지 않고 모든 문화를 동등하게 평가한다.

10 다문화주의 입장에서 동화주의에 대한 평가　　정답 ②

문제 분석 제시문의 필자는 이주민들이 자신들의 문화를 포기하지 않고 모든 문화가 동등하게 인정되어야 한다는 다문화주의 입장을 지니고 있으며, '어떤 사람들'은 이주민들이 자신들의 문화적 정체성에서 벗어나 기존 사회에 편입되어야 한다는 동화주의 입장을 지니고 있다. 따라서 ㉠에는 다문화주의 입장에서 동화주의에 대한 평가로 적절한 내용이 들어가야 한다.

정답 찾기 ② 동화주의는 사회 통합을 위해 이주민이 출신국의 언어, 문화, 사회적 특성을 포기하고 주류 사회의 일원이 되도록 해야 한다고 본다.

오답 피하기 ① 동화주의는 비주류 문화가 주류 문화에 흡수되어야 한다고 보며, 다문화주의는 주류 문화와 비주류 문화를 구분하지 않고 모든 문화를 동등하게 바라본다. ③ 동화주의는 이주민 문화를 기존 문화에 동화시키려는 동일성의 논리에 기반하고 있다. ④ 제시문에서는 보편적 도덕 원리, 즉 인륜적 가치에 어긋나는 문화는 제외해야 한다고 나타나 있다. ⑤ 제시문의 '어떤 사람들'은 이주민들이 기존 사회에 제대로 적응하고 정착하도록 도와야 한다고 주장한다. 따라서 기존 사회에 대한 정보를 쉽게 습득할 수 있도록 지원하는 것을 간과하고 있다고 보기 어렵다.

11 엘리아데의 입장 파악　　정답 ④

문제 분석 제시문은 거룩한 것이 드러나는 사건을 가리키는 말로 '성현'을 강조한 종교학자인 엘리아데의 주장이다.

정답 찾기 ㄴ. 엘리아데는 일상적인 삶 자체가 언제든지 성스러움의 드러남, 즉 성현이 될 수 있다고 보았다. ㄹ. 엘리아데는 세속적 휴머니즘과 성스러움의 세계가 공존하는 종교 생활을 강조하면서 초월적이고 성스러운 경험을 가지되, 현실을 떠나서는 안 된다고 강조하였다.

오답 피하기 ㄱ. 엘리아데는 성과 속이 분리되어 있지 않다고 보았다. ㄷ. 엘리아데는 스스로가 비종교적이라고 생각하는 사람들마저도 일상 속에서 성스러운 행위를 지속한다고 주장하였다.

12 엘리아데의 종교관 이해　　정답 ③

문제 분석 제시문은 엘리아데의 주장이다.

정답 찾기 둘째 관점. 엘리아데는 성스러운 공간의 계시는 인간에게 삶의 중심점과 방향성을 제시함으로써 인간이 새로운 세계를 발견하고 진정한 의미에서의 삶을 살 수 있게 한다고 보았다. 셋째 관점. 엘리아데는 신전과 같은 종교적인 건축은 성스러운 공간이라는 원초적인 체험에서, 즉 원시적인 주거 구조 안에 현존하고 있는 우주론적 상징을 넘겨받아 발전시킨 것이라고 보았다.

오답 피하기 첫째 관점. 엘리아데는 종교적 인간은 성스러운 공간과 그 밖의 다른 공간 사이의 대립을 경험함으로써 공간의 비균질성을 알아낸다고 보았다. 넷째 관점. 엘리아데는 우리의 세계가 이미 그 가운데 성스러운 것이 현현하고 있는 우주라고 보았다.

킬러 문항 완전 정복
본문 p.76~77

01 ④	02 ④	03 ⑤	04 ②

01 톨스토이의 예술론 이해　　정답 ④

자료 분석

인간은 언어를 통해서 사상을 교환하고, 예술의 형상을 통해서 현재뿐 아니라 과거와 미래의 모든 사람과도 감정을 교환한다. 이 두 교류 기관은 인류에게만 고유한 것이며, 그 중 어느 한쪽이라도 고장이 나면 그 고장난 쪽에는 해로운 결과가 초래될 것은 당연한 일이다. 현대 사회에는 흥미는 있으나 사람을 타락시키는 가짜 예술과 훌륭한 것처럼 보이지만 실은 내용이 공허한 독선적인 예술이 범람하고 있다.

→ 제시문은 언어와 예술이 인류를 진보시키는 두 기관이며, 예술을 통해 과거와 미래의 모든 사람들과 감정을 교환하며 소통과 화합을 이룰 수 있다고 보는 톨스토이의 입장이다.

문제 분석 제시문은 예술에 대한 도덕주의 입장을 지닌 사상가 중 한 명인 톨스토이의 주장이다.

정답 찾기 ④ 톨스토이는 예술이 인류의 진보에 기여할 수 있으며 시대를 넘어 사람들의 감정을 교환할 수 있게 하는 역할을 한다고 본다.

오답 피하기 ① 톨스토이는 예술이 언어와 함께 인간의 고유한 영역이라고 보았다. 그러나 유정적 존재에는 인간뿐만 아니라 동물도 포함된다. ② 톨스토이는 대중의 반응과 기호를 기준으로 예술의 옳고 그름을 판단해야 한다고 주장하지 않았다. ③ 심미주의 입장에서 긍정의 대답을 할 질문이다. 톨스토이는 도덕주의 입장을 취하고 있다. ⑤ 톨스토이는 예술이 과거, 현재, 미래의 사람들이 서로 소통할 수 있게 하는 매개체가 된다고 보았다.

02 집과 거주함에 대한 다양한 입장 이해　　정답 ④

자료 분석

바슐라르
갑 : 집은 인간의 최초의 세계이자 하나의 우주이다. 인간의 삶에서 집은 우연성을 배제시키며, 몽상을 지켜주고, 몽상하는 이를 보호해 주고, 평화롭게 꿈꾸게 해준다. └ ①번 선택지와 관련

하이데거
을 : 거주함이란 각각의 본질이 소중히 보살펴지는 평화 안에, 즉 자유로운 영역 안에 울타리 쳐진 채 머물러 있음을 의미한다. 거주함의 근본 특성은 이러한 보살핌이다. └ ②번 선택지와 관련

볼노브
병 : 인간은 세계라는 공간에서 일을 한 후 집으로 돌아올 수 있어야 한다. 인간의 내적인 건강은 세계라는 외부 공간에서의 노동과 집이라는 내부 공간의 평온함 사이의 균형에 근거한다. → 볼노브는 세계와 집을 외부 공간과 내부 공간으로 구분하면서 둘 사이의 균형을 강조하고 있다.

문제 분석 갑은 바슐라르, 을은 하이데거, 병은 볼노브이다.

정답 찾기 ④ 갑(바슐라르)은 집이 하나의 세계 전체로 나타나기 때문에 집과 세계의 변증법적 관계를 통해 집을 이해해야 한다고 보았다. 반면 병(볼노브)은 집이라는 내부 공간과 세계라는 외부 공간을 구분하고 있다.

오답 피하기 ① 갑(바슐라르)은 집이 외부의 혼란이 퇴치될 수 있는 질서 잡힌 영역을 형성하며, 숨겨 주고 보호해 주는 본래적인 기능을 한다고 보았다. ② 을(하이데거)은 거주함이 인간이 사물들 곁에서 사물들의 본래적인 의미를 보호하고 배려하는 것을 의미한다고 보았다. ③ 병(볼노브)은 집이 인간 삶의 중심이며, 인간은 집에서 안식을 누리고 이를

바탕으로 세계로 나아가게 된다고 보았다. ⑤ 을, 병은 모두 거주함을 인간 삶의 기본이자 인간의 본질적인 존재 방식으로 보고, 인간은 오직 거주함을 통해서만 진정한 인간일 수 있다고 보았다.

03 문화 다원주의 입장 이해　　　　　　　정답 ⑤

문화 다원주의(국수 대접 이론) : 주류 문화와 비주류 문화 구별

동화주의 : 단일한 문화 추구

문화 다원주의(국수 대접 이론)와 다문화주의(샐러드 볼 이론)의 공통적인 특징

→ 교사의 평가를 통해 을의 설명은 옳지 않고, 갑과 병의 설명은 옳다는 것을 유추할 수 있다. 따라서 A 이론은 문화 다원주의(국수 대접 이론)이다.

 밑줄 친 'A 이론'은 문화 다원주의(국수 대접 이론)에 해당한다.

 ⑤ 문화 다원주의(국수 대접 이론)는 국수가 주된 역할을 하고 고명이 부수적인 역할을 하여 맛을 내듯이 주류 문화와 비주류 문화가 공존해야 한다고 보는 입장이다. 따라서 문화 다원주의는 동화주의나 다문화주의 이론과 달리 주류 문화와 비주류 문화를 구분하고, 이들의 공존을 추구한다.

 ①, ④ 동화주의 입장에 해당한다. 이에 반해 문화 다원주의는 다양한 문화들의 공존을 추구한다. ② 다문화주의(샐러드 볼 이론) 입장에 해당한다. ③ 문화 다원주의는 주류 문화의 우선성을 인정하면서 이주민 문화가 비주류 문화로서의 위상을 유지하는 가운데 사회 발전에 기여할 수 있다고 본다.

04 종교에 대한 엘리아데와 마르크스의 입장 비교　　　정답 ②

엘리아데
갑 : 성스러움의 변증법에서 나무, 식물과 같은 일부는 우주, 삶과 같은 전체의 가치를 가지고, 범속한 것은 성현(聖顯)이 된다.
└ 일상적인 삶에서 성스러움이 드러나는 것

마르크스
을 : 억압받는 생명들의 탄식인 종교는 봉건 사회와 자본주의 사회의 경제 관계가 낳은 부산물로, 전도된 세계의식이며, 인간 본질의 환상적 현실화에 불과하다. 종교를 '지배 – 피지배'라는 경제 관계에 따른 산물로 보고, 종교에 대해 비판적인 마르크스의 입장

 갑은 엘리아데이며, 을은 마르크스이다.

 ② 엘리아데는 인간은 자신의 제한적 한계를 넘어서기를 갈망

하며 이를 위해 초월적 존재와 연관을 맺고자 하는 종교적 존재라고 보았다. 종교가 인간의 고통을 극복하기 위한 수단으로 만들어졌다고 본 사상가는 마르크스이다.

 ① 엘리아데는 종교를 일상 속에서 성스러움과의 만남으로 파악하고, 성과 속이 분리되어 있거나 단절되어 있지 않다고 보았다. ③, ④ 마르크스는 종교가 사람들에게 거짓 위안과 환상에 불과한 행복을 제공함으로써 비판 의식을 약화시키고 고통을 해결해 주기는커녕 인간을 수동적이고 도피적으로 만들어 더 큰 고통을 안겨준다고 보았다. ⑤ 엘리아데는 세속과 성스러움의 세계가 조화롭게 공존하는 종교 생활을 강조하였다. 반면 마르크스는 종교를 인민의 아편으로 규정하면서 종교를 배척할 것을 주장하였다.

Ⅵ. 평화와 공존의 윤리

10강 평화와 공존의 윤리

대표 기출 vs 고난도 기출

본문 p.80

순한맛 ① 매운맛 ③

순한맛 해외 원조에 대한 입장 비교 　　　정답 ①

문제 분석 갑은 싱어, 을은 롤스이다.

정답 찾기 ㄱ. 싱어는 가장 큰 고통을 받는 사람이 우선적인 원조의 대상이므로 자국민에 대한 원조가 우선인 경우가 있다고 본다. ㄷ. 롤스가 주장하는 해외 원조는 고통받는 사회의 정치 문화를 개선하여 자유와 평등을 확립하는 것이므로 막대한 부가 꼭 필요한 것은 아니다.

오답 피하기 ㄴ. 싱어는 각자가 자신의 소득 수준과 부의 수준에 따라 차등적인 부담을 해야 한다고 본다. ㄹ. 롤스는 인권이 확립된 나라는 원조 대상이 아니라고 본다.

매운맛 롤스와 싱어의 해외 원조 입장 비교 　　　정답 ③

①	②	③	④	⑤ 함정
10.1%	14.4%	46.1%	12.6%	16.8%

자료 분석

롤스
갑 : 고통받는 사회는 정의로운 정치 체제를 만들 수 있는 전통을 결핍하고 있다. 질서 정연한 사회의 만민은 이러한 고통받는 사회를 원조해야 할 의무를 갖는다.
　→ 고통받는 사회를 질서 정연한 사회가 되도록 원조하는 것이 의무라고 보는 롤스의 입장

싱어
을 : 절대 빈곤은 나쁘다. 어떤 절대 빈곤이 그에 상당하는 도덕적으로 중요한 다른 일을 희생하지 않고서 방지될 수 있다면, 우리는 이 절대 빈곤을 막아야만 한다.
　→ 원조를 통해 얻는 이익이 비용보다 클 경우 원조하는 것이 의무라고 보는 싱어의 입장

문제 분석 갑은 롤스, 을은 싱어이다.

정답 찾기 ㄷ. 싱어는 질서 정연한 사회 내의 빈곤한 사람은 원조의 대상이 된다고 본다. ㄹ. 싱어는 자신의 큰 희생 없이 타국의 빈민들이 겪는 고통을 감소시킬 수 있다면 원조를 실천해야 한다는 입장이다.

오답 피하기 ㄱ. 롤스는 국가 간 복지 수준은 다양할 수 있다고 보아 국가 간 부의 불평등 해소는 원조의 목적이 아니라고 본다. ㄴ. 롤스는 원조가 국가 간의 자원을 재분배하는 것이 아니라 고통받는 사회의 정치 문화를 개선하는 것이라고 본다.

함정 피하기

오답 선택지들의 오답률이 큰 차이 없이 비교적 고르게 분포하고 있다. 이는 해외 원조에 대한 롤스와 싱어의 입장에 대한 깊이 있는 학습이 부족하여 많은 학생들이 '몰랐다'는 것을 의미한다. 그 중에서도 ㄴ을 정답으로 착각한 학생들이 많았는데, '원조는 윤리적 의무'라는 주장은 롤스의 입장으로 옳지만, 롤스는 해외 원조를 '국가 간 자원 재분배' 차원으로 보지 않았음을 반드시 숙지해두어야 한다.

본문 p.81~83

01 ⑤	02 ①	03 ①	04 ①	05 ④	06 ②
07 ②	08 ③	09 ④	10 ②	11 ③	12 ②

01 하버마스의 담론 윤리 　　　정답 ⑤

문제 분석 담론 윤리를 제시한 하버마스의 입장을 살펴보는 문항이다.

정답 찾기 ⑤ 하버마스는 의사소통의 합리성을 실현하기 위한 이상적 담화 조건으로 담론(공적 토론)에 참여한 사람들이 모두 참되고, 옳고, 진실하며, 서로 이해할 수 있는 말을 해야 한다고 주장하였다. 그리고 의사소통의 합리성을 실현해야 서로 갈등하는 다양한 의견을 합리적으로 논의하여 합의에 도달할 수 있고, 대화에 참여한 모든 사람이 합의 결과를 수용할 수 있다고 하였다.

오답 피하기 ① 하버마스의 담론 윤리는 토론의 결과보다는 공정한 토론 절차를 더 중시한다. 공정한 토론 절차를 통하여 모두가 자유롭게 합의에 이른 경우에만 그 규범은 보편성과 타당성을 갖게 된다고 보기 때문이다. ② 하버마스는 오히려 시민들의 공적 문제에 대한 문제 제기가 올바르게 반영되지 못하는 것이 오늘날 민주주의의 문제라고 지적한다. ③ 하버마스는 누구나 평등하게 토론에 참여하여 어떠한 주장이든 자유롭게 개진할 수 있어야 한다고 본다. 비록 자유로운 토론을 통해 결정한 법일지라도 적용 과정에서 예상하지 못했던 문제점 등이 발견된다면 얼마든지 재논의하여 개선하거나 보완 또는 폐지하는 것 등이 모두 가능하다. ④ 하버마스는 정치적·윤리적 문제의 해결을 위해 공적 토론이 활성화되어야 한다고 주장하고 있다.

02 하버마스의 담론 윤리 이해 　　　정답 ①

문제 분석 제시문은 담론 윤리를 주장한 하버마스의 입장이다. 하버마스는 옳고 그름에 대한 판단의 정당성을 공적 담론에서 찾는다. 그는 의사소통의 합리성을 실현해야 합의에 도달할 수 있다고 보아, 담론에 참여한 사람들이 참되고 옳고 진실하며 서로 이해할 수 있는 말을 해야 한다고 본다.

정답 찾기 첫 번째 입장. 하버마스는 공적 담론에 참여하는 사람들은 서로를 이성적으로 논의하는 능력을 가진 사람으로 동등하게 인정해야 한다고 본다. 세 번째 입장. 하버마스는 의사소통의 합리성이 실현된 공적 담론에 참여한 사람들은 합의 결과를 수용할 수 있다고 본다.

오답 피하기 두 번째 입장. 하버마스는 공적 담론을 통한 합의라고 할지라도 수정될 수 있다고 본다. 네 번째 입장. 하버마스는 담론의 결론을 다수결을 통해서가 아니라, 합리적인 대화를 통한 만장일치로 도출해야 한다고 본다.

03 공자와 원효의 입장 이해 　　　정답 ①

문제 분석 갑은 '이름을 바르게 한다.'는 정명(正名)론을 주장한 유교 사상가인 공자이며, 을은 깨끗함과 더러움, 참과 거짓, 나와 너 등 일체의 이원적 대립을 초월하는 것으로 일심(一心)을 강조한 불교 사상가인 원효이다.

정답 찾기 ㄱ. 공자는 "군자는 남과 조화를 이루되, 같아지려고 하지는 않는데 비해, 소인은 남과 같아지려고만 하며 조화를 이루지는 못한다."고 주장하면서 화이부동(和而不同)의 정신을 강조하였다. ㄴ. 원효는 "모든 종파와 사상을 분리하여 고집하지 말고 보다 높은 차원에서 하나로 종합해야 한다."는 화쟁 사상을 강조하였다.

오답 피하기 ㄷ. 공자의 입장에 해당한다. 불교에서는 선악을 엄격히 구분할 것을 주장하지 않는다. ㄹ. 공자는 옳고 그름의 기준이 주관적이고 상대적이라고 보지 않는다.

04 통일 비용의 이해　　　　　　　　정답 ①

문제 분석 분단 비용과 대비하여 통일 비용의 성격에 대해 이해하고 있는지를 묻는 문항이다.

정답 찾기 ㄱ, ㄴ. 통일 비용은 한반도의 평화를 유지하고 정착시키기 위해 지불해야 하는 비용으로, 통일 과정이나 통일 이후에 나타날 수 있는 문제를 해소하고 평화 통일의 기반을 마련하기 위해 필요하다. 통일 비용에는 한반도 전쟁 위기 억제 비용, 안보 불안 해소 비용, 남북 경제 협력 비용, 북한 지원 비용, 사회·문화 교류 비용 등이 포함된다.

오답 피하기 ㄷ. 분단 비용에 대한 설명이다. ㄹ. 통일 비용은 소모적 성격의 분단 비용과는 달리 투자 비용의 성격을 지닌다.

05 칸트와 갈퉁의 사상 비교　　　　　　　정답 ④

문제 분석 갑은 칸트, 을은 갈퉁이다.

정답 찾기 ④ 갈퉁은 인간의 존엄성이 실현되는 적극적 평화를 이루기 위해서는 직접적 폭력뿐만 아니라 구조적·문화적 폭력까지 모두 사라져야 한다고 보았다.

오답 피하기 ① 칸트는 개별 국가의 주권을 보장하는 동시에 세계 시민이 우호적으로 공존하는 국제 연맹을 통해 영구 평화가 달성될 수 있다고 보았다. ② 칸트는 영구 평화를 위한 확정 조항에서 국제법은 자유로운 국가들의 연방 체제에 기초해야 하며, 보편적 우호의 조건들에 국한되어야 한다고 주장하였다. ③ 갈퉁에 의하면 '편견 극복을 위한 교육'은 문화적·구조적 폭력을 제거하기 위한 노력의 일환으로 적극적 평화를 실현하는 방법에 해당한다. ⑤ 칸트는 영구적 평화의 실현을 위해 국내적으로 공화 정체, 국제적으로는 국제 연맹 창설 등의 정치 제도 개선이 필요하다고 보았으며, 갈퉁은 진정한 평화를 실현하기 위해 구조적 폭력을 제거하기 위한 정치 제도의 개선이 필요하다고 보았다.

06 국제 평화에 대한 칸트의 입장 이해　　　정답 ②

문제 분석 (가)를 주장한 사상가는 칸트이다.

정답 찾기 ② 칸트는 자유로운 국가들이 자신들의 권리를 제한하게 될 하나의 거대한 국제 국가나 세계 공화국을 원하지 않을 것으로 보았다.

오답 피하기 ① 칸트는 영구 평화를 위한 예비 조항으로 상비군을 완전히 폐지해야 한다는 내용을 제시하였다. ③ 칸트는 영구 평화를 위한 확정 조항으로 모든 국가의 시민적 정치 체제는 공화 정체이어야 한다는 내용을 제시하였다. ④ 칸트는 영구 평화를 위한 확정 조항으로 국제법은 자유로운 국가들의 연방 체제에 기초해야 한다는 내용을 제시하였다. ⑤ 칸트는 영구 평화를 위한 확정 조항으로 세계 시민법은 보편적 우호의 조건들에 국한되어야 한다는 내용을 제시하였다.

07 현실주의와 이상주의 입장 비교　　　　정답 ②

문제 분석 갑은 국제 사회를 현실주의 관점으로 바라보는 모겐소이며, 을은 이상주의 관점으로 바라보는 칸트이다.

정답 찾기 ② 현실주의에서는 국가 권력이 자국의 이익을 위해서라면 국

가 간의 위태로운 세력 균형을 노골적이고 폭력적인 대결로 비화시킬 수 있다고 본다.

오답 피하기 ① 현실주의에서는 국가 간의 문제가 가치 공유와 합리적 설득으로는 해결되기 어렵다고 본다. ③ 칸트는 영구 평화를 달성하려면 세계 시민법과 같은 국제법의 준수뿐만 아니라 국내법의 준수도 필수 불가결하다고 주장하였다. ④ 칸트는 국제 연맹의 필요성을 강조하였지만 국제 연맹이 개별 국가 권력에 대한 어떤 지배를 목표로 하는 것은 아니라고 주장하였다. ⑤ 칸트의 이상주의 입장에만 해당한다. 현실주의에서는 각 국가가 자국의 이익만을 우선적으로 추구하는 과정에서 국제 분쟁이 발생한다고 본다.

08 평화에 대한 갈퉁과 칸트의 입장 파악　　정답 ③

문제 분석 갑은 갈퉁, 을은 칸트이다. 갈퉁은 직접적 폭력뿐만 아니라, 구조적, 문화적 폭력까지 사라질 때 진정한 평화가 가능하다고 보았다. 칸트는 영구 평화가 가능하다고 보고, 각 국가들이 국제 연맹을 창설하여 세계 평화를 추구해야 한다고 보았다.

정답 찾기 ③ 칸트는 영구 평화를 위해 강제력을 가진 세계 정부가 필요하다고 주장하지 않았다.

오답 피하기 ① 갈퉁은 종교나 사상 등의 문화가 폭력을 미화하거나 정당화하는 수단이 될 수 있다고 보았다. ② 갈퉁에 따르면 진정한 평화는 물리적 폭력뿐 아니라 구조적, 문화적 폭력까지 제거되어야 실현된다. ④ 칸트에 따르면 장래의 전쟁에 대비하여 물자를 비밀리에 간직해 두고서 맺어지는 평화 조약을 인정해서는 안 된다. ⑤ 갈퉁과 칸트 모두 전쟁으로부터 벗어나야 평화가 실현될 수 있다고 보았다.

09 해외 원조에 대한 롤스와 싱어의 입장 비교　정답 ④

문제 분석 갑은 롤스, 을은 싱어이다.

정답 찾기 ④ 싱어는 공리주의적 입장에서 원조 주체의 큰 희생 없이 타국의 빈민을 도울 수 있다면 도와야 한다고 본다.

오답 피하기 ① 롤스는 원조의 목적은 고통받는 사회를 질서 정연한 사회로 만드는 것이라고 주장한다. ② 롤스는 질서 정연한 사회의 만민은 고통받는 사회가 그 사회의 정치 문화를 바꾸는 데 도움이 되는 특별한 종류의 충고를 할 수 있다고 본다. ③ 싱어는 최대 행복의 원리가 해외 원조의 대상을 정하는 데 주된 근거가 될 수 있다고 본다. ⑤ 롤스에 따르면 사회들 간의 부와 복지의 수준은 다양하기 때문에 고통받는 사회들 간의 부와 복지 수준을 조정하는 것은 원조의 목표가 아니다. 싱어에 따르면 원조가 추구해야 할 목표는 인류의 복지 증진이다. 따라서 롤스와 싱어의 공통된 입장으로 볼 수 없다.

10 롤스의 해외 원조에 대한 입장 파악　　　정답 ②

문제 분석 제시된 어느 서양 사상가는 롤스이다. 롤스는 원조의 목적을 모든 인류의 복지 수준을 향상시키는 것에 두지 않으며, 불리한 여건으로 '고통받는 사회'를 '질서 정연한 사회'가 되도록 돕는 것이 원조의 목적이라고 본다. 이는 해외 원조에서 국가적 경계를 중시하는 관점이라고 할 수 있다.

정답 찾기 ② 롤스는 불리한 여건의 고통받는 사회가 질서 정연한 사회가 되면 원조는 중단된다고 본다.

[오답 피하기] ① 원조의 대상이 나와 가깝고 먼 지역의 사람인지 등을 따지는 것은 차별에 해당한다고 비판하면서 이익 고려 평등의 원칙에 따라 원조할 것을 강조한 싱어의 입장에 해당한다. ③ 롤스나 싱어 등 원조를 의무의 관점에서 접근한 사상가들은 원조가 윤리적 의무에 해당한다고 본 것이지, 반드시 이행하지 않으면 법적 처벌을 받게 되는 법적 의무에 해당한다고 본 것은 아니다. ④ '사회적·경제적 불평등을 조정하는 정의의 원칙'은 최소 수혜자에게 최대의 이익이 돌아가도록 분배해야 한다는 차등의 원칙을 의미한다. 롤스는 차등의 원칙을 국제적 차원에서의 재화 분배에는 적용하지 않았다. ⑤ 롤스는 어떤 사회가 불리한 입장에 처하는 것은 그 사회의 자연 자원보다는 정치 문화 때문이라고 본다.

11 해외 원조에 대한 롤스와 싱어의 입장 비교　　정답 ③

[문제 분석] 갑은 롤스, 을은 싱어이다.

[정답 찾기] ㄴ. 롤스는 빈곤한 국가라 하더라도 질서 정연한 사회가 되면 원조의 대상에서 제외될 수 있다고 보았다. ㄹ. 싱어는 세계 시민의 한 사람으로서의 개인적 차원에서, 롤스는 질서 정연한 사회의 일원이라는 국가적 차원에서의 원조를 강조하였다. 그러나 싱어가 국가적 차원의 원조를 부정한 것은 아니며, 롤스 또한 개인적 차원의 원조를 부정했다고 보기 어렵다.

[오답 피하기] ㄱ. 롤스는 국내와 달리 국제적 분배 정의에는 차등의 원칙을 적용해서는 안 된다고 보았다. ㄷ. 싱어는 지구상에서 절대 빈곤층에 속하는 사람들까지 해외 원조에 동참해야 한다고 주장하지는 않았다. 자기 자신과 자기 가족의 기본적 필요를 충족하고도 남을 만큼의 경제적 여유가 있는 사람은 모두 해외 원조에 동참해야 한다고 주장하였다.

12 노직, 롤스, 싱어의 원조에 대한 입장 비교　　정답 ③

[문제 분석] 갑은 노직, 을은 롤스, 병은 싱어이다.

[정답 찾기] ㄴ. 롤스는 불리한 여건으로 '고통받는 사회'를 '질서 정연한 사회'가 되도록 돕기 위해 원조를 해야 한다고 주장한다. 그는 이러한 목적이 성취되면 더 이상의 원조는 요구되지 않는다고 본다. '정의의 원칙 확립'은 이미 질서 정연한 사회가 되었다는 것을 의미한다. ㄷ. 싱어는 공리주의 입장에서 인류의 고통을 감소시키고 행복을 증진시키는 원조는 세계 시민으로서의 의무라고 본다.

[오답 피하기] ㄱ. 노직에 의하면 원조는 의무가 아니라 개인의 자유로운 선택에 근거해야 한다. ㄹ. 노직의 입장에만 해당한다. 싱어는 공리주의와 이익의 동등한 고려 원칙을 바탕으로 원조를 의무라고 보는 입장이다.

킬러 문항 완전 정복

본문 p.84~85

01 ①　　**02** ②　　**03** ①　　**04** ④

01 하버마스의 담론 윤리 입장 파악　　정답 ①

[자료 분석]

이성적이고 논증적으로 문제를 해결하기 위한 의사소통 행위
　실제의 담론에서 의사소통의 합리성을 보장하기 위해 의사소통 과정에서 지켜야 할 규범은 다음과 같이 요약될 수 있다. 말할 수 있고 행위 능력이 있는 사람들은 모두가 자유롭게 참여할 자격이 있다. 자신의 주장뿐만 아니라 개인적인 바람, 욕구 등을 표현할 수 있다. 다른 사람의 주장에 대해 의문을 제기하고 비판할 수 있다. → 정확하고, 이해 가능하며, 진실한 말로 객관적인 근거를 제시하면서 주장해야 하며, 자신의 오류 가능성을 인정하면서 상대방의 주장을 경청하는 '의사소통의 합리성'을 강조한 하버마스의 담론 윤리

[문제 분석] 하버마스의 담론 윤리 입장을 이해하고 파악하는 문항이다.

[정답 찾기] ㄱ. 하버마스의 담론 윤리는 한 사회의 발전이 담론의 성공 여부에 달려 있다고 본다. 담론은 이성적이고 논증적으로 문제를 해결하려는 의사소통 방식의 하나로, 담론 윤리에서는 담론의 절차가 합리적이고 공정해야 담론에 참여한 사람들이 합의된 결과에 기꺼이 따를 것이므로 담론의 결과보다 담론의 절차를 더 중시한다. ㄴ. 하버마스는 담론에 참여한 사람이 자신의 고유한 이해 관심을 수사학이나 설득 기술을 이용하여 관철하려고 해서는 안 된다고 보며, 초주관성의 원리에 따라 자신의 주관적 소망이나 고유한 이해 관심에 대한 집착에서 벗어나 기꺼이 자신의 입장을 수정할 수 있어야 한다고 본다.

[오답 피하기] ㄷ. 하버마스는 사람들이 합리적인 토론을 통해 자유롭게 동의한 행위 규범만이 타당성을 지닐 수 있으며, 모든 당사자들이 보편화 가능한 행위 규범에 합의할 수 있다고 본다. ㄹ. 하버마스의 담론 윤리는 담론에 참여한 사람이라면 누구나 정확하고 이해 가능하며 진실한 말로 자신의 주장에 대한 객관적인 근거를 제시해가며 개인적인 욕구를 표현할 수 있으며, 공정한 담론 절차를 준수하여 도출된 합의의 결과를 수용해야 한다고 본다.

02 국제 관계를 바라보는 현실주의와 이상주의 비교　　정답 ②

[자료 분석]

현실주의
갑 : 국제 사회의 가장 중요한 행위자는 국가이다. 국가는 무정부 상태가 본질인 국제 관계 구조에서 생존을 위해 언제나 권력과 국익을 추구한다. → 인간의 본성과 마찬가지로 국가도 이기적이기 때문에 국제 관계는 '만인에 대한 만인의 투쟁 상태'일 수밖에 없고 결국 힘의 논리가 지배하게 된다고 보는 입장

이상주의
을 : 국제 제도와 민주적 여론을 통한 국가 간 신뢰와 협력 확대가 국제 평화의 필수 조건이다. 국제 관계에서 힘의 논리를 부정할 수는 없지만 국가는 국제 규범을 지켜 나감으로써 상호 협력을 이루어 낼 수 있다. → 인간의 이성을 신뢰하고 국제 여론을 중시하며, 국제법과 국제기구를 통하여 국가 간 갈등을 해결할 수 있다고 보는 입장

[문제 분석] 갑은 현실주의, 을은 이상주의 관점에서 국제 관계를 바라보고 있다.

[정답 찾기] ㄴ. 현실주의에서는 국제 사회에는 오직 자국의 이익만을 추구하는 양육강식의 힘의 논리가 적용되기 때문에 국제 평화가 유지되기

위해서는 한 나라가 다른 나라를 일방적으로 침략하지 못하도록 국력을 바탕으로 한 국가 간 세력 균형이 이루어져야 한다고 강조한다. 반면 이상주의에서는 국가 간의 대화와 국제 규범의 준수를 통해 국제 평화를 유지할 수 있다고 본다. ㄷ. 이상주의에서도 개별 국가 간 힘의 논리가 존재함을 인정한다.

오답 피하기 ㄱ. 현실주의뿐만 아니라 이상주의에서도 국가를 국제 사회에서의 중요한 행위 주체로 본다. ㄹ. 현실주의의 입장에 해당한다. 현실주의에서는 국제 사회에서 국가보다 상위의 중앙 권위체인 세계 정부 등이 존재할 수 없다고 본다.

03 칸트의 영구 평화론 이해   정답 ①

자료 분석

세계 시민법이라는 이념은 더 이상 공상적이고 과장된 법의 표상 방식이 아니다. 그것은 공적인 인권 일반을 위한, 그리하여 영원한 평화를 위한, 국가법과 국제법의 불문 법전의 필수적인 보완이다. 사람들은 이러한 조건 아래에서만 영원한 평화에 연속적으로 접근해가고 있노라고 자부할 수 있을 것이다. → 공화적 체제로의 정치 제도 개선, 국제 연맹 창설, 인류의 평화적인 교류 조건에 한정된 세계 시민법 제정을 영구 평화를 위해 필요한 전제 조건으로 제시한 칸트의 입장

문제 분석 제시문은 칸트의 주장이다. 칸트는 영구 평화론을 통해 국내적으로 내정 간섭을 받지 않는 공화제를 도입하고, 국제적으로 보편적 우호 관계에 따라 국제법을 적용하는 국제 연맹 창설을 구상하고 제안하였다. 또한 그는 영구 평화를 위한 6가지 예비 조항과 3가지 확정 조항을 제시하였다.

정답 찾기 ㄱ. 칸트는 국제 연맹과 같이 여러 국가들이 참여하는 또 다른 협력체가 존재할 수 있다고 보았다. ㄴ. 칸트는 어느 개별 국가도 타국에 종속, 매매, 양도, 처분되어서는 안 된다고 보았다.

오답 피하기 ㄷ. 칸트에 따르면 모든 국가의 시민적 정치 체제는 공화 정체이어야 하며 국제법은 자유로운 국가들의 연방 체제에 기초해야 한다. ㄹ. 칸트에 따르면 전쟁의 가능성이 있는 상비군은 점차 그리고 조만간 완전히 폐지되어야 한다.

04 롤스, 노직, 싱어의 원조관 비교   정답 ④

자료 분석

롤스
갑 : 어떤 사회가 합당하고 합리적으로 조직되고 통치된다면 자원이 너무 부족하여 그 사회가 질서 정연한 사회가 될 수 없는 경우는 없다. → 무질서로 인해 고통받는 사회를 질서 정연한 사회가 되도록 원조해야 한다는 롤스의 입장

노직
을 : 개인이 정당하게 취득한 재산의 배타적 소유권을 타인의 삶과 행복을 명목으로 침해해서는 안 된다. 원조는 개인의 자유로운 선택의 영역이다. → 개인의 배타적 소유권을 강조하며, 원조는 의무가 아니라 자선에 해당한다고 보는 노직의 입장

싱어
병 : 신발 한 켤레 값으로 한 어린이의 생명을 구하는 개발 도상국의 건강 프로그램에 기여할 수 있다면 우리는 세계 시민의 한 사람으로서 그렇게 해야만 한다. → 공리주의와 세계 시민주의적 관점에 기반하여 원조를 의무라고 보는 싱어의 입장

문제 분석 갑은 롤스, 을은 노직, 병은 싱어이다.

정답 찾기 ④ 롤스는 질서 정연한 사회는 더 이상 원조의 대상이 아니라고 본 반면, 싱어는 원조를 통해 고통받는 개인을 가난으로부터 구제할

것을 강조하였다. 따라서 롤스는 싱어에게 질서 정연한 빈곤국에서 고통받는 개인은 원조의 대상이 아님을 간과한다고 비판할 수 있다.

오답 피하기 ① 롤스는 개개인의 빈민이 아니라 무질서로 인해 고통받는 사회를 원조의 대상으로 보았다. 그리고 노직은 원조를 개인의 자유로운 선택의 영역이라고 보므로 무법적 국가의 빈민은 개인의 선택에 따라 원조의 대상이 될 수 있다고 볼 것이다. ② 롤스는 정의의 제2원칙인 차등의 원칙을 국제적 차원에서 적용해서는 안 된다고 보았다. ③ 싱어는 공리주의적 입장에서 인류 전체의 공리 증진을 위해 원조를 실천해야 한다고 주장하였다. ⑤ 싱어에게 있어서 원조의 목표는 국가 간의 경제적 불평등 해소를 위해서가 아니라, 인류 전체의 고통을 감소하고 행복을 증진시키기 위한 것이다.

3점 공략 모아보기

Q2 자세한 해설은 p.02 (매운맛) 정답 ⑤

'나'는 메타 윤리학적 입장을 지지하고, '어떤 사람들'은 실천 윤리학적 입장을 지지하고 있다. ⑤ 메타 윤리학을 지지하는 입장에서는 실천 윤리학적 입장이 도덕 언어의 의미와 도덕 명제의 타당성 분석의 중요성을 간과한다고 진술할 수 있다.

Q4 자세한 해설은 p.05 (매운맛) 정답 ③

갑은 공자, 을은 장자이다. ③ 장자는 도를 천지 만물의 근원으로 보았고, 도에 따라 인위적으로 강제하지 않고 자연스러움을 따르는 자세를 강조하였다. 죽음 역시 이러한 도의 자연스러움과 연관된 현상이고 도와 일치하는 삶을 살면서 죽음을 받아들이라고 주장하였다.

Q6 자세한 해설은 p.09 (매운맛) 정답 ⑤

(가)는 유교 사상, (나)의 ㉠은 부부 관계, ㉡은 형제자매 관계이다. ㄴ. 부부는 서로 공경하면서도 남편과 아내의 역할을 구별하고 분별하는 자세가 요구된다. ㄷ. 형제자매는 서로의 차이를 인정하고 장유유서의 정신에 따라 상하 위계를 존중해야 하는 측면도 지닌다. ㄹ. 부부와 형제자매는 서로가 올바른 길로 나아갈 수 있도록 서로의 잘못을 충고해 주고, 신의를 쌓는 데 힘써야 하는 관계이다.

Q8 자세한 해설은 p.12 (매운맛) 정답 ③

갑은 마르크스, 을은 칼뱅이다. ㄴ. 칼뱅은 노동을 부끄럽게 여기는 기존의 중세 그리스도교적 노동관에서 탈피하여 직업은 신이 인간에게 부여한 소명으로서 노동을 통하여 이웃 사랑을 실천할 것을 강조하였다. ㄹ. 마르크스는 노동이 인간의 본질을 실현하는 행위라고 보았으며, 칼뱅은 신의 거룩한 부름에 따라 행하는 것이라고 보았다.

Q10 자세한 해설은 p.16 (매운맛) 정답 ⑤

갑은 노직, 을은 롤스, 병은 마르크스이다. ㄱ. 노직은 롤스의 정의의 원칙과 같은 정형화된 재화 분배 원칙은 개인의 소유 권리를 침해한다고 주장하며, 비정형화된 역사적 원칙인 소유 권리론을 주장하였다. ㄷ. 롤스는 공정한 절차에 따라 분배된다면 그 분배의 결과 역시 공정하다는 절차적 정의의 입장을 지닌다. ㄹ. 마르크스는 필요에 따른 분배를 주장하면서, 자본주의 논리의 업적에 따른 분배 원칙은 필연적으로 경제적 불평등을 초래한다고 보았다.

Q12 자세한 해설은 p.20 (매운맛) 정답 ②

갑은 롤스, 을은 싱어이다. ② 롤스에 따르면 거의 정의로운 사회에서도 일부 부정의한 법이 있을 수 있는데, 롤스는 거의 정의로운 사회에서 모든 부정의한 법에 대해 시민 불복종을 전개해야 한다고 보지 않았다. 롤스는 정의의 원칙을 심각하게 위배하거나 훼손하는 법에 대한 시민 불복종은 정당화될 수 있지만, 부정의의 수준이 심각하지 않고 미약한 법률에 대해서는 준수해야 할 의무가 있다고 보았다. 즉, 롤스의 입장에서는 법의 부정의한 정도에 따라 시민 불복종의 정당화 여부가 달라질 수 있다.

Q14 자세한 해설은 p.24 (매운맛) 정답 ⑤

⑤ 제시된 토론 내용을 살펴보면, 갑은 기술 결정 과정에 시민들이 직접 참여해야만 비로소 기술 정책의 정당성이 확보될 수 있다고 보는 반면, 을은 고도의 전문성을 갖춘 전문가의 참여만으로도 기술 정책의 정당성은 충분히 확보될 수 있다고 주장하고 있다. 즉, '기술 정책의 정당성은 전문가의 참여만으로 충분히 확보되는가?'를 쟁점으로 갑은 부정, 을은 긍정의 입장을 제시하면서 토론이 진행되고 있는 것이다.

Q16 자세한 해설은 p.28 (매운맛) 정답 ④

갑은 레건, 을은 테일러, 병은 칸트이다. ④ 인간 중심주의 사상가인 칸트와 달리 레건은 이성의 소유 여부와 관계없이 삶의 주체인 모든 개체를 수단이 아닌 목적으로 대우해야 한다고 보았다.

Q18 자세한 해설은 p.32 (매운맛) 정답 ④

(가)는 유교의 예악 사상이며, (나)는 묵자의 예술에 대한 입장이다. ㄱ, ㄴ. 유교의 예악 사상은 예와 악이 인간의 내면을 순화하고 도덕적 행위를 고양한다고 본다. ㄹ. 유교는 음악이 사회적 효과가 있다는 입장이며, 묵자는 음악이 천하의 이익을 증진하는 데 도움이 되지 않는다고 본다.

Q20 자세한 해설은 p.36 (매운맛) 정답 ③

갑은 롤스, 을은 싱어이다. ㄷ. 싱어는 질서 정연한 사회 내의 빈곤한 사람은 원조의 대상이 된다고 본다. ㄹ. 싱어는 자신의 큰 희생 없이 타국의 빈민들이 겪는 고통을 감소시킬 수 있다면 원조를 실천해야 한다는 입장이다.

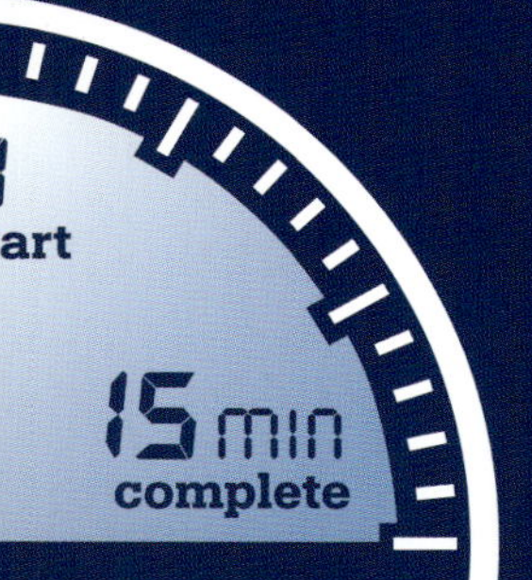

start
15 min
complete